DOSSIÊ CONTRA O PACOTE DO VENENO E EM DEFESA DA VIDA!

Uma revisão do dossiê científico e técnico contra o Projeto de Lei do Veneno (PL 6.299/2002) e a favor do Projeto de Lei que institui a Política Nacional de Redução de Agrotóxicos – PNARA Associação Brasileira de Saúde Coletiva – ABRASCO e Associação Brasileira de Agroecologia – ABA de Julho de 2018.

Associação Brasileira de Saúde Coletiva – ABRASCO
Associação Brasileira de Agroecologia – ABA
Campanha Permanente Contra os Agrotóxicos e Pela Vida

Rio de Janeiro, São Paulo, Porto Alegre, 2021

Coordenador Nacional da Rede UNIDA
Túlio Batista Franco

Coordenação Editorial
Editor-Chefe: Alcindo Antônio Ferla
Editores Associados: Gabriel Calazans Baptista, Ricardo Burg Ceccim, Cristian Fabiano Guimarães, Márcia Fernanda Mello Mendes, Júlio César Schweickardt, Sônia Lemos, Fabiana Mânica Martins, Márcio Mariath Belloc, Károl Veiga Cabral, Maria das Graças Alves Pereira, Frederico Viana Machado.

Conselho Editorial
Adriane Pires Batiston (Universidade Federal de Mato Grosso do Sul, Brasil). Alcindo Antônio Ferla (Universidade Federal do Rio Grande do Sul, Brasil). Àngel Martínez-Hernáez (Universitat Rovira i Virgili, Espanha). Angelo Stefanini (Università di Bologna, Itália). Ardigó Martino (Università di Bologna, Itália). Berta Paz Lorido (Universitat de les Illes Balears, Espanha). Celia Beatriz Iriart (University of New Mexico, Estados Unidos da América). Denise Bueno (Universidade Federal do Rio Grande do Sul, Brasil). Emerson Elias Merhy (Universidade Federal do Rio de Janeiro, Brasil). Êrica Rosalba Mallmann Duarte (Universidade Federal do Rio Grande do Sul, Brasil). Francisca Valda Silva de Oliveira (Universidade Federal do Rio Grande do Norte, Brasil). Izabella Barison Matos (Universidade Federal da Fronteira Sul, Brasil). Hêider Aurélio Pinto (Universidade Federal do Recôncavo da Bahia, Brasil). João Henrique Lara do Amaral (Universidade Federal de Minas Gerais, Brasil). Júlio Cesar Schweickardt (Fundação Oswaldo Cruz/ Amazonas, Brasil). Laura Camargo Macruz Feuerwerker (Universidade de São Paulo, Brasil). Leonardo Federico (Universidad Nacional de Lanús, Argentina). Lisiane Bôer Possa (Universidade Federal de Santa Maria, Brasil). Liliana Santos (Universidade Federal da Bahia, Brasil). Luciano Bezerra Gomes (Universidade Federal da Paraíba, Brasil). Mara Lisiane dos Santos (Universidade Federal de Mato Grosso do Sul, Brasil). Márcia Regina Cardoso Torres (Secretaria Municipal de Saúde do Rio de Janeiro, Brasil). Marco Akerman (Universidade de São Paulo, Brasil). Maria Augusta Nicoli (Agenzia Sanitaria e Sociale Regionale dell'Emilia-Romagna, Itália). Maria das Graças Alves Pereira (Instituto Federal do Acre, Brasil). Maria Luiza Jaeger (Associação Brasileira da Rede UNIDA, Brasil). Maria Rocineide Ferreira da Silva (Universidade Estadual do Ceará, Brasil). Paulo de Tarso Ribeiro de Oliveira (Universidade Federal do Pará, Brasil). Ricardo Burg Ceccim (Universidade Federal do Rio Grande do Sul, Brasil). Rodrigo Tobias de Sousa Lima (Fundação Oswaldo Cruz/Amazonas, Brasil). Rossana Staevie Baduy (Universidade Estadual de Londrina, Brasil). Sara Donetto (King's College London, Inglaterra). Sueli Terezinha Goi Barrios (Associação Rede Unida, Brasil). Túlio Batista Franco (Universidade Federal Fluminense, Brasil). Vanderléia Laodete Pulga (Universidade Federal da Fronteira Sul, Brasil). Vera Lucia Kodjaoglanian (Laboratório de Inovação Tecnológica em Saúde/LAIS/UFRN, Brasil). Vera Maria da Rocha (Associação Rede Unida, Brasil). Vincenza Pellegrini (Università di Parma, Itália).

Conselho editorial Hucitec Editora
Gastão Wagner de Sousa Campos
Jose Ruben de Alcântara Bonfim
Maria Cecália de Souza Minayo
Marco Akerman
Yara Maria de Carvalho

FICHA CATALOGRÁFICA
Dados Internacionais de Catalogação na Publicação (CIP)
Ficha catalográfica elaborada pelo bibliotecário Pedro Anizio Gomes - CRB-8 8846

F911d   Friedrich, Karen (org.).

Dossiê contra o Pacote do Veneno e em Defesa da Vida!/ Organizadores: Karen Friedrich, Murilo Mendonça Oliveira de Souza, Juliana Acosta Santorum, Amanda Vieira Leão, Naíla Saskia Melo Andrade e Fernando Ferreira Carneiro; Prefácio de Leonardo Melgarejo e João Pedro Stedile. – 1. ed. – Porto Alegre: Rede Unida; Rio de Janeiro: ABRASCO; São Paulo: Expressão Popular; Hucitec, 2021.

336 p. (Série Saúde, Ambiente e Interdisciplinaridade, v.2).

ISBN 978-65-5891-030-5 (EXPRESSÃO POPULAR)
ISBN 978-65-86039-92-4 (HUCITEC EDITORA)
ISBN 978-65-991956-6-2 (ABRASCO)
ISBN 978-65-87180-51-9 (REDE UNIDA E-BOOK: PDF)
DOI 10.18310/9786587180519

1. Agroquímicos. 2. Agricultura Sustentável. 3. Saúde Ambiental. 4. Meio Ambiente. 5. Ecologia. I. Título. II. Assunto. III. Organizadores.

CDD 577:614
CDU 504.05:614

ÍNDICE PARA CATÁLOGO SISTEMÁTICO
1. Ecologia / Meio ambiente / Biodiversidade; Saúde pública.
2. Meio ambiente, ação do homem; Saúde pública.

Projeto Gráfico e Diagramação: Webert da Cruz | Coletivo Retratação
Fotografias: Myke Sena e Webert da Cruz | Coletivo Retratação
Ilustrações: Oberon Blenner
Apoio: Instituto Ibirapitanga, Fiocruz
Parceria: Articulação Nacional de Agroecologia
Editoras: ABRASCO, Expressão Popular, HUCITEC, Rede Unida

EDITORA EXPRESSÃO POPULAR
Rua Abolição, 201 - Bela Vista
CEP: 01319-010 - São Paulo - SP
Tel: (11) 3112-0941
livraria@expressaopopular.com.br
www.expressaopopular.com.br
Facebook: ed.expressaopopular
Instagram: editoraexpressaopopular

HUCITEC EDITORA
Rua Dona Inácia Uchoa, 209 - Vila Mariana
CEP: 04110-020 - São Paulo - SP
Tel: (11) 3892-7776
editorial@huciteceditora.com.br
www.huciteceditora.com.br
Facebook: huciteceditora
Instagram: @hucitec

Editora REDE UNIDA
Rua São Manoel, 498
Bairro Santa Cecília – Porto Alegre – RS
(51) 3391-1252
editora@redeunida.org.br
https://editora.redeunida.org.br/

ASSOCIAÇÃO BRASILEIRA DE SAÚDE COLETIVA
Av. Brasil, 4365, Campus Fundação Oswaldo Cruz (Fiocruz)
 Prédio do CEPI – DSS – Manguinhos
CEP 21040-900 – Rio de Janeiro – RJ
(21) 2560-8699
abrasco@abrasco.org.br | abrasco.org.br

ORGANIZADORES(AS)

Karen Friedrich
Murilo Mendonça Oliveira de Souza
Juliana Acosta Santorum
Amanda Vieira Leão
Naila Saskia Melo Andrade
Fernando Ferreira Carneiro
ABRASCO, ABA – Associação Brasileira de
Agroecologia e Campanha Permanente Contra os
Agrotóxicos e Pela Vida

Autoras(es) e Pesquisadoras(es)

Aline do Monte Gurgel
Instituto Aggeu Magalhães – FIOCRUZ

Amanda Vieira Leão
**Gwatá - Núcleo de Agroecologia e Educação do
Campo –UEG**

Anamaria Testa Tambellini
GT Saúde e Ambiente da ABRASCO

Carlos de Melo e Silva Neto
Instituto Federal de Goiás – IFG

Cheila Nataly Galindo Bedor
GT Saúde e Ambiente da ABRASCO

Cleber Adriano Rodrigues Folgado
GT Agrotóxicos e Transgênicos da ABA

Daniela Queiroz Zuliani
Instituto de Desenvolvimento Rural – UNILAB e ABA

Denis Monteiro
Articulação Nacional de Agroecologia – ANA

Emília Jomalinis
Articulação Nacional de Agroecologia – ANA

Fernando Ferreira Carneiro
**GT Saúde e Ambiente da ABRASCO, FIOCRUZ Ceará
e Obteia/Nesp/UnB**

Flavia Londres
Articulação Nacional de Agroecologia – ANA

Franciléia Paula
**Campanha Permanente Contra os Agrotóxicos e
Pela Vida**

Geraldo Lucchese
GT Vigilância Sanitária da ABRASCO

Irene Cardoso
Universidade Federal de Viçosa – UFV

Jandira Maciel da Silva
Universidade Federal de Minas Gerais – UFMG

Jorge Huet Machado
FIOCRUZ

Juliana Acosta Santorum
**Campanha Permanente Contra os Agrotóxicos e
Pela Vida**

Karen Friedrich
**GT Saúde e Ambiente da ABRASCO, FIOCRUZ,
UNIRIO, CODEMAT/MPT**

Leonardo Melgarejo
Associação Brasileira de Agroecologia – ABA

Lia Giraldo da Silva Augusto
GT Saúde e Ambiente da ABRASCO

Luiz Claudio Meirelles
CESTEH/ENSP/FIOCRUZ

Luiz Roberto Santos Moraes
GT Saúde e Ambiente da ABRASCO

Marcelo Firpo
GT Saúde e Ambiente da ABRASCO, ENSP/FIOCRUZ

Murilo Mendonça Oliveira de Souza
GT Agrotóxicos e Transgênicos da ABA

Naiara Bittencourt
**Campanha Permanente Contra os Agrotóxicos e
Pela Vida**

Naila Saskia Melo Andrade
FIOCRUZ Ceará

Neice Muller Xavier Faria
Secretaria de Saúde de Bento Gonçalves

Nilton Luis Godoy Tubino
Brigada Adão Pretto – MST

Paulo Petersen
**AS-PTA e Associação Brasileira de Agroecologia
– ABA**

Rogério Augusto Neuwald
Brigada Adão Pretto – MST

Rogério Dias
Associação Brasileira de Agroecologia – ABA

Romier da Paixão Sousa
Associação Brasileira de Agroecologia – ABA

Tiago Camarinha Lopes
**Instituto de Economia da Universidade Federal de
Goiás – UFG**

Veruska Prado Alexandre
**GT Promoção da Saúde e Desenvolvimento
Sustentável da ABRASCO**

Vicente Almeida
FIOCRUZ Distrito Federal

SUMÁRIO

APRESENTAÇÃO	10
PREFÁCIO	16
1. ANÁLISE DAS BASES CIENTÍFICAS E TÉCNICAS DAS NOTAS PÚBLICAS CONTRA O PACOTE DO VENENO	**24**
1.1. Breve contexto	25
1.2. Linha do tempo	26
1.3. Como se posicionaram organizações, instituições e conselhos sobre o Pacote do Veneno	36
1.4. Algumas questões em aberto...	60
1.5. O enfraquecimento do marco legal de agrotóxicos no Brasil	67
2. CAMINHOS PARA A REDUÇÃO DO USO DE AGROTÓXICOS NO BRASIL	**80**
2.1. Agroecologia e promoção da saúde: uma reflexão a partir do mapeamento das políticas públicas estaduais	81
2.2. Municípios agroecológicos e políticas de futuro	104
2.3. Pontuações técnico-científicas a partir da análise da PNARA	112
3. DA DENÚNCIA AO ANÚNCIO: UM GRITO EM DEFESA DA VIDA	**134**
REFERÊNCIAS	140
POSFÁCIO: TODAS AS LUZES VERMELHAS SE ACENDERAM por Leonardo Boff	**152**
PRESENÇA DE AGROTÓXICOS EM ÁGUA POTÁVEL NO BRASIL	**156**
4. NOTAS PÚBLICAS SOBRE O PACOTE DO VENENO	**170**
4.1. Notas públicas de instituições científicas públicas	172
FIOCRUZ – Fundação Oswaldo Cruz	172
INCA – Instituto Nacional de Câncer	197
4.2. Notas públicas de sociedades científicas	201
ABA – Associação Brasileira de Agroecologia	201
SBEM – Sociedade Brasileira de Endocrinologia e Metabologia	203
SBMFC – Sociedade Brasileira de Medicina de Família e Comunidade	205
SBPC – Sociedade Brasileira para o Progresso da Ciência	211
4.3. Notas públicas de órgãos técnicos	213

ADAB – Agência Estadual de Defesa Agropecuária da Bahia 213
ANVISA – Agência Nacional de Vigilância Sanitária 216
DSAST/MS – Departamento de Vigilância em Saúde Ambiental e 222
Saúde do Trabalhador/Ministério da Saúde
IBAMA – Instituto Brasileiro do Meio Ambiente e dos Recursos 225
Naturais Renováveis
4.4. Notas públicas de órgãos de controle social 232
CNDH – Conselho Nacional dos Direitos Humanos 232
CNS – Conselho Nacional de Saúde 235
CONSEA – Conselho Nacional de Segurança Alimentar e Nutricional 237
FBCA – Fórum Baiano de Combate aos Impactos dos Agrotóxicos 250
FECEAGRO/RN – Fórum Estadual de Combate aos efeitos dos 252
Agrotóxicos na Saúde do Trabalhador, no Meio Ambiente e
na Sociedade
Fórum Nacional de Combate aos Impactos dos Agrotóxicos e 253
Transgênicos
MPCON – Associação Nacional do Ministério Público do 255
Consumidor

4.5. Nota pública de entidades de representação da gestão 259
estadual e municipal do SUS - Sistema Único de Saúde
Nota conjunta CONASS – Conselho Nacional de Secretários de 259
Saúde e CONASEMS – Conselho Nacional de Secretarias
Municipais de Saúde

4.6. Notas públicas de órgãos do poder judiciário 260
DPU – Defensoria Pública Geral da União 260
MPF – Ministério Público Federal 269
MPT – Ministério Público do Trabalho 278

4.7. Notas públicas de organizações da sociedade civil 294
SNVS – Servidores do Sistema Nacional de Vigilância Sanitária 294
Recomendações do relatório da Human Rights Watch - "Você não
quer mais respirar veneno"

4.8. Nota pública da ONU – Organização das Nações Unidas 302

4.9. Nota Pública EMBRAPA (favorável ao PL 6299/2002) 313

4.10. Nota Técnica FIOCRUZ sobre pulverização aérea 317

APRESENTAÇÃO

Há vários anos a bancada ruralista vem se articulando no Congresso Nacional para desmontar o já frágil aparato regulatório brasileiro, diminuindo a importância das medidas de proteção à saúde e ao ambiente no processo de registro e fiscalização do uso de agrotóxicos, em nome de uma suposta desburocratização e da falácia da produção de "alimentos mais seguros".

Um grande passo nessa direção foi dado com a aprovação do substitutivo do Projeto de Lei (PL) n.º 6.299/2002 em 2018. O PL, que trata da alteração no marco regulatório dos agrotóxicos e era objeto de análise em uma comissão especial no Congresso Nacional, foi alterado diversas vezes ao longo dos trabalhos, sendo a ele anexado um crescente número de projetos.

Desta forma, foi adotada a expressão "Pacote do Veneno", para dar a exata dimensão de um conjunto de medidas que têm a mesma pretensão: jogar mais veneno no nosso solo, no ar, na água e nos alimentos. A comissão especial era composta majoritariamente por deputados da bancada ruralista que, nas suas prestações de contas oficiais ao Tribunal Superior Eleitoral (TSE), registram fartos financiamentos de campanha pelo agronegócio, quando era permitido esse tipo de financiamento eleitoral.

Do outro lado, contra o Pacote do Veneno, se colocam instituições de pesquisa, sociedades científicas, órgãos técnicos das áreas de saúde e ambiente, e a sociedade civil organizada, incluindo a plataforma #ChegaDeAgrotóxicos que recolheu mais de 1.700.000 assinaturas. O debate alcançou a esfera da Organização das Nações Unidas (ONU), que enviou nota alertando para os perigos da proposta.

Com o objetivo de visibilizar e subsidiar esse debate que deve envolver toda a sociedade brasileira, a Associação Brasileira de Saúde Coletiva (ABRASCO) e a Associação Brasileira de Agroecologia (ABA-Agroecologia) organizaram em 2018 o Dossiê Científico e Técnico contra o Projeto de Lei n.º 6.229/2002 — o Pacote do Veneno e em favor do Projeto de Lei n.º 6.670/2016, que institui a Política Nacional de Redução de Agrotóxicos (PNARA). Para tanto, foram aqui reunidas as 25 Notas Técnicas públicas contrárias ao Pacote do Veneno, agregando uma análise integrada de todos os argumentos apresentados. A única nota técnica pública que apoiou o Pacote do Veneno, e mesmo assim com ressalvas, também foi analisada.

CONTRÁRIAS	Instituições Científicas Públicas	FIOCRUZ – Fundação Oswaldo Cruz
		INCA – Instituto Nacional de Câncer
	Sociedades Científicas	ABA – Associação Brasileira de Agroecologia
		SBEM – Sociedade Brasileira de Endocrinologia e Metabologia
		SBMFC – Sociedade Brasileira de Medicina de Família e Comunidade
		SBPC – Sociedade Brasileira para o Progresso da Ciência
CONTRÁRIOS	Órgãos Técnicos	ADAB – Agência Estadual de Defesa Agropecuária da Bahia
		ANVISA – Agência Nacional de Vigilância Sanitária
		DSAST/MS – Departamento de Vigilância em Saúde Ambiental e Saúde do Trabalhador/Ministério da Saúde
		IBAMA – Instituto Brasileiro de Meio Ambiente e dos Recursos Naturais Renováveis
	Entidades de Representação da Gestão Estadual e Municipal do SUS	Nota conjunta CONASS – Conselho Nacional de Secretários de Saúde e CONASEMS – Conselho Nacional de Secretarias Municipais de Saúde
	Órgãos do Poder Judiciário	DPU – Defensoria Pública Geral da União
		MPF – Ministério Público Federal
		MPT – Ministério Público do Trabalho

DOSSIÊ CONTRA O PACOTE DO VENENO E EM DEFESA DA VIDA

CONTRÁRIOS	Órgãos de Controle Social	CNDH – Conselho Nacional dos Direitos Humanos
		CNS – Conselho Nacional de Saúde
		CONSEA – Conselho Nacional de Segurança Alimentar e Nutricional
		FBCA – Fórum Baiano de Combate aos Impactos dos Agrotóxicos
		FECEAGRO/RN – Fórum Estadual de Combate aos efeitos dos Agrotóxicos na Saúde do Trabalhador, no Meio Ambiente e na Sociedade
		Fórum Nacional de Combate aos Impactos dos Agrotóxicos e Transgênicos
		MPCON – Associação Nacional do Ministério Público do Consumidor
CONTRÁRIAS	Organizações da Sociedade Civil	PLATAFORMA #ChegaDeAgrotóxicos
		Recomendações do relatório da Human Rights Watch – "Você não quer mais respirar veneno"
		SNVS – Servidores do Sistema Nacional de Vigilância Sanitária
	Organismo Multilateral	ONU – Organização das Nações Unidas
FAVORÁVEL	Órgãos Técnicos	EMBRAPA – Empresa Brasileira de Pesquisa Agropecuária

Ao mesmo tempo, de forma propositiva, são apresentados neste Dossiê os argumentos que justificam a aprovação do PL que institui a Política Nacional de Redução de Agrotóxicos (PNARA), que também foi analisado em comissão especial na Câmara dos Deputados no ano de 2018. Na ocasião, o parecer favorável do relator foi aprovado, fruto de uma potente mobilização social por investimentos públicos para que alternativas técnicas aos agrotóxicos sejam disseminadas e/ou desenvolvidas, contribuindo para a promoção de modelo de produção agrícola que, a um só tempo, atenda às necessidades de produção alimentar em quantidade, qualidade e diversidade, e ainda promovam a saúde coletiva e a conservação ambiental.

Passados mais de dois anos da aprovação do Pacote do Veneno e da PNARA, nas respectivas comissões especiais, estes PLs que consideramos antagônicos, ainda não foram apreciados pelo plenário da Câmara dos Deputados. Assim, a ABRASCO e a ABA-Agroecologia, agora em parceria com a Campanha Permanente Contra os Agrotóxicos e Pela Vida, fizeram o presente esforço de revisar e atualizar o Dossiê. Com isso, objetiva-se não apenas documentar todo o processo, como, e principalmente, também subsidiar técnica e cientificamente as lutas no cenário legislativo nas esferas federal, estadual e municipal, travadas por parlamentares e, sobretudo, pelos movimentos populares e organizações da sociedade civil em defesa da saúde humana e ambiental e da própria democracia.

Assim, pretendemos contribuir com um modelo de sociedade mais justa e sustentável, fomentando o debate com base em uma ciência que busca a promoção da vida e que não esteja refém dos interesses do mercado internacional e de seus agentes locais.

Presidência da ABA-Agroecologia
Romier da Paixão Sousa, 2018 -2019
Islandia Bezerra da Costa, 2020 - 2021

Presidência da ABRASCO
Gastão Wagner de Souza Campos, 2015 - 2018
Gulnar Azevedo e Silva, 2019 - 2021

Secretaria da Campanha Permanente Contra os Agrotóxicos e Pela Vida
Jakeline Furquim Pivato

PREFÁCIO

Neste ano de 2021 a Associação Brasileira de Saúde Coletiva (ABRASCO), a Associação Brasileira de Agroecologia (ABA-Agroecologia) e a Campanha Permanente Contra os Agrotóxicos e pela Vida retomam prática bem-sucedida, envolvendo a construção e a publicação coletiva de compêndio reunindo notas públicas lançadas no ano de 2018 denunciando os riscos do projeto de Lei n.º 6.299/2002 (Pacote do Veneno), que então tramitava em comissão especial da Câmara dos Deputados. Além de análise técnica destas notas, a presente publicação reúne conhecimentos fundamentais para a defesa da saúde humana e ambiental, bem como para a democracia participativa em nosso país.

Esta prática, já exercitada no ano de 2015 com o lançamento do *Dossiê Abrasco: um alerta sobre os impactos dos agrotóxicos na saúde (Dossiê ABRASCO)*, revelou-se tão acertada que, desde então, vem possibilitando ampla mobilização nacional, com audiências públicas e concretização de projetos de lei em diferentes estados e municípios, suscitando propostas de lei de escala nacional e, ainda, reações pelo agronegócio.

Cientes do acerto daquela iniciativa, que se evidenciou crescente após a edição em espanhol do *Dossiê ABRASCO* estendendo tal articulação a outros países da América Latina, ABRASCO, ABA e Campanha decidiram retomar a mesma estratégia, para contribuir com debates alimentadores da luta popular para a defesa da vida no momento em que a Câmara Federal encontra-se em condições de decidir sobre o Pacote do Veneno e a Política Nacional de Agroecologia (PNARA), o projeto de lei n.º 6.670/2016.

Trata-se de iniciativa estratégica que também se soma a atividades programadas em função do marco de dez anos de atividades da Campanha Permanente Contra os Agrotóxicos e Pela Vida. Convoca-se, desta forma, brasileiras e brasileiros a que se apropriem de conteúdos necessários ao protagonismo em defesa da vida. A Campanha reúne os esforços de mais de cem entidades, movimentos camponeses, populares, universidades e cientistas, que se colocaram com a missão de estudar, conhecer, acompanhar o uso perverso de agrotóxicos sobre nosso território, suas consequências para a saúde das pessoas, para os seres vivos que conosco coabitam e para a natureza em geral. O objetivo, de posse dessas avaliações da realidade, é que sejam disseminadas de maneira que informem à nossa sociedade, com base em uma perspectiva crítica, para que ela adote as iniciativas necessárias à interrupção dos crimes decorrentes do uso de agrotóxicos.

ABRASCO, ABA e Campanha se propõem, aqui, não apenas a denunciar atentados contra todos os seres vivos, que avançam em paralelo à alienação e destruição sistemática de bens comuns essenciais ao nosso futuro, como nação soberana. Trata-se, também, de apresentar alternativas para o enfrentamento e a superação de verdadeiro conluio entre os agentes de governo e os interesses internacionais das empresas, e de fazendeiros que formam o modelo do agronegócio predador aqui instalado. As organizações sociais responsáveis por este documento entendem fundamental o desvendamento de realidade perversa, construída por um agronegócio dependente de venenos proibidos em outros países, que aqui avança no rumo oposto dos interesses nacionais, com as garantias de um poder público subserviente e sob a proteção de leis e incentivos econômicos vergonhosos.

Em outras palavras, este documento constitui mais um passo de estímulo à consciência e ao protagonismo popular em defesa do país. Compreende, de um lado, a compilação interpretada e esclarecedora de fatos relacionados a mecanismos em andamento que, para ocultar crimes e oferecer anistia ao descumprimento da legislação vigente, buscam destruir regras já frágeis, mas que, se cumpridas, minimizam os danos causados por mais de um bilhão de litros de agrotóxicos pulverizados anualmente no território nacional. De outro lado, e principalmente, este documento traz e detalha o anúncio de práticas em andamento e medidas inovadoras que, quando implementadas, renovarão as perspectivas de futuro para um Brasil soberano, apoiado na proteção ambiental, na produção de alimentos saudáveis, respeitoso aos direitos humanos e atento às necessidades da ecologia planetária. Para tanto, ABRASCO, ABA e Campanha oferecem a descrição de processos envolvendo a construção democrática da PNARA, em oposição à maquinação articulada em favor do Pacote do Veneno e, contrastando-os, chama a todos para comprometimento com ações em defesa dos valores civilizatórios defendidos pela primeira e destruídos pelo último.

Descrevendo passos subjacentes às realidades propostas por aqueles caminhos antagônicos, as organizações responsáveis pela composição deste esforço integrado confiam que, assim informados e instrumentalizados, as brasileiras e os brasileiros se incorporarão de forma efetiva à onda que avança pela América Latina, com movimentos de massa e resultados eleitorais na Bolívia, México e Argentina e que anunciam alteração na correlação de forças que estabeleceu entre nós o obscurantismo que aqui se avoluma desde o golpe de 2016.

Espera-se que em 2021, também em nosso país, a indignação vença a apatia e a covardia. Compreende-se que, para tanto, será necessário que a conscientização social anule as mentiras e renove as esperanças, que como em 2002 venceram o medo. Visualizamos ou uma nação ativa em busca do atendimento das necessidades de seus povos, ou um país de cócoras, submetido a interesses externos, servindo de depósito para venenos expulsos de outros territórios, contando como números frios o acúmulo de crianças envenenadas e de ativistas perseguidos, silenciados ou mortos a bala, porque a isso se opõem nos campos, nas matas e nas ruas.

Entende-se, como ABRASCO, ABA e Campanha anunciam desde sua criação, que a vida com saúde é o bem maior, que a vida está acima do lucro, das empresas fabricantes de agrotóxicos e dos grandes proprietários de terra que totalmente pensam se beneficiar com este modelo de agronegócio ecocida. A vida, em sua abrangência, depende da qualidade do solo, das águas, dos alimentos e de relações ecos-sociais que se mostram fragilizadas pela ignorância daqueles agentes e seus apoiadores quanto ao metabolismo vital que nos envolve a todos e todas. É isto que agora está sob a ameaça direta do PL n.º 6.299/2002, que, portanto, deve ser desmascarado em todos os rincões. Pelo mesmo motivo, o PL n.º 6.670/2016 deve se tornar uma reivindicação nacional, uma bandeira de luta que em sua real dimensão, uma vez vencedora, abrirá caminhos e consolidará articulações fundamentais para o futuro dos povos deste país e dos vizinhos, onde tramitam processos assemelhados. Espera-se que a divulgação dos conteúdos aqui reunidos contribua de forma objetiva para mobilização popular com vistas ao enfrentamento de narrativas mentirosas a respeito de ações e intenções criminosas contra a saúde, a cultura, os modos de ser e a própria vida de nossos povos e suas lideranças. Os conteúdos deste documento, que deve ser lido, estudado e reproduzido com atenção responsável, apontam no sentido reclamado pelo Papa Francisco, chamando ao comprometimento humano contra o aprofundamento das desigualdades, dos crimes ambientais, da miséria e da subordinação completa a valores do consumismo e do individualismo, que destroem a essência vital do planeta. Trata-se, portanto, de opção consciente a ser tomada por cada pessoa, no enfrentamento a si mesmo, a seus vícios, fraquezas e comodismos, em defesa de sua própria humanidade. Neste sentido, aponta para uma construção social, coletiva, que não emergirá ao acaso, pois exige reação ao veiculado em mídias e ambientes dominados por informações tendenciosas. O esclarecimento aqui referido exigirá esforços, leituras e críticas às narrativas e à realidade por elas desenhada, levando em conta onde, como e porque ocorrem os acúmulos de benefícios, prejuízos e iniquidades. Quem ganha, quem perde e a quem servem os argumentos que dizem ser necessário e natural o esfacelamento da Constituição de 1988 e a emergência de leis opostas ao desenvolvimento humano que vêm ocorrendo no Brasil? Cabe à sociedade responder.

Espera-se que os militantes, as entidades e os movimentos comprometidos com o desenvolvimento nacional encontrem no esforço de muitos, aqui contido, importante instrumento de trabalho para suas ações com vistas à conscientização social.

Concluindo, reafirma-se cumprimentos a todos e a todas que aplicaram suas energias e vontades para realização deste trabalho.

Leonardo Melgarejo
João Pedro Stedile

1. ANÁLISE DAS BASES CIENTÍFICAS E TÉCNICAS DAS NOTAS PÚBLICAS CONTRA O PACOTE DO VENENO

1.1. Breve contexto

O PL n.º 6.299/2002 e a maior parte dos projetos de lei a ele anexados foram colocados em discussão no Congresso Nacional em um momento crítico para a defesa de direitos fundamentais e para a consolidação das conquistas democráticas garantidas pela Constituição Cidadã de 1988.

No campo da comunicação, há um novo paradigma que repercute nas relações humanas e interpessoais, não somente banalizando a importância da defesa dos direitos sociais e humanos e criminalizando os movimentos que lutam pelos seus direitos — à terra, à alimentação adequada, à igualdade racial e de gênero — como também estimulando os discursos de ódio e episódios de violência. Vários casos recentes, principalmente durante o processo de debate sobre o PL n.º 6.299/2002, clamado pela sociedade, mostram a parcialidade da grande mídia na divulgação de informações que apontam o risco de produtos e empreendimentos que sustentam o modelo químico dependente. Nesses casos viu-se a divulgação de dados de fontes não confiáveis e até a publicação de reportagens onde os "dois lados" do problema não eram mostrados, privilegiando-se os setores que defendiam a aprovação do PL n.º 6.299/2002.

Em paralelo, a escassez de recursos públicos destinados à saúde, à educação e à ciência e tecnologia dificulta a realização de pesquisas voltadas para atender às reais demandas da sociedade. Aliada a essa situação, há a interferência dos detentores dos meios de produção na definição das prioridades de pesquisa, privilegiando a realização daquelas alinhadas aos interesses do grande capital.

Essa breve contextualização revela que o PL n.º 6.299/2002 se associa a outras ameaças que desabam sobre os temas da saúde e ambiente, de forma especialmente acelerada no Brasil pós-golpe jurídico parlamentar e midiático que destituiu a presidenta Dilma de seu cargo no ano de 2016. Aí estão o desmonte dos processos de legislação ambiental, o esvaziamento das tímidas políticas públicas voltadas à produção de alimentos orgânicos e de base agroecológica, o desaparecimento dos sistemas de acesso à saúde para as populações do campo, floresta e águas e a crise de insegurança que acaba com as perspectivas de soberania alimentar e nutricional, recolocando o país no mapa da fome.

Uma crise ética e moral se consolida nas políticas públicas por meio de um Congresso Nacional tutelado por interesses de setores dominados por transnacionais, no/do agronegócio, da indústria química, da energia e da mineração. Esta realidade opera de forma ágil para entregar nossos bens naturais e reservas energéticas ao monopólio empresarial de outros países.

1.2. Linha do tempo da defesa por uma política de redução de agrotóxicos

O modelo de produção agrícola é fortemente disputado por grandes corporações do agronegócio, sendo aí perceptível o domínio do capital sobre a política brasileira. Empresas produtoras e comercializadoras de *commodities*, sementes e insumos diversos, indústrias fabricantes de agrotóxicos, frigoríficos e outras investidoras no setor, se apropriam da política de uma forma que, no âmbito legislativo brasileiro, por meio da Frente Parlamentar da Agropecuária (Brasil, 2019a), contam com 243 deputados e 39 senadores, que representa 47,5% de apoio no Congresso Federal.

No âmbito executivo, a situação em relação à saúde e ao meio ambiente é semelhante e criam-se os meios para viabilizar recursos, políticas e programas que favoreçam a macropolítica. Entre 2010 e 2015 foram registrados 815 agrotóxicos e entre 2016 e 2020 este número mais que dobrou, sendo liberados 2.009 agrotóxicos[1]. Somente nos dois primeiros anos do governo de Jair Bolsonaro foram liberados 906 registros. Essas liberações se sustentam apenas em argumentos econômicos de validade duvidosa, pois muitos dos produtos autorizados no Brasil não têm uso permitido em outros países, por seus efeitos prejudiciais comprovados à saúde e ao meio ambiente. Por outro lado, o mesmo governo que libera intensamente os agrotóxicos, não investe na fiscalização da fabricação local e uso, da importação destes produtos. Também não atende à demanda por investimentos na Assistência Técnica e Extensão Rural (ATER) para os pequenos agricultores, que garantiria certa orientação ao uso, agravando ainda mais os riscos de todos, diante da contaminação da água e dos alimentos que chegam à mesa dos(as) consumidores(as).

---

[1] Referentes aos atos publicados pelo Ministério da Agricultura, Pecuária e Abastecimento (MAPA) até 26 nov. 2020.

Apesar da série de benefícios para a agricultura concentradora de terra e de riqueza, que produz *commodities* e não alimentos, mesmo com a extinção ou enfraquecimento dos espaços de participação social, chamamos atenção para a crescente resistência e luta coletiva para fortalecer a agricultura familiar agroecológica, a redução do uso de agrotóxicos e a produção de alimentos saudáveis.

O que trazemos como denúncia: o Pacote do Veneno

Em 12 de abril de 2016 foi instalada uma Comissão Especial na Câmara dos Deputados para emitir parecer sobre o PL n.º 3.200/2015, de autoria do deputado Covatti Filho, que

> dispõe sobre a pesquisa, a experimentação, a produção, a embalagem e rotulagem, o transporte, o armazenamento, a comercialização, a propaganda comercial, a utilização, a importação, a exportação, o destino final dos resíduos e embalagens, o registro, a classificação, o controle, a inspeção e a fiscalização de defensivos fitossanitários e de produtos de controle ambiental, seus componentes e afins, e dá outras providências e institui, na estrutura do Ministério da Agricultura, Pecuária e Abastecimento, a Comissão Técnica Nacional de Fitossanitários – CTNFito e dá outras providências.

A deputada Tereza Cristina, atualmente ministra da agricultura no governo Bolsonaro, presidiu aquela comissão especial. O deputado Luiz Nishimori foi o relator. Em 2017, o PL n.º 3.200/2015 foi apensado ao PL n.º 1.687/2015, que em 2016 havia sido apensado ao PL n.º 6.299/2002, de autoria do senador Blairo Maggi, ao qual a Comissão Especial passou a se referir. Atualmente, o PL n.º 6.299/2002 tem 41 apensados, todos no sentido de alterar a Lei n.º 7.802, de 1989, para modificar o sistema de registro de agrotóxicos, seus componentes e afins. Entretanto, nem todos estão alinhados, alguns são mais restritivos, no sentido da redução ou proibição de agrotóxicos. O PL n.º 3.200/2015 é o que traz um conjunto mais amplo de retrocessos, prevendo a revogação da atual legislação de agrotóxicos (Brasil, 2015).

Em 2018, o relatório foi aprovado na Comissão Especial e o substitutivo já pode ser votado em plenário (Brasil, 2018). O texto final altera o termo "agrotóxico" para "pesticida", uma forma de disfarçar a realidade e diminuir a percepção de risco da população. Dá também maior poder ao Ministério da Agricultura, Pecuária e Abastecimento (MAPA), que passaria a ser o órgão responsável pelo registro dos agrotóxicos, restando ao IBAMA e à ANVISA apenas homologar avaliações do MAPA. O Pacote do Veneno incorpora ainda uma série de flexibilidades e vantagens sobre liberação de agrotóxicos permitindo criar uma indústria de registros temporários ou mesmo a fabricação para exportação de venenos de uso proibido no Brasil.

Diversas entidades se posicionaram publicamente contra o Pacote do Veneno, a exemplo: INCA, FIOCRUZ, ANVISA, Ministério Público do Trabalho, Ministério Público Federal, Defensoria Pública da União e a ONU. Houve também intensa mobilização nas audiências públicas, o que resultou em dificuldades para a aprovação daquele PL.

O que defendemos como anúncio: uma Política Nacional de Redução de Agrotóxicos – PNARA

Se o uso de agrotóxicos e a decorrente intoxicação aumentam a cada ano, também a preocupação da população com a alimentação e com a qualidade da água consumida parece se elevar. A plataforma Chega de Agrotóxicos[2] já conta com mais de 1.700.000 assinaturas pedindo a rejeição do Pacote do Veneno e a aprovação da PNARA (Chega de engolir tanto agrotóxico, 2020).

Movimentos sociais e sindicais, Organizações não Governamentais (ONGs), entidades de pesquisa e de apoio à produção há muito tempo discutem e defendem a necessidade de políticas públicas de fomento à produção agroecológica e orgânica com a consequente redução de agrotóxicos e a transição de modelo agrícola. Mediante a articulação da sociedade civil e diálogo com o governo nos espaços de participação e controle social, no ano de 2012 foi lançada a Política Nacional de Agroecologia e Produção Orgânica (PNAPO). Evidenciava-se, assim, estreita relação entre uso de agrotóxicos e impactos socioambientais como a degradação do solo, a contaminação de água e alimentos e as ameaças à saúde e qualidade de vida da população. Em decorrência, foi constituído pelo governo, com participação da sociedade, um Grupo de Trabalho responsável pela elaboração de uma proposta para reduzir as facilidades para produção, importação, registro e uso de agrotóxicos no Brasil, o que resultou no Programa Nacional de Redução de Agrotóxicos (PRONARA).

---

[2] A plataforma está disponível em: <https://www.chegadeagrotoxicos.org.br/>. Acesso em: 25 set. 2020.

No final do ano de 2014, o texto do PRONARA já havia sido aprovado na Comissão Nacional de Agroecologia e Produção Orgânica (CNAPO), mas nunca foi implementado devido por conta dea resistências impostas pelo MAPA. Assim, um conjunto de entidades optou pela estratégia de transformar o programa em uma política, que foi apresentada à Comissão de Legislação Participativa da Câmara dos Deputados pela ABRASCO. E em 13 de dezembro de 2016, a proposta se converteu no PL n.º 6.670/2016, de autoria da Comissão de Legislação Participativa que institui a PNARA.

Em 7 de fevereiro de 2017, o Presidente da Câmara publicou o ato de criação da Comissão Especial que vai analisar o PL n.º 6.670/2016. O Deputado Alessandro Molon foi eleito presidente da Comissão e o Deputado Nilto Tatto foi escolhido como relator daquele PL. Foram realizadas diversas audiências públicas para debater o texto do PL, que em 4 de dezembro de 2018 foi aprovado. Desde então, o Projeto se encontra em condição de ser votado no plenário da Câmara.

A PNARA, que tem como objetivo aperfeiçoar a atual lei de agrotóxicos na garantia do direito à saúde da população e ao meio ambiente equilibrado, propõe, entre outros pontos:

- Avaliação periódica de agrotóxicos ao menos a cada 10 anos;
- Estímulo aos Sistemas de Produção Orgânica e de base Agroecológica;
- Remoção de subsídios e benefícios tributários para a utilização de agrotóxicos;
- Incentivo às compras governamentais de alimentos oriundos de sistemas de produção sem agrotóxico, de base orgânica ou agroecológica;
- Incentivo econômico superior a 20% aos produtos agroecológicos nas demais compras do governo federal;
- Aprimoramento do Programa de Análise de Resíduos de Agrotóxicos de Alimentos (PARA), a ser implementado posteriormente pela ANVISA;
- Estipulação de metas para identificação, mapeamento e redução de: (a) área plantada e agrotóxicos; (b) casos de intoxicação; (c) número de casos e dos níveis de resíduos de agrotóxicos en-

contrados nos recursos hídricos e, em especial, nos mananciais de captação de água potável; (d) uso de agrotóxicos com efeitos sobre organismos benéficos, principalmente os polinizadores; (e) utilização de agrotóxicos com maiores níveis de toxicidade.

Veja as principais diferenças entre a PNARA e o Pacote do Veneno no Quadro 1:

Quadro 1 - Diferenças entre Pacote do Veneno e PNARA

Pacote do Veneno	PNARA
Mudança do termo "agrotóxico" para "pesticida".	Estímulo aos Sistemas de Produção e Tecnologias Agropecuárias Sustentáveis (SPTAS).
A vedação da importação e produção de agrotóxicos restringe-se aos "riscos inaceitáveis". Atualmente, a lei define claramente a proibição para agrotóxicos que revelem características teratogênicas, carcinogênicas, mutagênicas, distúrbios hormonais e danos ao aparelho reprodutor.	Remoção de subsídios e de benefícios tributários para a utilização de agrotóxicos.
Maior poder ao MAPA, que seria o órgão responsável pelo registro dos agrotóxicos. Hoje o registro passa pelo IBAMA, pela ANVISA e MAPA. O MAPA passa a ser o órgão registrador e IBAMA e ANVISA podem apenas avaliar ou homologar avaliações.	Criação do Sistema Nacional de Informações sobre Agrotóxicos e Agentes de Controle Biológico (SINAG).
Permanece o registro eterno de agrotóxicos no Brasil. Restringe a reavaliação a ocorrência de avisos de órgãos internacionais.	Incentivo às compras governamentais de alimentos oriundos de sistemas de produção sem agrotóxico, de base orgânica ou agroecológica.

Atualmente, não existe um prazo fixo para que os órgãos do Governo Federal se manifestem sobre pedido de pesquisa ou de liberação comercial de agrotóxicos. O PL delimita uma série de prazos rápidos (até 2 anos) e ainda prevê pena de responsabilidade aos órgãos federais registrantes se não cumpridos os prazos de registro e reavaliação.	Estipulação de metas para redução de área plantada e agrotóxicos; dos casos de intoxicação; do número de casos e dos níveis de resíduos de agrotóxicos encontrados nos recursos hídricos e, em especial, nos mananciais de captação de água potável; do uso de agrotóxicos com efeitos sobre organismos benéficos, principalmente os polinizadores; da utilização de agrotóxicos com maiores níveis de toxicidade.
Quando não houver a manifestação conclusiva pelos órgãos responsáveis pela Agricultura, Meio Ambiente e Saúde dentro dos prazos estabelecidos para registro de um agrotóxico, este receberá uma autorização temporária. Na prática pode criar a indústria dos registros temporários.	Ampliação gradativa de produtos orgânicos no Programa de Aquisição de Alimentos (PAA) e no Programa Nacional de Alimentação Escolar (PNAE), com incentivo econômico de 30%.
Os agrotóxicos destinados exclusivamente à exportação serão dispensados de registro no órgão registrante. Também são dispensados da apresentação dos estudos agronômicos, toxicológicos e ambientais.	Incentivo econômico superior a 20% aos produtos agroecológicos nas demais compras do governo federal.
Cria o receituário agronômico de gaveta, isto é, o profissional habilitado poderá prescrever receita agronômica antes da ocorrência da praga.	Vedação de procedimentos pelas instituições financeiras que vinculem ou induzam a utilização de pacotes tecnológicos baseados em produtos agroquímicos na contratação do crédito rural oficial e do seguro rural.

O substitutivo autoriza a recomendação de mistura em tanque de agrotóxicos, sob responsabilidade do engenheiro agrônomo.	Aprimoramento do Programa de Análise de Resíduos de Agrotóxicos de Alimentos – PARA, a ser implementado pela ANVISA.
	Avaliação periódica de agrotóxicos ao menos a cada 10 anos.

Fonte: PL n.º 6.299/2002 e PL n.º 6.670/2016. Organização dos autores (2020).

LINHA DO TEMPO PACOTE DO VENENO

2.002.
PL n.º 6.299/02 apresentado no Senado

2.012.
Lançada a PNAPO

2.014
PRONARA aprovado na CNAPO

2.015
PL n.º 3.200 apresentado na Câmara

2016

Comissão Especial instalada na Câmara para apreciar PL n.º 3.200/15

2016

PL n.º 1.687/2015 apensado ao PL n.º 6.299/2002

2016

Proposta apresentada pela ABRASCO na CLP vira PL n.º 6.670/2016

2017

PL n.º 3.200/2015 foi apensado ao PL n.º 1.687/2015 e a Comissão Especial instalada na Câmara para apreciar PL n.º 3.200/15 passa a apreciar PL n.º 6.299/2002

2018

Parecer favorável aos PL n.º 6.299/02 e PL n.º 6.670/16 aprovados nas respectivas comissões especiais

Considerando a correlação de forças no congresso federal e o compromisso do executivo com o agronegócio, temos um cenário que dificulta o avanço de políticas públicas que visem aperfeiçoar a atual regulação dos agrotóxicos em uma perspectiva mais protetiva para a saúde e o ambiente.

Por isso, além de manter uma vigilância em relação aos PLs que tramitam em cenário nacional, é importante a articulação em cada território para o desenvolvimento de experiências que promovam a consciência da população e avancem em políticas municipais e estaduais protetivas, a exemplo do que já vem ocorrendo em alguns locais.

A Campanha Permanente Contra os Agrotóxicos e Pela Vida organizou uma cartilha[3] que orienta como elaborar projetos de lei para redução de agrotóxicos e um *folder* com propostas para as eleições municipais. Mantém também uma base de dados, em que constam as experiências legislativas já conquistadas em alguns estados e municípios do Brasil. Estes materiais podem ser acessados no site da Campanha[4], que recomenda sua ampla distribuição.

1.3. Como se posicionaram organizações, instituições e conselhos sobre o Pacote do Veneno

O Brasil do "Agro pop" (mas não popular)

Na última década, o Brasil tem se destacado como um país subserviente, restrito a funções secundárias na economia global, que o colocam entre os maiores consumidores de agrotóxicos, cultivadores de plantas transgênicas e exportadores de matéria-prima, avançando para o sucateamento das bases de transformação industrial.

Os agrotóxicos, adubos químicos e sementes geneticamente modificadas (transgênicas) formam alguns dos pilares que sustentam o modelo de produção agrícola hegemônico no país. A escassa relação entre os ganhos de produtividade daquelas sementes e sua demanda de insumos está impondo uma necessidade contínua de expansão das áreas de lavoura, para preservar a rentabilidade das explorações. Esta dependência da escala de produção vem impondo alterações na

---

[3] A cartilha está disponível em: <https://contraosagrotoxicos.org/sdm_downloads/como-criar-um-projeto-de-lei-estadual-ou-municipal-para-reduzir-os-agrotoxicos/>. Acesso em: 25 set. 2020.

[4] Os materiais estão disponíveis em: <https://contraosagrotoxicos.org/para-baixar/>. Acesso em: 25 set. 2020.

legislação ambiental, facilitando a ocupação de áreas de preservação. Também se associa a alterações na legislação fundiária, facilitando a ocupação de territórios de populações tradicionais, áreas indígenas e áreas de assentamentos de reforma agrária, pelo agronegócio exportador. Esse modelo de produção se caracteriza pelos grandes latifúndios, pelos crimes ambientais e pela destruição de modos de vida e culturas tradicionais.

Apesar de representar parcela significativa do Produto Interno Bruto (PIB) brasileiro, esse modelo gera crises sociais e impactos ambientais irrecuperáveis, como a perda da biodiversidade e alterações ecossistêmicas decorrentes do uso de produtos tóxicos. A concentração de terra e de renda estão associadas a relações injustas de trabalho, havendo registros de superexploração e formas análogas à escravidão, não sendo raros os atentados e as mortes de líderes de trabalhadores rurais, povos indígenas e comunidades tradicionais

No Brasil, os agrotóxicos são definidos e regulados pela Lei n.º 7.802 de 1989, e seu Decreto regulamentador n.º 4.074/2002. Em 1993, o Ministério da Saúde publicou uma Portaria que dispõe sobre os critérios de rotulagem, classificação e avaliação toxicológica. Em 1999, quando a ANVISA foi criada, a avaliação dos efeitos sobre a saúde humana dos agrotóxicos passou a ser de responsabilidade da Agência.

No mesmo ano de aprovação do decreto regulamentador da lei de agrotóxicos (2002), o então senador Blairo Maggi elaborou um PL para modificar aquela legislação em pontos cruciais que limitavam sua eficácia para a prevenção de intoxicações e casos de doenças crônicas graves e irreversíveis, como câncer e malformações fetais. Na época, a aprovação do PL já era apontada como a "salvação da lavoura", sem a qual a agricultura brasileira "não sobreviveria". Desde então, ainda com restrições previstas em lei, o Brasil veio se firmando no cenário internacional como grande consumidor de agrotóxicos e como exportador de *commodities*.

Obviamente, outros elementos que não os agrotóxicos, como os fertilizantes químicos e as sementes transgênicas também são responsáveis pelo destaque do Brasil no cenário internacional na produção de *commodities* agrícolas. Inicialmente, tivemos a ocupação de solos de alta produtividade, com o avanço dos crimes ambientais. Depois, a substituição de culturas destinadas à alimentação e ao consumo interno. Ao tempo, vultosos financiamentos públicos (incluindo isenção tributária) foram sendo historicamente destinados ao setor, que também recebia apoios indiretos no campo da pesquisa, da assistência técnica, dos favorecimentos legislativos. Se comparados aos irrisórios investimentos voltados aos agricultores e agricultoras familiares e à produção orgânica e de base agroecológica, os favorecimentos destinados ao agronegócio ilustram que interesses prevalecem e a quem cabe dirigir os rumos da nação.

Os fatos apontam que, embora muito se fale sobre a necessidade de modernização da lei de agrotóxicos desde 1989, a proposta de mudanças que a fragilizam vem se impondo no mundo real desde a publicação do seu decreto. Mesmo na ocasião não havia justificativa técnica ou dados oficiais que apontassem problemas no setor, que vem demonstrando crescimento expressivo desde então.

É possível evidenciar que os argumentos voltados à defesa do PL n.º 6.299/2002 não possuem base técnica ou científica. Trata-se de modernização de discurso apoiado em campanhas de *marketing* que seguem estratégias de mercado das indústrias transnacionais. Estas empresas produtoras de agrotóxicos e transgênicos, veem no Brasil em crise uma oportunidade para comercializar produtos que já não podem ser consumidos livremente em outros países. Venenos com elevada toxicidade, que ameaçam o presente e o futuro de populações e do ambiente natural, são aqui apresentados como necessários com o aval de agências públicas e negando o acúmulo de evidências científicas em contrário, disponíveis na bibliografia especializada internacional.

Apoiados por formadores de opinião e cientistas descontextualizados, deputados afirmam que não há contaminação porque na água de consumo humano são analisados 27 das centenas de agrotóxicos autorizados. Quando se constata a presença de resíduos, afirmam que ela não excede o limite tolerável por lei. Quando se observa que o limite de resíduos autorizados no Brasil, para o herbicida que mais se usa neste país, o glifosato, é cinco mil vezes superior ao limite autorizado para esse veneno na água de consumo da comunidade europeia, tratam de propor mudança na lei, retirando do Ministério da Saúde autoridade sobre este tema. Apenas desse produto são jogados sobre o território nacional, a cada ano, mais de duzentos milhões de litros. Os danos ambientais são tão relevantes que, constatado os efeitos cancerígenos do produto pela Agência Internacional de Pesquisa em Câncer (IARC, do inglês *International Agency for Research on Cancer*), legisladores descomprometidos com o drama nacional se apressam em aprovar mudança na lei, retirando do Ministério do Meio Ambiente (MMA) autoridade sobre o tema. Este é o PL n.º 6.299/2002, o Pacote do Veneno, que as transnacionais e seus agentes locais pretendem impor a todos os brasileiros.

Técnica e ciência em defesa da vida

As propostas legislativas em tramitação vêm sendo problematizadas por diferentes instituições da área do direito, saúde e ambiente. *O Dossiê Abrasco: um alerta sobre os impactos dos agrotóxicos na saúde*, publicado em 2012 e atualizado em 2015 (Carneiro *et al.*, 2012, 2015), se somou a outras pesquisas, a ações dos Fóruns Nacional e Estaduais de combate aos impactos dos agrotóxicos e a organizações da sociedade civil, ao jogar luz sobre parte do problema e ao apontar soluções.

O Dossiê aponta, com endosso de outras entidades, que a opção pelo agronegócio é determinante de riscos que levam ao adoecimento e morte das populações expostas aos agrotóxicos. Com esta relevância, e dada sua interveniência em tantas áreas da economia, o problema se colocava com dimensão estratégica a ser trabalhada por meio do fortalecimento das organizações de Estado, nas três esferas de governo. Também se mostrava necessário informar e envolver a sociedade; ampliar os programas de monitoramento de resíduos de agrotóxicos em alimentos; aumentar a capacidade laboratorial para atender as demandas de análise (a exemplo do monitoramento da água para consumo humano); capacitar os serviços de saúde para diagnosticar, tratar e notificar os casos de intoxicação; revisar o registro de produtos muito tóxicos já proibidos por outros países; extinguir a isenção tributária dos agrotóxicos; valorizar e investir nas experiências de produção de alimentos de forma orgânica e agroecológica, dentre outras medidas.

Poucas ações foram concretamente desenvolvidas para alcançar estes objetivos, mas muito se fez para facilitar ampliações no uso de agrotóxicos e transgênicos, fragilizando a atuação do Estado nos processos de fiscalização, de controle e registro desses produtos. Somado a isso, iniciativas visando mascarar os problemas patrocinadas pelo agronegócio, amplamente veiculadas na grande mídia corporativa, defendiam irrestritamente o modelo de agricultura químico-dependente: campanhas publicitárias; financiamento e cooptação de instituições públicas de pesquisas; constrangimentos, assédio e ameaças a instituições públicas, profissionais e pesquisadores que expressavam publicamente suas preocupações com os impactos à saúde e ao ambiente se incluem entre estes casos.

A votação do Pacote do Veneno na Comissão Especial coroa estes movimentos do setor industrial e dos grandes latifundiários, de forma direta ou mediados por lobistas que adotam métodos imorais. Não raros são os casos envolvendo pressões que beira uma chantagem político-econômica, quer sobre as instituições públicas do Estado brasileiro, quer sobre pesquisadores e lideranças de povos e comunidades tradicionais e de camponeses que há séculos produzem alimentos com respeito aos bens naturais. Não é irrelevante o fato de que neste período os conflitos pela terra registram um aumento dos casos de violência, com mortes de lideranças dos trabalhadores rurais, povos indígenas e comunidades tradicionais (CPT, 2020).

O que (e como) o Pacote do Veneno pretende em relação à saúde e ao ambiente?

Entre os 14 motivos apontados no parecer do relator Luiz Nishimori como justificativa para aprovação do Pacote do Veneno, não existe consideração aos efeitos negativos dos agrotóxicos sobre a saúde e/ou ambiente. A atualização da Lei n.º 7.802 de 1989, proposta pelo Pacote do Veneno, pretende a flexibilização dos pontos em que a lei vigente no Brasil se mostra protetiva para a saúde e para o ambiente. O deputado chegou a isto agregando vários projetos que de alguma forma tratavam do assunto, sempre cuidando de retirar deles quaisquer elementos que pudessem de alguma forma contrariar os interesses empresariais.

Assim, alguns itens da legislação que poderiam ser modificados para aumentar a proteção das pessoas e dos ecossistemas, e que eram objeto de projetos de lei apensados ao PL n.º 6.299/2002, foram sistematicamente rejeitados. Como exemplo, retira-se do corpo legal a possibilidade de proibir o uso de produtos altamente perigosos (PL n.º 713/1999, PL n.º 1.388/1999, PL n.º 7.564/1999, PL n.º 5.218/2016, PL n.º 4.412/2012); bem como de aprimorar as informações sobre toxicidade apresentadas no rótulo (PL n.º 49/2015, PL n.º 371/2015, PL n.º 461/2015) ou de obrigar a revisão periódica do registro (PL n.º 3.063/2011). Com isso, venenos de alta periculosidade serão distribuídos com informações restritas e, uma vez aprovados, dificilmente serão retirados do mercado. Trata-se de crimes contra a lei de informação e contra a saúde pública, visto que a cada ano temos novos argumentos a respeito dos perigos dos agrotóxicos usados no Brasil, onde, dentre os 50 mais utilizados, aqui já inclui 30 proibidos em outros países.

Portanto, o PL substitutivo aprovado não deixa dúvidas quanto ao fato de que defende os interesses e o lucro de quem produz e usa agrotóxicos, à revelia do que possa ocorrer com a saúde do povo e dos ecossistemas brasileiros.

É possível observar ainda que o parecer do relator adota expressões subjetivas e tendenciosas, não justificadas cientificamente, tais como "avaliação dos pesticidas e afins está desatualizada", "extremamente burocrático", "burocracia excessiva" e "ausência de transparência", para fundamentar quatro das premissas utilizadas como justificativa para a necessidade de alteração legislativa.

Esta redação mostra o que de fato o Pacote do Veneno pretende: acelerar o registro de produtos agrotóxicos, eliminando a exigência de processos de avaliação acurados, impossibilitando a prática dos estudos toxicológicos com antecipação a seu uso. Ademais, propõem a criação de autorizações por similaridade, ou em período provisório, verdadeiros testes a campo, com cobaias humanas, para produtos que não tenham cumprido a rotina acelerada de autorização de uso, além de autorizar a fabricação, aqui, de venenos proibidos no Brasil, como se houvesse possibilidade para, após, limitar ou controlar seu uso.

O que são "estudos toxicológicos"?

Estudos toxicológicos são experimentos realizados com animais de laboratório como ratos, camundongos, coelhos e outros nos quais se testam os efeitos que podem vir a ocorrer quando um ser humano entra em contato com o agrotóxico. De um lado temos que considerar as diferenças óbvias entre humanos e animais, que ocultam sintomas que não poderiam ser percebidos nos roedores, mas que impactam fortemente sobre os humanos. Como exemplo, considera-se a taxa de suicídios de agricultores que habitam áreas com uso relevante de organofosforados, inseticidas que afetam o sistema nervoso central.

Além disso, nos estudos de toxicidade o que se avalia é o ingrediente ativo (princípio ativo) do agrotóxico, na sua forma mais pura. Como apenas para o princípio ativo glifosato existem mais de 200 produtos comerciais no planeta, que se diferenciam pela presença de outras substâncias tóxicas que não entram nos testes, caracteriza-se neste ponto mais um mecanismo que ameaça a saúde pública.

E mesmo no caso dos princípios ativos, os testes não levam em conta efeitos combinatórios, que decorrem do contato com vários produtos. A combinação se dá nos organismos, e os responsáveis sabem disso, mas não consideram relevante o estabelecimento de testes para averiguar as implicações. O Pacote do Veneno, na verdade, propõe reduzir as análises insuficientes que hoje vigoram por lei.

Os resultados desses testes, que se sabe insuficientes, são apresentados pelas indústrias para a ANVISA, que após avaliação estabelece conceito sobre sua qualidade e suficiência para registrar e permitir o uso do agrotóxico, tendo em conta seus possíveis efeitos sobre a saúde humana. O Ministério do Meio Ambiente, através do IBAMA, faz algo similar para decisões sobre possíveis impactos do agrotóxico sobre o meio ambiente e os serviços ecossistêmicos ali vigentes.

Ocorre que tanto as decisões como os testes em que se baseiam são limitados na sua essência em decorrência de, entre outros fatores:

a) O modelo experimental em animal de laboratório não é capaz de mimetizar todas as reações e funções que podem ser observadas em um ser humano (problemas hormonais, psicológicos, problemas no sistema nervoso — motores cognitivos, emocionais).

b) As condições de exposição ocupacional não são passíveis de replicação pelos estudos realizados em animais de laboratório, pois geralmente têm início na vida adulta, diferem em variabilidade, são intermitentes e variam em intensidade tanto ao longo do dia quanto da vida.

c) Só é testado um único ingrediente ativo de agrotóxico (e vários são usados na agricultura, ou mesmo adicionado a uma mesma fórmula de um produto que é comercializado). O que ocorre, e não é novidade na área do conhecimento chamada toxicologia, é que substâncias químicas interagem e os efeitos podem ser imprevisíveis e irreversíveis.

d) Nos estudos experimentais há a separação de animais por sexo e a administração de um único produto, que é feita em laboratório, utilizando uma única via de exposição em cada estudo (oral, inalatória ou dérmica). Essas condições têm pouco em comum com o cenário de múltiplas exposições por meio de diferentes vias (ar, alimentos, água, cosméticos) a que os humanos estão expostos.

e) O produto formulado, que é o produto comercializado, é uma mistura de substâncias, incluindo um ou mais ingredientes ativos, e outras substâncias ditas inertes, mas que na verdade tem a função de aumentar o efeito do princípio ativo (sinergistas), de espalhar ou de manter por mais tempo o agrotóxico na planta e podem exercer efeitos sobre a saúde humana.

f) Podem ser gerados contaminantes ou produtos de degradação durante o processo de produção de um agrotóxico, que são gerados por reações químicas. Esses produtos podem ser mais tóxicos que o próprio ingrediente ativo e seus efeitos não são avaliados na análise toxicológica realizada pelos órgãos de registro dos agrotóxicos. Como exemplo, o herbicida 2,4-D costuma apresentar como contaminante dioxinas, substâncias altamente tóxicas, cancerígenas e desreguladoras endócrinas, que atingem o sistema reprodutivo. Esses e outros contaminantes, bem como os produtos da degradação do princípio básico, a exemplo do AMPA, no glifosato, deveriam ser monitorados. Entretanto, no Brasil é restrita, quando não nula a capacidade dos laboratórios, para avaliar e monitorar a presença de venenos aplicados em larga escala. Além disso, em grande parte dos casos, as análises são conduzidas pela própria indústria que produz os agrotóxicos, alimentando dúvidas relacionadas a potenciais conflitos de interesse.

g) Os estudos de laboratório não permitem observação de problemas relacionados à escala, que necessariamente ocorrem no mundo real. Considere, por exemplo, que estudos apontando inocuidade de um milho transgênico que carrega toxinas inseticidas e é tolerante aos herbicidas glifosato e 2,4-D, após liberado com base em observações realizadas em canteiros e em reações manifestadas por ratos alimentados com os grãos por no máximo noventa dias, passa a ser cultivado em milhões de hectares.

h) As equipes encarregadas do monitoramento dos impactos a campo são insuficientes em número e mal equipadas. A hipótese de que observações descuidadas nas fases prévias de avaliação serão compensadas *a posteriori* por meio de fiscalizações e monitoramentos é claramente ilusória.

O que o PL define como "desburocratização" é, em última instância, a redução do tempo para analisar estes resultados, a criação de dificuldades para que novos estudos sejam solicitados (o que é importante para muitos casos onde há dúvida sobre a segurança do produto para seres humanos) e, em algumas situações, a previsão de que os estudos sequer precisarão ser apresentados pela indústria. *De fato, a solução mais eficaz e segura seria investir — técnica, materialmente e em pessoal — nos órgãos responsáveis pelo registro e em uma rede pública de laboratórios credenciados para suporte especializado.*

O PL abre ainda outra prerrogativa extremamente preocupante ao estabelecer o tempo máximo de um ano para análise dos estudos (toxicológicos, ambientais) necessários para o registro. Caso a análise não seja realizada até encerrado o prazo, o agrotóxico poderá entrar no Brasil mesmo sem a anuência do órgão responsável, apenas tendo como base o parecer de outros países da Organização para a Cooperação e Desenvolvimento Econômico (OCDE) — que não necessariamente tenham as mesmas características ambientais, nutricionais e de vida do Brasil. Como relevante, observe-se aqui um fato peculiar: a proibição em diversos países da União Europeia não parece ter o mesmo peso para indicar a necessidade de revisão ou proibição do registro de um agrotóxico quanto a aprovação. Não raro observa-se que a aprovação de um agrotóxico serve como um argumento de pressão para a aprovação no Brasil.

Destaque-se, como aponta o IBAMA (2018, p. 4) no seu parecer técnico sobre o PL, "[...] não há isonomia na decisão entre a aprovação e restrição, pois o "Substitutivo" não trata dos casos de proibição em outros países". Seguindo esta lógica, deveria caber uma proibição imediata de agrotóxicos no Brasil, assim que houvesse a sua proibição em outros países por conta dos seus impactos sobre a saúde e ou ambiente, proposta esta não considerada pelo PL n.º 6.299/2002.

Que impactos trará o Pacote do Veneno ao propor a definição de "risco aceitável" para efeitos como câncer, mutação no material genético, malformações fetais, alterações hormonais e reprodutivas?

De acordo com a Lei n.º 7.802 de 1989, um agrotóxico associado a qualquer um dos efeitos como câncer, mutação no material genético, malformações fetais, alterações hormonais e reprodutivas é indicado para proibição. Trata-se de algo muito nítido e responsável, pois estamos diante de impactos que afetam gerações totalmente alheias aos interesses do presente. O PL prevê a revogação do artigo que trata desta matéria e que, consequentemente, permitirá o registro de produtos com esse potencial de dano, entendendo que existirão casos onde o risco poderá ser considerado "aceitável". Assume que o conceito de aceitabilidade passa por avaliação estatística, onde existirá algum número de crianças com malformações ou de famílias com óbitos que deve ser considerado "irrelevante", e, portanto, "aceitável".

Em outras palavras, o cálculo do "risco aceitável" se dá basicamente por meio da definição de doses nas quais esses efeitos, em tese, não se manifestariam. O que ocorre é que para muitos desses efeitos não é possível definir um limite de segurança. Isso porque vários deles ocorrem em condições de exposição a quantidades muito pequenas, como as presentes na água, nos alimentos, no ar e poderiam resultar em doenças como o câncer. Da mesma forma, efeitos sobre as funções hormonais e reprodutivas que podem ser induzidos a partir de poucas moléculas ligadas a genes específicos ou a receptores nas membranas das células. As malformações fetais também podem ser induzidas a partir da presença de substâncias em curtas janelas de tempo durante o processo de desenvolvimento intrauterino. Além disso, existem grupos populacionais com maiores fragilidades genéticas e susceptibilidade a danos, que fatalmente serão afetados por doses inferiores ao limiar de segurança imposto como limite para os riscos aceitáveis.

Uma vez que os limites de risco são distintos para os vários grupos, cabe ao Estado defender a todos na medida em que estamos tratando com doenças irreversíveis, que podem afetar gerações futuras. A prerrogativa adotada pelos legisladores que defendem este PL, de definir níveis considerados "aceitáveis" para a ocorrência dessas doenças apoiados em argumentos puramente econômicos, é ética e moralmente insustentável. Do ponto de vista humano, considerando os avanços da civilização e os preceitos da ciência e da democracia é possível afirmar que estamos diante de crime de escala colossal, ferindo os entendimentos acumulados pelas ciências do Direito, da Medicina e da Saúde Pública.

Essas preocupações e limitações da definição do risco foram mencionadas nos pareceres do IBAMA, INCA, FIOCRUZ, MPT e outros sobre o Pacote do Veneno.

Como o Pacote do Veneno se coloca diante dos tratados e organismos internacionais?

As notas públicas contra o Pacote do Veneno apontam questões críticas relativas ao seu impacto, considerando tratados internacionais e contemplando, inclusive, alguns dos quais o Brasil é signatário. Essas informações demonstram que o país avança no sentido oposto ao propugnado pela legislação internacional relacionada ao tema, até mesmo para casos em que já está formalmente comprometido.

O DSAST/MS (2018, p. 2) cita que o PL n.º 6.299/2002:

> contraria os critérios de regulação da Comunidade Europeia, alterados recentemente, de risco para perigo, igualando ao previsto na Lei em vigor no Brasil, com isso, a permissão de uso de agrotóxicos proibidos na União Europeia causará restrição as exportações brasileiras de produtos que contenham esses resíduos.

A aprovação do PL pode gerar restrição à comercialização de produtos brasileiros que contenham resíduos de agrotóxicos proibidos em outros países, bem como pela quantidade de diferentes agrotóxicos que neles possam ser encontrados nos alimentos. Somente nos últimos anos, identificou-se a presença de agrotóxicos em 58% (período de 2013-2015) e 51% (período 2017-2018) das amostras de alimentos analisadas pela ANVISA (2016, 2019e). Destaca-se que os agrotóxicos mais usados no país, como o glifosato, o 2,4-D e o paraquate não eram investigados no período 2013-2015. Entre os 270 agrotóxicos analisados no período 2017-2018, o 2,4-D e o glifosato foram incluídos pela primeira vez. Além disso, 27,3% (período 2013-2015) e 25,2% (período 2017-2018) dos alimentos analisados continham 3 ou mais agrotóxicos diferentes, chegando a 11 ou mais tipos diferentes de resíduos em uma única amostra de alimento (ANVISA, 2016, 2019e)[5].

Outro fato preocupante é que o PL define que a divulgação dos resultados de monitoramento de resíduos de agrotóxicos em alimentos passará à responsabilidade exclusiva do MAPA. Assim, aquele ministério dominado por interesses do agronegócio assumirá atribuições que, por definição, competem às pastas ministeriais da Saúde e do Meio Ambiente.

---

[5] Os dados foram apresentados com a finalidade de demonstrar a quantidade de alimentos analisados pelo PARA da ANVISA com resíduos de agrotóxicos. No entanto, não é possível comparar os resultados dos períodos 2013-2015 e 2017-2018 porque a metodologia de pesquisa foi alterada (alimentos e períodos de análise são diferentes). No período 2017-2018, ampliou-se de 25 para 36 o número de alimentos monitorados. Essa quantidade de alimentos, entretanto, não será analisada todos os anos. O novo plano amostral alterna os alimentos analisados a cada período, de forma que um determinado alimento será avaliado apenas uma vez a cada três anos. Isto é, aumentou-se a quantidade de alimentos analisados, porém com redução efetiva no número de itens realmente monitorados a cada ano.

Esse fato gera preocupações relacionadas à isonomia das pastas e, em consequência, à qualidade e a forma de divulgação dos resultados de monitoramento de resíduos. Com isso se despreza a *expertise* e a prática acumulada pelas áreas e serviços relacionados à proteção da saúde e ambiente, prejudicando a eficácia de ações de promoção da saúde, vigilância e prevenção dos casos de intoxicação, bem como aquelas relacionadas à qualidade da água e à proteção de espécies em risco de extinção.

Agravam-se, desta forma, ocorrências associadas à manipulação e à forma enviesada de divulgação dos últimos resultados do PARA da ANVISA. O maior poder do MAPA sobre aqueles serviços estenderá malefícios decorrentes da influência de setores econômicos sobre atividades e responsabilidades do Estado brasileiro para com a saúde humana e ambiental, com repercussões irremediáveis no longo prazo.

De acordo com os resultados divulgados do PARA do período 2013-2015 (ANVISA, 2016), apenas 1% dos alimentos analisados poderiam causar sinais e sintomas de intoxicação imediatamente após o consumo. A informação causou espanto, pois os efeitos mais esperados e preocupantes para o consumo de alimentos com resíduos de agrotóxicos se relacionam a manifestações tardias, decorrentes da ingestão continuada de pequenas doses que se somam em termos de impacto sobre os organismos. As intoxicações agudas de fato são raras, antes uma atitude criminosa, ou suicida, do que simples descuido de agricultores.

Por outro lado, a mesma pesquisa informava que 20% das amostras continham resíduos de agrotóxicos acima do limite permitido, fato que deve ser associado a riscos de intoxicações agudas ou crônicas (ANVISA, 2016). Ademais, a pesquisa indicava que um mesmo alimento continha diversos agrotóxicos, o que coloca impossibilidade de afirmações de inocuidade, dado que inexistem estudos e limites de segurança para estas combinações. Com isso, deve-se concluir que são falsas as afirmações de que quase 100% dos alimentos então avaliados estariam próprios para o consumo.

Na divulgação do relatório do período 2017-2018, a ANVISA distorceu informações atribuindo ênfase a dados supostamente positivos, desde o título da publicação: "Estudo: alimentos vegetais são seguros" (ANVISA, 2019f). No corpo do texto, alguns números são destacados e acompanhados de informações positivas, como nos trechos: "em 49% dos alimentos não foram encontrados resíduos de agrotóxicos"; nas amostras que detectaram resíduos de agrotóxicos, "28% estão dentro do limite permitido", portanto, "77% das amostras foram consideradas satisfatórias"; "0,89% das amostras apresenta potencial de risco agudo"; "os resultados não apontaram um potencial risco crônico para o consumidor"; nas amostras que apresentaram inconformidades (23%), "as inconformidades não implicam, necessariamente, risco ao consumidor".

Para o Instituto Brasileiro de Defesa do Consumidor – IDEC (2019) e para a Campanha Permanente Contra os Agrotóxicos e Pela Vida (2019b), a ANVISA adotou uma postura que tende a ocultar os riscos ao consumidor, transformando em peça de propaganda política aquilo que deveria ser um relatório técnico isento, uma vez que é necessário para informação da sociedade em tema relevante para a saúde da população. Essa postura é contrária aos deveres da ANVISA em promover a saúde da população.

As amostras que não identificaram agrotóxicos (49%) no período 2017-2018 são apresentadas pela ANVISA como regulares, sem nenhum alerta para o fato de que, nelas não foram identificados tão somente os 270 agrotóxicos analisados. Isto não significa que nas amostras não houvesse resíduos de outros produtos, uma vez que o número

As organizações da sociedade civil questionaram a pesquisa (IDEC, 2016) e denunciaram a manipulação das informações divulgadas na matéria publicada no site da ANVISA — onde a informação enfatiza que "quase 99% dos alimentos estão livres de resíduos de agrotóxicos que apresentam risco agudo para a saúde". A Campanha Permanente Contra os Agrotóxicos e Pela Vida (2016) divulgou em nota que esse relatório do PARA é "uma clara tentativa de ocultar os problemas causados pelos agrotóxicos no Brasil". A Confederação da Agricultura e Pecuária do Brasil (CNA) seguiu a mesma narrativa da ANVISA e publicou duas notícias em seu site nos dias 25 (dia da divulgação do relatório) e 29 de novembro de 2016, abordando a segurança dos alimentos produzidos no Brasil.

A sintonia entre as narrativas da ANVISA e da CNA pode ser percebida quando trecho do depoimento do então diretor-presidente da ANVISA Jarbas Barbosa, publicado originalmente na notícia de autoria da Agência para divulgação do relatório, compõe o texto da CNA: "«O alimento brasileiro *in natura* é seguro para consumo e temos que lembrar que frutas e hortaliças são essenciais para a dieta da população», disse o diretor-presidente da Anvisa, Jarbas Barbosa" (CNA, 2016).

Para a CNA esta edição do PARA foi "um divisor de águas baseado em uma verdade científica" (CNA, 2016). Outra instituição que também apresentou alinhamento com a narrativa da ANVISA é o Sindicato Nacional das Empresas de Aviação Agrícola (SINDAG), que em seu site publicou uma notícia que direciona para a página da Agência, intitulada "Mito: a aviação é responsável por grande parte da contaminação de alimentos" e afirma que "o último relatório do PARA, divulgado em 25 de novembro de 2016, referente a pesquisas feitas entre 2013 e 2015, com mais de 12 mil mostras de alimentos em 27 Estados, mostrou que as lavouras da lista atendidas em grande escala pela aviação agrícola (arroz, milho, trigo e banana) aparecem com zero porcento de contaminação [por agrotóxicos]" (SINDAG, 2016).

de agrotóxicos verificados nesta edição do PARA representa, segundo o IDEC (2019), metade dos ingredientes ativos disponíveis no mercado brasileiro.

A divulgação oficial deste tipo de interpretação compromete a credibilidade dos serviços, ofende o direito à informação, o direito do consumidor e a segurança alimentar e nutricional. A ocultação deliberada de riscos não apenas inibe ações dos serviços públicos de controle e fiscalização como induzem a atitudes descuidadas pela população.

Este tipo de resultado da contaminação de serviços de saúde por interesses do agronegócio revela ser fundamental para a sociedade que órgãos técnicos especializados, como a ANVISA e os órgãos de vigilância sanitária estaduais e municipais, se mantenham livres da influência do setor regulado. Os responsáveis pela avaliação dos estudos de contaminação e a comunicação de seus resultados à sociedade devem ser mantidos a cargo dos Ministérios da Saúde e do Meio Ambiente, com garantia de transparência e afeitos ao escrutínio da sociedade civil, ao contrário do que prevê o Pacote do Veneno.

No Parecer da ANVISA (2018, p. 2) sobre o PL n.º 6.299/2002 são apresentadas preocupações com a perspectiva de sua exclusão do monitoramento e da divulgação dos resultados de análise de agrotóxicos em alimentos:

> O monitoramento é realizado pela Anvisa por meio da coordenação do Programa de Análise de Resíduos de Agrotóxicos em Alimentos (PARA), além da fiscalização, ações de informação à sociedade e capacitação em Toxicologia. Com este conjunto de ações e competências, a ANVISA vem colaborando para organizar a utilização de agrotóxico na produção de alimentos, de modo a favorecer as ações para a proteção da saúde humana. No âmbito do monitoramento de resíduos em alimentos, um dos principais resultados do PARA é a evidência da necessidade de desenvolver um planejamento estratégico que possa reduzir os efeitos nocivos do uso inadequado dos agrotóxicos. Isso corrobora com a estratégia e necessidade do envolvimento da Agência Nacional de Vigilância Sanitária na regulação e controle de agrotóxicos.

A Nota Técnica do Ministério Público do Trabalho aponta violações de tratados internacionais no caso da aprovação do PL n.º 6.299/2002, como a Convenção n.º 155 da Organização Internacional do Trabalho (OIT), que dispõe sobre Saúde e Segurança dos Trabalhadores de 1983, ratificada pelo Brasil em 1992. Por meio da Convenção n.º 155 da OIT, o Brasil fica obrigado a prevenir os acidentes e os danos à saúde em decorrência do trabalho, como as atividades laborais onde os agrotóxicos são manipulados. O PL ofende esse compromisso prevendo uma série de flexibilizações que vão colocar as populações expostas, em especial os trabalhadores e trabalhadoras em situação de vulnerabilidade maior do que a já observada nos processos que envolvem a produção, armazenamento, transporte, comercialização e uso de agrotóxicos.

Essas modificações, no contexto da recém-aprovada reforma trabalhista também deixará gestantes e lactantes mais vulneráveis e susceptíveis aos efeitos dos agrotóxicos. A precarização das relações de trabalho, que atende aos mesmos interesses das grandes corporações, se soma a outras ameaças ao contrato social que vige na república federativa, permitindo dúvidas quanto à própria estabilidade dos direitos humanos universais, no Brasil.

A Convenção n.º 170 da OIT, relacionada à segurança na utilização dos produtos químicos no ambiente de trabalho, também se faz contrariada pelo texto do PL n.º 6.299/2002. Algo similar ocorre com nossos compromissos na Convenção de Roterdã (sobre Procedimento de Consentimento para o Comércio Internacional de Certas Substâncias Químicas e Agrotóxicos Perigosos), adotada no Brasil a partir do Decreto n.º 5.360 de 2005.

Ao permitir o uso de produtos onde as evidências de doenças crônicas graves já estão bem estabelecidas em estudos científicos, o PL também se contrapõe ao Princípio da Precaução, que tem força de lei no Brasil e em diversos países, em especial na União Europeia, desde o Protocolo de Cartagena, do qual somos signatários. Na Comunidade Econômica Europeia (CEE), este princípio atua como mecanismo fundamental para a preservação da saúde e do ambiente, estabelecendo que indícios de danos causados por um agente seriam suficientes para justificar sua revisão e até interromper seu uso de maneira que previna a exposição das pessoas e dos ecossistemas a seus efeitos. No texto, estabelece-se que a ausência de evidências de danos não pode ser confundida com a evidência de sua ausência, de forma que não cabe impor precarização nos serviços de análise para apontar ausência de contaminações, e com isso facilitar o uso de contaminantes.

O parecer favorável ao PL cita que a "avaliação de risco" seria obrigatória segundo tratados internacionais e que o Brasil estaria contrariando essas diretrizes ao proibir produtos que causam mutação, câncer, efeitos tóxicos para a reprodução, que são desreguladores endócrinos e causadores de malformações fetais (assim como ocorre na Europa). Esse posicionamento é propositalmente confuso e parte de premissas equivocadas.

Na verdade, o que os tratados da Organização Mundial do Comércio (OMC) determinam é que a restrição da comercialização de um produto deve responder a avaliações técnico-científicas (como a avaliação de risco). Aliás, existe aqui uma divergência da OMC com outros organismos internacionais, pois ela interpreta o princípio da precaução como condição que "impõe" barreiras ao livre comércio. Essa posição é maliciosa e equivocada, pois as restrições baseadas no princípio da precaução se dão a partir de base científica apoiada na compilação de evidências técnicas e comprovações fundamentadas, sendo por isso sustentáculo da legislação sanitária e ambiental dos países mais desenvolvidos do planeta.

Em relação ao Acordo Sobre a Aplicação de Medidas Sanitárias e Fitossanitárias (Acordo SPS) celebrado pelo Brasil no âmbito da OMC, não existem contradições no texto da Lei n.º 7.802 de 1989, que possam ser usadas como justificativas para sua "atualização". Esta informação consta em parecer da ANVISA (2018), ratificado pela Advocacia Geral da União mediante o Parecer Cons. n.º 89/2015/PF-ANVISA/PGF/AGU (*apud* ANVISA, 2018, p. 4):

> O Acordo SPS, ao mesmo tempo em que exige de seus signatários avaliação de risco para tomada de decisões sobre medidas sanitárias, reconhece a cada país a prerrogativa de estabelecer um nível apropriado de proteção para seu território. [...] Assim, ao determinar que todos os produtos agrotóxicos, nacionais ou importados, que comprovadamente possuam os efeitos adversos à saúde humana listados nas alíneas do §6.º, do artigo 3.º, da Lei n.º 7.802/89 sejam proibidos em seu território, o Estado brasileiro estabeleceu uma medida sanitária com fundamento científico, não discriminatória e baseada em um nível apropriado de proteção, atendendo aos ditames do Acordo SPS. Não se vislumbra, portanto, conflito ou incompatibilidade entre o dispositivo legal brasileiro e o Acordo SPS.

Em seu parecer, o relator do Pacote do Veneno ignora esse posicionamento com relação ao Acordo SPS. Além disso, outros dois fatos merecem ser elucidados:

a) Segundo o relator, o Brasil exclui da avaliação de risco doenças elencadas como proibitivas para registro segundo a legislação de 1989 (mutação, câncer, toxicidade reprodutiva, desregulação hormonal e malformação fetal), por esta razão deveria ser modificada.

Isso não é verdade. As avaliações de risco envolvem um processo de quatro etapas, e na primeira são identificados os efeitos que podem ser causados pelo agente. No âmbito da legislação de 1989, nesta primeira etapa, quando são identificados os efeitos acima, o agrotóxico não pode ser registrado. Simples assim, se causa câncer, malformação fetal, desregulação hormonal, não pode ser usado e, portanto, não há sentido em dispender recursos calculando níveis de risco. Trata-se de posição responsável estabelecida na legislação que o PL n.º 6.299/2002 pretende alterar, pois substâncias que causam tais danos, comumente irreversíveis, possam ser colocadas no mercado. Os agravos decorrentes destes danos geram altos custos para o Sistema Único de Saúde (SUS) e causam tamanho sofrimento para os afetados, suas famílias e suas comunidades, que não percebem os valores civilizatórios nos retrocessos propostos pelo Pacote do Veneno.

b) O conjunto de modificações do PL — retirar os critérios de proibição, restringir o monitoramento de agrotóxicos em alimentos e comprometer a idoneidade da divulgação desses resultados, restringir as ações de fiscalização e retirar a responsabilidade dos órgãos de saúde e de meio ambiente — prejudicam a imagem do governo e fragilizam as relações comerciais dos produtos brasileiros.

A aprovação do PL revelará ao mundo que no Brasil a avaliação de danos causados pelos agrotóxicos não é realizada pelos órgãos de saúde e ambiente, mas sim por setor interessado na promoção do PIB agrícola, sem levar em conta os riscos às pessoas e aos ecossistemas. Esta circunstância, com o agravo dos danos a povos indígenas e comunidades tradicionais, colocará os produtos brasileiros sob suspeição, sujeitando o país a sanções comerciais. Não se trata apenas da possibilidade dos produtos comercializados carregarem venenos de elevado potencial tóxico, verdadeiros gatilhos de doenças graves. Também serão computadas circunstâncias que no presente avançam de forma sutil, como a extinção de abelhas e outros polinizadores, ou como as plantas geneticamente modificadas carregando transgenes que conferem tolerância a antibióticos, entre outros casos de repercussão dramática, em médio prazo.

O PL n.º 6.299/2002, além de não propor concretamente nenhuma correção a supostas contradições ao Acordo SPS (que não existem, como mencionado acima), se contrapõe a diferentes tratados internacionais relacionados ao trabalho, à saúde e ao ambiente.

O PL n.º 6.299/2002 é a "lei do alimento mais seguro"?

Caso aprovado, o PL n.º 6.299/2002 permitirá o registro de produtos mais tóxicos que os de uso já liberado no país. Também permitirá o registro de produtos com potencial de causar mutação no material genético, câncer, toxicidade reprodutiva, desregulação hormonal e malformação fetal, expandindo o nível dos problemas que já existem a despeito da lei atual proibir seu uso.

Além disso, o Pacote do Veneno também restringe a divulgação das pesquisas de monitoramento de resíduos de agrotóxicos em alimentos, impedindo a população de ter conhecimento a respeito de ameaças ocultas nos alimentos que consome.

A Constituição Federal define a alimentação como um dos direitos sociais assegurados no Brasil. Este direito está expresso na definição de segurança alimentar e nutricional, formalmente colocada pela Lei Orgânica de Segurança Alimentar e Nutricional (LOSAN), Lei n.º 11.346/2006, que orienta a atuação do CONSEA, órgão de assessoramento imediato da Presidência da República. Nos termos do artigo 3.º da LOSAN (Brasil, 2006), a segurança alimentar e nutricional:

> [...] consiste na realização do direito de todos ao acesso regular e permanente a alimentos de qualidade, em quantidade suficiente, sem comprometer o acesso a outras necessidades essenciais, tendo como base práticas alimentares promotoras da saúde, que respeitem a diversidade cultural e que sejam ambiental, cultural, econômica e socialmente sustentáveis.

Para isso, ainda segundo o CONSEA (2017):

> O modelo de produção e consumo de alimentos é fundamental para garantia de segurança alimentar e nutricional, pois, para além da fome, há insegurança alimentar e nutricional sempre que são produzidos alimentos sem respeito ao ambiente, com uso de agrotóxicos que afetam a saúde de trabalhadores/as, con-

sumidores/as e da população em geral, sem respeito ao princípio da precaução, ou, ainda, quando há ações, incluindo publicidade, que levam ao consumo de alimentos que fazem mal a saúde ou que induzem ao distanciamento de hábitos tradicionais de alimentação.

Esses conceitos também estão alinhados à Organização das Nações Unidas para Alimentação e Agricultura (FAO). Além do exposto, os pareceres das diferentes instituições (ANVISA, IBAMA, FIOCRUZ, INCA, CONSEA e outras) sobre o PL n.º 6.299/2002 são taxativos quanto ao impacto negativo da aprovação dessa lei para a segurança alimentar e nutricional.

A aprovação do PL resultará em um cenário ainda mais crítico sob a perspectiva da segurança alimentar e nutricional. Com a possibilidade de registrar produtos ainda mais perigosos que os já existentes no país ou de importar produtos que não teriam mercado em outros locais, a indústria não buscará desenvolver produtos menos tóxicos para atender as demandas da agricultura brasileira, nem será induzida a comercializar aqui os produtos mais seguros do seu portfólio.

Consequentemente, a resposta a essa pergunta é, definitivamente não, o PL n.º 6.299/2002 não vai promover segurança alimentar e nutricional.

Já existe aparato legal para o registro mais rápido de produtos menos tóxicos? E em caso de "epidemias de pragas" nas lavouras, que precauções a lei atual oferece?

Sim. A regulação de agrotóxicos no Brasil já prevê que os produtos menos tóxicos tenham prioridade na fila de análise de registro. Também em caso de incidência de uma praga para a qual não exista produto registrado, novos produtos já são priorizados nas filas de análise, sem prescindir das medidas de proteção quando diante da possibilidade de ocorrência de efeitos severos hoje considerados proibitivos de registro, como acima exposto.

Mesmo tendo essa prerrogativa, em 2013 foi aprovada a Lei n.º 12.873, conhecida como a Lei de Emergência Fitossanitária, bem como o Decreto n.º 8.133 de 28 de outubro de 2013. Essa lei foi aprovada rapidamente pelo Congresso Nacional, sob protestos de instituições da área da saúde, ambiente e organizações da sociedade civil. A lei previa autorizações especiais para importação e uso de agrotóxicos sem registro e, consequentemente, autorização de uso no Brasil. Mais do que isso, a declaração de emergência fitossanitária emitida pelo MAPA, em situação interpretada como avanço epidêmico de algum organismo indesejável, permitirá autorizar importação e uso inclusive de venenos proibidos no Brasil.

A lei n.º 12.873/2013 foi aprovada para viabilizar a utilização do agrotóxico benzoato de emamectina, fabricado pela empresa Syngenta, no controle da lagarta *Helicoverpa armigera*. Todo o processo é detalhado no *Dossiê Abrasco: um alerta sobre os impactos dos agrotóxicos na saúde* (Carneiro *et al.*, 2015, p. 468-473). A aprovação da lei culminou na importação e utilização deste agrotóxico no Brasil, mesmo sem a aprovação conferida pelas autoridades competentes. Destaca-se que esse inseticida teve seu registro negado pela ANVISA em 2007 em razão de sua elevada toxicidade para o sistema nervoso e a suspeita de causar malformação fetal. Em novembro de 2017, a ANVISA aprovou o registro definitivo do benzoato de emamectina, pois a empresa registrante teria apresentando novos estudos (que não foram publicizados) comprovando a suposta "inocuidade" desse agrotóxico.

Ou seja, vários dos problemas que sustentam os argumentos favoráveis à aprovação do PL n.º 6.299/2002, na verdade já têm soluções previstas na legislação atual.

O parecer do IBAMA destaca que as longas e demoradas filas de pleitos de registro estão mais relacionadas com portfólios das indústrias do que com a necessidade de controle de pragas e de apresentar alternativas à incidência de resistência a determinados produtos. Segundo pesquisa da ANVISA e da Universidade Federal do Paraná (UFPR) publicada em 2012, cerca de 50% dos produtos registrados no país não eram disponibilizados para venda (Pelaez, 2012). Outro estudo, também da UFPR, mostra que 20% dos produtos que estavam na fila de registro na ANVISA em 2014 estavam em fase de banimento na Europa, reforçando a compreensão de que poderá haver restrições de mercado à comercialização de safras brasileiras contendo resíduos daqueles agrotóxicos (ANVISA, 2014).

Técnica e ciência em defesa do lucro

As partes anteriores desse Dossiê apresentaram os argumentos contrários à aprovação do PL n.º 6.299/2002 e seus apensados publicados de forma transparente por instituições e órgãos da área do direito, da saúde e do meio ambiente e de diversas organizações da sociedade civil.

Uma das modificações mais preocupantes dentre as pretendidas pelo PL é a retirada da responsabilidade da análise e da atuação na deliberação/veto dos órgãos da saúde (ANVISA) e do meio ambiente (IBAMA) sobre o registro de agrotóxicos nas suas respectivas áreas de expertise, transferindo para o MAPA a exclusividade do poder decisório, apesar deste ter sua atuação voltada apenas à análise da eficácia agronômica e dos aspectos econômicos nessa matéria.

A Empresa Brasileira de Pesquisa Agropecuária (EMBRAPA), por sua vez, foi a única instituição pública de pesquisa que parece ter se manifestado de forma favorável à aprovação do PL n.º 6.299/2002, por meio de uma Nota técnica oblíqua aos seus ritos usuais, visto ser assinada apenas por dois técnicos, um deles chefe de uma Unidade de Pesquisa, e outro um ex-empregado da Syngenta.

A Nota, embora não tenha sido encontrada inicialmente no site oficial da empresa pública, foi disponibilizada, *a priori*, na internet por um portal[6] organizado pelas Associações Nacionais dos Produtores de Milho, Algodão e Soja, que representam o grande agronegócio. Temos aqui possível indício de conflito de interesses científicos, onde o setor privado se transforma em porta voz de uma instituição pública de pesquisa, que passa a chancelar interesses que podem ameaçar seus deveres.

Esse posicionamento ressalta impactos de um viés descuidado e essencialmente econômico sobre um tema de grande complexidade que pode impactar a sociedade e o ambiente nacional de maneira grave, irreversível e em escalas sem precedentes.

A manifestação da EMBRAPA atropela ainda uma questão agronômica fundamental ao tema: os agrotóxicos são realmente necessários para garantir a modernização da agricultura e o aumento de sua produtividade?

As principais inovações na agricultura não são representadas pelo maior uso de insumos, muito menos de agrotóxicos. Os casos se alinham a uma forma específica de associação entre processos industrializados e biológicos, que envolve pequeno número de culturas e de agricultores. Neste modelo estão as *commodities* que sustentam mercados de alimentação animal e de comestíveis processados e al-

---

[6] O portal estava disponível em: <http://www.leidoalimentomaisseguro.com.br>. Acesso em: 27 maio 2018.

tamente processados de alimentação humana. Os problemas relacionados a esses itens de consumo humano e animal são fartamente documentados.

A maior parte da alimentação propriamente dita é realizada em unidade de produção que operam em pequena escala, em formato de policultivos e integrações de lavouras — criações e agroflorestas. As inovações nesse campo se revelam sustentáveis porque operam sobre base de conhecimento milenar, perene em termos de possibilidades futuras. O presente-futuro da agricultura está apoiado em premissas que contribuam para o alinhamento entre processos produtivos e percepções coletivas de saúde integral e equilíbrio ambiental. Modelos de produção orientados pelos princípios da agroecologia constituem a melhor alternativa neste sentido (Carneiro *et al.*, 2015).

O uso de substâncias químicas que representem qualquer risco à saúde e ao ambiente na agricultura ameaça a noção de progresso humano. Inovações na agricultura coerentes com o desenvolvimento das capacidades e habilidades socioculturais não serão jamais associadas a "mais veneno"; os avanços concretos, moralmente éticos e consistentemente seguros se darão no rumo dos alimentos "sem veneno".

Estudo realizado no Brasil entre os anos de 2000 e 2012 demonstra (Almeida *et al.*, 2017) inexistência de correlação entre o consumo de agrotóxico e o aumento da produtividade em três das mais expressivas *commodities* agrícolas do país: algodão, milho e soja. Expoente do agronegócio, a soja é de longe a maior consumidora de agrotóxicos do país — sozinha consome em média 45% de todo agrotóxico comercializado no Brasil. No entanto, sua produtividade cresceu apenas 9,5% em 13 anos, enquanto o consumo de agrotóxicos por unidade de área foi de 124% no mesmo período.

Os dados oficiais agregados disponíveis não apresentam uma relação estatisticamente significativa entre maior consumo de agrotóxicos e maior produtividade. Na realidade, essa correlação só é identificada fortemente quando se trata de descrever a estratégia publicitária da indústria dos agrotóxicos e transgênicos, para estimular a venda de seus produtos.

Estudos científicos comprovam a obtenção de taxas extremamente elevadas de produtividade em diversas culturas sem o uso de produto tóxico, como o tomate orgânico, cenoura, citros, uva, e até mesmo a soja. Além disso, a agricultura agroecológica é uma alternativa viável e possível para o abastecimento da população mundial, tanto local como globalmente. Esta é a conclusão de uma equipe de pesquisadores da Universidade de Michigan dos Estados Unidos, que realizou um amplo levantamento de dados documentados em todo o mundo comparando a produtividade de sistemas convencionais, agroecológicos e tradicionais (Badgley *et al.*, 2007).

As prioridades da EMBRAPA não devem estar submetidas aos interesses das grandes transnacionais. A EMBRAPA é uma Empresa Pública, estratégica para a sociedade brasileira, que vem desenvolvendo pesquisas no campo da Agroecologia e da Produção Orgânica, voltadas para o fortalecimento e autonomia da Agricultura Familiar. Essas devem ser as prioridades de uma instituição pública de tamanha respeitabilidade no campo da agronomia. A autonomia e soberania da EMBRAPA ante os interesses das indústrias também podem contribuir para a segurança e soberania alimentar e nutricional do país.

1.4. Algumas questões em aberto...

Os produtos já proibidos no Brasil poderiam voltar a ser comercializados no país?

Esta é uma preocupação que deve ser levada em conta caso o PL n.º 6.299/2002 seja aprovado, em que os produtos já proibidos voltem à circulação comercial.

Caso a proibição tenha ocorrido por conta dos efeitos hoje apontados como proibitivos para fins de registro, é possível que as indústrias apresentem novos pleitos a serem analisados por órgãos que não tenham a experiência da ANVISA e IBAMA em avaliações de risco para a saúde e o ambiente. No atual contexto, levando em conta alterações de posicionamento de instituições como a própria ANVISA, que recentemente modificou radicalmente sua interpretação a respeito da neurotoxicidade do benzoato de emamectina, com a aprovação do Pacote do Veneno poderá ocorrer o aumento de comercialização, no mercado brasileiro, de venenos sem uso em outros países.

Outro exemplo é o caso do paraquate, já banido em diversos lugares no mundo. No Brasil, entrou em reavaliação em 2008 e somente em 2017 a ANVISA definiu pela sua proibição, considerando sua elevada toxicidade aguda, a ausência de antídoto e sua relação com casos de parkinsonismo e seu potencial mutagênico, compatíveis com os critérios proibitivos de registro. Ainda assim, concedeu mais três anos de uso, definindo o prazo de banimento para 22 de setembro de 2020. Após tentativas fracassadas do setor regulado de tentar reverter o banimento, de forma controversa, a Diretoria Colegiada da ANVISA manteve, mas liberou o uso dos estoques de paraquate até agosto de 2021, mesmo sem uma evidência que afaste os critérios que levaram ao banimento, mantendo por mais tempo a exposição humana a um produto cujos efeitos à saúde são inaceitáveis de acordo com a legislação brasileira.

Produtos para exportação sem a necessidade de registro: o Brasil pode ser um parque industrial de agrotóxicos já proibidos?

Assim como todo o processo de justificação e aprovação do PL que ocorre conforme os interesses não totalmente claros, em seu texto vários pontos são obscuros. Entre eles consta a possibilidade de, aparentemente, permitir a produção para a exportação de agrotóxicos já banidos no Brasil, como os organoclorados.

O Pacote do Veneno prevê a substituição do registro de produtos quando forem destinados apenas à exportação por um comunicado de produção para exportação, dispensando o fabricante da apresentação de estudos toxicológicos e ambientais (PL n.º 6.299/2002, Seção V, artigo 17, *caput* e § 1.º).

Essa possibilidade é extremamente preocupante porque não considera os riscos relacionados ao processo de produção industrial de agrotóxicos, assim como os riscos ocupacionais e as contaminações ambientais decorrentes do lançamento dos rejeitos industriais no ambiente. O caso Shell-Basf ocorrido na cidade de Paulínia/SP[7] é um exemplo do que pode ocorrer durante o processo de fabricação dessas substâncias: contaminação do ar, solo e lençóis freáticos, casos de

---

[7] Para mais informações sobre o caso acesse: <http://mapadeconflitos.ensp.fiocruz.br/conflito/sp-contaminacao-ambiental-produzida-por-industria-de-agrotoxicos-no-recanto-dos-passaros-em-paulinia-sp-continua-a-apresentar-consequencias-na-saude-de-moradores-e-trabalhadores/>. Acesso em: 2 dez. 2020.

morte, câncer e malformações na população do entorno e dos trabalhadores da fábrica.

Assim, o PL permitiria a produção de produtos já proibidos no Brasil, como os organoclorados, que ainda podem ser usados em situações especiais segundo a Convenção de Estocolmo como a utilização para o controle de vetores em países da África.

Nesse caso, além do PL permitir que o Brasil seja o mercado de produtos proibidos em outros países, sem a avaliação dos órgãos especializados, também autorizaria no país a produção de produtos ainda mais tóxicos.

Quanto se gasta de recursos públicos para tratar as intoxicações e contaminações por agrotóxicos?

Em relação ao papel do Estado diante dos agrotóxicos, é fundamental garantir a defesa dos bens públicos e comuns. Isso significa que o Estado e suas instituições jamais podem abrir mãos de proteger a vida e a saúde dos cidadãos e do ambiente em favor da "defesa vegetal" e da saúde econômica do agronegócio.

Uma forma de avaliar como a sociedade e o Estado atuam na defesa da vida, da saúde e do ambiente consiste em analisar os custos econômicos dos agrotóxicos e seus efeitos. Esses custos podem ser observados em termos de impactos sobre a saúde humana considerando três principais grupos populacionais: trabalhadores da agricultura, residentes em áreas rurais onde são pulverizados os agrotóxicos e os consumidores de alimentos contaminados. Os efeitos ambientais estão relacionados aos desequilíbrios provocados pela contaminação dos ecossistemas, da água, solo e ar, sendo de difícil precificação porque são de caráter cumulativo e podem estender-se por décadas ou mesmo centenas de anos.

Mesmo sem a implementação do Pacote do Veneno, o Brasil ainda precisaria avançar muito nessa matéria, para alcançar um estágio próximo ao observado em países comprometidos com a proteção da saúde de seus cidadãos, a exemplo, dos EUA e da Europa. Cresce no mundo a importância dos princípios da precaução e do poluidor pagador, junto com a consciência pública a respeito dos riscos associados aos agrotóxicos. Isso é demonstrado pela tendência mundial, mais drástica em certos países, de redução do consumo de agrotóxicos, seja em termos globais ou por unidade de área plantada. Nas últimas duas décadas vários países têm reduzido amplamente o uso anual de agrotóxicos, como Suécia, Noruega, Alemanha, Holanda e mesmo países como a Indonésia e a Guatemala, chegando a taxas de redução entre 33 e 75%, sem com isso diminuir a produtividade ou afetar os ganhos econômicos na produção de diversas culturas. Enquanto isso, no Brasil, tais princípios continuam a ser feridos e o consumo dos agrotóxicos se amplia, tornando o país, um dos maiores usuários do planeta de venenos agrícolas. Estudo recente mostra que no Brasil o avanço das lavouras transgênicas se dá à base de uso crescente de agrotóxicos por volume colhido, o que tem implicações óbvias sobre os teores de resíduos nos gêneros alimentícios elaborados a partir daquelas *commodities* (Almeida *et al.*, 2017).

Existem no Brasil poucos estudos avaliando os custos dos agrotóxicos para a sociedade, circunstância agravada pelo fato de que interesses políticos e econômicos com grande influência sobre o executivo, o legislativo e o judiciário reforçam a invisibilidade dessas informações. Estudo publicado na revista *Ecological Economics* (Soares & Porto, 2009) mostra que, no pior cenário, o custo associado à intoxicação aguda pode representar até US$ 149 milhões apenas para o estado do Paraná. Isso significa que para cada dólar gasto com a compra dos agrotóxicos naquele Estado, cerca de US$ 1,28 poderiam ser gerados em custos associados com a intoxicação. Trata-se aqui principalmente dos custos de tratamento de doenças e dos custos sociais decorrentes do afastamento do trabalho. O estudo citado não incluiu os possíveis custos associados a doenças crônicas futuras (como o câncer), ou ainda os custos para as gerações vindouras, decorrentes do desequilíbrio ambiental.

Outro estudo, desenvolvido por Brito (2016), mostra como o uso de agrotóxicos no Brasil ilustra o que pesquisadores denominam de "Paraísos da Poluição" justamente por não adotarem políticas de proteção à saúde humana e ao ambiente, sem deixar claro seus impactos. Caso o Brasil gastasse proporcionalmente o mesmo que os EUA com o controle e a fiscalização de agrotóxicos, este valor alcançaria R$ 14 bilhões, ou 5,8% do PIB agropecuário, montante muito superior ao atualmente empregado para esta finalidade.

Portanto, o chamado Pacote do Veneno representa um enorme retrocesso sanitário, ambiental e civilizatório. Coloca o Brasil na contramão mundial, inclusive com implicações econômicas futuras. O PL desmonta o amplo arcabouço legal e a estrutura institucional vigentes. A situação atual tende a ser dramática considerando as atuais lacunas entre a legislação e a prática, bem como os subsídios fornecidos aos agroquímicos, e outros contaminantes chamados equivocadamente de "insumos agrícolas". Não se trata de estabelecer posição contra a agricultura brasileira, mas sim de recomendar adoção de medidas para que ela se desenvolva de maneira amigável à vida, à promoção da saúde humana e à proteção ambiental. O desenvolvimento econômico não pode e não deve ser um obstáculo à saúde humana e ambiental, devendo evoluir junto e a serviço dos elementos fundamentais ao verdadeiro progresso.

O uso de sementes transgênicas leva à redução de agrotóxicos? Por que devemos nos preocupar com os transgênicos?

O cultivo de lavouras transgênicas tem relação direta com o uso de agrotóxicos. Na verdade, todas as sementes transgênicas de soja, milho e algodão comercializadas no Brasil geram plantas transformadas para resistir a banhos de herbicidas ou para expressar proteínas inseticidas, ou as duas coisas ao mesmo tempo. Isso tem várias implicações. No caso dos herbicidas, de um lado, permite jogar herbicidas de avião sobre as culturas, o que aumenta a necessidade do veneno já que apenas uma parte atinge as ervas que se pretende controlar e que estão entre as linhas das plantas de lavoura. De outro lado, isso gera enorme pressão seletiva, fazendo surgirem ervas resistentes aos herbicidas em questão. Isso faz os agricultores inicialmente aumentarem as doses e, em seguida, demandarem outros tipos de sementes transgênicas, capazes de resistir a mais de um herbicida diferente.

Temos no Brasil sementes de milho transgênico que resistem a diferentes combinações envolvendo herbicidas a base de glifosato, de 2,4-D, de glufosinato de amônio, de dicamba, de isoxaflutole e de inibidores da enzima acetolactato sintase (ALS). Isto não apenas está levando ao surgimento de plantas adventícias tolerantes a múltiplos herbicidas, que não se sabe como serão controladas no futuro, como está induzindo os agricultores a fazerem misturas nos tanques de pulverização. Estas caldas são venenos para os quais não há diagnóstico nem recomendação médica, simplesmente não sabemos os problemas que podem causar. E as plantas transgênicas de última geração farão que tais produtos sejam jogados do céu, em milhões de hectares do território nacional, em doses sempre crescentes.

No caso das plantas inseticidas, também conhecidas como plantas BT porque as primeiras recebiam genes do *Bacillus thuringiensis*, a situação é parecida. Antes do surgimento das lavouras transgênicas, sempre que aparecia um surto de lagartas os agricultores aplicavam inseticida sobre o foco, com tratamentos localizados. A situação era simples no caso de lavouras da agricultura familiar, mas complicada para grandes extensões onde os venenos eram jogados de avião. Ainda assim, as pulverizações aéreas se davam sobre as áreas de infestação. Pois bem, com as sementes BT o veneno inseticida estaria presente em todas as células das plantas e o controle dos insetos se daria sem aplicação de venenos de síntese química. É importante dizer que embora defensores do agronegócio afirmem que as proteínas inseticidas expressas pelas plantas BT são idênticas às observadas nas bactérias BT, isso não é verdade. Nas plantas, as propriedades inseticidas estão permanentemente ativas, mesmo após a decomposição da palha, e em alguns solos argilosos mantêm as características inseticidas por vários meses. Já as toxinas expressas pelas bactérias só se tornam ativas após fracionadas no intestino dos insetos, por causa da acidez (pH) daquele ambiente.

As primeiras lavouras de soja, milho e algodão BT expressavam a proteína Cry1F, que afetava algumas lagartas da família das borboletas (lepidópteros), como a *Spodoptera frugiperda* e a *Hellicoverpa zea*. Em poucos anos, com o controle da lagarta seus predadores naturais, como o *Doru luteipes* (tesourinha), se tornaram mais raros e outros insetos que eram pragas de pequena relevância, como a *Diabrotica*, passaram a causar danos expressivos. Em poucos anos surgiram populações de lagartas resistentes, que na ausência de inimigos naturais causavam danos em proporções inéditas. A combinação desses efeitos levou os agricultores a jogarem inseticidas sobre as lavouras inseticidas e oportunizou às empresas oferecerem novas variedades de sementes transgênicas, com toxinas distintas.

Hoje, as plantas de milho, soja e algodão tolerantes a insetos expressam combinações das proteínas Cry1F, Cry1Ab, Cry1Ac, Cry1A.105 (=Cry1F + Cry1Ab, Cry1Ac), Cry2Ab2, Cry2Ae, Cry3Ab1, Cry3Bb1, Cry34Ab1, Cry35Ab1, Vip3a e ViP3Aa20), em plantas que também podem ser tolerantes a herbicidas. Naturalmente, esses fatos levaram ao surgimento de lagartas com tolerâncias múltiplas, exigindo aplicações de inseticidas sobre lavouras que já expressam muitas toxinas inseticidas. Obviamente o resultado levou à ampliação do uso de agrotóxicos, colocando o Brasil na condição de maior consumidor de venenos agrícolas. Estudo de Almeida *et al.* (2017) mostra que a cada ano se precisa de maior volume de agrotóxico por tonelada de grãos transgênicos colhida no Brasil.

Assim, desde a liberação do plantio de sementes transgênicas no Brasil ocorre um aumento exponencial na aplicação de herbicidas e inseticidas, incluindo agrotóxicos que a tecnologia assegurava em desuso (Almeida *et al.*, 2017). Isso ocorre, como explicado acima, porque o uso de transgênicos favorece as plantações de monoculturas em grandes latifúndios, que por sua capacidade de influência conseguem que a grande mídia oculte da sociedade as implicações, para todos, de suas exigências individuais. Grandes extensões de terra plantadas com uma única espécie de planta (e.g. soja, milho) criam um ambiente propício para a proliferação das espécies espontâneas — chamadas de "pragas" no modelo de produção dependente de insumos químicos — que tem mais afinidade por essas plantas. Consequentemente, aumenta-se também a utilização de outras classes de agrotóxicos, como inseticidas, fungicidas e outros.

Igualmente, o sistema de regulação dos transgênicos também é precário. A autorização de comercialização de transgênicos no Brasil se dá no âmbito da Comissão Técnica Nacional de Biossegurança (CTNBio), que é uma instância colegiada multidisciplinar cuja autorização das tecnologias se dá por meio de voto.

A maioria dos pesquisadores que ali se manifestam em defesa da aprovação das plantas e animais transgênicos não se mostra disposta a discutir tecnicamente as implicações de suas decisões, e se recusa a examinar a associação entre os transgênicos e os agrotóxicos. Estes motivos, os espaços privilegiados a que têm acesso, e a posição sistemática em favor de interesses das empresas têm levantado suspeitas de que atuam de forma pouco ética, escondendo grandes conflitos de interesses entre seu papel na CTNBio e os interesses das indústrias de biotecnologia. Em quinze anos de existência, a CTNBio vem liberando todos pedidos de autorização de Organismos Geneticamente Modificados (OGM) no Brasil (IDEC, 2020).

Há farta documentação desmistificando inverdades apontadas pela grande mídia e pelos interesses associados. A este respeito ver, por exemplo, CONSEA (2014), Zanoni & Ferment (2011); entre outros. Por fim, também tem sido denunciado que a aprovação das plantas transgênicas pela maioria dos membros da CTNBio ocorre sem avaliação dos estudos dos possíveis impactos para a biodiversidade, o fluxo do material genético para outros vegetais e, principalmente se seriam seguros para o consumo humano mediante os alimentos, por meio de estudos crônicos com animais de laboratório, que sequer são apresentados pelas indústrias na grande maioria dos casos.

Diretamente relacionado ao PL n.º 6.299/2002 está tramitando no Senado Federal o Projeto de Lei Complementar (PLC) n.º 34/2015, de autoria do senador Luiz Carlos Heinze (PP/RS), que pretende alterar a Lei de Biossegurança para que sejam rotulados apenas alimentos que contenham 1% ou mais de transgênicos em sua composição. O PLC n.º 34/2015 agrava o cenário pois também obriga que o uso de transgenia (modificação genética) nos alimentos seja comprovado por meio de análise em laboratório. Digno de nota é que essas análises não são triviais e, certamente, a capacidade analítica dos laboratórios de saúde pública brasileiros não darão conta de realizar o monitoramento dos alimentos consumidos pela população. Considerando que mais de 90% da soja e milho cultivados no Brasil são geneticamente modificados e são a base de muitos alimentos, em especial dos alimentos ultraprocessados, não há necessidade de comprovação adicional. Consequentemente, o PLC n.º 34/2015 retira o direito de escolha sobre o consumo ou não de produtos transgênicos da sociedade, representando mais uma violação de direitos fundamentais.

1.5. O enfraquecimento do marco legal de agrotóxicos no Brasil

O regime jurídico de agrotóxicos no Brasil é regulado atualmente pela Lei n.º 7.802/1989 e pelo Decreto n.º 4.074/2002, em conformidade com a Constituição Federal Brasileira de 1988.

O atual regime jurídico, ainda que permeado por fragilidades, tem uma série de pontos positivos voltados à proteção da saúde e do meio ambiente, como, por exemplo, o condicionamento da aprovação de um novo agrotóxico à concordância unânime dos órgãos de agricultura (MAPA), saúde (ANVISA) e meio ambiente (IBAMA); a obrigatoriedade de receituário agronômico emitido por profissional de agronomia para compra de agrotóxicos; a proibição do registro de agrotóxicos cancerígenos, mutagênicos, teratogênicos e que causem distúrbios reprodutivos e hormonais.

No entanto, desde o ano de 2016, o governo federal vem implementando diversas medidas que flexibilizam os marcos legais e regulatórios trabalhistas, previdenciários e ambientais, incluindo a agenda de fortalecimento do agronegócio, pautado no enfraquecimento do controle do Estado na regulação dos agrotóxicos (Gurgel *et al.*, 2019). As principais medidas adotadas e seus respectivos retrocessos que identificamos foram:

1) O Projeto de Lei n.º 6.299/2002

Em 2018, uma comissão especial da Câmara de Deputados aprovou o texto do PL n.º 6.299/2002 e seus apensados, também conhecido como Pacote do Veneno, com o objetivo de alterar a legislação de agrotóxicos. Dentre as principais mudanças promovidas, destacam-se: a) a troca do termo "agrotóxico" por "pesticida". Uma estratégia para ocultar o potencial de dados desses agentes e diminuir a percepção de risco da população; e b) a ampliação dos poderes do MAPA, que passaria a ser o órgão responsável pelo registro dos agrotóxicos, restando ao IBAMA e à ANVISA apenas avaliar ou homologar as avaliações, desmontando o sistema tríplice de regulação do país e, consequentemente, aumentando a permeabilidade do setor regulado no Estado. Além dessas, o PL implementa outras medidas que promovem a flexibilização e criam vantagens para os que lucram com a liberação de agrotóxicos, o que pode criar uma indústria de registros temporários e de liberação de produtos associados a danos extremamente graves para a saúde e para o ambiente.

2) A Instrução Normativa n.º 40/2018 do Ministério da Agricultura, Pecuária e Abastecimento

Um dia antes do Dia Nacional do Engenheiro Agrônomo, comemorado no dia 12 de outubro, o então Ministro da Agricultura, Blairo Maggi assina a Instrução Normativa (IN) n.º 40/2018, que dá maior autonomia e responsabilização ao profissional engenheiro agrônomo, tanto na emissão de receituários agronômicos para agrotóxicos, quanto autoriza esses profissionais a receitarem mistura em tanques de agrotóxicos.

A aparente autonomia do profissional pode se conformar em uma "superresponsabilização", imiscuindo fabricantes ou produtores rurais de responsabilidades por eventuais problemas ou danos associados à prescrição de agrotóxicos e afins. É comum haver pressões aos profissionais para a emissão de receituários agronômicos, sendo também comum a violação de exigências para a emissão, com a impossibilidade de acompanhamento do órgão de classe de cada receituário emitido.

A mistura em tanque com aval do agrônomo é uma "inovação" da normativa que antecipa o Pacote do Veneno. A mistura em tanque, sob responsabilidade exclusiva do profissional, pode acarretar reações químicas exponenciais, que diferem da mera soma dos produtos, e podem resultar em efeitos sinérgicos ou aditivos — onde um agente químico potencializa ou se soma ao efeito tóxico do outro — ou em compostos inteiramente novos e mais perigosos, não avaliados pelos órgãos de registro e controle e que podem acarretar em danos imprevisíveis para os organismos expostos.

3) As Resoluções da Diretoria Colegiada n.º 294, 295 e 296 de 2019 da Agência Nacional de Vigilância Sanitária

Colocadas em consulta pública pela Anvisa em março de 2018, as Resoluções da Diretoria Colegiada (RDC) passaram a valer em julho de 2019, e modificam critérios da Portaria n.º 3 do Sistema Nacional de Vigilância em Saúde do Ministério da Saúde, de 16 de janeiro de 1992, que determinava: a) as diretrizes para realizar a avaliação toxicológica; b) a fixação de limites máximos de resíduos de agrotóxicos em alimentos; c) a classificação toxicológica; d) as informações inseridas nos rótulos e bulas; e) estudos necessários para classificar os agrotóxicos quanto à toxicidade para o sistema reprodutivo, distúrbios hormonais, teratogenicidade, mutagenicidade e carcinogenicidade (efeitos tóxicos considerados proibitivos de registro segundo o art. 3.º, § 6.º, Lei n.º 7.802 de 1989). Compete a cada uma delas:

RDC n.º 294/2019: Dispõe sobre critérios para avaliação e classificação toxicológica, priorização da análise e comparação da ação toxicológica de agrotóxicos, componentes, afins e preservativos de madeira, e dá outras providências (ANVISA, 2019a). A nova norma não cita os estudos que devem ser apresentados no momento do registro ou da revisão de registro, citando apenas aspectos gerais dos estudos, como o fato de seguirem diretrizes de organismos internacionais e que devem atender Boas Práticas de Laboratório. A Portaria n.º 3/1992 definia os estudos obrigatórios que incluíam, dentre outros, os de teratogenicidade (malformação fetal) e de carcinogenicidade (câncer) em pelo menos duas espécies de animais de laboratório e estudos de mutação no material genético. Esses estudos não são citados nas normas publicadas pela ANVISA para substituir a Portaria de 1992, indicando um retrocesso.

RDC n.º 295/2019: Dispõe sobre os critérios para avaliação do risco dietético decorrente da exposição humana a resíduos de agrotóxicos, no âmbito da ANVISA, e dá outras providências (ANVISA, 2019b). O risco dietético é o estudo realizado com base nos estudos toxicológicos nos quais animais de laboratório são expostos a vários níveis de dose por via oral, buscando identificar a maior dose onde não foram observados efeitos tóxicos, sendo determinada a Dose de Referência Aguda (DRA) para avaliar o risco dietético agudo e a Ingestão Diária Aceitável (IDA) para a avaliação do risco dietético crônico. Como os estudos obrigatórios não são citados na RDC n.º 294, esse cálculo pode ser prejudicado ou o valor obtido pode não refletir os possíveis danos. Outra importante limitação refere-se ao fato de que os estudos são realizados com a exposição de animais experimentais por uma única via de exposição, em condições de laboratório controladas, desconsiderando a exposição a misturas e efeitos aditivos ou sinérgicos, ou seja, considera-se apenas a exposição a um único agrotóxico, mesmo que para uma única cultura sejam permitidos diversos ingredientes ativos.

RDC n.º 296/2019: Dispõe sobre as informações toxicológicas para rótulos e bulas de agrotóxicos, afins e preservativos de madeira (ANVISA, 2019c). A nova classificação propõe que os produtos sejam classificados como: I – Categoria 1: Produto Extremamente Tóxico – faixa vermelha; II – Categoria 2: Produto Altamente Tóxico – faixa vermelha; III – Categoria 3: Produto Moderadamente Tóxico – faixa amarela; IV – Categoria 4: Produto Pouco Tóxico – faixa azul; V – Categoria 5: Produto Improvável de Causar Dano Agudo – faixa azul; e VI – Não Classificado – Produto Não Classificado – faixa verde. Nos critérios previstos pela Portaria n.º 3 de 1992, para um agrotóxico ser classificado dentro de um dos quatro grupos são realizados os estudos de toxicidade aguda por via oral (ingestão), via dérmica (pele) e inalatória (vias aéreas) e estudos de irritação ocular. Com as mudanças, os resultados dos estudos toxicológicos de irritação dérmica e ocular não mais serão utilizados para fins de classificação toxicológica. Assim, produtos que eram classificados como "extremamente tóxicos" por provocarem corrosão ou serem irritantes cutâneos ou oculares foram reclassificados considerando apenas o risco de morte. Essas mudanças representam uma grave ameaça à saúde humana e ocultam as situações de riscos associadas à exposição a diversos agrotóxicos com uso autorizado no Brasil.

Com base nas RDCs, no dia 1.º de agosto de 2019 foi publicado no Diário Oficial da União (DOU) a Resolução (RE) n.º 2.080 de 2019, que apresenta a reclassificação toxicológica dos agrotóxicos que já se encontravam registrados no Brasil. Um total de 1.942 produtos foram avaliados. Após a aprovação das Resoluções e a reclassificação dos produtos autorizados no país, mais de 90% dos agrotóxicos incluídos na classe I segundo a norma de 1992, foram distribuídos para outras classes, a maioria para as classes 4 ou 5 que não recebem mais o símbolo tradicionalmente utilizado para identificar "venenos", o crânio com as tíbias cruzadas (Gurgel & Friedrich, 2019), conforme o Quadro 2 a seguir.

Quadro 2 - Número de produtos de acordo com a classificação original e a reclassificação toxicológica da ANVISA

Portaria n.º 3/1992	RDCs n.º 294, 295 e 296 de 2019 e RE n.º 2.080/2019	
Classificação toxicológica original	Produtos reclassificados para categoria semelhante a original	Produtos reclassificados para categorias diferentes
Classe I – extremamente tóxico: 702	Categoria 1: 43	Categoria 2: 55 Categoria 3: 75 Categoria 4: 277 Categoria 5: 243 Não classificado: 5 Não informado pela empresa: 4
Classe II – altamente tóxico: 290	Categoria 2: 21	Categoria 3: 43 Categoria 4: 84 Categoria 5: 126 Não classificado: 16
Classe III – medianamente tóxico: 659	Categoria 3: 17	Categoria 2: 3 Categoria 4: 209 Categoria 5: 394 Não classificado: 34 Não informado pela empresa: 2
Classe IV – pouco tóxico: 268	Categoria 4: 29	Categoria 3: 1 Categoria 5: 136 Não classificado: 98 Não informado pela empresa: 4
Não determinado devido a natureza do produto: 15	Não classificado: 15	-
Não informado pela empresa: 6	Não informado pela empresa: 6	-
Processo matriz não localizado: 2	Processo matriz não localizado: 2	-
Total: 1.942	133	1.809

Fonte: ANVISA (2019). Organização dos autores (2020).

Dos 1.942 agrotóxicos, 36% correspondiam à classe dos extremamente tóxicos. Após a reclassificação, em relação ao total de produtos avaliados 46% passaram a corresponder à categoria de improvável causar dano agudo à saúde e apenas 2% continuaram a ser classificados como extremamente tóxicos. Vale destacar também a alteração das cores da faixa, a mudança compromete a função visual dos rótulos de informar a periculosidade do produto, principalmente porque pode induzir o trabalhador rural a entender que trata-se de um produto menos perigoso e que não precisa de tantos cuidados para manuseá-lo, aumentando o número de intoxicações e contaminação ambiental. Para quem tem dificuldades quanto à leitura, a situação é agravada, pois afeta a compreensão da pessoa quanto ao verdadeiro perigo dos agrotóxicos.

Com a reclassificação, a quantidade de produtos muito tóxicos no mercado pode aumentar, beneficiando setores do agronegócio, sobretudo o industrial agroquímico. Tais medidas demonstram como o governo utiliza estratégias para mascarar o potencial mortífero dos venenos e construir o discurso de que eles não são nocivos à saúde e ao meio ambiente.

4) A Orientação de Serviço n.º 49/2018 da Agência Nacional de Vigilância Sanitária

Incorpora à regulação de agrotóxicos no Brasil o processo de registro por "analogia", uma medida voltada a acelerar a avaliação toxicológica, reivindicação antiga da bancada ruralista adotada a despeito das controvérsias sobre a segurança de produtos aprovados nesta modalidade. Semelhante ao conteúdo do Pacote do Veneno, que prevê a concessão de registros temporários para agrotóxicos que estejam registrados para culturas similares em pelo menos três países membros da OCDE, sem necessária análise no Brasil. Se há registro de agrotóxicos por analogia, considerando as análises de agências reguladoras de outros países, por que o contrário não acontece, proibir os agrotóxicos proibidos em outros países?

5) Os Atos n.º 1, 4, 7, 10, 17, 24, 29, 34, 42, 48, 62, 70, 82 e 91 publicados entre janeiro e dezembro de 2019 e atos n.º 12, 13, 22 26, 28, 31, 36, 39, 43, 46, 48, 51, 55, 59, 60, 64 e 65 publicados entre janeiro e novembro de 2020 pelo Ministério da Agricultura, Pecuária e Abastecimento

O registro de agrotóxicos no país tem crescido desde 2016 e mais intensamente, a partir de 2019, conforme tabela a seguir:

Tabela 1 - Quantidade de agrotóxicos registrados no Brasil para o período 2010-2020	
Ano	**Número de agrotóxicos registrados**
2010	104
2011	146
2012	168
2013	110
2014	148
2015	139
2016	277
2017	405
2018	421
2019	503
2020*	406

* Referente aos atos publicados até 27 nov. 2020 no Diário Oficial da União.

Fonte: MAPA. Organização dos autores (2020).

Nem concluídos os dois primeiros anos do governo de Jair Bolsonaro, com Teresa Cristina à frente do MAPA já foram aprovados 909 agrotóxicos para comercialização, sendo 503 somente no primeiro ano do mandato. Mesmo durante o período em que o mundo centrava esforços para controlar a pandemia causada pela Covid-19, o governo federal continuou a aprovar novos agrotóxicos, por serem considerados essenciais ao governo. Do total de agrotóxicos registrados entre 2019 e 2010, 19% são classificados como extremamente ou altamente tóxicos para a saúde humana, 22% como medianamente tóxico e 30% como pouco tóxicos ou improváveis de causar dano agudo. Quanto ao ambiente, 51% são altamente ou muito perigosos, 35% são perigosos e 14% são classificados como pouco perigosos. Ou seja, acelerar a concessão do registro não está trazendo produtos menos tóxicos, e sim introduzindo ou mantendo o registro de produtos obsoletos, em sua maioria que já perderam a patente, sendo por isso mais "baratos".

6) Portaria n.º 43/2020 do Ministério da Agricultura, Pecuária e Abastecimento

Publicada no DOU no dia 27 de fevereiro de 2020, a Portaria n.º 43/2020 estabelece prazo máximo de reposta para os chamados "atos públicos de liberação". Terminado esse prazo, caso não haja resposta, é concedida a liberação tácita. Ou seja, de acordo com a portaria, se um pedido de registro de agrotóxico não for analisado em 60 dias, ele está automaticamente aprovado.

Os partidos Rede Sustentabilidade e Socialismo e Liberdade (PSOL) ajuizaram as Arguições de Descumprimento de Preceito Fundamental (ADPF) 656 e 658 e o plenário do Supremo Tribunal Federal (STF) concedeu medida cautelar para suspender os efeitos da portaria referente aos prazos estabelecidos para a aprovação de agrotóxicos sem a análise dos órgãos competentes. Os Ministros seguiram por unanimidade os votos do Ministro Relator Ricardo Lewandowski.

7) Fim do Comitê Técnico de Assessoramento de Agrotóxicos

Outra medida que reflete a fragilização da legislação de regulação dos agrotóxicos foi a extinção do Comitê Técnico de Assessoramento de Agrotóxicos (CTA), constituído pelo Decreto n.º 4.074 de 4 de janeiro de 2002. O CTA era o espaço onde o IBAMA, a ANVISA e o MAPA avaliavam procedimentos relacionados à saúde, ao meio ambiente e à eficiência agronômica dos venenos. O CTA reuniu pela última vez em agosto de 2019 e, depois disso, sem que nenhuma portaria ou ato administrativo publicizasse uma mudança, não aconteceram mais reuniões.

8) Instrução Normativa n.º 13/2020 do Ministério da Agricultura, Pecuária e Abastecimento

A IN n.º 13/2020 do MAPA, aprovada em plena pandemia de Covid-19, permite a pulverização de fungicidas agrícolas e de óleo mineral na cultura da banana, por meio do uso de aeronaves agrícolas.

A medida revoga as instruções normativas anteriores (a IN n.º 7, de 20 de setembro de 2004; e a IN n.º 42, de 12 de setembro de 2007), autorizando a pulverização aérea de agrotóxicos em plantações de banana até 250 metros de distância de bairros, cidades, vilas e povoados. A distância mínima garantida nos instrumentos anteriores era de 500 metros, não havendo nenhuma justificativa razoável e científica que justifique a necessidade de descumprimento das distâncias anteriores.

A IN n.º 13/2020 do MAPA prejudica, em especial, dezenas de comunidades quilombolas da região, que já sofrem com o impacto da pulverização aérea de agrotóxicos, agora ainda mais flexibilizadas. É uma região de forte preservação ambiental de Mata Atlântica, também ameaçando a biodiversidade do bioma.

Concluindo

A gravação de uma reunião ministerial do governo Bolsonaro[8] ocorrida em 22 abril de 2020 foi divulgada por decisão do STF. Nesta ocasião, o ministro do Meio Ambiente Ricardo Salles dizia que a pandemia do novo coronavírus trazia uma boa oportunidade para que o governo passasse as reformas infralegais, "ir passando a boiada" nas palavras do ministro, enquanto a imprensa estava ocupada com as notícias de novos casos e mortes pela Covid-19 no Brasil e no mundo.

As medidas que trouxemos como exemplo acima, implicam em flexibilização no marco regulatório de agrotóxicos no Brasil e podem servir de explicação para aquilo que o ministro quis dizer com "passar a boiada". Apesar de esses atos incorporarem itens previstos no Pacote do Veneno, ainda não contam com o respaldo da mudança da legislação. Mais exemplos de retrocessos como os que foram aqui apre-

---

[8] A reunião está disponível em: <https://www.cnnbrasil.com.br/politica/2020/05/22/assista-ao-video-da-reuniao-ministerial-com-bolsonaro>. Acesso em: 4 dez. 2020.

sentados, podem ser acessados no balanço produzido pela Campanha Contra os Agrotóxicos em 3 de dezembro de 2020[9].

Tais iniciativas vêm sendo adotadas pelo executivo federal, a despeito dos seus impactos para a saúde e para o ambiente. Grande parte dos produtos autorizados nos últimos anos são classificados como extremamente ou altamente tóxicos para a saúde e muito perigosos ou perigosos para o meio ambiente, sobretudo considerando a classificação toxicológica adotada pelo Brasil até 2019.

Muitos desses agrotóxicos são formulados à base de ingredientes ativos cujas patentes foram expiradas, foram proibidos em seu país de origem e são formulados à base de ingredientes ativos utilizados há muito tempo no cenário nacional. Portanto, não temos a introdução de produtos mais "modernos" e de menor toxicidade, e sim de agrotóxicos mais baratos e cujo uso se encontra restrito em diversos países em decorrência de seu potencial tóxico.

Aumentam os produtos registrados, crescem também as intoxicações por agrotóxicos, mas não avançam medidas de proteção ao meio ambiente e à saúde da população. É desproporcional a capacidade de fiscalização do Estado, cujas estruturas parecem ser intencionalmente sucateadas.

Segundo dados do Sistema Nacional de Agravos de Notificação (SINAN), na última década foram registrados mais de 46 mil casos de intoxicação por agrotóxicos de uso agrícola e destes, 1.857 pessoas morreram. Precisamos reverter a atual política de registros acelerados de agrotóxicos e o desmantelo das normativas. A flexibilização da função regulatória do Estado tende a desproteger ainda mais a população dos efeitos nocivos dos agrotóxicos, principalmente entre os grupos de maior vulnerabilidade como trabalhadoras e trabalhadores na agricultura e moradores de áreas rurais.

---

[9] Disponível em: <https://contraosagrotoxicos.org/menos-saude-mais-veneno-em-um-2020-com-porteiras-abertas-para-agrotoxicos/>. Acesso em: 4 dez. 2020.

DOSSIÊ CONTRA O PACOTE DO VENENO E EM DEFESA DA VIDA

2. CAMINHOS PARA A REDUÇÃO DO USO DE AGROTÓXICOS NO BRASIL

O Pacote do Veneno permite o uso desenfreado e irresponsável de agrotóxicos na produção agrícola provocando assimetrias não só socioeconômicas, mas também ecológicas e comprometendo fortemente a saúde das populações. Enquanto isso, a sociedade civil organizada propõe a implementação e execução de políticas como a PNAPO e a PNARA com vistas a minimizar o impacto do uso de agrotóxicos na saúde e no ambiente, o que contribui também para mudanças de paradigmas no âmbito dos sistemas alimentares. Estas mudanças são necessárias para a promoção da saúde e justiça social nos campos e nas cidades. Existem inúmeras experiências acontecendo em todo o mundo que apontam para a valorização de sistemas agroalimentares mais saudáveis e sustentáveis. Os tópicos a seguir buscam exemplificar este caminho a ser seguido.

2.1. AGROECOLOGIA E PROMOÇÃO DA SAÚDE: UMA REFLEXÃO A PARTIR DO MAPEAMENTO DAS POLÍTICAS PÚBLICAS ESTADUAIS

A produção agrícola industrial moderna está baseada em um modelo de produção que ganhou visibilidade, em meados de 1950, por somar uma série de tecnologias que levariam ao aumento da produção de alimentos e consequentemente acabariam com a fome no mundo. As principais características deste modelo de produção são: a utilização de OGMs na agricultura (em algumas culturas como milho, soja e algodão), insumos industriais (como fertilizantes químicos e agrotóxicos), mecanização das etapas de produção, monocultivos vegetais, confinamento de animais em larga escala, utilização de latifúndios e exportação dos produtos. Entretanto, a Revolução Verde não acabou com a fome, aumentou a concentração fundiária, agravou a situação de insegurança alimentar e nutricional das populações, gerou dependência tecnológica dos países em desenvolvimento, causou e causa acelerada degradação ambiental.

Por vários anos, desde o início da Revolução Verde, movimentos sociais, agricultores, grupos ambientalistas e pesquisadores de todo o mundo passaram a dar visibilidade às outras formas de praticar agricultura, a exemplo a agricultura biológica, a orgânica, a biodinâmica, a permacultura etc. As experiências e discussões acerca de um modo de produção agrícola que se contrapunha ao modelo industrial moderno foram sendo amadurecidos, e no Brasil, por volta de 1990, o conceito de agroecologia foi incorporado como uma evolução da ideia da agricultura alternativa.

Com o passar dos anos, o conceito de agroecologia foi sendo amadurecido, hoje podendo ser entendido como uma ciência, um movimento social e um conjunto de técnicas de manejo que visa o redesenho do atual modelo de produção agrícola, com vista, em longo prazo, a maximizar a biodiversidade, garantir a existência de agroecossistemas saudáveis e meios de vida seguros para os povos do campo, das florestas, das águas e das cidades. Nessa perspectiva, a agroecologia vem com o diferencial, de considerar não somente as práticas agrícolas, mas a necessidade de questionar também os objetivos finais da produção de alimentos, assim como as formas de organização social, econômica e política que originaram e sustentam o atual modelo de produção agrícola (Siliprandi, 2015).

As experiências agroecológicas consideram não somente aspectos da produção agrícola e da preservação dos recursos naturais, mas também aspectos sociais, econômicos e culturais. Outra dimensão muito importante da agroecologia é a construção coletiva do conhecimento agroecológico, que busca considerar a diversidade de saberes, a integralidade dos sistemas e a convergência de diálogos com outras áreas do conhecimento, dentre elas, a Soberania e Segurança Alimentar e Nutricional (SSAN), a justiça social, a saúde coletiva, o feminismo, a economia solidária, entre outras.

Como o modelo de produção dominante está diretamente relacionado ao mercado de *commodities* pelas grandes corporações agrícolas, interfere diretamente sobre padrão de consumo da população, a sua transição para modelos mais sustentáveis requer grandes mudanças no campo socieconômico, as mudanças no modelo socioeconômico vigente e mudanças em outras etapas inerentes aos sistemas alimentar e agrícola. Portanto, com a finalidade de contribuir para um novo modelo agrário e agrícola no Brasil e no mundo existe um grande esforço da sociedade civil organizada, em nível mundial, objetivando dar visibilidade e fortalecer as experiências de base agroecológicas vivenciadas em suas mais diversas expressões.

As experiências de base agroecológicas em comparação com os sistemas convencionais de produção têm demonstrado contribuições para esta mudança de paradigma, em termos de produtividade de alimentos, resiliência dos agroecossistemas, otimização do uso da terra, recuperação de áreas degradadas, diminuição da emissão dos Gases de Efeito Estufa (GEE), preservação da água e do solo, otimização do uso de água, preservação da biodiversidade e do funcionamento do ecossistema, de valorização dos circuitos curtos de comercialização, na melhoria de renda das populações, na segurança alimentar e nutricional, na diversidade alimentar, na autonomia sobre os meios de produção, e na segurança do trabalho — considerando a não exposição aos agrotóxicos (FIOCRUZ, 2019).

Com o tempo, o termo agroecologia foi ocupando espaço na agenda governamental, seja nas diretrizes de programas e/ou políticas como: a Política Nacional de Segurança Alimentar e Nutricional (PNSAN), o PAA, o PNAE, a Política Nacional de Assistência Técnica e Extensão Rural (PNATER), na concepção de outras políticas como a PNAPO e a PNARA. É válido ressaltar que as ações da sociedade civil organizada em manifestos, marchas e atuação em conselhos de controle social de políticas públicas, por meio de suas reivindicações por terra, alimento, água, educação, saúde e etc. foram fundamentais na proposição e inserção da agroecologia no contexto das políticas públicas.

A PNAPO foi instituída em 2012, pelo Decreto n.º 7.794, com o principal objetivo de integrar, articular e adequar as diversas políticas, programas e ações desenvolvidas no âmbito do governo federal, que visam induzir a transição agroecológica e fomentar a produção orgânica e de base agroecológica, contribuindo para a produção sustentável de alimentos saudáveis e aliando o desenvolvimento rural com a conservação dos recursos naturais e a valorização do conhecimento dos povos e comunidades tradicionais. E foi fruto de um amplo processo de mobilização social, que iniciou na década de 1970, com as Comunidades Eclesiais de Base (CEB) e que, em 2011, foi fortemente reivindicado durante a 4.º Marcha das Margaridas (Sambuichi *et al.*, 2017). Quanto à PNARA, ainda em 2016, após ser debatido na CNAPO o então PRONARA, criado no âmbito da PNAPO, gerou o PL da PNARA, que segundo dados da câmara dos deputados, este projeto encontra-se em regime de tramitação prioritário e pronto para pauta no plenário.

Uma das metas do I Plano Nacional de Agroecologia e Produção Orgânica (PLANAPO), principal instrumento de execução estabelecido pela PNAPO com a participação de representantes do governo e da sociedade civil, foi avançar ainda mais na universalização das políticas para a agricultura familiar com vistas à produção agroecológica, em conjunto com as unidades federativas. A PNAPO em seu artigo 1.º, parágrafo único, estabelece que para alcançar seus objetivos, a política "será implementada pela União em regime de cooperação com Estados, Distrito Federal e Municípios, organizações da sociedade civil e outras entidades privadas" (Brasil, 2012). Entende-se que mantém validade o pressuposto de então, apontando que um plano nacional somente pode ser implementado proporcionando mudanças efetivas quando estados e municípios se articulam seguindo as diretrizes da política nacional, como aconteceu com o PNAE e PAA nos Governos de Lula e Dilma.

Mais recentemente, presenciamos a fragilização da PNAPO na esfera federal. A reforma administrativa realizada pelo governo Bolsonaro mediante a Lei n.º 13.844/2019 e os Decretos n.os 9.759/2019 e 9.784/2019, extinguiu instâncias estruturantes da execução da PNAPO como a Câmara Interministerial de Agroecologia e Produção Orgânica (CIAPO) e a CNAPO, responsáveis pela gestão e controle social da política, respectivamente. Assim, hoje a PNAPO apresenta um conjunto de ações dispersas nos ministérios, com orçamento que tem sido sistematicamente reduzido desde 2016.

Com esse recente enfraquecimento da PNAPO, a situação não é nada favorável à aprovação do PL da PNARA no Congresso Nacional. Nesse sentido, a articulação nos estados e municípios é fundamental, pois encontra um cenário menos adverso e colabora com a pressão no plano federal. Embora a PNARA ainda não tenha sido assegurada por lei, temos projetos de lei tramitando nas assembleias legislativas de vários estados e municípios visando a redução do uso de agrotóxicos, bem como de outras iniciativas como a proibição da pulverização aérea, criação de zonas livres de agrotóxicos, fim da redução da isenção ao mercado de insumos químicos, entre outros. A Figura 2 a seguir, apresenta as políticas públicas sobre agroecologia e produção orgânica em nível estadual, e a Figura 3 as políticas públicas de redução ou proibição do uso de agrotóxicos nas unidades federativas brasileiras.

Figura 2 - Políticas Públicas de Agroecologia e Produção Orgânica nas Unidades Federativas do Brasil – 2020

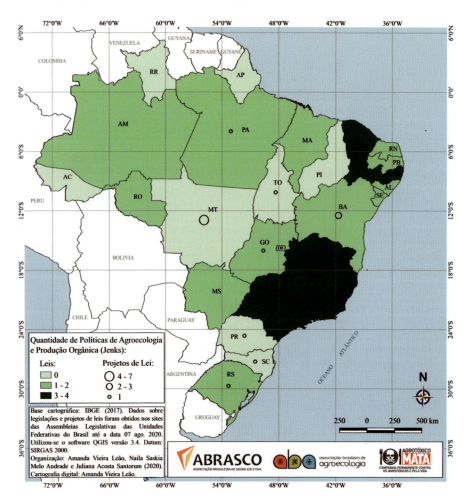

DOSSIÊ CONTRA O PACOTE DO VENENO E EM DEFESA DA VIDA 87

Figura 3 - Políticas Públicas de Redução ou Proibição do Uso de Agrotóxicos nas Unidades Federativas do Brasil – 2020

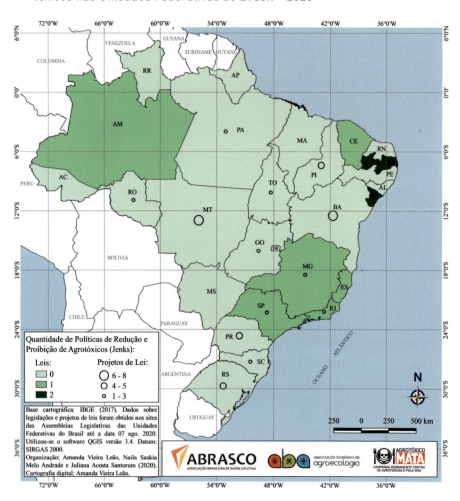

Conforme a Figura 2, podemos ver que políticas de promoção à agroecologia e à produção orgânica foram implementadas em dezoito estados e no Distrito Federal, com PL tramitando em outros oito estados. O primeiro estado a implementar uma política pública que segue as diretrizes da PNAPO foi Minas Gerais, mediante a Política Estadual de Agroecologia e Produção Orgânica (PEAPO), Lei n.º 21.146, de 14/01/2014. As políticas públicas estaduais são importantes, pois podem nortear a implementação de políticas nos municípios. Na esfera municipal temos Políticas Municipais de Agroecologia e Produção Orgânica (PMAPO) sancionadas em Pompéu/MG (Lei n.º 2.105/2014), Florianópolis/SC (Lei n.º 10.392/2018), Ariquemes/RO (Lei n.º 2.287/2019) e PL tramitando na câmara municipal de Caxias do Sul/RS (PL n.º 73/2020), por exemplo.

De acordo com a Figura 3, as políticas de controle, restrição, redução e/ou proibição ao uso de agrotóxicos vêm ganhando mais força nos últimos anos. A Lei n.º 16.820/2019 do Ceará representa um marco histórico em relação às políticas nesse sentido, vedando a pulverização aérea de agrotóxicos na agricultura no estado. No caso das políticas estaduais que seguem as diretrizes da PNARA, há propostas aprovadas desde 2014 nas assembleias legislativas de diferentes localidades, como Bahia, Piauí, Goiás, Minas Gerais, São Paulo, Paraná, Santa Catarina e Rio Grande do Sul. Os debates de propostas e ideias nos estados e municípios (bases eleitorais dos parlamentares federais), fortalece o cenário para ampliação da consciência política e da pressão no âmbito federal com vistas à aprovação da PNARA.

Ao comparar os dois mapas, é perceptível como a implementação de uma Política Nacional exerce influência nos estados e municípios. À medida que a PNAPO foi assegurada por lei, também observamos sua replicação nas esferas estadual e municipal. Como a PNARA ainda está tramitando no Congresso Nacional, a aprovação de políticas que sigam suas diretrizes nos estados e municípios se constitui como um desafio a ser enfrentado, mas crucial para fortalecer a pressão perante o governo. O Quadro 3 elenca o rol de políticas públicas sobre a temática em questão, que se encontram vigentes/tramitando nos estados brasileiros.

Quadro 3 - Políticas Públicas de Redução ou Proibição do Uso de Agrotóxicos nas Unidades Federativas do Brasil – 2020*

NORTE	
UF	**Número e descrição**
AM	— Lei n.º 4.581 de 11/04/2018: Institui a Política Estadual de Agroecologia e Produção Orgânica. — Lei n.º 4.858 de 03/07/2019: Estabelece a obrigatoriedade de indicação expressa sobre o uso de agrotóxicos nos produtos alimentares comercializados no Estado do Amazonas.
PA	— Lei n.º 7.043 de 08/10/2007: Dispõe sobre a Política Estadual para a promoção do uso de sistemas orgânicos de produção agropecuária e agroindustrial. — PL n.º 59 de 2016: Dispõe sobre a criação da Semana Estadual da Agroecologia no Estado do Pará e dá outras providências. — PL n.º 293 de 2019: Inclui dispositivo na Lei n.º 6.119 de 29 de abril de 1998. Inclui o artigo 28-B que veda a pulverização aérea de agrotóxicos no Estado do Pará. — PL n.º 224 de 2019: Proíbe a pulverização aérea de agrotóxico no Estado do Pará e dá outras providências.
RO	— Lei n.º 2.588 de 28/10/2011: Cria o Programa Estadual de Agroecologia e Incentivo à Agricultura Orgânica. — Lei n.º 3.566 de 03/06/2015: Fica instituída a Semana Estadual de Incentivo à Agroecologia. — PL n.º 733 de 2020: Dispõe sobre a realização de análise para detecção da presença de agrotóxi-cos nas águas sob o domínio estadual e na água destinada ao consumo humano, no âmbito do Estado de Rondônia.
TO	— PL n.º 227 de 2017: Institui a Política Estadual de Agroecologia e Produção Orgânica. — PL n.º 247 de 2019: Institui vedação à concessão de benefício fiscal de ICMS a agrotóxicos e afins por prazo determinado (20 anos, conforme seu artigo 1.º).
NORDESTE	
AL	— Lei n.º 8.041 de 06/09/2018: Dispõe sobre a instituição de política estadual de agroecologia e produção orgânica.

BA	— PL n.º 21.916 de 2016: Cria a Política Estadual de Agroecologia e Produção Orgânica na Bahia. — PL n.º 23. 313 de 2019: Dispõe sobre a proibição do uso de agrotóxicos a base de neonicotinoide no âmbito do Estado da Bahia. — PL n.º 23.314 de 2015: Proíbe a pulverização aérea de agrotóxicos. — PL n.º 23.407 de 2019: Institui a Política Estadual de Redução de Agrotóxicos – PEARA no âm-bito do Estado da Bahia. — PL n.º 23.646 de 2019: Dispõe sobre a realização de análise para a detecção da presença de agrotóxicos nas águas sob o domínio estadual e na água destinada ao consumo humano. — PL n.º 21.273 de 2015: Proíbe o uso e comercialização de agrotóxicos que contenham os princí-pios ativos que especifica. — PL n.º 23.665 de 2019: Institui normas e procedimento para redução do uso de Agrotóxicos no Estado da Bahia. — PL n.º 21.479 de 2015: Institui a Política Estadual de Agroecologia e de Produção Orgânica. — Lei n.º 13.572 de 30/08/2016: Institui a Política Estadual de Convivência com o Semiárido e o Sistema Estadual de Convivência com o Semiárido. Nesta Lei estão presentes artigos e objetivos que tem como base o estimulo à produção agroecológica. — Indicação n.º 21.119 de 2015: Implantação de programa de incentivo à produção e comerciali-zação de alimentos orgânicos, livres de agrotóxicos, em todo o estado da Bahia.
CE	— Projeto de Indicação n.º 156/15: Sugere a criação de uma Política Estadual de Agroecologia e de Produção Orgânica como instrumento de promoção do desenvolvimento sustentável. — Lei n.º 14.892 de 31/03/11: Dispõe sobre a Educação Ambiental, Institui a Política Estadual de Educação Ambiental. No artigo 7.º desta Lei, consta a incorporação do tema agroecologia nas atividades escolares. — Lei Complementar n.º 66 de 07/01/08: Cria o Fundo Estadual de Desenvolvimento da Agricultura Familiar – FEDAF, extingue o Fundo de Desenvolvimento do Agronegócio – FDA e o Conselho de Desenvolvimento do Agronegócio – CEDAG. — Lei n.º 15.335 de 12/04/13: Institui a Semana Estadual de Incentivo à Agroecologia no Estado do Ceará. — Lei n.º 16.820 de 2019: Dispõe sobre o uso, a produção, o consumo, o comércio e o armazenamento dos agrotóxicos, seus componentes e afins bem como sobre a fiscalização do uso de consumo do comércio, do armazenamento e do transporte interno desses produtos. Veda a pulverização aérea na agricultura no estado.

MA	— Lei n.º 10.986 de 21/12/2018: Institui a Política Estadual de Agroecologia e Produção Orgânica do Maranhão (PEAPOMA). Ocorreram vetos que "imobilizaram" a execução da Lei. A RAMA vem tentando pautar a retomada dos vetos, mas encontra dificuldades em meio à Pandemia.
PB	— Lei n.º 9.360 de 01/06/2011: Incentiva a agroecologia e a agricultura orgânica na agricultura familiar no Estado. — Lei n.º 10.541 de 2015: Determina a obrigatoriedade de indicação expressa sobre o uso de agro-tóxicos nos produtos alimentares comercializados, neste estado. — Lei n.º 9.781 de 2012: Institui o Dia Estadual de Combate ao Agrotóxico. — PL n.º 864 de 2019: Proíbe no território da Paraíba a comercialização e armazenamento dos agrotóxicos a base de glifosato e 2,4D por causarem danos à saúde pública e ao meio ambiente.
PE	— Decreto n.º 46.857 de 07/12/2018: Institui Comissão Estadual para o desenvolvimento do Plano de Agroecologia e Produção Orgânica do Estado de Pernambuco, no âmbito da Secretaria de Agricultura e Reforma Agrária. — Lei n.º 14.091 de 17/06/2010: Institui a Política Estadual de Combate à Desertificação e Mitigação dos Efeitos da Seca. — Lei n.º 16.320 de 26/03/2018: Regulamenta as feiras de produtos orgânicos e ou agroecológicos no Estado de Pernambuco. — Lei n.º 16.888 de 03/06/2020: Institui o Programa Estadual de Aquisição de Alimentos da Agricultura Familiar – PEAAF e dispõe sobre a compra institucional de alimentos da agricultura familiar, de produtos da bacia leiteira e da economia solidária, no Estado de Pernambuco.

PI	— Indicativo n.º 47 de 2011: Cria o Programa Primeiro Crédito para a Juventude Rural no Estado do Piauí. — PL n.º 113 de 2019: Dispõe sobre a proibição do uso de agrotóxico à base de neonicotinoide em todo o estado do Piauí. Requer ao secretário estadual de meio ambiente e recursos hídricos, para que tome providências quanto ao mal uso de agrotóxicos e pesticidas em plantações ao longo do rio Canindé. — PL n.º 20 de 2015: Dispõe sobre normas para o emprego de aeronaves utilizadas para pulverização de agrotóxicos nas proximidades dos aglomerados urbanos; proibição do uso de herbicida para capina química nas áreas urbanas, públicas e privadas e de proteção ambiental no território do estado do Piauí. — PL n.º 55 de 2018: Proíbe a pulverização aérea de agrotóxicos em área com apiários. — PL n.º 199 de 2019: Institui a Política Estadual de Redução de Agrotóxicos (PERAGRO).
RN	— Lei n.º 10.154 de 21/02/2017: Institui a Política Estadual de Combate e Prevenção à Desertifica-ção no Estado do Rio Grande do Norte e fixa outras providências. O incentivo à produção agroeco-lógica é citado sete vezes em diferentes parágrafos da Lei.
SE	— Lei n.º 7.270 de 2011: Estabelece normas visando incentivar a implantação de sistemas de produção agroecológica pelos agricultores familiares no Estado de Sergipe. É regulamentada pelo Decreto n.º 40.051/2018. Foi também estabelecido o Plano Estadual de Agroecologia e Produção Orgânica (PLEAPO). — Lei n.º 40.051 de 2018: Torna definitiva implementação da Lei, definindo a concessão de incentivos à implantação de Sistemas de Produção Agroecológica pelos agricultores familiares do Estado de Sergipe e institui a Política Estadual de Agroecologia e de Produção Orgânica. — Lei n.º 7.529 de 27/12/2012: Institui o Dia Estadual de Combate ao uso de Agrotóxico. — Lei n.º 8.623 de 02/12/2019: Dispõe sobre medidas de conscientização e publicidade do uso abusivo de agrotóxicos em alimentos comercializados nos supermercados e hipermercados, no âmbito do Estado de Sergipe.

Centro-Oeste

DF	— Lei n.º 5.801 de 10/01/2017: Institui a Política Distrital de Agroecologia e Produção Orgânica – PDAPO. É regulamentada pelo Decreto n.º 38.618 de 16/11/2017.

GO	— Lei n.º 14.385 de 09/01/2003: Dispõe sobre a política estadual para a promoção do uso de siste-mas orgânicos de produção vegetal e animal. É regulamentada pelo Decreto n.º 5.873, de 09/12/2003. — PL n.º 650 de 2019: Institui a Política Estadual de Agroecologia e Produção Orgânica do Estado de Goiás. — PL n.º 516 de 2019: Institui a Política Estadual de Redução de Agrotóxicos – PEARA. — PL n.º 562 de 2019: Estabelece a obrigatoriedade das empresas fornecedoras de água a indica-ção expressa na conta, da presença de agrotóxicos e demonstre resultados da contaminação encon-trados no Sistema de Abastecimento de Água no Estado. — PL n.º 631 de 2019: Proíbe o uso dos agrotóxicos no âmbito do Estado de Goiás que especifica. A proposta baseou-se em medidas tomadas na União Europeia, que votou pela proibição dos três principais responsáveis pelas extinções das abelhas, os agrotóxicos clotianidina, imidacloprida e tiametoxam.
MS	— Lei n.º 5.279 de 06/12/2018: Institui a Política Estadual de Agroecologia, Produção Orgânica e de Extrativismo Sustentável Orgânico, e dá outras providências. É regulamentada pelo Decreto n.º 15. 455 de 18/06/2020.

MT

— PL n.º 518 de 2019: Institui a Política Estadual de Agroecologia e Produção Orgânica – PEAPO.
— PL n.º 593 de 2019: Dispõe sobre a obrigatoriedade de inclusão de produtos orgânicos ou de base agroecológica na alimentação fornecida aos pacientes dos hospitais da rede pública estadual.
— PL n.º 634 de 2019: Dispõe sobre a realização anual da "Feira Sementes, Saberes e Sustentabilidade de Mato Grosso" – Feira 3S/MT.
— PL n.º 903 de 2019: Institui o Programa Jovem no Campo – MT. O artigo 3.º, inciso II, dispõe que "O Programa tem como diretrizes: II – Desenvolvimento de políticas públicas de conhecimento técnico aplicadas ao jovem em Agroecologia".
— PL n.º 945 de 2019: Institui a Política Estadual de Incentivo e Fomento às Feiras Livres de Produtos Orgânicos em Mato Grosso.
— PL n.º 1.172 de 2019: Institui a Semana Mato-grossense de Agroecologia que será comemorada, anualmente, do dia 3 a 9 de outubro.
— PL n.º 163 de 2015: Dispõe sobre os incentivos à implantação de sistemas de produção agroecológica e orgânica pelos agricultores familiares do Estado de Mato Grosso.
— PL n.º 618 de 2019: Veda o uso e a comercialização de agrotóxicos que contenham clotianidina, tiametoxam, imidaclopride e fipronil em sua composição e dá outras providências para a preservação das abelhas.
— PL n.º 477 de 2019: Dispõe sobre a proibição da comercialização e uso do agrotóxico 2,4-Diclorofenoxiacético (2,4-D) no Estado de Mato Grosso.
— PL n.º 839 de 2019: Acrescenta dispositivos a Lei n.º 8.588, de 27 de novembro de 2006. Veda a produção, o armazenamento, a comercialização e o uso de agrotóxicos, seus componentes e afins a base dos ingredientes ativos 2,4-D, ou ácido diclorofenoxiacético, no Estado de Mato Grosso.
— PL n.º 898 de 2019: Acrescenta o artigo 9.º – A e o seu inciso a Lei n.º 8.588, de 27 de novembro de 2006.

MT	— PL n.º 972 de 2019: Dispõe sobre a proibição do uso e aplicação de agrotóxicos, seus componentes e afins próximos aos locais que especifica no Estado de Mato Grosso e dá outras providências. Define a distância mínima de 500 m de estabelecimentos (escolas, hospitais, núcleos populacionais, cursos de água etc.), a distância é reduzida para 20 m, caso o imóvel tenha implementado barreira verde. — PL n.º 1.060 de 2019: Garante aos consumidores o acesso a todas as informações referentes ao uso de agrotóxicos no processo de produção dos alimentos comercializados no Estado de Mato Grosso e dá outras providências. — PL n.º 1.190 de 2019: Dispõe sobre a realização de análise para a detecção da presença de agrotóxicos nas águas sob o domínio estadual e na água destinada ao consumo humano. — PL n.º 483 de 2019: Acrescenta dispositivos a Lei n.º 8.588, de 27 de novembro de 2006. A alteração visa proibir a pulverização aérea no Estado do Mato Grosso.

Sudeste

ES	— Lei n.º 10.951 de 11/12/2018: Institui a Política Estadual de Produção Agroecológica e Orgânica. — Lei n.º 9.616 de 2011: Incentiva a agroecologia e a agricultura orgânica na agricultura familiar no Estado. — Lei n.º 6.610 de 2001: Dispõe sobre o Programa de vigilância epidemiológica de acidentes de trabalho e doenças ocupacionais por uso de agrotóxicos no Estado do Espírito Santo. — Lei n.º 6.198 de 05/05/2000: Institui o "Selo Verde Agrícola" no Estado do Espírito Santo.

MG	— Lei n.º 21.146 de 14/01/2014: Institui a Política Estadual de Agroecologia e Produção Orgânica – PEAPO. — Lei n.º 23.207 de 27/12/2018: Institui o Polo Agroecológico e de Produção Orgânica na região da Zona da Mata. — Decreto n.º 47.999 de 02/07/2020: Dispõe sobre o Programa Estadual de Cooperativismo da Agricultura Familiar e Agroindústria Familiar de Minas Gerais – COOPERAF-MG. — Decreto com numeração especial 481 de 25/09/2018: Aprova e determina a implantação do Plano de Ação da Estratégia Intersetorial de Redução do Uso de Agrotóxicos e Apoio à Agroecologia e à Produção Orgânica. — Decreto n.º 47.502 de 02/10/2018: Regulamenta a Lei n.º 22.806 de 29/12/2017, que dispõe sobre a Política Estadual de Segurança Alimentar e Nutricional Sustentável – PESANS – e organiza o Sistema Nacional de Segurança Alimentar e Nutricional – SISAN – no âmbito do Estado. — PL n.º 84 de 2019: Institui a Política Estadual de Redução de Agrotóxicos – PEARA. — Decreto n.º 44.720 de 12/02/2008: Regulamenta a Lei n.º 15.973 de 12/01/2006, que dispõe sobre a Política Estadual de Apoio à Agricultura Urbana.
RJ	Lei n.º 8.721 de 24/01/2020: Altera o Anexo da Lei n.º 5.645 de 06/01/2010, inserindo no calendário oficial do estado do Rio de Janeiro a Semana Estadual da Soberania Alimentar, Agroecologia e Agricultura Familiar. Lei n.º 8.625 de 18/11/2019: Dispõe sobre a Política Estadual de Desenvolvimento Rural Sustentável, de Agroecologia e de Produção Orgânica no Estado do Rio de Janeiro. Lei n.º 8.361 de 2019: Dispõe sobre a obrigatoriedade de inclusão, em um percentual mínimo de 30% (trinta por cento), de produtos orgânicos ou de base agroecológica na alimentação fornecida aos pacientes dos hospitais da rede pública estadual do Rio de Janeiro. Lei n.º 4.106 de 02/06/2003: Dispõe sobre a notificação compulsória de casos de intoxicação por agrotóxicos. PL n.º 1.804 de 2016: Proíbe a pulverização aérea de defensivos agrícolas no estado do Rio de Janeiro.

SP	— Lei n.º 16.684 de 19/03/2018: Institui a Política Estadual de Agroecologia e Produção Orgânica – PEAPO. — Lei n.º 9.714 de 07/07/1997: Institui a "Semana de Estudos da Agricultura Orgânica", no âmbito do Estado de São Paulo, a ser realizada na 2.ª semana do mês de setembro, em todas Escolas Agrí-colas. — Decreto n.º 64.440 de 05/09/2019: Aprova o plano de manejo da Área de Proteção Ambiental Rio Batalha, criada pela Lei n.º 10.773 de 1º/03/2001. Em seu artigo 6.º incentiva ações relacionadas a transição agroecológica. — Decreto n.º 64.214 de 06/05/2019: Altera a denominação e aprova o plano de manejo da Área de Proteção Ambiental Tietê, criada pelo Decreto n.º 20.959, de 8 de junho de 1983. Em seu artigo 6.º estimula a adoção de práticas agroecológicas. — PL n.º 1.227 de 2019: Institui a Política Estadual de Redução de Agrotóxicos – PERA. — PL n.º 405 de 2016: Proíbe a pulverização aérea de defensivos agrícolas no Estado. — Lei n.º 14.736 de 10/4/2012: Institui o Dia Estadual de Combate à Intoxicação por Agrotóxicos. — PL n.º 22 de 2018: Institui a Política Estadual de Redução de Agrotóxicos – PERA.

Sul	
PR	— PL n.º 823 de 04/12/2017: Dispõe sobre a Política Estadual de Agroecologia e Produção Orgânica. — PL n.º 2 de 06/02/2018: Veda a pulverização aérea de agrotóxicos e dá outras providências. — PL n.º 438 de 04/06/2019: Dispõe sobre a aplicação de agrotóxicos na região metropolitana de Curitiba. Cria a zona livre de agrotóxicos. — PL n.º 661 de 02/09/2019: Institui a Política Estadual de Redução de Agrotóxicos – PERAGRO. — PL n.º 683 de 10/09/2019: Veda o uso e aplicação de agrotóxicos próximos aos locais que especifica e obriga a implantação de barreira verde e dá outras providências.

SC	— PL n.º 310.1 de 2019: Institui a Política Estadual de Agroecologia e Produção Orgânica – PEAPO. — PL n.º 87.2 de 2019: Dispõe sobre a proibição da fabricação, uso e comercialização de agrotóxico 2,4-Diclorofenoxiacético (2,4-D) em Santa Catarina. — PL n.º 280.1 de 2019: Dispõe sobre o Programa Estadual de Redução de Agrotóxico – PROERA, e adota outras providências. — PL n.º 371.3 de 2019: Garante aos consumidores o acesso a todas as informações referentes ao uso de agrotóxicos no processo de produção dos alimentos comercializados no Estado de Santa Catarina e dá outras providências.
RS	— Lei n.º 14.486 de 30/01/2014: Institui a Política Estadual de Agroecologia e de Produção Orgânica. — PL n.º 264 de 2017: Institui a Política Estadual de Redução de Agrotóxicos – PERAGRO. — PL n.º 379 de 2019: Dispõe sobre a proibição do uso de agrotóxicos neonicotinoides. — PL n.º 214 de 2019: Dispõe sobre a proibição da comercialização e uso do agrotóxico 2,4-Diclorofenoxiacético (2,4-D) no Rio Grande do Sul. — PL n.º 263 de 2014: Dispõe sobre a proibição da pulverização aérea de agrotóxico realizada por meio de aeronaves em todo o território do Rio Grande do Sul. — PL n.º 44 de 2015: Estabelece a obrigatoriedade de indicação expressa sobre o uso de agrotóxicos nos produtos alimentares comercializados no Rio Grande do Sul.

* Os dados foram coletados até 7 ago. 2020. Todos os PL encontram-se em tramitação nas Assembleias Legislativas das respectivas Unidades da Federação Brasileira.

Fonte: Assembleias Legislativas das Unidades Federativas do Brasil (2020).

Organização: dos autores (2020).

A disputa política nas esferas estaduais e municipais colabora com o delineamento de legislações nos territórios no sentido de atender as reais necessidades das maiorias populares. A realização de debates e a incidência dos movimentos sociais na proposição e implementação de políticas públicas é de fundamental relevância para o avanço da agroecologia no Brasil (Sambuichi *et al.*, 2017). Defendemos a ideia de que a incidência popular no contexto das políticas públicas possibilita a construção de um espaço de resistência perante os interesses das elites dominantes do agronegócio no interior das disputas travadas nesse cenário. Essa participação popular transforma as políticas públicas *para* o campo em políticas públicas *do* campo.

Políticas públicas com enfoque agroecológico como a PNAPO e a PNARA contribuem para elevar a qualidade da alimentação das pessoas, colaborando com a soberania e a segurança alimentar e nutricional da população. O atual cenário de fragilização da PNAPO evidencia a vulnerabilidade da política diante de uma gestão desinteressada a efetivar o Direito Humano à Alimentação Adequada (DHAA) e a um meio ambiente equilibrado.

No entanto, a ampliação do debate público nos territórios tem criado processos de politização e informação à população que passa a olhar as manifestações de produção de alimentos no campo e na cidade como uma alternativa, não só de trabalho e de renda, mas também no acesso e na qualidade dos alimentos consumidos, de relações mais equilibradas entre homens e mulheres e o ambiente. Ao repensar seus hábitos de consumo alimentar, a população demonstra estar atenta às consequências que os agrotóxicos produzem para a saúde humana, não só de quem consome, mas também para quem cultiva os alimentos. Essa tomada de consciência da sociedade tem contribuído favoravelmente à rejeição aos agrotóxicos e em defesa da agroecologia. Citamos como exemplo a alta adesão à Plataforma #ChegaDeAgrotóxicos[10], com mais de 1,7 milhão de assinaturas. Essa plataforma foi criada com intuito de colher apoio por meio de assinaturas de pessoas e organizações que defendem a aprovação da PNARA e são contra o Pacote do Veneno.

A agroecologia valoriza não só a complexidade dos agroecossistemas, mas também a melhoria de vida dos/as agricultores/as e o estilo de vida na cidade, que buscam cada vez mais hábitos saudáveis com

---

[10] A plataforma está disponível em: <https://www.chegadeagrotoxicos.org.br/>. Acesso em: 25 set. 2020.

consumo de alimentos cada vez mais livres de agrotóxicos e de sementes transgênicas, além de estimular o consumo de alimentos regionais, valorizando a cultura alimentar. Assim, a perspectiva agroecológica além da defesa da melhoria e intensificação da agricultura familiar, se posiciona diretamente a serviço da promoção da saúde da população.

Segundo o documento oficial da Conferência Internacional de Promoção da Saúde acontecido em 1986, em Ottawa, no Canadá, promoção da saúde é o processo de capacitação da comunidade para atuar na melhoria da sua qualidade de vida e saúde, incluindo maior participação no controle desse processo. É regida pelos determinantes sociais da saúde, e, considera que existem recursos que são indispensáveis para ter a saúde e qualidade de vida, são eles: a paz, renda, habitação, educação, alimentação adequada, ambiente saudável, recursos sustentáveis, equidade e justiça social (OMS, 1986).

Assim, as experiências agroecológicas têm contribuído com a promoção da saúde por: buscar a sustentabilidade econômica e ecológica dos agroecossistemas; estimular o consumo de alimentos saudáveis e valorizar a cultura alimentar; promover o empoderamento de agricultores, agricultoras, povos e comunidades tradicionais, por meio da promoção de espaços auto organizativos e de participação política; por estimular os circuitos curtos de comercialização; priorizar a não utilização de agrotóxicos e antibióticos na produção vegetal e animal respectivamente. No entanto, para garantir, em sua plenitude, a saúde das populações e a agroecologia, são necessárias mudanças profundas dos padrões econômicos, e a efetivação das políticas sociais e suas ações intersetoriais.

2.2. Municípios agroecológicos e políticas de futuro

A disputa política no plano local tem papel decisivo nas mobilizações em defesa da democracia e dos direitos conquistados. Essa disputa deve se orientar pelo debate de propostas e ideias para responder aos problemas vivenciados no dia a dia pela maioria da população. E a democratização do acesso a alimentos saudáveis deve ser considerada um eixo estratégico pelo seu potencial de mobilização no plano local.

Partindo do pressuposto de que os municípios podem realizar ações importantes de apoio à agricultura familiar e à agroecologia e de promoção da segurança alimentar e nutricional, e também de que existe uma grande diversidade de iniciativas municipais que, muitas vezes, são conhecidas somente no plano local, a Articulação Nacional de Agroecologia (ANA) decidiu realizar um levantamento nacional com o objetivo de identificar experiências de políticas, programas e ações municipais capazes de trazer ensinamentos importantes e de contribuir para a construção coletiva de propostas que pudessem ser apresentadas e debatidas nos pleitos municipais.

A partir de agosto de 2020, organizou-se um mutirão nacional de pesquisa-ação envolvendo 34 pesquisadoras/es[11] nos 27 estados da federação, articuladas/os por meio das redes estaduais de agroecologia, que, em menos de dois meses, identificou **mais de 700 iniciativas**, em 531 municípios, envolvendo temas como comercialização, programas de compras institucionais, moedas sociais e vales-feira, gestão de resíduos, apoio a grupos produtivos de mulheres, direitos territoriais e muitos outros.

O levantamento deu origem a uma planilha[12] em Excel que organiza as principais informações sobre cada iniciativa, incluindo o bioma, a

---

[11] A Integraram esse mutirão nacional de pesquisa-ação Alexandre Botelho (Merrem), Alice Karine Vriesman, Almir Alencar, Amanda Moura, Amanda Vieira Leão, Antônia Borges (Maninha), Antônio Paulo Ribeiro, Ariana Gomes da Silva, Carla Galiza dos Santos, Catarina do Espírito Santo, Cidvânia Andrade de Oliveira, Cintia Cassia Tonieto Gris, Cláudio Lasa, Edilza Frizon, Eduardo Borges (Cazuza), Fábia Almeida dos Santos, Gabriela Souza, Germana Platão Rocha, João Palmeira Júnior, Josean de Castro Vieira, Júlio César Lima Dias, Laércio Meirelles, Liliam Telles, Lúcia Glória Alencar Magalhães, Luiz Henrique Gomes de Moura (Zarref), Marialda Moura da Silva, Marli Gondim, Milaine Souza Lopes, Mirian Farias da Silva, Ramom Morato, Renata Souto, Rodrigo Moreira, Sarah Luiza Moreira, Vinícius Santos Lima e Wania Kauana Bernardi.

[12] A planilha está disponível em: <https://agroecologia.org.br/2020/10/22/municipios-agroecologicos/>. Acesso em: 9 dez. 2020.

macrorregião, o estado e o município onde cada uma ocorre, além de uma breve descrição da experiência e alguns dados sobre sua execução. A planilha apresenta ainda 41 temas, estando cada política classificada em até 3 deles.

Essa planilha foi em seguida transformada em um mapa interativo[13] que permite que as iniciativas sejam filtradas por tema e/ou por estado da federação, sendo apresentadas em fichas técnicas contendo todas as informações levantadas. No mapa interativo, algumas das iniciativas descritas apresentam ainda anexos, contendo fotos e informações mais detalhadas sobre seu histórico e principais resultados. O mapa foi construído na plataforma Agroecologia em Rede, um banco de dados que permite o mapeamento de diferentes tipos de iniciativas e metodologias em agroecologia no país, e que em breve hospedará o mapa "Municípios Agroecológicos e Políticas de Futuro".

A partir desse levantamento nacional, a ANA publicou também o documento intitulado "Municípios Agroecológicos e Políticas de Futuro"[14], que apresenta a metodologia utilizada na pesquisa e na sistematização dos dados, traz uma síntese dos principais resultados encontrados e um detalhamento de algumas das iniciativas, organizando-as em 13 campos temáticos.

O levantamento de iniciativas municipais deu origem ainda a uma carta-compromisso modelo, intitulada "Por Políticas de Futuro"[15], que apresenta 36 propostas, também organizadas em 13 campos temáticos. Este documento pôde ser ajustado a diferentes realidades locais e apresentado e debatido com candidaturas às prefeituras e câmaras de vereadores em todo o país. Organizou-se então um mutirão nacional de coleta de assinaturas de candidatas(os) às eleições municipais de 2020, que conseguiu a adesão de 1.238 candidaturas em todos os estados da federação (das quais 14,4% foram eleitas). Cabe destacar que várias(os) candidatas(os), além de assinarem a carta, incluíram propostas nela contidas em seus programas de governo ou de mandato — o que revela a dimensão pedagógica desse processo. A viabilidade das propostas apresentadas estava ancorada na concretude das experiências mapeadas na pesquisa.

---

[13] O mapa interativo está disponível em: <https://agroecologia.org.br/mapa-das-politicas-publicas-em-agroecologia/>. Acesso em: 9 dez. 2020.

[14] A O documento está disponível em: <https://agroecologia.org.br/2020/10/22/municipios-agroecologicos/>. Acesso em: 9 dez. 2020.

[15] A carta-compromisso está disponível em: <https://agroecologia.org.br/2020/10/01/agroecologia-nas-eleicoes/>. Acesso em: 9 dez. 2020.

Apoio à comercialização e compras institucionais são destaque

Entre os 41 temas em que se inserem as iniciativas identificadas pela pesquisa, o que teve maior destaque foi o de **Apoio a feiras e circuitos curtos de comercialização:** 114 das 721 iniciativas versam integral ou parcialmente sobre este tema. Entre os tipos de apoio que aparecem nas iniciativas estão a cessão de espaço público para realização da feira ou construção de um ponto fixo de comercialização, a compra de barracas e o apoio na logística para transportes. Embora não fosse o objeto principal de análise, cabe destacar a existência, em distintos estados, de feiras realizadas com o apoio de outros atores, como organizações da sociedade de civil e instituições federais de ensino superior.

A segunda categoria de destaque foi a de **Compras institucionais e outros mecanismos de geração de demanda pelos produtos da agricultura familiar**, com 73 casos. Neste tema, especialmente, aparecem experiências de compra para alimentação escolar — prevista na Lei n.º 11.947/2009, que exige a destinação de no mínimo 30% dos recursos repassados pelo governo federal para a compra direta da agricultura familiar — e de Programas de Aquisição de Alimentos financiados e geridos pelos municípios. Em nível nacional, o Programa de Aquisição de Alimentos sofreu severos cortes de orçamento desde 2017, gerando impactos negativos a diversos segmentos produtivos que haviam crescido e se consolidado pela demanda que o programa gerava. A ação municipal na aquisição de alimentos agroecológicos é compreendida pela Articulação Nacional como uma política estruturante para este segmento.

Os estados que apresentaram o maior número de iniciativas de compras institucionais foram Paraná, com 16 iniciativas, Pernambuco, com 9, e Paraíba, com 7. Há casos em que essa prática de compra se institucionaliza mediante legislação, como acontece em Fazenda Rio Grande, no Paraná, onde a Lei n.º 873/2011 cria, no âmbito do município, o Programa Municipal de Compra Direta Local dos Produtos da Agricultura Familiar, e também em outros municípios desse estado. Em São José do Egito, Pernambuco, há um PAA que, desde 2019, destina 30% dos recursos a grupos de mulheres — uma iniciativa inovadora que, além de garantir alimentos saudáveis, fomenta e gera renda especialmente a grupos de mulheres.

Figura 4 - Compras institucionais da agricultura familiar e outros instrumentos de geração de demanda pela produção da agricultura familiar - 2020.

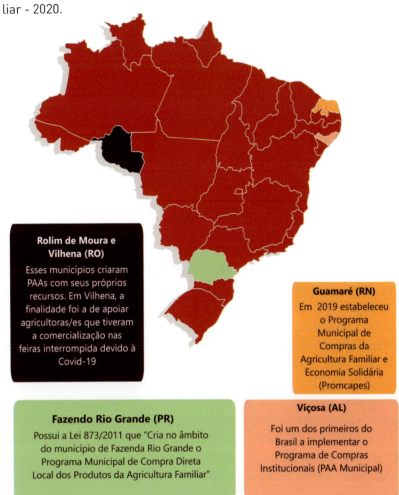

Fonte: Londres et al. (2020).

Políticas de reforma agrária e de restrição a transgênicos são as menos incidentes

A pesquisa também identificou aqueles temas com menor incidência nas políticas e ações municipais. Duas delas foram reforma agrária e restrição a transgênicos. No primeiro caso, uma única iniciativa foi identificada: o Programa Polos Agroflorestais, em Rio Branco (AC). A iniciativa foi uma espécie de reforma agrária municipal que destinou pequenos lotes, no cinturão verde da cidade, para que famílias que haviam migrado dos seringais e estavam desempregadas pudessem produzir alimentos para serem comercializados na cidade. Esta é uma das iniciativas mais antigas entre as mapeadas, datando de 1993. Atualmente, há grupos de produtores orgânicos em alguns desses polos. No tema dos transgênicos, apenas uma — e muito inovadora — experiência aparece em Botucatu, São Paulo, uma legislação de 2009 proíbe transgênicos na alimentação escolar.

Restrição no uso de agrotóxicos: experiências exemplares já existem, precisam ser multiplicadas

A restrição ao uso de agrotóxicos é um dos princípios-chave da produção de base agroecológica. O mapeamento identificou 15 iniciativas que restringem e/ou regulamentam o uso de agrotóxicos. Uma delas localiza-se no município Glória de Dourados, em Mato Grosso do Sul, onde uma lei municipal de 2016 proíbe a pulverização aérea dentro dos limites do município. Mais recentemente, em 2019, a capital catarinense Florianópolis também aprovou uma legislação que "institui e define como Zona Livre de Agrotóxicos a produção agrícola, pecuária, extrativista e as práticas de manejo dos recursos naturais no município". A lei proíbe o uso e armazenamento de quaisquer agrotóxicos sob qualquer tipo de mecanismo ou técnica de aplicação tendo como justificativa o risco toxicológico dos produtos.

Embora importantes e inovadoras, elas ainda são pouco expressivas numericamente diante dos impactos já sabidos do uso desses produtos em lavouras. A pesquisa mostra, contudo, que experiências exemplares já existem, o que falta é elas serem reproduzidas em outros municípios.

Figura 5 - Iniciativas de restrição/regulamentação do uso de agrotóxicos - 2020.

Fonte: Londres *et al.* (2020).

Políticas para mulheres e juventudes

Merecem também destaque no levantamento as políticas para mulheres. Foram identificadas 14 políticas relacionadas à **Defesa dos direitos das mulheres e enfrentamento à violência** e 34 ao **Apoio a grupos e coletivos de mulheres**. Essas iniciativas ocorrem em municípios de apenas 15 entre os 26 estados incluídos na pesquisa e concentram-se, sobretudo, nas regiões Nordeste (18 iniciativas) e Sudeste (15). Elas aparecem também, em menor proporção, nas regiões Sul (9) e Centro-Oeste (6) e não foram identificadas na região Norte. O estudo, portanto, deixa evidente a importância e a necessidade de que as políticas voltadas às mulheres, que entre outras dimensões as valorizam enquanto sujeitos da agroecologia, sejam não só fortalecidas e ampliadas, mas também replicadas pelo país.

Já as políticas de **Apoio às juventudes e de educação do campo/contextualizada e educação em agroecologia**, juntas, se fazem presentes em todas as regiões, com maior concentração no Sul (14), seguido pelo Nordeste e pelo Sudeste (10), pelo Norte (6) e pelo Centro-Oeste (3). Porém, elas ainda estão presentes em municípios de somente 18 dos 26 estados pesquisados (os estados que se destacaram foram RJ,

RS e PR, com seis iniciativas cada), o que mostra que muito se tem ainda a avançar nesse campo.

O potencial inovador dos arranjos de políticas

O estudo mostra ainda que os municípios têm o potencial de criar arranjos institucionais, para além de iniciativas isoladas. Quando analisamos comparativamente os dados de iniciativas existentes e de municípios identificados, vemos que, em muitos casos, um mesmo município apresenta uma diversidade de ações que, na sua execução, poderiam estar integradas. O caso mais significativo é o de Anchieta (SC), onde foram identificadas 16 iniciativas municipais diferentes.

Cabe destacar também, mesmo na conjuntura política crítica que enfrentamos no nível nacional, o importante papel que cumprem as instituições federais de ensino superior, como as Universidades e os Institutos Federais, em ações de ensino, pesquisa e extensão construídas em diálogo com as demandas da sociedade civil. Da mesma forma, órgãos federais e estaduais de pesquisa e extensão agropecuária podem estabelecer parcerias frutíferas com poderes municipais no desenvolvimento de ações de grande impacto local.

Do local emergem políticas de futuro

A implementação de políticas garantidoras de direitos humanos, sociais e políticos é um dever do Estado, nas suas diferentes esferas. Historicamente, foi a mobilização de movimentos sociais populares o motor principal para a conquista desses direitos e para a construção de políticas, programas e ações voltadas a promovê-los. É notório também que as políticas públicas construídas e executadas em diálogo e parceria com grupos e organizações da sociedade civil são aquelas que melhor se adequam às realidades locais e melhor atendem às reais demandas da população, alcançando maior efetividade. Um bom exemplo disso são as iniciativas de apoio a feiras da agricultura familiar. As prefeituras têm o papel central de criar condições para a realização das feiras e outros espaços de comercialização direta. Sabemos, porém, que muitas das feiras que hoje existem não seriam possíveis sem a organização política e a iniciativa de agricultoras e agricultores, seus coletivos e outras organizações do movimento agroecológico. As experiências mostram que a democracia e a participação social se colocam como princípios e condições necessárias para o sucesso das ações.

Especialmente neste momento, em que assistimos severos desmontes nas políticas públicas federais e o enfraquecimento ou a descontinuidade de programas voltados ao fortalecimento da agricultura familiar e da agroecologia e à promoção da SSAN, é preciso lembrar que muito pode ser feito no plano local no sentido de minimizar o impacto desses retrocessos e construir alternativas para o desenvolvimento.

Mesmo se tratando de um levantamento ainda preliminar, realizado ao longo de apenas dois meses e que não reproduz um retrato completo das políticas existentes nos 5.570 municípios brasileiros, o conjunto de iniciativas identificadas pela ANA representa um importante referencial de ações efetivas e inovadoras que podem ser criadas, aprimoradas e/ou ampliadas sob a alçada de prefeitas(os) e vereadoras(es).

As políticas públicas municipais podem fortalecer e fomentar a produção da agricultura familiar e de base agroecológica e conservar os bens comuns, construir/fomentar circuitos curtos de comercialização e, consequentemente, criar dinâmicas de abastecimento alimentar mais autônomas, como também atuar de forma determinante na promoção da alimentação adequada e saudável. Muitas dessas políticas sequer pressupõem uma dotação orçamentária significativa e, ainda assim, podem ter impactos diretos sobre parcelas consideráveis da população, representando alternativas concretas para a superação das crises democrática, social, sanitária, ambiental, política e econômica que enfrentamos hoje.

Os municípios podem fazer muito pela agroecologia e pela segurança alimentar e nutricional, em benefício de toda a sociedade. Bons exemplos, como vimos, não faltam.

2.3. Pontuações técnico-científicas a partir da análise da PNARA

A produção orgânica e agroecológica já está alimentando muitos e pode alimentar o mundo

Os processos produtivos de Produção Orgânica e Agroecologia podem e já estão contribuindo com a alimentação mundial, com a disponibilização de produtos saudáveis e gerados de forma ambientalmente sustentável. Contudo é preciso reconhecer a diferença entre a produção orgânica e a produção de base agroecológica, considerando questões sobre a forma como é manejada e organizada cada etapa da produção, desde a escolha do local, das sementes e as condições de trabalho etc. Assim, o produto pode ser considerado orgânico simplesmente por não utilizar agrotóxicos durante as etapas de produção, enquanto que um produto de base agroecológico além de não utilizar agrotóxicos, considera a compatibilidade das culturas em relação ao ecossistema local e as condições dignas de trabalho para todos(as) os(as) envolvidos(as).

Os produtores orgânicos e de base agroecológica somam pelo menos 2,4 milhões de famílias em todo o mundo (IFOAM, 2016). As áreas produzidas com alimentos orgânicos, juntamente com áreas utilizadas para coleta e extrativismo, vêm crescendo progressivamente no mundo, somando, em 2015, mais de 90 milhões de hectares (Figura 6). Este processo tem consolidado, ao mesmo tempo, um mercado para os produtos orgânicos, que assim como a área plantada tem se elevado a cada ano, alcançando um movimento total de 81,6 bilhões de dólares em 2015 (Figura 7).

Figura 6 - Área com orgânicos e áreas silvestres de coleta, em milhões de hectares

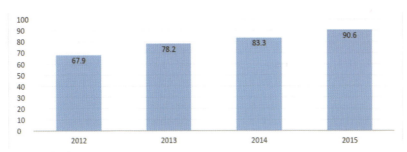

Fonte: IFOAM (2016).

Figura 7 - Mercado de orgânicos no mundo, em bilhões de dólares

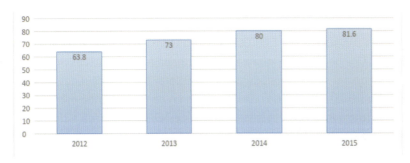

Fonte: IFOAM (2016).

Especialmente na União Europeia, que vem elevando o apoio à produção orgânica e de base agroecológica nas últimas décadas, o consumo destes alimentos tem crescido recorrentemente. De acordo com relatório do IFOAM (2016), o consumo *per capita* de alimentos orgânicos vem aumentando nos países europeus, bem como nos Estados Unidos e na Austrália. Vejamos o consumo *per capita* de orgânicos em 2015, nesses países: Suíça (8,98 kg/habitante), Alemanha (7,89 kg/habitante), Irlanda (7,39 kg/habitante), Reino Unido (7,39 kg/habitante), Noruega (6,62 kg/habitante), Suécia (5,4 kg/habitante), Austrália (4,9 kg/habitante), Holanda (4,72 kg/habitante), Estados Unidos (4,31 kg/habitante), França (4,22 kg/habitante).

No Brasil, a produção orgânica e de base agroecológica também têm crescido progressivamente. Comparando os Censos Agropecuários de 2006 e 2017, percebe-se um aumento considerável no número de agricultores familiares que passaram a produzir de forma orgânica e com certificação, sendo o cálculo da variação percentual entre os dois censos superior a 1.000%[16]. Ainda assim a área ocupada para esta produção é bem menor que a área destinada à produção convencional, refletindo a inexpressividade de apoio estatal para estes modelos produtivos (IBGE, 2006, 2017). De acordo com cruzamento de estimativas das certificadoras de orgânicos, dos especialistas da área e do MAPA, disponibilizado pela FiBL statistic, calcula-se que a área ocupada pela produção orgânica no Brasil ultrapassou 1,13 milhão de hectares em 2017 (Lima *et al.*, 2020). Somam-se 1.209.773 hectares que em 2011 foram apontados como áreas consideradas orgânicas destinadas à apicultura e ao extrativismo, destacando-se a produção e coleta de castanhas (Willer & Lernoud *apud* Lima *et al.*, 2020).

O Cadastro Nacional de Produtores Orgânicos do MAPA (2018), indica a inscrição de mais de 20 mil unidades de produção orgânica, cuja conformidade vem sendo avaliada por 386 Organismos de Controle Social (OCS), 24 Sistemas Participativos de Garantia (SPG) e 11 Certificadoras por Auditoria. Esses dados demonstram a importância da legislação brasileira ter oficializado o papel do controle social na

---

[16] Segundo Fortini (2020) no Censo Agropecuário de 2006 foram entrevistados 1.604.015 agricultores familiares no Semiárido Nordestino sendo que 5.450 (0,03%) faziam agricultura orgânica certificada. Além disso, no Censo Agropecuário de 2017, 1.364.983 agricultores familiares no Semiárido Nordestino foram entrevistados, sendo que 9.691 (0,71%) dos estabelecimentos faziam agricultura orgânica certificada. Assim, o cálculo da variação percentual entre os Censos: Var% (2006 para 2017): [(0,71-0,03) /0,03]*100 = 2.266,67%. Para o Brasil esta variação entre os Censos Agropecuários correspondeu a mais de 1.000%. plataforma está disponível em: <https://www.chegadeagrotoxicos.org.br/>. Acesso em: 25 set. 2020.

garantia da qualidade orgânica, como mecanismo capaz de garantir a inclusão de agricultores(as) que teriam dificuldades para acessar uma certificação por auditoria.

As experiências de produção orgânica e de base agroecológica se multiplicam em diferentes partes do território brasileiro. Um exemplo importante deste processo é representado pelo Grupo do Arroz Ecológico. Com existência há mais de 10 anos, o grupo é composto por 180 famílias de agricultores assentados no Rio Grande do Sul (Martins, 2019). Ligados ao Movimento dos Trabalhadores Rurais Sem Terra (MST), eles cultivam uma área de 1.254 hectares com arroz orgânico certificado e em processo de certificação. Este projeto engloba 7 assentamentos rurais, em 6 municípios: Charqueadas (Assentamento 30 de Maio); Eldorado do Sul (Assentamentos Integração Gaúcha e Conquista Nonoaiense); Guaíba (Assentamento 19 de Setembro); Capela de Santana (Assentamento Capela); Tape (Assentamento Lagoa do Junco); Viamão (Assentamento Filhos de Sepé) (Menegon *et al.*, 2009).

O crescimento da produção orgânica e agroecológica de alimentos tem sido impulsionado principalmente pela demanda da população por produtos livres de agrotóxicos. Segundo pesquisa realizada pelo Conselho Brasileiro da Produção Orgânica e Sustentável (ORGANIS, 2017), 15% dos brasileiros consomem algum tipo de bebida ou alimento orgânico. A mesma pesquisa mostrou que 6 em cada 10 brasileiros consomem verduras orgânicas e, 1 em cada 4 come legumes e frutas orgânicas. Entre os consumidores entrevistados, 67% indicaram buscar consumir orgânicos em função de questões relacionadas à saúde.

Assim, observamos que há uma crescente demanda por produtos orgânicos e de base agroecológica, em um contexto onde se consolida amplo conjunto de agricultores e agricultoras familiares que produzem, com o uso de tecnologias sociais e cientificamente estabelecidas, e em escala crescente, alimentos livres de agrotóxicos. Entretanto, isto ocorre de forma autônoma e quase independente da aprovação, em 2012, da PNAPO, sendo muito restrito e instável o apoio institucional a produtores orgânicos e de base agroecológica. As exceções merecem ser reconhecidas, estando limitadas a algumas prefeituras e grupos de consumidores coletivos, organizados de forma pontual.

O avanço representado pela PNAPO e pelo PLANAPO não implicou, todavia, na concessão de créditos, serviços e infraestruturas necessários para o desenvolvimento da agroecologia no país, além disto, existe um grande desafio do ponto de vista de sua execução, sobretudo pela necessidade de ações intersetoriais com outras políticas públicas. É necessário, portanto, uma mudança profunda na gestão destas políticas, planos e ações, que esteja pautada na intersetorialidade e na necessidade de um olhar mais sistêmico em sua execução. Assim, com amplo favorecimento a políticas de estímulo ao modelo de produção relacionado às indústrias de agrotóxicos, a timidez da PNAPO resultou inócua, carecendo de medidas complementares. Dentre estas, a mais relevante diz respeito à aprovação da PNARA, passo essencial no sentido de viabilizar o processo de transição agroecológica, garantindo à sociedade direito de produzir e consumir alimentos saudáveis, livres de agrotóxicos.

O paradigma de produção e vida representado pela agroecologia carece de compreensão e apoio da sociedade, nesse sentido, exige amplo processo de esclarecimento e conscientização, no rumo oposto das campanhas de mídia patrocinadas por interesses opostos. A produção de base agroecológica pode garantir ocupações produtivas no campo e pode gerar alimentos saudáveis para a população do planeta, recuperando serviços ecossistêmicos fundamentais para o equilíbrio da vida na terra.

A produção orgânica e agroecológica garante a disponibilização de alimento seguro ("comida de verdade")

É falso o discurso de que somente a agricultura químico-dependente do agronegócio pode produzir alimentos em quantidade suficiente para alimentar o planeta, e que seus produtos são saudáveis. Na verdade, apenas modelos de produção baseados nos princípios da Agroecologia podem cumprir estas funções. Análise da degradação dos solos, da contaminação das águas e da qualidade de vida das populações residentes em áreas dominadas pelo agronegócio, em comparação com espaços territoriais ocupados por agricultores familiares que seguem os princípios da agroecologia, mostra que este é o modelo em que além de produzir alimentos saudáveis — livres do uso de agrotóxicos e de sementes transgênicas — busca a segurança alimentar e nutricional, visa o equilíbrio da biodiversidade local, o fortalecimento dos circuitos curtos de comercialização, o respeito e a igualdade de direitos entre homens e mulheres e a auto-organização e o empoderamento das populações.

Com esta convicção, a III Conferência Nacional de Segurança Alimentar e Nutricional fortaleceu o objetivo da segurança alimentar e nutricional a partir de uma concepção de desenvolvimento socioeconômico que questiona os componentes do modelo hegemônico que no Brasil gera desigualdades, pobreza e fome, com impactos negativos sobre o meio ambiente e a saúde (CONSEA, 2007). A partir de tal objetivo a Conferência recomendou que a PNSAN se faça orientada pelas seguintes diretrizes: (i) promover o acesso universal à alimentação adequada e saudável; (ii) estruturar sistemas justos, de base agroecológica e sustentáveis de produção, extração, processamento e distribuição de alimentos; (iii) instituir processos permanentes de educação e capacitação em segurança alimentar e nutricional e direito humano à alimentação adequada; (iv) ampliar e coordenar as ações de segurança alimentar e nutricional para povos indígenas e demais povos e comunidades tradicionais definidos pelo Decreto n.º 6.040/2007; (v) fortalecer as ações de alimentação e nutrição em todos os níveis de atenção à saúde, de modo articulado às demais políticas de segurança alimentar e nutricional; (vi) promover a soberania e segurança alimentar e nutricional em âmbito internacional (CONSEA, 2007).

Com o lema "Comida de verdade no campo e na cidade: por direitos e soberania alimentar", a V Conferência Nacional de Segurança Alimentar e Nutricional, realizada em Brasília no ano de 2015, extrapola os avanços da III Conferência. Destacando as dimensões socioculturais da segurança alimentar e nutricional como fundamentais para aproximar a produção e o consumo de alimentos; estabelece pontes entre o urbano e o rural; valoriza a agrobiodiversidade, os alimentos in natura e regionais, o respeito à ancestralidade negra e indígena, à africanidade e às tradições dos povos e comunidades tradicionais, o resgate das identidades, memórias e culturas alimentares próprias da população brasileira (CONSEA, 2015).

Neste contexto, é válido dialogar com o conceito de SSAN em que:

> A Soberania Alimentar é a via para erradicar a fome e a desnutrição e garantir a segurança alimentar duradoura e sustentável para todos os povos. Entendemos por soberania alimentar o direito dos povos a definir suas próprias políticas e estratégias sustentáveis de produção, distribuição e consumo de alimentos que garantam o direito a alimentação para toda a população, com base na pequena e média produção, respeitando suas próprias culturas

> e diversidade dos modos campeiros, pesqueiros e indígenas de produção agropecuária, de comercialização e gestão dos espaços rurais, nos quais a mulher desempenha um papel fundamental (Fórum Mundial sobre Soberania Alimentar, 2001).
>
> A Segurança Alimentar e nutricional consiste na realização do direito de todos ao acesso regular e permanente a alimentos de qualidade, em quantidade suficiente, sem comprometer o acesso a outras necessidades essenciais, tendo como base práticas alimentares promotoras de saúde, que respeitem a diversidade cultural e que sejam ambiental, cultural, econômica e socialmente sustentáveis (LOSAN – Lei n.º 11.346/2006, artigo 3.º).

Assim, pode-se dizer que o alimento seguro é aquele produzido de forma ajustada aos ambientes e suas populações, sem o uso de agrotóxicos e transgênicos em sua produção. E também é aquele que garante os direitos humanos dos(as) agricultores(as) familiares camponeses(as), populações tradicionais, povos indígenas, quilombolas etc. Elaborada com base nestes conceitos, a PNARA traz a possibilidade de contribuição efetiva do poder público para ampliação na produção de alimentos verdadeiramente seguros e livres de agrotóxicos. Entretanto, ainda que necessária, a PNARA não será suficiente, carecendo de estímulo paralelo a todo um conjunto de políticas e programas voltados ao fortalecimento das comunidades rurais, povos e comunidades tradicionais, a exemplo do Programa de Aquisição de Alimentos, da Política Nacional de Assistência Técnica e Extensão Rural e outros que compartilham esta perspectiva e já se mostraram eficazes para o fortalecimento de mecanismos de apoio, um outro destaque importante para que estas políticas se concretizem, foram as proposições da Mesa de Controvérsias realizada em 2013 (CONSEA, 2014) que estabeleceu componentes fundamentais para a redução do uso de agrotóxicos.

A Agroecologia é estratégia de promoção da vida e da saúde

A agricultura e a saúde são dimensões interconectadas promovidas a partir de estreitos vínculos com a natureza (Petersen, 2007). Infelizmente as ciências que as têm como objeto de estudo insistem em abordá-las sob uma perspectiva reducionista e antiecológica que, partindo de hipóteses simples e adotando mecanismos similares, as tratam como se fossem independentes. Esta fragilidade conceitual decorre da adoção dos mesmos fundamentos filosóficos, na ciência agronômica convencional e na moderna medicina científica. Com isso, a primeira orientou o desenvolvimento da agricultura industrial, para artificialização dos ecossistemas com aporte intensivo de agroquímicos e mecanização pesada. A segunda deu origem ao modelo biomédico hegemônico, orientado essencialmente para curar (e não prevenir) doenças por meio do emprego de drogas químicas e intervenções mecânicas. Nos dois casos o princípio básico da vida, que se orienta por metabolismos que articulam sistemas complexos demais para serem reduzidos à compreensão de suas partes, foi deixado de lado. Orientadas por esses mesmos enfoques reducionistas e influenciadas pelos poderosos interesses econômicos dos setores que deles se beneficiam, as instituições do Estado e as políticas públicas de saúde e para a agricultura deixaram de valorizar o enorme potencial de interação que poderia ser estabelecido entre ambas as áreas.

A crise capitalista da modernidade, caracterizada por assimetrias na disponibilização dos alimentos e de recursos naturais é reflexo do padrão de consumo e produção de alimentos estabelecidos na sociedade contemporânea. O aprofundamento das desigualdades sociais e o aumento dos índices de exploração da natureza, extrapolando sua capacidade de suporte resultam desta irracionalidade econômica e tecnológica que é inerente ao modelo de desenvolvimento adotado pelo sistema capitalista. Fruto da mesma lógica, os custos socioambientais do sistema também são distribuídos desigualmente, impondo à determinadas regiões completa insustentabilidade ecológica, eliminando bases de sustentação para populações que dependem da integralidade ambiental, e não subsistem à perda do "potencial produtivo dos recursos naturais e culturais" (Leff, 2009, p. 49) necessários à sustentabilidade do seu modo de vida peculiar (Carneiro *et al.*, 2011). Neste contexto, é incontestável que mudanças profundas terão que acontecer para que se possa converter toda a agricultura mundial para um modelo capaz de garantir o atendimento das demandas sociais globais com justiça social e ambiental (Azevedo, 2017).

Buscando identificar prospectivamente os futuros cenários econômicos e políticos no setor agrícola, Quirino, Irias & Wright (2000) apresentaram as seguintes tendências: (i) a crescente preocupação planetária quanto aos impactos ambientais que as tecnologias agrícolas podem promover; (ii) os consumidores de uma maneira geral tenderão a uma maior cobrança quanto à sanidade dos alimentos, especialmente a respeito de resíduos de agrotóxicos e; (iii) os principais fatores de direcionamento da agricultura para a sustentabilidade serão a conservação dos recursos naturais e a qualidade de vida, compreendendo o conceito de sustentabilidade mais agregado às dimensões econômicas, ecológicas e sociais.

Pesquisa realizada por Assis, Arezzo & De-Polli (1995) no estado do Rio de Janeiro identificou que a principal motivação dos consumidores para a compra de produtos ecológicos relacionava-se à saúde pessoal e à família. Verificava-se, assim, a existência de um potencial significativo para o aumento do consumo de produtos de agricultores em transição agroecológica, corroborando conceitos sugeridos pelas discrepâncias entre os dados de consumo *per capita* citados no início deste capítulo.

As pesquisas com agricultores agroecológicos têm sugerido que o principal motivo para a transição agroecológica se relaciona à saúde familiar, com destaque para a redução dos casos de intoxicações por agrotóxicos e o aumento da produção de alimentos saudáveis para o consumo. Entretanto, é inequívoco que as questões econômicas são relevantes, fato evidenciado pelo papel do PAA e da PNAE entre outras políticas públicas no avanço da oferta de produtos de base agroecológica, estendendo-se desde casos relacionados à produção de subsistência até a oferta em larga escala do arroz orgânico, na experiência dos assentamentos gaúchos.

Equivocadamente, alguns autores ainda descrevem a promoção das práticas de base agroecológica como sistema de produção que preconiza a diversificação de culturas, como uma mera alternativa de acesso a nichos de mercado ou para ampliar a variedade do consumo alimentar das famílias produtoras.

Em um estudo qualitativo, Navolar, Rigon & Philippi (2010) entrevistaram membros da Associação para o Desenvolvimento da Agroecologia do Paraná (AOPA), para avaliar sua percepção quanto a mudanças de práticas de saúde e alimentares decorrentes da produção e consumo dos alimentos de base agroecológica. Identificaram que os agricultores percebiam a agroecologia como uma prática promotora da saúde.

A partir dos depoimentos coletados, os autores concluíram que o uso de práticas naturais de saúde, especialmente envolvendo plantas medicinais, se relaciona estreitamente à agricultura de base agroecológica. Possivelmente, isto resulte da agroecologia trabalhar com o resgate do conhecimento popular, envolvendo a manutenção da biodiversidade e o estímulo a práticas tradicionais relacionadas ao manuseio de ervas e ao aproveitamento de suas potencialidades medicinais (Navolar, Rigon & Philippi, 2010).

Outro desafio importante da relação da agroecologia com a saúde se relaciona a superação da fome e da desnutrição. Segundo o CONSEA e a ABRASCO, a superação destes desafios impõe ações que vão além da produção agrícola, envolvendo o respeito a hábitos culturais, o cuidado na preparação dos alimentos, o acesso à água limpa e a serviços de saneamento, bem como a mudança de determinadas práticas relacionadas à higiene, às relações de gênero e aos cuidados com as crianças (Stern *et al.*, 2007; CONSEA 2014; Carneiro *et al.*, 2011, 2015).

Entretanto, são poucos os estudos que exploram a relação de consumo de produtos agroecológicos/orgânicos e prevenção de doenças ou disfunções em geral, embora os problemas relacionados aos agrotóxicos sejam bem documentados (Carneiro *et al.*, 2015) cabendo sempre estender os estudos. Curl, Fenske & Elgethun (2003), bem como Lu *et al.* (2006) mostram que dietas à base de alimentos orgânicos reduz a exposição de crianças aos agrotóxicos. Já nos anos de 1990, comprova-se que a alimentação orgânica tem um efeito positivo no quesito fertilidade, posto que evitam disruptores endócrinos presentes em muitos agrotóxicos (Abell, Ernst & Bonde, 1994; Jensen *et al.*, 1996; Azevedo & Pelicioni, 2011). Vários estudos reiteram estas informações apontando, por exemplo, que existe certa relação entre os herbicidas à base de atrazina (mais usados nas lavouras de milho) ou seus produtos de degradação a anomalias pré-natais na população em geral, nascimentos prematuros e/ou abortos espontâneos, interferência no ciclo menstrual e infertilidade masculina (Hase *et al.*, 2008; Chevrier *et al.*, 2011; Cragin *et al.*, 2011).

Entre os fatores que relacionam a prática da agricultura de base agroecológica com promoção da saúde dos agricultores destacam-se (Navolar, Rigon & Philippi, 2010): a referência à autonomia, a manutenção do modo de vida rural, a valorização do conhecimento do agricultor, a troca/intercâmbio de trabalho, sementes e conhecimentos com outros agricultores.

Outros pontos merecem ser destacados. A inserção na agroecologia em função da percepção de adoecimentos causados por agrotóxicos demonstra ação consciente com poder de mobilização, levando ao abandono do uso de agrotóxicos e ao desmascaramento de mitologias que os sustentam (Melgarejo & Gurgel, 2019). A esta atitude transformadora se somam outras, relacionadas a práticas complementares, relacionadas à alimentação das famílias. Nos dois casos estamos tratando de mudanças comportamentais relacionadas à preocupações com qualidade de vida, expressas em produzir, consumir e comercializar alimentos saudáveis e carregados de aspectos simbólicos, que revelam a identidade do grupo. Desta forma, em relação às políticas públicas da área da saúde, vale ressaltar que a intersetorialidade — desafio presente nas ações de agroecologia por entrelaçar a SSAN, a questão rural e a saúde pública — é uma das principais estratégias para a implementação da promoção da saúde. Nesse sentido, parcerias entre as esferas de governo e a sociedade, somando o saber científico e o popular e incorporando o princípio da integralidade, se tornam estratégicas para uma atuação mais efetiva da área de alimentação e nutrição na atenção primária em saúde, considerando o enfoque da promoção da saúde (Navolar, Rigon & Philippi, 2010).

Diante desses e outros estudos, podemos perceber o potencial dos princípios da agroecologia e práticas a ela associadas, para minimizar a fome e a miséria, promovendo a estabilidade produtiva e a saúde da população, no rumo da soberania e segurança alimentar e nutricional.

Produzir e consumir produtos orgânicos e agroecológicos é mais caro?

Um dos discursos mais correntes sobre a produção de orgânicos e produtos agroecológicos relaciona-se aos custos da produção e do consumo. Afirma-se, na grande mídia, que a produção de base agroecológica seria onerosa e de baixa produtividade, gerando produtos mais caros e inacessíveis à maioria da população, que por isto deveria se contentar com alimentos contaminados por agrotóxicos.

Isto é falso como demonstram vários estudos. No Paraná, a produção de milho de agricultores familiares, sob as mesmas condições ambientais, obtiveram a metade da receita líquida do plantio de milho convencional comparado ao milho crioulo em transição agroecológica. No caso, enquanto o milho convencional apresentou receita líquida de

122   DOSSIÊ CONTRA O PACOTE DO VENENO E EM DEFESA DA VIDA

aproximadamente R$ 1 mil por hectare, agricultores em transição para sistemas de base agroecológica, fazendo manejo de solos com adubação verde, rotação de culturas, uso de pó de rocha, e, principalmente, plantando milho crioulo, obtiveram lucratividade de R$ 2 mil por hectare (CONSEA, 2014).

Em situação climática diferente, no norte de Santa Catarina, em um período de estresse climático (fortes chuvas seguidas por seca de quarenta dias) embora com produtividades semelhantes, os sistemas apresentaram grande diferenciação de custos. As lavouras em transição para sistema de base agroecológica dispenderam um décimo do valor no plantio tradicional, com uso dos insumos do agronegócio. O resultado final mostra que o produtor ecológico teve lucro líquido de quase R$ 3.500,00 por hectare e o convencional teve perda de quase R$ 2.700,00 por hectare (Almeida; Petersen & Silva, 2009).

Quanto aos custos da alimentação, pesquisa realizada entre 2014 e 2015, pela Rede Brasileira de Grupos de Consumo Responsável (Instituto Kayrós, 2016), revelou que o preço mais elevado dos alimentos sem veneno só ocorre, quando ocorre, em função do canal de comercialização. Pesquisa comparativa de preços de produtos convencionais, orgânicos e em transição agroecológica, acompanhando preços durante doze meses, em 4 canais de comercialização distintos, em 5 cidades do Brasil, mostrou isso para 22 itens, que incluem hortaliças, frutas e ovos.

O preço médio de uma cesta de 17 produtos (abacate, abobrinha brasileira, abobrinha italiana, alface americana, alface crespa, banana nanica, banana prata, berinjela, brócolis ninja, brócolis ramoso, cenoura, chuchu, limão tahiti, ovo, quiabo, tomate italiano, tomate salada) apresentou três padrões distintos, claramente condicionados aos canais de comercialização. Esta cesta alcançou preço máximo em supermercado (R$ 144,00), mediano em feira livre (R$ 98,00) e mínimo em Grupo de Consumo Responsável – GCR (R$ 69,00). Situações assemelhadas têm sido observadas em outros estudos, sugerindo que a ideia de preços altos em "nichos de mercado" está mais condicionada à possibilidade de acesso a consumidores de alta renda do que aos custos de produção. De uma forma geral, observa-se que em circuitos mais curtos de comercialização os preços dos produtos orgânicos são iguais ou até menores que os preços dos produtos tradicionais, remunerando adequadamente o agricultor sem onerar a cesta de consumo (Instituto Kayrós, 2016). Os estudos sugerem que os preços dos produtos orgânicos tendem a se elevar em função dos canais de comercialização utilizados. Apesar dos menores custos de produção compensarem eventuais quedas de produtividade, assegurando rentabilidade para os agricultores, observa-se que nas redes de supermercados seus preços aos consumidores praticamente dobram, em relação a outros pontos de venda.

Levando em conta a multiplicidade de casos em que estas condições têm sido observadas e considerando ainda resultados consolidados através do sistema PAA, da alimentação escolar via PNAE e o arroz orgânico dos assentamentos gaúchos, afirma-se que a produção orgânica e de base agroecológica têm possibilidade maior de garantir o preço justo e a disponibilização de alimentos saudáveis para a população brasileira.

Ofertar insumos mais eficazes e acessíveis para os produtores é possível e já é uma realidade

O Brasil tem convivido com o crescimento progressivo do uso de agrotóxicos. As respostas produtivas não justificam seu uso, que apresentam taxas de crescimento muito superiores às respostas em produtividade (Almeida *et al.*, 2017). Elevando os custos e exigindo escalas de produção crescente (Pelaez, 2012), este modelo não apenas envenena o campo e ameaça a saúde dos consumidores, como também reduz as possibilidades de sustentação dos agricultores e agricultoras familiares, acelerando processos de êxodo rural. Em estudo realizado sobre a produtividade ao redor do mundo, do período de 1961 a 2008, constatou-se que em 24 a 39% das áreas de cultivo de milho, arroz, trigo e soja a produção estagnou depois dos ganhos iniciais, ou entrou em colapso (Ray *et al.*, 2012). Tal fenômeno pode ser atribuído a múltiplos fatores, incluindo a degradação da terra, a perda de biodiversidade e das funções ecossistêmicas (FIOCRUZ, 2019). Opostamente, os avanços de produtividade nos agroecossistemas de base agroecológica se dão de forma paulatina e a custos estáveis ou decrescentes.

Diante da impossibilidade de convivência dos dois modelos, em situação de larga assimetria na disponibilidade de políticas e recursos públicos, se faz necessário repensar os caminhos que se colocam como alternativos para contribuir com a saúde das populações do campo e das cidades, por meio da garantia do DHAA rumo à SSAN. Entendendo ser necessária a consolidação de um novo paradigma na agricultura brasileira, com base na produção agroecológica impõe-se estratégia que permita evolução neste rumo. Como imperativo básico, para compensação das referidas assimetrias de tratamento, urge que seja estabelecido um processo gradual e contínuo de redução na disponibilidade e uso de agrotóxicos, bem como na oferta e condições de acesso a insumos de origem biológica, amigáveis em relação à saúde do ambiente e da população.

No âmbito da construção dos processos produtivos da agricultura orgânica e de base agroecológica, têm sido desenvolvidas diversas tecnologias e insumos naturais que contribuem na convivência entre agricultura e natureza de forma mais harmônica. Em processos, muitas vezes, partilhados com o conhecimento popular camponês, instituições de pesquisa e universidades têm contribuído com a sistematização de experiências do uso de tecnologias sociais favoráveis à produção agroecológica, muitas vezes desenvolvidas pelos próprios agricultores, agentes de ATER, e também realizado pesquisas científicas com vista a fortalecer a fertilidade dos solos e o aumento da produtividade sem comprometer os demais recursos naturais ou a saúde da população.

Produção e construção do conhecimento agroecológico

A agroecologia reconhece e respeita os diferentes saberes, se propõe à criação de interconexões entre os saberes populares e os conhecimentos científicos, por isso são tão fortes os registros e sistematizações de experiências locais e territoriais, onde agricultores(as) também são vistos como sujeitos responsáveis pelas transformações locais. Este exercício de conexão de saberes tem dado visibilidade a uma nova forma de interação entre ensino, pesquisa e extensão no âmbito das universidades e comunidades rurais, como exemplo, a produção do conhecimento realizada e sistematizada pelos Núcleos de Estudos em Agroecologia (NEA).

A produção de conhecimento em torno da agroecologia e da agricultura orgânica tem também avançado rapidamente. Em levantamento realizado no Google Acadêmico (junho, 2018), podemos encontrar aproximadamente 63.500 resultados para o termo "Agroecologia" e 15.300 para o termo "Agricultura Orgânica". No SciELO, para o termo "Agroecologia", pesquisando para publicações realizadas no Brasil, podemos encontrar 107 resultados em todos os índices. Na mesma base de produção científica é possível situar 323 resultados para o termo "Agricultura Orgânica". Naturalmente a presença das expressões não assegura qualidade de conteúdos, porém aponta para avanços de conhecimentos até poucos anos desprezados pelos pesquisadores reducionistas e conselhos editoriais por eles dominados.

Uma das razões do aumento na produção científica em torno da agroecologia e da produção orgânica no brasil está relacionada à constituição e ou consolidação dos NEAs. De acordo com a ABA-Agroecologia (2018), de 2010 a 2017, o governo federal lançou 8 chamadas públicas que apoiaram 380 projetos, de aproximadamente 150 NEAs. A ABA-Agroecologia (2018), no sentido de levantar e sistematizar as experiências destes Núcleos, analisou de forma participativa as práticas dos NEAs, para o que realizou cerca de 50 atividades diferentes, 730 horas presenciais de formação, envolvendo diretamente mais de 2.730 pessoas e aproximadamente 90 NEAs e R-NEAs. Dentre outros produtos, organizou-se a memória do processo de sistematização: 28 fichas metodológicas; 42 vídeos; 3 capítulos de livros; 1 edição especial da *Revista Brasileira de Agroecologia* e 168 resumos sobre Educação em Agroecologia já foram publicados nos *Cadernos de Agroecologia*, ampliando o acervo à disposição da sociedade.

Com poucos recursos, os NEAs possibilitaram avanços institucionais importantes a partir do engajamento de 437 professores, 449 estudantes e 787 bolsistas e vários técnicos em agroecologia. Os NEAs elaboraram 1.049 publicações acadêmicas, sendo 388 artigos em periódicos científicos, também promoveram 1.460 eventos, 312 cursos com 8.495 horas de duração que atingiram 25.530 educandos e cerca de 61 mil pessoas. Identificou-se também 430 organizações sociais ou grupos parceiros dos NEAs e 70 Redes de Articulação.

A construção da PNARA deve levar em consideração também os processos de produção do conhecimento agroecológico, nos quais os NEAs são uma importante porta de entrada nas universidades e centros de pesquisa.

Quem apoia agroecologia o faz por ideologia?

Um dos recursos mais utilizados por defensores do agronegócio contra apoiadores da agroecologia é o argumento de que estes últimos se baseiam em ideologia e interesses, enquanto os primeiros utilizam uma ciência neutra e técnicas comprovadamente robustas. Assim, enquanto uma parte da sociedade estaria sempre relacionada a uma posição política determinada, seus detratores assumiriam posições "equilibradas", livres de influências e, portanto, mais próximas da verdade. O fato é que não há aproximação da verdade sem posicionamento político e que os debates sobre modelos produtivos são levados à sociedade através de instrumentos a serviço de grupos com interesses políticos.

Assim, documentos, estudos, testes, informações relevantes tendem a ser ocultadas ou desvalorizadas, quando os meios de comunicação atendem a uma única perspectiva. Na verdade, não existe ação humana, incluindo-se aí a produção científica que possa se pretender politicamente neutra. Toda investigação sobre qualquer segmento da realidade parte de uma situação onde interesses estabelecidos disputam e fazem prevalecer a vontade de alguns, na escolha das hipóteses, dos métodos, dos testes e dos instrumentos adotados para validação do que quer que seja.

A ciência não se resume a um conjunto de etapas que são trilhadas por pesquisadores que pretendem desvendar aspectos do mundo e, para isso, atuam sem nenhuma contaminação, como se pudessem evitar serem afetados pelos interesses que cercam os resultados de seu trabalho. A ciência é um processo que envolve julgamentos de base ética e moral, relacionados a decisões sobre que parte do conhecimento e da experiência acumulados, serão usados a cada passo para alterar as leituras da realidade e seus rumos em sociedade. Por isso, não existe ciência neutra.

O discurso muito difundido nos grandes meios de comunicação e em muitos espaços acadêmicos oficiais de que pesquisadores que usam o método dialético, ou simplesmente pensadores não comprometidos com o discurso neoliberal, não teriam autoridade para falar de ciência não passa de estratégia de embate político. Muito poderosa, esta estratégia tem sido utilizada para desqualificar o trabalho de pesquisadores importantes, comprometidos com os oprimidos e explorados de todo o mundo. O poder desse discurso se apoia em um uso malicioso da ignorância geral sobre o que é ciência e como operam seus métodos. Como muitos pensam que a construção da ciência compreende o simples estudo do conhecimento acumulado em dado campo, são construídas reputações de cientistas entre pesquisadores alienados da realidade, descomprometidos com aplicações práticas e com transformações consequentes da realidade, no interesse da sociedade como um todo. São estes cientistas alienados que ocupam espaço na mídia para divulgar vantagens de agrotóxicos que provocam alterações genéticas, envenenam as águas e comprometem o futuro de todos.

Os cientistas comprometidos com os avanços da sociedade, e não de pequena parte dela, devem ser valorizados por seu protagonismo e estimulados a colocar seu conhecimento técnico a serviço da maioria.

O trabalho de pesquisa alienado já foi usado em diversas ocasiões na história para produzir armas de guerra, tecnologia e instrumentos de destruição, apenas porque os cientistas eram deliberadamente mantidos afastados da política. Mais perigoso que um ignorante que não toma posição no embate político que existe a todo tempo em todos os lugares é um técnico de altíssima especialização que acredita na neutralidade de sua atividade de pesquisa. Esse último nem desconfia do poder que entrega aos donos do mundo ao fazer ciência em troca de um salário que o mantém vivo no circuito infinito de trabalho sob o capital.

Todos os setores que divulgam seus conhecimentos como se fossem verdades absolutas, sem que pudessem existir interpretações diferentes ou impactos diferentes, estão apenas fazendo um jogo de aparências. Muito dinheiro é usado para fazer parecer que determinado produto ou tecnologia é benéfica para todos igualmente. Toda parafernália de *marketing*, visual caro e outros apetrechos são utilizados para confundir a mente da população de maneira que ela não consiga enxergar a essência da coisa, mas apenas a aparência. A constante mudança de expressões para designar exatamente a mesma coisa (como, por exemplo, a tentativa desesperada e articulada de mudar o termo "veneno" para "agrotóxico" anteriormente, e de "agrotóxico" para "fitossanitário" ou a campanha em torno do *slogan* "o agro é pop") mostra nitidamente como os poderosos usam a aparência para tentar esconder a verdade.

Assim, para quebrar com a falácia de que pesquisadores de esquerda não teriam autoridade para tratar de assuntos importantes de investigação científica é preciso, primeiro, entender que quem assume uma posição política (seja de que lado for) tem maior consciência de sua própria atividade do que quem acredita que é capaz de produzir ciência "neutra". Segundo, é necessário ampliar a autoconfiança de que quem produz ciência comprometido com o povo trabalhador tem não só maior autoridade moral do que os cientistas inimigos do povo (o que é amplamente reconhecido), mas também maior autoridade TÉCNICA. Estreitar a comunicação entre todos os cientistas de todos os setores com a população e suas reais demandas é o caminho certo para desmistificar a ridícula assertiva de que só faz ciência quem não tem posição política.

A defesa e construção dos processos produtivos orgânicos e da agroecologia estão estabelecidos em bases populares e científicas.

A importância dos bioinsumos e a necessidade de consolidação de um marco legal

Enquanto a utilização da Química na agricultura se consolidou no século XX e ampliou-se com a revolução verde, a importância da Biologia foi por muitos anos relegada a um segundo plano. Adubos químicos e agrotóxicos foram alguns dos insumos químicos utilizados para o aumento da produtividade agrícola, o que causou consequências inegáveis à saúde e ao meio ambiente.

É necessário, apenas para registro, destacar que a origem desse debate entre Química e Biologia na agricultura é longa. Liebig, quando formulou sua teoria que deu suporte a toda adubação química, ainda no século XIX, afirmou que o "solo era apenas um suporte físico para as plantas". Suprindo as plantas de minerais a produtividade aumentaria e as colheitas seriam abundantes, inclusive acabando com a fome, que foi uma das *fake news* da revolução verde.

No mesmo período, contudo, Pasteur descobriu o processo de fermentação com sua biologia. Liebig sustentou que a fermentação era um processo químico, enquanto Pasteur um processo biológico. Apesar de a história ter mostrado a importância da biologia em diversos processos da vida, na agricultura prevaleceram as teses de Liebig, e por décadas difundiu-se nas escolas de agronomia a importância da química relacionadas à fertilidade dos solos e controle fitossanitário. Essas teses favoreceram muito a expansão da indústria de fertilizantes e agrotóxicos.

Por outro lado, mesmo com todo o processo conservador da revolução verde e, posteriormente, a produção de *commodities* para a exportação do agronegócio, muitos agricultores e agricultoras familiares continuaram a utilizar-se de técnicas milenares, estabelecidas por processos acumulados por séculos de experimentação, que valorizaram a biologia na produção agropecuária. Nesse processo é que devemos considerar os Bioinsumos.

Os Bioinsumos, apenas para facilitar o entendimento, podem ser considerados insumos de origem biológica utilizados nos sistemas agrícola e animal. Estão principalmente relacionados aos biofertilizantes e caldas, mas não somente estes. Compostos orgânicos, caldas, biofertilizantes, pós-de-rocha, sementes crioulas, homeopatia, fitoterapia, adubação verde, entre tantas outras técnicas e processos, são Bioinsumos.

Nos anos 1980, com o processo de redemocratização do Brasil, o uso dos Bioinsumos passou a ser mais difundido, sendo apresentado como uma alternativa ao modelo agrícola da revolução verde. O debate ganhou força entre os movimentos sociais e muitas agricultoras e agricultores familiares passaram a produzir e utilizar os Bioinsumos em seus territórios. Da mesma forma, destacamos que muitos pesquisadores, professores e cientistas como Ana Primavesi, Sebastião Pinheiro, entre tantos, deram suporte científico e técnico, ao uso de técnicas e processos dos Bioinsumos. Agricultores familiares, camponeses, assentados da reforma agrária e povos e comunidades tradicionais, durante décadas, ou até séculos, produziram e produzem Bioinsumos em seus territórios e em suas organizações e movimentos sociais, preservando e melhorando o solo, a água, o ar, a vida.

Não houve, no entanto, a construção de políticas públicas que viessem ao encontro dos processos em ação entre agricultores e agricultoras familiares, ou entre os cientistas que há décadas pesquisam sobre os Bioinsumos. Em 2015, no entanto, a Comissão Nacional de Agroecologia e Produção Orgânica (CNAPO), na elaboração do segundo Plano Nacional de Agroecologia e Produção Orgânica (PNAPO), propôs a elaboração de um Programa Nacional de Bioinsumos. Mas, com a extinção da CNAPO, a partir de 2019, as discussões ocorreram na Câmara Temática de Agricultura Orgânica (CTAO), do MAPA. E o debate levado a cabo nessas instâncias é essencial para a consolidação de um marco legal em torno dos Bioinsumos.

Não existe, até então, uma referência em lei sobre os Bioinsumos, utilizando este termo especificamente. A legislação trata de termos como produtos biológicos, agentes biológicos, agentes microbiológicos, fertilizantes, entre outros. A partir do Decreto do Programa Nacional de Bioinsumos, surge o termo na legislação em um conceito complexo e abrangente, em uma primeira definição normativa.

> [...] considera-se bioinsumo o produto, o processo ou a tecnologia de origem vegetal, animal ou microbiana, destinado ao uso na produção, no armazenamento e no beneficiamento de produtos agropecuários, nos sistemas de produção aquáticos ou de florestas plantadas, que interfiram positivamente no crescimento, no desenvolvimento e no mecanismo de resposta de animais, de plantas, de microrganismos e de substâncias derivadas e que interajam com os produtos e os processos físico-químicos e biológicos (Brasil, 2020).

A definição é complexa porque trata de produtos, tecnologias e processos, possibilitando uma diversidade de interpretações e categorias. Abrangente, pois necessariamente aspectos não apenas relacionados à legislação de agrotóxicos e produção orgânica devem ser analisados em relação aos Bioinsumos. É necessário que a legislação da Agricultura Familiar e Fertilizantes, entre outras, sejam levadas em consideração na construção do marco legal dos Bioinsumos. Atualmente não existe uma legislação sobre uma Política Nacional de Bioinsumos, ou uma política específica voltada para a agricultura familiar, camponesa, assentados da reforma agrária e povos e comunidades tradicionais.

Considerando o contexto de debate da PNARA, ao mesmo tempo em que entendemos importante o fortalecimento da produção agroecológica e orgânica, considera-se imprescindível a garantia do direito à produção de bioinsumos pela agricultura familiar, camponesa, por assentados da reforma agrária e povos e comunidades tradicionais. Para tanto, é essencial a consolidação de um marco legal que regule os Bioinsumos, levando em consideração os processos já estabelecidos nos territórios.

Para fins de registro, como referência para a agricultura orgânica, temos: microbiológicos; feromônios; agentes biológicos de controle; pós-de-rocha-dióxido de silício; algas; homeopáticos; bioisca; extratos vegetais; entre outros. Assim como tem-se biofertilizantes, compostos, inoculantes, fertilizantes orgânicos, em outras legislações.

3. DA DENÚNCIA AO ANÚNCIO: UM GRITO EM DEFESA DA VIDA

O Brasil está diante do abismo. Empurrando-o para a queda livre estão as injustas reformas trabalhista e previdenciária; o fechamento de Grupos de Trabalho, Comissões e Conselhos, como o CONSEA; sucateamento das instituições públicas de ensino — do fundamental, passando pelo superior à pós-graduação; subfinanciamento da ciência brasileira e do SUS; estímulo da reprimarização da economia, por meio dos excessivos aportes financeiros e benefícios fiscais para a produção de *commodities* agrícolas e minerais que degradam a natureza e levam à morte trabalhadoras e trabalhadores e os povos e as comunidades tradicionais.

A atual conjuntura apresenta outros vetores e nos empurra para uma crise humanitária e sanitária sem precedentes na história contemporânea brasileira — e dentre as piores também em escala mundial. Um dos eixos da necropolítica do atual governo brasileiro, é infodemia de *fake news* sobre modos de prevenção da pandemia de Covid-19 inseguros e ineficazes juntamente com a manada de ativistas digitais que ameaçam a democracia; assediam e violentam cientistas, profissionais de saúde, da educação, movimentos sociais, povos e comunidades tradicionais; praticam misoginia, racismo e fascismo.

Reforçando essa narrativa, recentemente foram relatados por comunidades de norte a sul do Brasil, casos de pulverização intencional de agrotóxicos realizada por aeronaves agrícolas sobre áreas habitadas. Práticas que poderiam ser caracterizadas como uma guerra química para destruir experiências agroecológicas e famílias que lutam pelo direito à terra, para plantar comida.

Mas existe o outro lado, que ainda impede a queda livre e constrói asas. Onde estão a ciência brasileira comprometida com a vida e com a sobrevivência das populações mais vulnerabilizadas; profissionais da área da saúde, da educação, fiscais ambientais e sanitários; membros garantistas do judiciário; jornalistas comprometidos com a realidade; organizações da sociedade civil; agricultoras e agricultores familiares, e outras(os) tantas(os) trabalhadoras e trabalhadores, que apesar de essenciais, cumprem a jornada sem recursos mínimos de proteção contra a pandemia, que lotam transportes públicos e depois as Unidades de Terapia Intensiva (UTI), sem direitos, sem vacina, sem saúde, sem comida.

As últimas décadas de lutas pela comida sem veneno, pelo direito à terra — ainda que não tenham imaginado a atual conjuntura — já alertavam para a importância de uma rediscussão do modelo de produção agrícola que vinha sendo adotado. Apontando para a necessidade de consumir alimentos saudáveis que por si só já previne doenças crônicas, ao mesmo tempo que não carregam agrotóxicos, adubos químicos e transgênicos que estão associados à formação de neoplasias, doenças neurológicas, disfunções hormonais e comprometimento das funções imunológicas. Indicando também a importância de promover o acesso à terra para milhares de famílias, mediante a implementação de políticas públicas robustas e permanentes. Isso não somente para garantir a maior disponibilidade e diversidade de alimentos, mas também para contribuir com a manutenção digna da população no campo e tornar os espaços urbanos menos inchados.

Infelizmente, a problemática dos agrotóxicos e todas suas interrelações com a conjuntura da pandemia de Covid-19 pode ser agravada. O Pacote do Veneno (PL n.º 6.299/2002), certamente nos arremessará para um abismo socioecossanitário sem precedentes. Mais venenos, cada vez mais tóxicos, com consequências ainda mais ocultadas pelo desmonte dos órgãos de saúde e das instâncias de controle social.

Esse livro reuniu e analisou em um único documento o sólido consenso técnico e científico embasado em 26 notas de sociedades científicas, órgãos técnicos, entidades da gestão estadual e municipal do SUS, órgãos do poder judiciário, órgãos de controle social, organizações da sociedade civil e até de Relatores Especiais da ONU contra o Pacote do Veneno que a bancada ruralista e o governo Bolsonaro querem que seja aprovado pelo Congresso Nacional.

O Pacote do Veneno visa destruir o arcabouço regulatório de agrotóxicos no Brasil, que com todas as suas limitações, garantiu o olhar da saúde, ambiente e agricultura numa perspectiva que valorizasse as salvaguardas de cada área. O Pacote do Veneno irá concentrar no Ministério da Agricultura — historicamente mais permeável aos interesses das indústrias de agrotóxicos — as principais decisões sobre o registro desses venenos no Brasil.

Entretanto, num movimento dialético, esse Dossiê apresenta políticas para o futuro. A Política Nacional de Redução dos Agrotóxicos

(PNARA) que também aguarda para ser votada no Plenário da Câmara Federal — **é a antítese do Pacote do Veneno**.

Enquanto o Pacote do Veneno em nome do moderno e do suposto progresso irá amplificar a contaminação de ecossistemas e pessoas, a PNARA indica caminhos claros para o fomento a um outro modelo de agricultura por meio de políticas públicas que respeitem nossa biodiversidade e não ameacem a vida de milhares de trabalhadoras, trabalhadores, povos e comunidades tradicionais. O Dossiê analisa e desmistifica por meio de sólidas evidências científicas as críticas de que a agroecologia não é capaz de alimentar a população de forma eficiente e segura.

Esse Dossiê, conjuntamente com diversas outras ações, reações e resistências da Associação Brasileira de Saúde Coletiva, da Articulação Nacional de Agroecologia, da Associação Brasileira de Agroecologia, da Campanha Contra os Agrotóxicos e Pela Vida e de tantas outras entidades e movimentos, se volta em última análise à garantia de direitos fundamentais e para o único caminho possível de sobrevivência — a produção de alimentos sem veneno. Novamente, é um grito contra o silêncio por meio da reunião de dados científicos, técnicos e políticos e um chamado para a ação. É como escreveu o poeta Pedro Tierra (1996): "O sonho vale uma vida? Não sei. Mas aprendi da escassa vida que gastei: a morte não sonha". É preciso darmos um grito: por uma agricultura sem venenos, com justiça social e que gere saúde.

REFERÊNCIAS

ABA-Agroecologia. Associação Brasileira de Agroecologia. **Projeto de sistematização dos NEAS**: lições na construção do saber. Publicado em: 5 fev. 2018. Disponível em: <https://aba-agroecologia.org.br/projeto-de-sistematizacao-dos-neas-licoes-na-construcao-do-saber/>. Acesso em: 27 maio 2018.

ABELL, A.; ERNST, E. & BONDE, J. P. High sperm density among members of organic farmers' association. **The Lancet**, Inglaterra, v. 11, n. 343, v. 8911, p. 1.498, 1994.

ALMEIDA, E.; PETERSEN, P. & SILVA, F. J. P. Lidando com extremos climáticos: análise comparativa entre lavouras convencionais e em transição ecológica no Planalto Norte de Santa Catarina. **Revista Agriculturas:** experiências em agroecologia, v. 6, n. 1, p. 28-33, abr. 2009. Disponível em: <http://aspta.org.br/files/2019/10/Agriculturas_abril4_artigo6.pdf>. Acesso em: 20 maio 2018.

ALMEIDA, V. E. S. et al. Use of genetically modified crops and pesticides in Brazil: growing hazards. **Ciência & Saúde Coletiva**, v. 22, n. 10, p. 3.333-3.339, 2017.

ANVISA. Agência Nacional de Vigilância Sanitária. **Situação de pleitos de registro**. 2014. Disponível em: <http://portal.anvisa.gov.br/wps/content/Anvisa+Portal/Anvisa/Inicio/Agrotoxicos+e+Toxicologia/Assuntos+de+Interesse/Situacao+de+Pleitos+de+Registro>. Acesso em: 02 jul. 2014.

ANVISA. Agência Nacional de Vigilância Sanitária. Programa de Análise de Resíduos de Agrotóxicos em Alimentos - PARA. **Relatório das Análises de Amostras Monitoradas no período de 2013 a 2015**. Brasília: ANVISA, 25 nov. 2016. Disponível em: <https://www.gov.br/anvisa/pt-br/assuntos/agrotoxicos/programa-de-analise-de-residuos--em-alimentos/arquivos/3778json-file-1>. Acesso em: 2 dez. 2020.

ANVISA. Agência Nacional de Vigilância Sanitária. **Nota Técnica nº 15/2018/SEI/DICOL/ANVISA**. Brasília/DF, 08 maio 2018. Disponível em: <http://antigo.anvisa.gov.br/documents/219201/4340788/__+SEI+_+ANVISA+-+0202694+-+Nota+T%C3%A9cnica+-da+Dicol+__.pdf/7af8b109-5fbe-4338-b5fa-3698e513bf96>. Acesso em: 27 maio 2018.

ANVISA. Agência Nacional de Vigilância Sanitária. **Resolução da Diretoria Colegiada - RDC n.º 294, de 29 de julho de 2019a**. Disponível em: <http://www.in.gov.br/en/web/dou/-/resolucao-da-diretoria-colegiada-rdc-n-294-de-29-de-julho-de-2019-207941987>. Acesso em: 18 set. 2020.

ANVISA. Agência Nacional de Vigilância Sanitária. **Resolução da Diretoria Colegiada - RDC n.º 295, de 29 de julho de 2019b**. Disponível em: <http://www.in.gov.br/en/web/dou/-/resolucao-da-diretoria-colegiada-rdc-n-295-de-29-de-julho-de-2019-207944205>. Acesso em: 18 set. 2020.

ANVISA. Agência Nacional de Vigilância Sanitária. **Resolução da Diretoria Colegiada - RDC n.º 296, de 29 de julho de 2019c**. Disponível em: <https://www.in.gov.br/web/dou/-/resolucao-da-diretoria-colegiada-rdc-n-296-de-29-de-julho-de-2019-208028718>. Acesso em: 18 set. 2020.

ANVISA. Agência Nacional de Vigilância Sanitária. **Resolução n.º 2.080, de 31 de julho de 2019d**. Disponível em: <https://www.in.gov.br/dou/-/resolucao-re-n-2080-de--31-de-julho-de-2019-208203097>. Acesso em: 18 set. 2020.

ANVISA. Agência Nacional de Vigilância Sanitária. Programa de Análise de Resíduos de Agrotóxicos em Alimentos – PARA. **Relatório das Amostras Analisadas no período de 2017-2018**. Primeiro ciclo do Plano Plurianual 2017-2020. Brasília: ANVISA, 10 dez. 2019e. Disponível em: <https://www.gov.br/anvisa/pt-br/assuntos/agrotoxicos/programa-de--analise-de-residuos-em-alimentos/arquivos/3770json-file-1>. Acesso em: 2 dez. 2020.

ANVISA. Agência Nacional de Vigilância Sanitária. **Estudo**: alimentos vegetais são seguros. Publicado em: 11 dez. 2019f. Atualizado em: 14 jan. 2020. Disponível em: <https://www.gov.br/anvisa/pt-br/assuntos/noticias-anvisa/2019/estudo-alimentos-vegetais-sao-seguros>. Acesso em: 29 ago. 2020.

ARIQUEMES. Lei n.º. 2.287, de 3 de julho de 2019. Cria o Programa de Agroecologia e Produção Orgânica - PROMAPO e dá outras providências. **Diário Oficial do Município**, Ariquemes, RO, 5 jul. 2019.

ASSIS, R. L. de; AREZZO, D. C. de & DE-POLLI, H. Consumo de produtos da agricultura orgânica no estado do Rio de Janeiro. **Revista de Administração**, São Paulo, v. 30, n. 1, p. 84-89, 1995.

AZEVEDO, E. & PELICIONI, M. C. F. Promoção da Saúde, Sustentabilidade e Agroecologia: uma discussão intersetorial. **Saude soc.**, São Paulo, v. 20, n. 3, p. 715-729, set. 2011.

AZEVEDO, R. A. B. Sucessão ecológica, entropia e o modelo autonomia-heteronomia para análise dos sistemas agrícolas. **Redes - Santa Cruz do Sul**: Universidade de Santa Cruz do Sul, v. 22, n. 2, mai.-ago., 2017.

BADGLEY, C. et al. Organic agriculture and the global food supply. **Renewable Agriculture and Food Systems**, v. 22, n. 2, p. 86-108, 2007.

BRASIL. Lei n.º 7.802, de 11 de julho de 1989. Dispõe sobre a pesquisa, a experimentação, a produção, a embalagem e rotulagem, o transporte, o armazenamento, a comercialização, a propaganda comercial, a utilização, a importação, a exportação, o destino final dos resíduos e embalagens, o registro, a classificação, o controle, a inspeção e a fiscalização de agrotóxicos, seus componentes e afins, e dá outras providências. **Diário Oficial da União**, Brasília, DF, 12 jul. 1989.

BRASIL. Projeto de Lei n.º 6.299, 13 de março de 2002. Dispõe sobre a pesquisa, a experimentação, a produção, a embalagem e rotulagem, o transporte, o armazenamento, a comercialização, a utilização, a importação, a exportação, o destino final dos resíduos e embalagens, o registro, a classificação, o controle, a inspeção e a fiscalização de pesticidas e de produtos de controle ambiental e afins, e dá outras providências. Autoria do Senado Federal - Blairo Maggi. **Apresentação do Projeto de Lei em Plenário**, Câmara dos Deputados, Brasília, DF, 13 mar. 2002. Disponível em: <https://www.camara.leg.br/proposicoesWeb/fichadetramitacao?idProposicao=46249>. Acesso em 25 set. 2020.

BRASIL. Lei n.º 11.346, de 15 de setembro de 2006. Cria o Sistema Nacional de Segurança Alimentar e Nutricional – SISAN com vistas em assegurar o direito humano à alimentação adequada e dá outras providências. **Diário Oficial da União**, Brasília, DF, 18 set. 2006.

BRASIL. Decreto n.º. 7.794, de 20 de agosto de 2012. Institui a Política Nacional de Agroecologia e Produção Orgânica. **Diário Oficial da União**, Brasília, DF, 21 ago. 2012.

BRASIL. Projeto de Lei n.º 3.200, de 06 de outubro de 2015. Dispõe sobre a Política Nacional de Defensivos Fitossanitários e de Produtos de Controle Ambiental, seus Componentes e Afins, bem como sobre a pesquisa, a experimentação, a produção, a embalagem e rotulagem, o transporte, o armazenamento, a comercialização, a propaganda comercial, a utilização, a importação, a exportação, o destino final dos resíduos e embalagens, o registro, a classificação, o controle, a inspeção e a fiscalização de defensivos fitossanitários e de produtos de controle ambiental, seus componentes e afins, e dá outras providências. Autoria do Deputado Covatti Filho (PP/RS). **Apresentação do Projeto de Lei em Plenário**, Câmara dos Deputados, Brasília, DF, 6 out. 2015. Disponível em: <https://www.camara.leg.br/proposicoesWeb/fichadetramitacao?idProposicao=1996620>. Acesso em: 25 set. 2020.

BRASIL. Projeto de Lei n.º 6.670, 13 de dezembro de 2016. Institui a Política Nacional de Redução de Agrotóxicos – PNARA, e dá outras providências. Autoria da Comissão de Legislação Participativa (decorrente da transformação da Sugestão n.º 83.116, de autoria da Associação Brasileira de Saúde Coletiva – ABRASCO). **Apresentação do Projeto de Lei em Plenário**, Câmara dos Deputados, Brasília, DF, 13 dez. 2016. Disponível em <https://www.camara.leg.br/proposicoesWeb/fichadetramitacao?idProposicao=2120775>. Acesso em: 25 set. 2020.

BRASIL. Parecer do Relator Deputado Luiz Nishimori (PR-PR), com Substituto aprovado em Comissão Especial em 18 de junho 2018. **Parecer proferido ao Projeto de Lei n.º 6.299 de 2002 e seus apensados**, Câmara dos Deputados, Brasília, DF, 18 jun. 2018. Disponível em: <https://www.camara.leg.br/proposicoesWeb/prop_mostrarintegra?codteor=1669849&filename=Parecer-PL629902-18-06-2018>. Acesso em 25 set. 2020.

BRASIL. Congresso Nacional. Câmara dos Deputados. Frentes Parlamentares. Frente Parlamentar da Agropecuária – FPA. **Diário da Câmara dos Deputados**, Brasília, DF, 25 fev. 2019a. Disponível em: <https://www.camara.leg.br/internet/deputado/frenteDetalhe.asp?id=53910>. Acesso em: 25 set. 2020.

BRASIL. Decreto n.º. 9.759, de 11 de abril de 2019. Extingue e estabelece diretrizes, regras e limitações para colegiados da administração pública federal. **Diário Oficial da União**, Brasília, DF, 11 abr. 2019b.

BRASIL. Decreto n.º. 9.784, de 7 de maio de 2019. Declara a revogação, para fins do disposto no art. 16 da Lei Complementar n.º 95, de 26 de fevereiro de 1998, e no art. 9º do Decreto n.º 9.759, de 11 de abril de 2019, de decretos normativos. **Diário Oficial da União**, Brasília, DF, 8 maio 2019c.

BRASIL. Decreto n.º 10.375, de 26 de maio de 2020. Institui o Programa Nacional de Bioinsumos e o Conselho Estratégico do Programa Nacional de Bioinsumos. **Diário Oficial da União**, Brasília, DF, 27 maio, 2020.

BRITO, L. H. **O consumo brasileiro de agrotóxicos sob análise da curva ambiental de Kuznets**. Monografia, Escola Nacional de Ciências Estatísticas, Rio de Janeiro, 2016.

CAMPANHA PERMANENTE CONTRA OS AGROTÓXICOS E PELA VIDA. **Golpe na Anvisa**: para agência, agrotóxico na comida é "aceitável". Publicado em: 27 nov. 2016. Disponível em: <http://contraosagrotoxicos.org/golpe-na-anvisa-agrotoxico/>. Acesso em: 29 ago. 2020.

CAMPANHA PERMANENTE CONTRA OS AGROTÓXICOS E PELA VIDA. **Como criar um projeto de lei estadual ou municipal para reduzir os agrotóxicos?** 2019a. Disponível em: <https://contraosagrotoxicos.org/sdm_downloads/como-criar-um-projeto-de-lei-estadual-ou-municipal-para-reduzir-os-agrotoxicos/>. Acesso em: 25 set. 2020.

CAMPANHA PERMANENTE CONTRA OS AGROTÓXICOS E PELA VIDA. **Novo PARA**: roupa bonita para um conteúdo altamente tóxico. Publicado em: 10 dez. 2019b. Disponível em: <https://contraosagrotoxicos.org/novo-para-roupa-bonita-para-um-conteudo-altamente-toxico/>. Acesso em: 29 ago. 2020.

CAMPANHA PERMANENTE CONTRA OS AGROTÓXICOS E PELA VIDA. **Para baixar** - Materiais de consulta e divulgação. Disponível em: <https://contraosagrotoxicos.org/para-baixar/>. Acesso em: 25 set. 2020.

CARNEIRO, F. F. et al. Agronegócio e Agroecologia: a busca pela justiça ambiental. In: RIGOTTO, R. (org.). **Agrotóxicos, Trabalho e Saúde** - vulnerabilidade e resistência no contexto da modernização agrícola no Baixo Jaguaribe/CE. Fortaleza: Editora Universidade Federal do Ceará, 2011, p. 584-612.

CARNEIRO, F. F. et al. (orgs.). **Dossiê ABRASCO**: um alerta sobre os impactos dos agrotóxicos na saúde. Rio de Janeiro: EPSJV; São Paulo: Expressão Popular, 2015.

CAXIAS DO SUL. Projeto de Lei n.º. 73, de 4 agosto de 2020. Dispõe sobre a Política Municipal de Agroecologia e Produção Orgânica de Caxias do Sul, e dá outras providências. Em tramitação na **Câmara Municipal de Caxias do Sul**, RS, 2020.

CEARÁ. Lei n.º. 16.820, de 8 de janeiro de 2019. Inclui dispositivo na Lei Estadual n.º 12.228, de 9 de dezembro de 1993, que dispõe sobre o uso, a produção, o consumo, o comércio e o armazenamento dos agrotóxicos, seus componentes e afins bem como sobre a fiscalização do uso de consumo do comércio, do armazenamento e do transporte interno desses produtos. **Diário Oficial do Estado**, Fortaleza, CE, 9 jan. 2019.

CHEGA DE ENGOLIR TANTO AGROTÓXICO. Assine pela aprovação da Política Nacional de Redução de Agrotóxicos! Disponível em: <https://www.chegadeagrotoxicos.org.br/index.html?p=1498>. Acesso em: 25 set. 2020.

CHEVRIER, C. et al. Urinary biomarkers of prenatal atrazine exposure and adverse birth outcomes in the PELAGIE Birth Cohort. **Environmental Health Perspectives**, v. 119, n. 7, p. 1.034-1.041, 2011.

CNA. Confederação da Agricultura e Pecuária do Brasil. **Alimento brasileiro é extremamente seguro para o consumo humano**. Publicado em: 25 nov. 2016. Disponível em: <https://www.cnabrasil.org.br/noticias/alimento-brasileiro-e-extremamente-seguro-para-o-consumo-humano>. Acesso em: 29 ago. 2020.

CONSEA. Conselho Nacional de Segurança Alimentar e Nutricional. **Mesa de controvérsias sobre impactos dos agrotóxicos na soberania e segurança alimentar e nutricional e no direito humano à alimentação adequada.** Relatório Final 2013. CONSEA: Brasília, 2014. Disponível em: <http://www4.planalto.gov.br/consea/eventos/mesa_de_controversias/mesa-de-controversias-sobre-agrotoxicos-2013/mesa_controversias_web.pdf>. Acesso em: 27 maio 2018.

CONSEA. Conselho Nacional de Segurança Alimentar e Nutricional. **V Conferência Nacional de Segurança Alimentar e Nutricional.** Comida de verdade no campo e na cidade: por direitos e soberania alimentar. Relatório Final 2015. Disponível em: <http://www4.planalto.gov.br/consea/eventos/conferencias/arquivos-de-conferencias/5a-conferencia-nacional-de-seguranca-alimentar-e-nutricional/relatorio_2015_consea_web-final.pdf>. Acesso em: 27 maio 2018.

CONSEA. Conselho Nacional de Segurança Alimentar e Nutricional. **Conceitos**. Publicado em 29 maio 2017. Disponível em: <http://www4.planalto.gov.br/consea/acesso-a-informacao/institucional/conceitos>. Acesso em: 20 abr. 2018.

CONSEA. Conselho Nacional de Segurança Alimentar e Nutricional. **III Conferência Nacional de Segurança Alimentar e Nutricional:** por um desenvolvimento sustentável com soberania e segurança alimentar e nutricional. Relatório Final 2007. Disponível em: <http://www4.planalto.gov.br/consea/eventos/conferencias/arquivos-de-conferencias/3a-conferencia-nacional-de-seguranca-alimentar-e-nutricional/relatorio-final-iii-conferencia-nacional-de-seguranca-alimentar-e-nutricional.pdf>. Acesso em: 27 maio 2018.

CPT. Comissão Pastoral da Terra. **Conflitos no Campo**: Brasil 2019. Centro de Documentação Dom Tomás Balduino. Goiânia: CPT Nacional, 2020. Disponível em: <https://www.cptnacional.org.br/publicacoes-2/destaque/5167-conflitos-no-campo-brasil-2019>. Acesso em: 2 dez. 2020.

CRAGIN, L. A. et al. Menstrual cycle characteristics and reproductive hormone levels in women exposed to atrazine in drinking water. **Environmental Research**, v. 111, n. 08, p. 1293-1301, 2011.

CURL, C. L.; FENSKE, R. A.; ELGETHUN, K. Organophosphorus pesticide exposure of urban and suburban pre-school children with organic and conventional diets. **Environmental health perspectives**, Research Triangle Park, N. C, v. 111, n. 3, p. 377-382, 2003.

DSAST/MS. Departamento de Vigilância em Saúde Ambiental e Saúde do Trabalhador. Ministério da Saúde. **Nota informativa contendo o posicionamento do Departamento de Vigilância em Saúde Ambiental e Saúde do Trabalhador sobre o Projeto de Lei n.º 6.299/2002 (origem no PLS nº 526, de 1999).** Disponível em: <https://contraosagrotoxicos.org/wp-content/uploads/2018/05/nota-DSAST.pdf>. Acesso em: 27 maio 2018.

FIOCRUZ. Fundação Oswaldo Cruz. **Caderno de estudos:** saúde e agroecologia. BURIGO, A. C. et al. (Orgs.). Tradução Khabiro Traduções. v. 1. Rio de Janeiro: FIOCRUZ/ANA/ABA-Agroecologia, 2019. Disponível em: <https://agroecologia.org.br/wp-content/uploads/2019/11/Saude_e_Agroecologia_web.pdf>. Acesso em: 26 ago. 2020.

FIOCRUZ. Fundação Oswaldo Cruz. Mapa de conflitos envolvendo injustiça ambiental e saúde no Brasil. **SP** – Contaminação ambiental produzida por indústria de agrotóxicos no Recanto dos Pássaros, em Paulínia (SP), continua a apresentar consequências na saúde de moradores e trabalhadores. Disponível em: <http://mapadeconflitos.ensp.fiocruz.br/conflito/sp-contaminacao-ambiental-produzida-por-industria-de-agrotoxicos-no-recanto-dos-passaros-em-paulinia-sp-continua-a-apresentar-consequencias-na-saude-de-moradores-e-trabalhadores/>. Acesso em: 2 dez. 2020.

FLORIANÓPOLIS. Lei n.º. 10.392, de 6 de junho de 2018. Dispõe sobre a Política Municipal de Agroecologia e Produção Orgânica de Florianópolis (PMAPO). **Diário Oficial do Município**, Florianópolis, SC, 8 jun. 2018.

FORTINI, R. M. **Um novo retrato da agricultura familiar do semiárido nordestino brasileiro**: a partir dos dados do censo agropecuário 2017. Viçosa, MG: IPPDS, UFV, 2020. Disponível em: <https://aksaam.ufv.br/wp-content/uploads/2020/09/Um-novo-retrato-da-agricultura-familiar.pdf>. Acesso em: 9 dez. 2020.

FÓRUM MUNDIAL SOBRE SOBERANIA ALIMENTAR. **Declaração Final do Fórum Mundial sobre Soberania Alimentar**. Pelo direito dos povos a produzir, alimentar-se e a exercer sua soberania alimentar. Havana, Cuba, 7 set. 2001. Disponível em: <http://neaepr.blogspot.com/2010/01/conceito-de-soberania-alimenta.html>. Acesso em: 9 dez. 2020.

GILLES, F.; MELGAREJO, L.; FERNANDES, G. B. & FERRAZ, J. M. **Lavouras transgênicas: riscos e incertezas**: mais de 750 estudos desprezados pelos órgãos reguladores de OGMs. 2015. Disponível em:<https://contraosagrotoxicos.org/sdm_downloads/lavouras-transgenicas-riscos-e-incertezas/>. Acesso em: 29 dez. 2020.

GURGEL, A. et al. (orgs) **Saúde do campo e agrotóxicos: vulnerabilidades socioambientais, político-institucionais e teórico-metodológicas.** Recife: Ed. UFPE, 2019, 413 p. : il. Disponível em:<http://www.movimentocienciacidada.org/documento/detail/58> Acesso em: 29 dez.2020.

GURGEL, A. M. et al. Flexibilização do registro de agrotóxicos no Brasil e nocividades à saúde humana. In: Associação Brasileira de Saúde Coletiva. **Anais CBCSHS**. João Pessoa, 2019.

GURGEL, A. M. & FRIEDRICH, K. (orgs). Fundação Oswaldo Cruz. Fact Sheet n.º 1 - **Mudanças na rotulagem e bulas de agrotóxicos e nas diretrizes para classificação, avaliação toxicológica e avaliação de risco dietético**. Rio de Janeiro: Fiocruz, 2019.

HASE, Y. et al. Atrazine binds to F1F0-ATP synthase and inhibits mitochondrial function in sperm. **Biochemical and Biophysical Research Communications**, v. 366, n. 1, p. 66-72, 2008.

IBAMA. Instituto Brasileiro do Meio Ambiente e dos Recursos Naturais Renováveis. **Nota Técnica nº 2/2018/ CGASQ/CGFIN**. Processo n.º 02000.000406/2016-93. Brasília/DF, 26 abr. 2018. Disponível em: <http://www.ibama.gov.br/phocadownload/noticias/noticias2018/SEI_02000.000406_2016_93.pdf>. Acesso em: 27 maio 2018.

IBGE. Instituto Brasileiro de Geografia e Estatística. Sistema de Recuperação Automática - SIDRA. **Censo Agropecuário 2006**. Disponível em: <https://sidra.ibge.gov.br/pesquisa/censo-agropecuario/censo-agropecuario-2006/segunda-apuracao>. Acesso em: 9 dez. 2020.

IBGE. Instituto Brasileiro de Geografia e Estatística. Sistema de Recuperação Automática - SIDRA. **Censo Agropecuário 2017**. Disponível em: <https://sidra.ibge.gov.br/pesquisa/censo-agropecuario/censo-agropecuario-2017>. Acesso em: 9 dez. 2020.

IDEC. Instituto Brasileiro de Defesa do Consumidor. **Idec critica relatório da Anvisa sobre resíduos de agrotóxico em alimentos**. Publicado em: 30 nov. 2016. Disponível em: <https://idec.org.br/em-acao/em-foco/idec-critica-relatorio-da-anvisa-sobre-residuos-de-agrotoxico-em-alimentos>. Acesso em: 29 ago. 2020.

IDEC. Instituto Brasileiro de Defesa do Consumidor. **Anvisa minimiza riscos da presença de agrotóxicos em alimentos**. Publicado em: 12 dez. 2019. Disponível em: <https://idec.org.br/noticia/anvisa-minimiza-riscos-da-presenca-de-agrotoxicos-em-alimentos>. Acesso em: 29 ago. 2020.

IDEC. Instituto Brasileiro de Defesa do Consumidor. **Idec critica nova Resolução da CTNBio sobre transgênicos**. Publicado em 20 jan. 2020 e atualizado em 18 set. 2020. Disponível em: <https://idec.org.br/noticia/idec-critica-nova-resolucao-da-ctnbio-sobre-transgenicos>. Acesso em: 20 set. 2020.

IFOAM. Organics International. **Powered by People**: Annual Report 2016. Disponível em: <https://www.ifoam.bio/sites/default/files/2020-03/annual_report_2016.pdf>. Acesso em: 27 maio 2018.

INSTITUTO KAYRÓS. **Produtos sem veneno são sempre mais caros?** 2016. Disponível em: <https://institutokairos.net/wp-content/uploads/2016/04/Pesquisa-Completa.pdf>. Acesso em: 27 maio 2018.

JENSEN, T. K. et al. Semen quality among members of organic food associations in Zealand, Denmark. **The Lancet**, Inglaterra, v. 347, n. 9018, p. 1844, 1996.

LEFF, E. Além do desenvolvimento sustentável – a territorialização da racionalidade ambiental. In:

LEFF, E. **Ecologia, capital e cultura:** a territorialização da racionalidade ambiental. Petrópolis: Vozes, 2009. p. 356-408.

LIMA, S. K. et al. **Produção e consumo de produtos orgânicos no mundo e no Brasil**. IPEA: Brasília/Rio de Janeiro, 2020. (Texto para Discussão). Disponível em: <http://repositorio.ipea.gov.br/bitstream/11058/9678/1/TD_2538.pdf>. Acesso em: 16 dez. 2020.

LONDRES, F. et al. (orgs.). **Municípios agroecológicos e políticas de futuro:** iniciativas municipais de apoio à agricultura familiar e à agroecologia e de promoção da segurança alimentar e nutricional. Rio de Janeiro: Articulação Nacional de Agroecologia - ANA, 2020. Disponível em: <https://agroecologia.org.br/wp-content/uploads/2020/10/SUMARIO_agroecologia-nas-eleicoes_23.10.20.pdf>. Acesso em: 14 dez. 2020.

LU, C. et al. Organic diets significantly lower children's dietary exposure to organophosphorus pesticides. **Environmental health perspectives**, Research Triangle Park, N. C., v. 114, n. 2, p. 260-263, 2006.

MAPA. Ministério da Agricultura, Pecuária e Abastecimento. **Cadastro Nacional de Produtores Orgânicos**. Disponível em: <http://www.agricultura.gov.br/assuntos/susten-

tabilidade/organicos/cadastro-nacional-produtores-organicos>. Acesso em: 27 maio 2018.

MAPA. Ministério da Agricultura, Pecuária e Abastecimento. Secretaria de Defesa Agropecuária. **Instrução Normativa N.º 40, de 11 de outubro de 2018**. Disponível em: <https://www.in.gov.br/materia/-/asset_publisher/Kujrw0TZC2Mb/content/id/45173700/do1-2018-10-15-instrucao-normativa-n-40-de-11-de-outubro-de-2018-45173522>. Acesso em: 18 set. 2020.

MAPA. Ministério da Agricultura, Pecuária e Abastecimento. Secretaria de Defesa Agropecuária. **Ato n.º 01, de 9 de janeiro de 2019a.** Disponível em: <https://www.in.gov.br/materia/-/asset_publisher/Kujrw0TZC2Mb/content/id/58547404>. Acesso em: 18 set. 2020.

MAPA. Ministério da Agricultura, Pecuária e Abastecimento. Secretaria de Defesa Agropecuária. **Ato n.º 04, de 17 de janeiro de 2019b.** Disponível em: <https://www.in.gov.br/materia/-/asset_publisher/Kujrw0TZC2Mb/content/id/59812507>. Acesso em: 18 set. 2020.

MAPA. Ministério da Agricultura, Pecuária e Abastecimento. Secretaria de Defesa Agropecuária. **Ato n.º 07, de 4 de fevereiro de 2019c.** Disponível em: <https://www.in.gov.br/materia/-/asset_publisher/Kujrw0TZC2Mb/content/id/62786205>. Acesso em: 18 set. 2020.

MAPA. Ministério da Agricultura, Pecuária e Abastecimento. Secretaria de Defesa Agropecuária. **Ato n.º 10, de 18 de fevereiro de 2019d.** Disponível em: <https://www.in.gov.br/materia/-/asset_publisher/Kujrw0TZC2Mb/content/id/64365728/do1-2019-02-21-ato-n-10-de-18-de-fevereiro-de-2019-64365509>. Acesso em: 18 set. 2020.

MAPA. Ministério da Agricultura, Pecuária e Abastecimento. Secretaria de Defesa Agropecuária. **Ato n.º 17, de 19 de março de 2019e.** Disponível em: <https://in.gov.br/web/dou/-/ato-n-17-de-19-de-marco-de-2019-67956107>. Acesso em: 18 set. 2020.

MAPA. Ministério da Agricultura, Pecuária e Abastecimento. Secretaria de Defesa Agropecuária. **Ato n.º 24, de 9 de abril de 2019f.** Disponível em: <https://www.in.gov.br/materia/-/asset_publisher/Kujrw0TZC2Mb/content/id/70888852>. Acesso em: 18 set. 2020.

MAPA. Ministério da Agricultura, Pecuária e Abastecimento. Secretaria de Defesa Agropecuária. **Ato n.º 29, de 29 de abril de 2019g.** Disponível em: <https://www.in.gov.br/web/dou/-/ato-n%C2%BA-29-de-29-de-abril-de-2019-85957270>. Acesso em: 18 set. 2020.

MAPA. Ministério da Agricultura, Pecuária e Abastecimento. Secretaria de Defesa Agropecuária. **Ato n.º 34, de 16 de maio de 2019h.** Disponível em: <https://www.in.gov.br/web/dou/-/ato-n-34-de-16-de-maio-de-2019-113230352>. Acesso em: 18 set. 2020.

MAPA. Ministério da Agricultura, Pecuária e Abastecimento. Secretaria de Defesa Agropecuária. **Ato n.º 42, de 19 de junho de 2019i.** Disponível em: <https://www.in.gov.br/web/dou/-/ato-n-42-de-19-de-junho-de-2019-167261071>. Acesso em: 18 set. 2020.

MAPA. Ministério da Agricultura, Pecuária e Abastecimento. Secretaria de Defesa Agropecuária. **Ato n.º 48, de 19 de junho de 2019j.** Disponível em: <https://www.in.gov.br/web/dou/-/z...-201622868>. Acesso em: 18 set. 2020.

MAPA. Ministério da Agricultura, Pecuária e Abastecimento. Secretaria de Defesa Agropecuária. **Ato n.º 62, de 13 de setembro de 2019k.** Disponível em: <https://www.in.gov.br/en/web/dou/-/ato-n-62-de-13-de-setembro-de-2019-216556339>. Acesso em: 18 set. 2020.

MAPA. Ministério da Agricultura, Pecuária e Abastecimento. Secretaria de Defesa Agropecuária. **Ato n.º 70, de 02 de outubro de 2019l.** Disponível em: https://www.in.gov.br/web/dou/-/ato-n-70-de-2-de-outubro-de-2019-219658433 Acesso em: 18 set. 2020.

MAPA. Ministério da Agricultura, Pecuária e Abastecimento. Secretaria de Defesa Agropecuária. **Ato n.º 82, de 25 de novembro de 2019m.** Disponível em: <https://www.in.gov.br/en/web/dou/-/ato-n-82-de-25-de-novembro-de-2019-229899956>. Acesso em: 18 set. 2020.

MAPA. Ministério da Agricultura, Pecuária e Abastecimento. Secretaria de Defesa Agropecuária. **Ato n.º 91, de 26 de dezembro de 2019n.** Disponível em: <https://www.in.gov.br/en/web/dou/-/ato-n-91-de-26-de-dezembro-de-2019-235559622>. Acesso em: 18 set. 2020.

MAPA. Ministério da Agricultura, Pecuária e Abastecimento. Secretaria de Defesa Agropecuária. **Ato n.º 12, de 19 de fevereiro de 2020a.** Disponível em: <https://www.in.gov.br/web/dou/-/ato-n-12-de-19-de-fevereiro-de-2020-245195493>. Acesso em: 18 set. 2020.

MAPA. Ministério da Agricultura, Pecuária e Abastecimento. Secretaria de Defesa Agropecuária. **Ato n.º 13, de 19 de fevereiro de 2020b.** Disponível em: <https://www.in.gov.br/web/dou/-/ato-n-13-de-19-de-fevereiro-de-2020-245476344>. Acesso em: 18 set. 2020.

MAPA. Ministério da Agricultura, Pecuária e Abastecimento. Secretaria de Defesa Agropecuária. **Ato n.º 22, de 25 de março de 2020c.** Disponível em: <https://www.in.gov.br/web/dou/-/ato-n-22-de-25-de-marco-de-2020-249993273>. Acesso em: 18 set. 2020.

MAPA. Ministério da Agricultura, Pecuária e Abastecimento. Secretaria de Defesa Agropecuária. **Ato n.º 26, de 1º de abril de 2020d.** Disponível em: <https://www.in.gov.br/web/dou/-/ato-n-26-de-1-de-abril-de-2020-251062841>. Acesso em: 18 set. 2020.

MAPA. Ministério da Agricultura, Pecuária e Abastecimento. Secretaria de Defesa Agropecuária. **Ato n.º 28, de 22 de abril de 2020e.** Disponível em: <https://www.in.gov.br/web/dou/-/ato-n-28-de-22-de-abril-de-2020-254000868>. Acesso em: 18 set. 2020.

MAPA. Ministério da Agricultura, Pecuária e Abastecimento. Secretaria de Defesa Agropecuária. **Ato n.º 31, de 04 de maio de 2020f.** Disponível em: <https://www.in.gov.br/web/dou/-/ato-n-31-de-4-de-maio-de-2020-256375333>. Acesso em: 18 set. 2020.

MAPA. Ministério da Agricultura, Pecuária e Abastecimento. Secretaria de Defesa Agropecuária. **Ato n.º 36, de 05 de junho de 2020g.** Disponível em: <https://www.in.gov.br/en/web/dou/-/ato-n-36-de-5-de-junho-de-2020-261696009>. Acesso em: 18 set. 2020.

MAPA. Ministério da Agricultura, Pecuária e Abastecimento. Secretaria de Defesa Agropecuária. **Ato n.º 39, de 06 de julho de 2020h.** Disponível em: <https://www.in.gov.br/en/web/dou/-/ato-n-39-de-6-julho-de-2020-265864380>. Acesso em: 18 set. 2020.

MAPA. Ministério da Agricultura, Pecuária e Abastecimento. Secretaria de Defesa Agropecuária. **Ato n.º 43, de 27 de julho de 2020i.** Disponível em: <https://www.in.gov.br/en/web/dou/-/ato-n-43-de-27-de-julho-de-2020-269756527>. Acesso em: 18 set. 2020.

MAPA. Ministério da Agricultura, Pecuária e Abastecimento. Secretaria de Defesa Agropecuária. **Ato n.º 46, de 05 de agosto de 2020j.** Disponível em: <https://www.in.gov.br/en/web/dou/-/ato-n-46-de-5-de-agosto-de-2020-271233392>. Acesso em: 18 set. 2020.

MAPA. Ministério da Agricultura, Pecuária e Abastecimento. Secretaria de Defesa Agropecuária. **Ato n.º 48, de 17 de agosto de 2020k.** Disponível em: <https://www.in.gov.br/en/web/dou/-/ato-cgaa-n-48-de-17-de-agosto-de-2020-273214091>. Acesso em: 18 set. 2020.

MAPA. Ministério da Agricultura, Pecuária e Abastecimento. Secretaria de Defesa Agropecuária. **Ato n.º 51, de 03 de setembro de 2020l.** Disponível em: <https://www.in.gov.br/en/web/dou/-/ato-n-51-de-3-de-setembro-de-2020-277431743>. Acesso em: 18 set. 2020.

MAPA. Ministério da Agricultura, Pecuária e Abastecimento. Secretaria de Defesa Agropecuária. **Ato n.º 55, de 21 de setembro de 2020m.** Disponível em: <https://www.in.gov.br/en/web/dou/-/ato-n-55-de-21-de-setembro-de-2020-278926755>. Acesso em: 3 dez. 2020.

MAPA. Ministério da Agricultura, Pecuária e Abastecimento. Secretaria de Defesa Agropecuária. **Ato n.º 59, de 19 de outubro de 2020n.** Disponível em: <https://www.in.gov.br/en/web/dou/-/ato-n-59-de-19-de-outubro-de-2020-284690416>. Acesso em: 3 dez. 2020.

MAPA. Ministério da Agricultura, Pecuária e Abastecimento. Secretaria de Defesa Agropecuária. **Ato n.º 60, de 26 de outubro de 2020o.** Disponível em: <https://www.in.gov.br/web/dou/-/ato-n-60-de-26-de-outubro-de-2020-285226421>. Acesso em: 3 dez. 2020.

MAPA. Ministério da Agricultura, Pecuária e Abastecimento. Secretaria de Defesa Agropecuária. **Ato n.º 64, de 18 de novembro de 2020p.** Disponível em: <https://www.in.gov.br/web/dou/-/ato-n-64-de-18-de-novembro-de-2020-289693281>. Acesso em: 3 dez. 2020.

MAPA. Ministério da Agricultura, Pecuária e Abastecimento. Secretaria de Defesa Agropecuária. **Ato n.º 65, de 23 de novembro de 2020q.** Disponível em: <https://www.in.gov.

br/web/dou/-/ato-n-65-de-23-de-novembro-de-2020-290830994>. Acesso em: 3 dez. 2020.

MAPA. Ministério da Agricultura, Pecuária e Abastecimento. Secretaria de Defesa Agropecuária. **Instrução Normativa N.º 13, de 8 de abril de 2020r**. Disponível em: <https://www.in.gov.br/en/web/dou/-/instrucao-normativa-n-13-de-8-de-abril-de-2020-251908947>. Acesso em: 18 set. 2020.

MAPA. Ministério da Agricultura, Pecuária e Abastecimento. Secretaria de Defesa Agropecuária. **Portaria n.º 43, de 21 de fevereiro de 2020s**. Disponível em: <https://www.in.gov.br/en/web/dou/-/portaria-n-43-de-21-de-fevereiro-de-2020-244958254>.Acesso em: 18 set. 2020.

MARTINS, A. F. G. **A produção ecológica de arroz e a reforma agrária popular**. São Paulo: Expressão Popular, 2019, 231p.

MELGAREJO, L. Lavouras Transgênicas: uma discussão sobre tecnologias, seus mitos e alguns impactos documentados. In: MESQUITA, M. O et al. **Saúde Coletiva, desenvolvimento e (in)sustentabilidades no rural**. Porto Alegre: Editora UFRGS, 2018, p. 15 - 48. (Serie estudos rurais).

MELGAREJO, L. & GURGEL, A. do M. Agrotóxicos seus mitos e implicações. In: GURGEL, A. do M. et al. **Saúde do campo e agrotóxicos**: vulnerabilidades socioambientais, politico-institucionais e teórico-metodológicas. UFPE, Recife, 2019, p. 39 -75. Disponível em:<http://www.movimentocienciacidada.org/documento/detail/58. Acesso em: 29 de dez. de 2020.

MENEGON, L. et al. Produção de arroz agroecológico em assentamentos de reforma agrária no entorno de Porto Alegre. Anais do 6.º Congresso Brasileiro de Agroecologia (CBA). **Revista Brasileira de Agroecologia**, v. 4, n. 2. Porto Alegre/RS, nov. 2009. p. 3.363-3.366.

MINAS GERAIS. Lei n.º. 21.146, de 14 de janeiro de 2014. Institui a Política Estadual de Agroecologia e Produção Orgânica - PEAPO - e dá outras providências. **Diário Oficial do Estado**, Belo Horizonte, MG, 15 jan. 2014.

NAVOLAR, T. S.; RIGON, S. A. & PHILIPPI, J. M. S. Diálogo entre agroecologia e promoção da saúde. **Revista Brasileira em Promoção da Saúde**, Fortaleza, v. 23, n. 1, jan.-mar., 2010, p. 69-79.

OMS. Organização Mundial da Saúde. **A Carta de Ottawa para a Promoção da Saúde**. Ottawa, Canadá: WHO; 1986. Disponível em: <http://bvsms.saude.gov.br/bvs/publicacoes/carta_ottawa.pdf> Acesso em: 24 set. 2020.

ORGANIS. Conselho Brasileiro da Produção Orgânica e Sustentável. **Consumo de produtos orgânicos no Brasil:** primeira pesquisa nacional sobre o consumo de orgânicos. ORGANIS: Curitiba, 2017. Disponível em: <http://organis.org.br/wp-content/uploads/2019/05/Pesquisa-Consumo-de-Produtos-Org%C3%A2nicos-no-Brasil.pdf>. Acesso em: 27 maio 2018.

PELAEZ, V. **Agrotóxicos, agricultura e mercado**. Curitiba: CONSEA, 2012. Disponível em: <http://www4.planalto.gov.br/consea/eventos/mesa_de_controversias/mesa-de-controversias-sobre-agrotoxicos-2013/agrotoxicos-agricultura-e-mercado.pdf>. Acesso em: 2 jul. 2014.

PETERSEN, P. Editorial. **Revista Agriculturas:** experiências em agroecologia, Saúde pela natureza, v. 4, n. 4, dez. 2007. Disponível em: <http://aspta.org.br/files/2011/05/Agriculturas_v4n4.pdf>. Acesso em: 25 maio 2018.

POMPÉU. Lei n.º. 2.105, de 30 de abril de 2014. Institui a Política Municipal de Agroecologia e Produção Orgânica - POMAPO. **Diário Oficial do Município**, Pompéu, MG, 30 abr. 2014.

QUIRINO, T. R.; IRIAS, L. J. M. & WRIHT, J. T. C. **Impacto agroambiental:** perspectivas, problemas e prioridades. São Paulo: Ed. Edgar Blucher, 2000.

RAY, D. K. et al. Recent patterns of crop yield growth and stagnation. **Nature Communications**, v. 3, n. 1293, 2012.

SAMBUICHI, R. H. R. et al. **A política nacional de agroecologia e produção orgânica no Brasil**: uma trajetória de luta pelo desenvolvimento rural sustentável. Brasília: Ipea, 2017. Disponível em: <http://repositorio.ipea.gov.br/handle/11058/8038>. Acesso em: 7 set. 2020.

SILIPRANDI, E. **Mulheres e agroecologia:** transformando o campo, as florestas e as pessoas. Rio de Janeiro: UFRJ, 2015. Disponível em: <https://paginas.uepa.br/herbario/wp-content/uploads/2017/08/MULHERES_E_AGROECOLOGIA_TRANSFORMANDO_O_CAMPO_AS_FLORESTAS_E_AS_PESSOAS_0-1.pdf>. Acesso em: 7 set. 2020.

SINDAG. Sindicato Nacional das Empresas de Aviação Agrícola. **Mito:** a é responsável por grande parte da contaminação de alimentos. 2016. Disponível em: <https://sindag.org.br/fatos-e-mitos/mito-a-aviacao-e-responsavel-por-grande-parte-da-contaminacao-de-alimentos/>. Acesso em: 29 ago. 2020.

SOARES, W. L. & PORTO, M. F. Estimating the social cost of pesticide use: An assessment from acute poisoning in Brazil. **Ecological Economics**, v. 68, p. 2.721-2.728, 2009.

STERN, L. J et al. Trabalhando agricultura e saúde conjuntamente. **Revista Agriculturas:** experiências em agroecologia, Saúde pela natureza, v. 4, n. 4, dez. 2007. Disponível em: <http://aspta.org.br/files/2011/05/Agriculturas_v4n4.pdf>. Acesso em: 25 maio 2018.

TIERRA, P. **A pedagogia dos aços**. Brasília, 25 abr. 1996. Disponível em: <https://www.escritas.org/pt/t/9620/a-pedagogia-dos-acos>. Acesso em: 05 abr. 2021.

ZANONI, M. & FERMENT, G. (orgs.). **Transgênicos para quem?** Agricultura, Ciência e Sociedade. Brasília: MDA, 2011. Disponível em: <https://www.researchgate.net/publication/299645431_Transgenicos_para_quem>. Acesso em: 20 set. 2020.

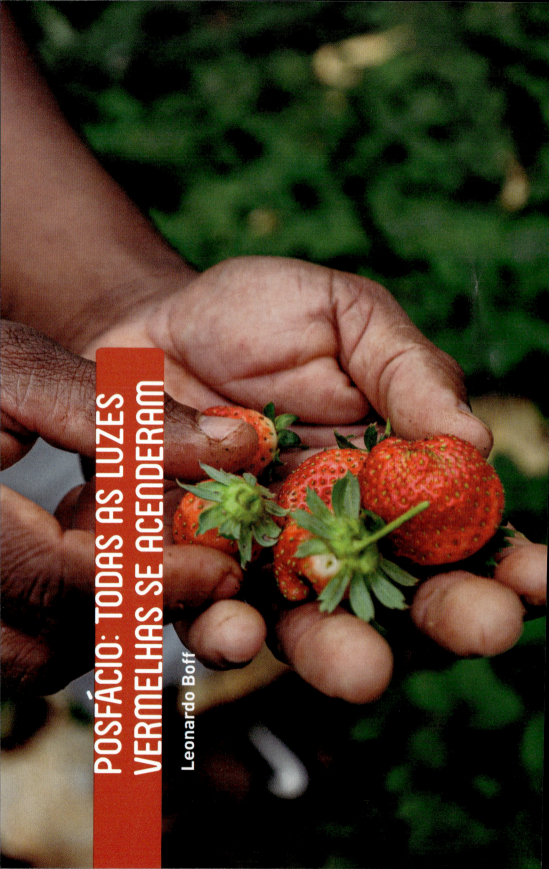

A publicação do "Dossiê contra o Pacote do Veneno e em defesa da Vida" ocorre num momento extremamente oportuno. Pela primeira vez na história conhecida, a Mãe Terra está movendo através da Covid-19 um contra-ataque à Humanidade. Trata-se de uma reação à incessante e sistemática agressão que nosso sistema de produção (o capitalismo) e sua expressão política (neoliberalismo) vem já há séculos perpetrando. Os problemas apontados pelo Dossiê em tela têm a ver diretamente com o drama vivido pela inteira Humanidade. Observe-se que a Covid-19 afetou somente o planeta e os humanos e poupou os demais seres especialmente os de nossa estimação como gatos e cachorros.

Tal fato encerra um sinal claro que deve ser corretamente interpretado: a forma como estamos habitando a Casa Comum, saturando-a de agrotóxicos, poluindo os ares, envenenando os solos, contaminando as águas, destruindo os trabalhadores anônimos do sub-solo, os microorganismos e outros elementos letais, além da superexploração de todos os ecossistemas, pondo em risco as bases fisico-químicas-ecológicas que sustentam a vida, não pode mais ser levada avante.

Ou mudamos ou ela poderá nos enviar outros vírus ainda mais letais, eventualmente, como aventam alguns epidemiólogos, O Next Big One, vale dizer "Aquele Grande" vírus contra o qual não haveria nenhuma vacina eficaz. Inatacável, tal vírus poderia produzir um Armagedom ecológico-social, capaz de exterminar milhões e milhões de seres humanos.

Se bem repararmos, sobre a Covid-19 caiu um meteoro rasante que abalou seus mantras: o lucro em primeiro lugar, a concorrência como o seu motor, a acumulação individual ou corporativa, a pilhagem desenfreada dos bens e serviços naturais, o desperdício, a deflorestação em função do agronegócio, das várias monoculturas e da criação de gado, um Estado mínimo para favorecer a privatização de bens públicos, o mercado acima da sociedade. Se tivéssemos seguido tais mantras a grande maioria dos pobres e destituídos dificilmente sobreviveria.

O que nos está salvando são os valores ausentes ou socialmente invisíveis no sistema que é a centralidade da vida, a cooperação, a interdependência entre todos, a solidariedade e o cuidado de uns para com os outros e da natureza. Para o sistema imperante vale mais o lucro que a vida, mais exploração da natureza que seu cuidado.

Os que vivem da monocultura, do agronegócio com a utilização massiva de agrotóxicos, sustentados por suas bancadas parlamentares e favorecidas por Projetos de Lei leoninos revelam-se como o Satã da Terra e não o anjo bom que protege e cuida. Fazem-se responsáveis pelos 2.009 pesticidas liberados entre 2015 e 2020 sendo que mais da metade, o foram no tempo do atual governo. A devastação da biodiversidade e a degradação dos solos, o número de doenças graves, o número significativo de suicídios por causa dos inseticidas organofosforados que afetam o sistema nervoso central é incalculável. Só de glifosato que contamina as águas potáveis foram lançados ao solo cerca de 200 milhões de litros.

O grande mérito do Dossiê contra o Veneno da Morte e em defesa da Vida foi ter refutado ponto por ponto as alegações da falsa ciência dos representantes parlamentares e de seus técnicos. Os pesquisadores não lhes deixaram sequer uma brecha de razão.

Mas não ficaram apenas na refutação cerrada. Apresentaram as alternativas que estão em curso com formas de produção agroecológica e orgânica tão produtivas que, largamente difundidas, poderiam alimentar toda a humanidade com alimentos saudáveis. Já são cerca de 2,4 milhões de famílias que praticam tal agricultura orgânica e agroecológica, muitas vezes, consorciadas com a própria floresta, o que dispensa a utilização de pesticidas. Fazem-no não apenas no sentido de uma produção nutricional saudável, mas com respeito ao alcance e aos limites dos diversos biomas e criando condições dignas de trabalho e de vida para todos os envolvidos. Aqui se aponta um caminho para o futuro, pois não poderemos jamais retroceder à fase anterior por suas demasiadas taxas de iniquidade social e ecológica.

No dia 3 de junho do corrente ano o Programa das Nações Unidas para o Meio Ambiente (Pnuma) lançou um relatório com graves advertências. Refere-se a um Alerta Vermelho com referência à única Terra que temos, submetida a uma escalada de destruição promovida pelo capitalismo. Alerta para o aquecimento global que caminha para 3,2 graus Celcius acima dos níveis pré-industriais.

A comunidade científica norte-americana, já há dois anos, alertou para um eventual "salto abrupto" do clima que pode ocorrer nos próximos tempos. Afirmam que sob tal temperatura, a grande maioria das formas de vida conhecidas, desapareciam e a humanidade seria fortemente diminuída. Eis a razão que levou o Papa Francisco a dizer na *Fratelli tutti*: "ou nos salvamos todos ou ninguém se salva" (n.32).

Não estou promovendo um alarme apocalíptico, mas me apoio naquilo que o mesmo Papa Francisco afirmou na *Laudato Sì*: "As previsões catastróficas não se podem olhar com desprezo e ironia. O ritmo do consumo, do desperdício e das alterações do ambiente superou de tal maneira as possibilidades do planeta, que o estilo de vida insustentável só pode desembocar em catástrofes" (n. 161).

É muito baixa a consciência na humanidade e mesmo nos chefes de estado acerca dos graves riscos que pesam sobre nosso destino. Ele é totalmente ausente naqueles que o Dossiê acusa como os devastadores da natureza, os desflorestadores e contaminadores do meio ambiente em função da acumulação sem limites. Por onde se assentam deixam os sinais da devastação das riquezas naturais que os andinos do "bien vivir y convivir" chamam de "bondades da natureza".

Não obstante esse cenário sombrio, agravado pela paixão de milhões da humanidade afetados ou ameaçados pela Covid-19 alimentamos a esperança de que o Deus da vida terá misericórdia para com seus filhos e filhas. Sustenta-nos as palavras da Revelação que nos asseguram que "Deus é o apaixonado amante da vida" (Sab 11,26). Seguramente, não permitirá que nós humanos desapareçamos, por causa de nossa falta de cuidado, da face da Terra. Algo nosso, de nossa Humanidade, já está eternizado na santa humanidade de nosso irmão e Senhor, Jesus Cristo ressuscitado e inserido no coração da Trindade.

Agradeço e louvo a coragem dos promotores desse convincente Dossiê: denunciaram e anunciaram. Não se acovardaram nem se omitiram. Quem se omite e se acovarda diante do lobo do agronegócio e dos que destroem as riquezas naturais, em nome do vil dinheiro, condenam as ovelhas e levam o povo ao matadouro. Mas a razão sensata, os movimentos sociais e principalmente a "Campanha Permanente contra os Agrotóxicos e pela Vida" não o permitirá.

Leonardo Boff, teólogo, filósofo, escritor e membro da Iniciativa Internacional da Carta da Terra.

PRESENÇA DE AGROTÓXICOS EM ÁGUA POTÁVEL NO BRASIL

Parecer técnico do GT de Agrotóxicos da Fiocruz para a Revisão da Portaria de Consolidação nº 05, de 28 de setembro de 2017 do Ministério da Saúde, para o parâmetro "agrotóxicos"

DO OBJETO

Considerando a revisão do Anexo XX da Portaria de Consolidação n⁰ 05 do MS, de 03/10/2017, que define os procedimentos para o controle e a vigilância da qualidade da água para consumo humano e seu padrão de potabilidade, antiga Portaria MS/GM 2914/2011, o GT de Agrotóxicos da Fiocruz, vinculado à Vice Presidência de Ambiente, Atenção e Promoção da Saúde (VPAAPS), destaca algumas considerações relacionadas ao Tema II – Padrão de Potabilidade e Planos de Amostragem, Substâncias Químicas – Agrotóxicos, Substâncias não contempladas na PRC n⁰ 05/2017 e selecionadas para avaliação.

Os agrotóxicos constituem um dos parâmetros de avaliação e controle da potabilidade da água para consumo humano e seu monitoramento é importante para a população brasileira, dada a toxicidade intrínseca dessas substâncias e os grandes volumes comercializados e utilizados no Brasil.

1) Das recomendações para aprimoramento

Embora a reavaliação da portaria seja uma iniciativa importante, tanto os critérios definidos para seleção dos ingredientes ativos (IA) de agrotóxicos quanto os limites estabelecidos para seu monitoramento apresentam uma série de fragilidades e ausências, que, em última instância, ameaçam a vida das populações expostas.

Por essa razão, recomenda-se a adoção de um conjunto de medidas com a finalidade de aumentar a segurança da população exposta, organizadas em três (3) conjuntos de iniciativas, detalhadas a seguir:

1) Inclusão de agrotóxicos na lista dos prioritários para avaliação da potabilidade;

2) Redefinição do número de IA e das concentrações máximas permitidas por amostra;

3) Ações a serem desenvolvidas em caso de não conformidade e recomendações para as concessionárias;

4) Inclusão de agrotóxicos na lista dos prioritários para avaliação da potabilidade.

A análise feita pelo Ministério da Saúde (MS) considerou inicialmente 231 agrotóxicos, apesar de no Brasil o número de ativos autorizados

DOSSIÊ CONTRA O PACOTE DO VENENO E EM DEFESA DA VIDA   157

ser superior a 500. A matriz de risco elaborada selecionou alguns agrotóxicos, dos quais oito (8) já constavam na PRC nº 05/2017. Entre os critérios de seleção foram observados aqueles com uso proibido, os mais elegíveis pela dinâmica ambiental, e valores de ingesta diária tolerável estabelecidos, sendo ao final considerados 17 analitos, que representam 15 novos parâmetros, uma vez que os parâmetros podem ser a soma de metabólitos ou isômeros. Foram excluídos três (3) parâmetros (parationa metílica, permetrina e pendimetalina). Ao final, foram selecionados 39 parâmetros de agrotóxicos para serem monitorados pelas concessionárias de abastecimento, pelas vigilâncias, sejam elas viabilizadas pelos estados ou pelo MS, por meio do Programa Vigiágua.

Foram considerados os seguintes critérios para inclusão de agrotóxicos: i) estar na PC nº 05/2017; ii) estar incluído em três diretrizes internacionais e ter sido apontado por elas; iii) apresentar comercialização relevante no país. Embora o número de IA tenha aumentado em comparação à portaria anterior, muitas substâncias que deveriam compor a lista de analitos a serem monitorados não foram inclusos. Diante dessa limitação, recomenda-se:

a) Incluir na lista dos agrotóxicos considerados para avaliação da potabilidade os proibidos, banidos ou em descontinuidade em seus países de origem ou em ao menos outros três países em decorrência de seus impactos negativos para a saúde humana ou para o ambiente e que ainda tenham uso autorizado no Brasil.

b) Incluir na lista dos agrotóxicos considerados para avaliação da potabilidade os que possuem uma dinâmica ambiental favorável para sua ocorrência na água.

c) Incluir na lista de prioritários para o monitoramento os agrotóxicos mais frequentemente encontrados nas análises Vigiágua. Vários piretroides vêm sendo detectados em amostras da vigilância, embora não apareçam claramente nos resultados da análise por não estarem cadastrados no sistema de gerenciamento de amostras laboratoriais, utilizado delas vigilâncias em saúde. Nos anos de 2018 e 2019 os mais identificados foram: aletrina, ametrina, bifentrina, cialotrina, cifenotrina, ciflutrina, cipermetrina, d-aletrina, fenotrina, fenpropatrina, imiprotrina e permetrina. Dentre esses, apenas a ametrina está sendo incluída na revisão, e a permetrina está sendo excluída. Recomenda-se que os IA mais frequentemente detectados sejam incluídos na revisão da portaria, em função da elevada frequência de detecção.

d) Incluir na lista de prioritários para o monitoramento os agrotóxicos mais utilizados nos estados e considerar as suas especificidades. Apesar de os estados terem autonomia para criar leis mais restritivas que atendam às necessidades de seus territórios, o MS deve adotar padrões mais protetivos. Os dados fornecidos pelas vigilâncias estaduais demonstram uma grande diversidade de agrotóxicos utilizados, e alguns são indicados para monitoramento por ao menos três estados diferentes, como: abamectina, acefato, acetamiprido, ametrina, azoxistrobina, beta-ciflutrina, bifentrina, buprofezina, captan, carbendazim, carbossulfan, cipermetrina, ciproconazol, clomazona, clorotalonil, deltametrina, difenoconazol, dimetoato, epoxiconazol, fipronil, imidaclorida, lambda-cialotrina, metomil, paraquate, picloram, piraclostrobina, tebuconazol, tiametoxan, tiofonato metílico, trifloxistrobina. Desses, clorotalonil, tiametoxan, picloram, abamectina, azoxistrobina, metomil, epoxiconazol, ciproconazol, ametrina, fipronil foram inseridos na revisão da portaria, e o carbendazim e tebuconazol já estavam listados.

e) Incluir na lista de prioritários para o monitoramento os neonicotinoides, em função de seu elevado impacto ambiental, particularmente para polinizadores e, consequentemente, para a saúde humana. Os neonicotinoides constituem um problema para os ecossistemas no mundo todo, tendo sido banidos em vários países.

f) Incluir na lista de prioritários para o monitoramento os IA de agrotóxicos de uso domissanitário, em ambientes hídricos, IA de uso não agrícola e preservantes de madeira. Além dos produtos de uso agrícola, ocorre no Brasil o uso disseminado, no campo e na cidade, de IA para o controle de vetores transmissores de doenças, tais como piriproxifeno, difluobenzuron, espinosade, tribtomofenos, arseniato de cobre, sulfuramida, fluridona e outros.

g) Manter na lista dos IA definidos para monitoramento pela portaria os agrotóxicos parationa metílica, pendimetalina, permetrina, que constavam na PRC nº 05/2017. Destaca-se que a parationa metílica, apesar de não ter uso autorizado no Brasil desde dezembro de 2015, é classificada como extremamente tóxica (classe 1). Tanto esse IA quanto a permetrina são proibidos na União Europeia.

2) Redefinição do número de IA e das concentrações máximas permitidas por amostra

Segundo a portaria, para os agrotóxicos que compõem a listagem final dos IA a serem monitorados, foram definidos valores máximos permitidos (VMP) de resíduos, a partir da equação preconizada pela Organização Mundial de Saúde (OMS) . Contudo, o cálculo não seguiu um padrão semelhante para todos os IA, não sendo apresentada pelo MS justificativa técnica para tal variação. Embora o VMP sugerido na revisão da portaria (µg/L) tenha sido calculado a partir do menor NOAEL revisado nas diretrizes internacionais, o fator de segurança interespécie variou entre 100 e 1000, sem que fosse apresentada justificativa técnica para tal variação. Outra questão é relevante é que uma descrição geral do estudo que levou ao cálculo do NOAEL não foi disponibilizada como espécie estudada, via de exposição, desfechos toxicológicos observados, sendo fundamental que essas informações sejam fornecidas pelo MS.

Contrariando a recomendação da OMS, que adota na equação para cálculo do VMP o fator de alocação de 0,1, assumindo que 10% da IDA vem da água, foi utilizado o fator de alocação de 0,2, permitindo que os valores definidos no cálculo sejam menos restritivos. Também não foi adotado o mesmo peso corpóreo para cada VMP, não sendo apresentada justificativa para tal variação.

Ainda, considerando a possibilidade da interação entre os agrotóxicos, provocando efeitos aditivos, sinérgicos, a manifestação de efeitos tóxicos de forma não linear, ou seja, não proporcional as doses, e a vulnerabilidade diferenciada dos expostos, recomenda-se a adoção de medidas mais protetivas para o ambiente e para as populações que as apresentadas na portaria. Diante disso, recomenda-se:

h) Adotar os limites definidos na Comunidade Europeia para agrotóxicos em água. A União Europeia, por meio da Diretriz 2015/1787, de 06/10/2015, que alterou a Diretriz 98/82/CE, determina que a concentração de nenhum agrotóxico pode ultrapassar 0,1 µgL-1 e a soma de todos os agrotóxicos em uma mesma amostra não pode ultrapassar 0,5 µgL-1. Os agrotóxicos aldrin, dieldrin, heptacloro e heptacloro epóxido não podem ultrapassar 0,03 µgL-1.

i) Definir um limite máximo de ingredientes ativos possíveis em uma única amostra. A exposição simultânea a vários agrotóxicos pode resultar em efeitos sinérgicos, aditivos, antagônicos, sendo impossível reproduzir em laboratório, por meio do modelo dose-resposta, os efeitos que a população poderá desenvolver. Contudo, o Brasil não adota um limite considerando o total de agrotóxicos presentes em uma única amostra. Recomenda-se a adoção do padrão europeu, onde a soma de todos os agrotóxicos numa mesma amostra não pode ultrapassar 0,5 µgL-1, bem como a adoção de um limite máximo de ingredientes ativos presentes na água para consumo humano, prevendo medidas de vigilância e responsabilização dos prestadores de serviço de abastecimento de água.

Se por algum motivo a recomendação mais restritiva, adotada pela União Europeia, não seja adotada pelo MS, recomenda-se ao menos que os VMP sejam redefinidos, seguindo as recomendações da OMS e considerando a necessidade de adotar um padrão único para os cálculos, seguindo as seguintes recomendações:

j) Definir VMP de acordo com fatores que configuram maior precaução, mediante o uso de menor fator de alocação e maior fator de incerteza. O VMP deve ser calculado a partir do menor NOAEL revisado nas diretrizes internacionais, adotando o fator de segurança interespécie mais conservador para todos os agrotóxicos monitorados (1000, , sendo fator de 10 para variação interespécie, fator de 10 para variação intraespécie e fator de 10 para severidade do efeito ou adequação do estudo), e o fator de alocação de 0,1 (assumindo que 10% da IDA vem da água, conforme recomendação da OMS), considerando um consumo de água de 2L por dia e peso corpóreo de adulto de 60 kg. Ressalta-se que crianças são mais vulneráveis, pois apresentam metade do peso corpóreo e o cálculo do VMP médio não faz essa distinção. É necessário que os valores máximos permitidos sejam mais protetivos para este grupo, pois nesta etapa do desenvolvimento os danos podem ser graves e potencialmente irreversíveis.

k) Considerando os valores estabelecidos na portaria anterior, não permitir o aumento do VMP para nenhum agrotóxico. Ressalta-se que o aumento de limites para agrotóxicos, como aqueles proibidos na União Europeia, pode estimular seu uso no Brasil, impactando negativamente a saúde humana, bem como a ambiental. Na atual portaria, observou-se o aumento dos VMP para os IA atrazina, metamidofós e trifluralina, que devem ser reduzidos considerando os parâmetros aqui apontados.

l)   A portaria deve informar que a presença de agrotóxicos em água dentro dos parâmetros estabelecidos na portaria não deve ser entendida em hipótese alguma como indicativo de segurança ou ausência de risco; representa meramente o estabelecimento de padrões necessários para o monitoramento e a organização das ações voltadas a proteção das populações expostas, buscando reduzir o risco do desenvolvimento de problemas de saúde e de impactos aos ecossistemas.

3) Ações a serem desenvolvidas em caso de não conformidade e recomendações para as concessionárias

A detecção de agrotóxicos em água, em qualquer concentração, estejam eles listados na portaria ou não, indica risco para a população exposta e para o ambiente.

Os parâmetros estabelecidos servem para indicar a conformidade ou a não conformidade da mostra. Em qualquer caso em que haja detecção de agrotóxicos as amostras deverão ser consideradas não conformes, devendo ser recomendadas na portaria um conjunto de ações de vigilância, de acordo com grau de NÃO CONFORMIDADE detectada, conforme as seguintes recomendações:

m) Classificação da presença de agrotóxicos segundo três (3) níveis de alerta (AMOSTRAS NÃO CONFORMES):

• Nível 1 – ALERTA – Detecção de agrotóxicos ABAIXO da concentração/valor máximo permitido na portaria e abaixo do limite de quantificação (LQ) porém acima do limite de detecção (LD). Para esse nível, considera-se que a simples presença de agrotóxicos, ainda que não seja possível quantificar, indica NÃO CONFORMIDADE da amostra, INDEPENDENTE de o agrotóxico estar ou não listado na portaria, uma vez que a concentração esperada para qualquer agrotóxico em água é ZERO.

• Nível 2 – PERIGO – Detecção de agrotóxicos ABAIXO da concentração/valor máximo permitido na portaria, mas em níveis quantificáveis, acima do LQ do método.

• Nível 3 – EMERGÊNCIA – Detecção de agrotóxicos ACIMA da concentração/valor máximo permitido na portaria: a presença de agrotóxicos, individualmente ou considerando o somatório das substâncias detectadas.

n) Determinação de um conjunto de ações de vigilância, de acordo com o nível de NÃO CONFORMIDADE detectado:

- Nível 1 – ALERTA:

- Compete às concessionárias: i) aumentar a frequência de análises de resíduos de agrotóxicos em água, realizando análises quadrimestralmente, até que a situação seja normalizada; ii) investir em medidas para reduzir os níveis de resíduos detectados na água, sejam elas baseadas em métodos físicos, químicos e ou biológicos; iii) divulgar de forma ampla, clara e transparente para a sociedade a presença de resíduos de agrotóxicos em água nas análises realizadas, identificando claramente as substâncias detectadas.

- Compete às Secretarias Municipais de Saúde, em articulação com as concessionárias, com as Secretarias Estaduais e outros setores: i) notificar as concessionárias quanto as não conformidades, para que tomem providências cabíveis; ii) realizar ações de vigilância, orientadas pela Vigilância do município, para identificar as potenciais fontes de contaminação, os agrotóxicos de uso agrícola e não agrícola utilizados, bem como suas formas de uso; iii) realizar ações intersetoriais voltadas a educação e formação de produtores/trabalhadores que fazem uso de agrotóxicos no território, com o objetivo de reduzir o uso desses agentes; iv) realizar ações intersetoriais para promover estratégias de transição agroecológica para produção e certificação orgânica de alimentos.

- Nível 2 – PERIGO:

- Compete às concessionárias: i) aumentar a frequência de análises de resíduos de agrotóxicos em água, realizando análises trimestralmente, até que a situação seja normalizada; ii) investir em medidas para reduzir os níveis de resíduos detectados na água, sejam elas baseadas em métodos físicos, químicos e ou biológicos; iii) divulgar de forma ampla, clara e transparente para a sociedade a presença de resíduos de agrotóxicos em água nas análises realizadas, identificando claramente as substâncias detectadas, bem como os níveis dos resíduos detectados.

- Compete às Secretarias Municipais de Saúde, em articulação com as concessionárias, com as Secretarias Estaduais e outros setores: i) notificar as concessionárias quanto as não conformidades, para que tomem providências cabíveis; ii) realizar ações de vigilância, orientadas pela Vigilância do município, para identificar as potenciais fontes de contaminação, os agrotóxicos de uso agrícola e não agrícola utilizados, bem como suas formas de uso; iii) realizar ações intersetoriais voltadas a educação e formação de produtores/trabalhadores que fazem uso de agrotóxicos no território, com o objetivo de reduzir o uso desses agentes; iv) realizar ações intersetoriais para promover estratégias de transição agroecológica para produção e certificação orgânica de alimentos.

- Nível 3 – EMERGÊNCIA:

- Compete às concessionárias: i) aumentar a frequência de análises de resíduos de agrotóxicos em água, realizando análises mensalmente, até que a situação de emergência seja resolvida; ii) investir em medidas para reduzir os níveis de resíduos detectados na água, sejam elas baseadas em métodos físicos, químicos e ou biológicos; iii) adotar medidas de redução do fornecimento de água até que os agrotóxicos não sejam mais detectados ou que os níveis de resíduos estejam abaixo da concentração/valor máximo permitido na portaria; iv) divulgar de forma ampla, clara e transparente para a sociedade a presença de resíduos de agrotóxicos em água nas análises realizadas, identificando claramente as substâncias detectadas, bem como os níveis dos resíduos detectados; v) acionar a sociedade e os setores de ambiente, recursos hídricos, agricultura, entre outros, para a elaboração de um plano de ação para reduzir a carga poluente de agrotóxicos nos mananciais.

- Compete às Secretarias Municipais de Saúde, em articulação com as concessionárias, com as Secretarias Estaduais e outros setores: i) notificar as concessionárias quanto as não conformidades, para que tomem providências cabíveis; ii) realizar ações de vigilância, orientadas pela Vigilância do município, para identificar as potenciais fontes de contaminação, os agrotóxicos de uso agrícola e não agrícola utilizados, bem como suas formas de uso; iii) realizar ações intersetoriais voltadas a educação e formação de produtores/trabalhadores que fazem uso de agrotóxicos no território, com o objetivo de reduzir o uso desses agentes; iv) realizar ações intersetoriais para promover estratégias de transição agroecológica para produção e certificação orgânica de alimentos; v) identificar populações potencialmente expostas no entorno dos mananciais em que houve a detecção das não conformidades e desenvolver ações de vigilância e de promoção da saúde e prevenção de agravos, bem como assistenciais quando necessário, voltadas a problemas de saúde potencialmente relacionados a exposição aos agrotóxicos identificados nas análises; vi) notificar o Ministério Público da Unidade da Federação da qual o município faz parte, das inconformidades e das medidas adotadas.

o) Deixar mais claro para as concessionárias de abastecimento e para a sociedade os conceitos de limite de detecção (LD) e limite de quantificação (LQ), informando as três formas de lançamento no sistema, que devem ser: i) o valor numérico quando este for acima do LQ; ii) <LQ, quando o resultado for menor que LQ e maior que LD; iii) <LD, quando o resultado for menor que LD. Destaca-se que na versão atual da PRC nº 5/2017 a orientação sobre a forma de lançamento dos resultados no Siságua não é clara o suficiente, o que leva a erros na alimentação do sistema, sendo muito comum observar que LD e LQ são confundidos e, por vezes, tratados como sinônimos.

p) Nos casos em que os resultados verificados estiverem acima do limite máximo estabelecido, deve-se incluir órgãos ambientais, gestores de recursos hídricos, da área de alimentação e de uso e ocupação do solo, para a construção de medidas de intervenção.

q) Definir com clareza como serão cobradas e implementadas as providências necessárias diante dos casos de não conformidade, bem como quais serão os instrumentos de verificação, e qual o prazo para os Planos de Segurança da Água (PSA) serem implementados e aprimorados para que o gerenciamento ocorra e as anormalidades detectadas sejam sanadas. Esse plano de segurança, na etapa do abastecimento da água, deve priorizar a identificação das bacias que alimentam os mananciais, as culturas praticadas, os agrotóxicos utilizados por cultivos, e identificação dos agrotóxicos nas ações de monitoramento. A responsabilização deve ser pautada na fiscalização contínua das concessionárias e instrumentos de controle eficazes. A vigilância ambiental de cada Estado brasileiro deve pautar suas ações não apenas nos agrotóxicos indicados para monitoramento, como também na realidade de uso, culturas, volume utilizado, estimulando que em cada localidade sejam monitorados outros agrotóxicos, adicionalmente aos elencados na portaria, que tenham importância local.

DOSSIÊ CONTRA O PACOTE DO VENENO E EM DEFESA DA VIDA

DISPOSIÇÕES FINAIS

Considerando as recomendações expostas, recomenda-se a inclusão de agrotóxicos de diferentes grupos químicos na portaria, conforme critérios apresentados no presente documento. A listagem não é exaustiva e não impede que os estados indiquem outros parâmetros a serem monitorados, de acordo com a realidade de uso local.

O processo de exposição a agrotóxicos, particularmente as exposições crônicas, que ocorrem a baixas doses e durante um longo período de tempo, provoca efeitos adversos à saúde humana, afetando de forma mais grave os mais vulneráveis como gestantes, crianças e idosos, podendo afetar o sistema endócrino, neurológico, imunológico, respiratório, causar danos ao DNA, malformação congênita e levar ao desenvolvimento de cânceres, dentre outros efeitos. Para muitos desses danos, qualquer dose diferente de zero é suficiente para causar um dano, o que implica em afirmar que não existe uma dose de exposição que possa ser considerada segura.

A exposição a substâncias químicas como os agrotóxicos, tem reproduzido efeitos adversos com formatos de curva dose-efeito não lineares (curvas horméticas), não sendo possível, desta forma, estabelecer limites seguros de exposição. Dessa forma, as normas regulamentadoras não podem seguir a determinação de valores máximos permitidos considerando exposições uni-fatoriais, isoladas, minimizando o perigo de exposição a substâncias intrinsicamente nocivas à saúde.

Dessa forma, a definição de limites mais restritivos baseia-se no princípio da precaução, e em se tratando da regulação de substâncias sabidamente nocivas à saúde humana e ao ambiente, a adoção de medidas precaucionárias não deve ser postergada ou mesmo negligenciada.

Nesse sentido, reforçamos a importância de implementar as medidas dispostas no presente documento, destacando-se:

• Capacitar ass secretarias estaduais e municipais de saúde em relação às competências do Vigiagua e ao atendimento dos requisitos da Portaria de potabilidade de água;

• Garantir avaliações sistemáticas dos resultados gerados pelo prestador de serviço;

• Estruturar a rede de laboratórios de saúde pública e fortalecer atuação conjunta com as áreas de vigilância;

- Acompanhar e fiscalizar as informações geradas pelas concessionárias de água;
- Atuar junto ao prestador de serviço quanto aos resultados não conformes, inconsistentes e falta de resultados;
- Fomentar a pesquisa e incentivar iniciativas relacionadas ao monitoramento e priorização de substâncias que podem causar danos à saúde;
- Estabelecer programas de monitoramento regional, com base no perfil dos agrotóxicos utilizados localmente.

Rio de Janeiro, 12 de abril de 2020.

Organização do documento: Ana Cristina Simões Rosa; Aline do Monte Gurgel; Karen Friedrich.

Revisão: Ana Cristina Simões Rosa; Aline do Monte Gurgel; André Campos Búrigo; Fernando Ferreira Carneiro; Guilherme Franco Netto; Karen Friedrich; Lia Giraldo da Silva Augusto; Luis Cláudio Meirelles; Márcia da Silva Pereira

REFERÊNCIAS

Anexo XX da Portaria de Consolidação n.º 5 do MS, de 3/10/2017.

Revisão do Anexo XX da Portaria de Consolidação no 5 de 28 de setembro de 2017 do Ministério da Saúde (antiga Portaria MS Nº 2914/2011), Tema II - Padrão de Potabilidade e Planos de Amostragem, Substâncias Químicas – Agrotóxicos, Substâncias não contempladas na PRC n.º 5/2017 e selecionadas para avaliação - Parte I e Parte II, Subsídios para Discussão e Orientações para Revisão.

Diretriz 2015/1787 de 6/10/2015 da União Europeia.

Diretriz 98/82/CE da União Europeia.

Organização Mundial de Saúde. **Guidelines for drinking-water quality**. WHO Library Cataloguing-in-Publication Data. 4th ed, 2011.

Plano de Segurança da Água, garantindo a qualidade e promovendo a saúde, um olhar do SUS, MS, 2012.

4. NOTAS PÚBLICAS SOBRE O PACOTE DO VENENO

NOTA TÉCNICA

Assunto: Análise do Projeto de Lei nº 6.299/2002

1 APRESENTAÇÃO

O Projeto de Lei (PL) nº 6.299/2002 propõe modificações no sistema de regulação de agrotóxicos, seus componentes e afins. A ele foram apensados, por tratarem de matéria similar, os Projetos de Lei nº 2.495/2000, nº 3.125/2000, nº 5.884/2005, nº 6.189/2005, nº 4933/2016, nº 3.649/2015, nº 5.852/2001, nº 1.567/2011, nº 4.166/2012, nº 1.779/2011, nº 3.063/2011, nº 1.687/2015, nº 3.200/2015, nº 49/2015, nº 371/2015, nº 461/2015, nº 958/2015, nº 7.710/2017, nº 8.026/2017, nº 6.042/2016, nº 713/1999, nº 1.388/1999, nº 7.564/2006, nº 4.412/2012, nº 2.129/2015, nº 5.218/2016, nº 5.131/2016, nº 8.892/2017 e nº 9.271/2017.

Este conjunto de 29 PL, denominado por diversas entidades, órgãos e movimentos como "Pacote do Veneno", tem em comum o desmonte do sistema normativo regulatório de agrotóxicos no Brasil. Em 09 de maio de 2018, o parecer do relator Luiz Nishimori recomendou a aprovação dos projetos de nº 2.495/2000, 3.125/2000, 5.852/2001, 5.884/2005, 6.189/2005, 1.567/2011, 1.779/2011, 4.166/2012, 3.200/2015, 3.649/2015, 6.042/2016, 8.892/2017, que foram apensados ao PL 3.200/2002, sendo os demais rejeitados, cuja maioria propunha restrições a circulação de produtos muito tóxicos para seres humanos.

Estes PL representam em seu conjunto uma série de medidas que buscam flexibilizar e reduzir custos para o setor produtivo, negligenciando os impactos para a saúde e para o ambiente. O texto substitutivo apresenta uma série de retrocessos considerando-se os impactos para a saúde e o ambiente, sendo os principais analisados a seguir.

2 ANÁLISE

2.1 Ementa

Redação original proposta:
"Dispõe sobre a pesquisa, a experimentação, a produção, a embalagem e rotulagem, o transporte, o armazenamento, a comercialização, a utilização, a importação, a exportação, o destino final dos resíduos e embalagens, o registro, a classificação, o controle, a inspeção e a fiscalização de **produtos fitossanitários** e de **produtos de controle ambiental** e afins, e dá outras providências" (grifo nosso).

Análise:
    A nomenclatura adotada a partir da ementa do referido PL propõe a substituição do termo "agrotóxicos" pelas expressões "produtos fitossanitários" e "produtos de controle ambiental". Para além da semântica, a alteração proposta representa um reducionismo que limita e mesmo oculta a compreensão intrínseca de que os agrotóxicos são, em sua essência, tóxicos.
    Esta "confusão conceitual" é na verdade uma estratégia que oculta as situações de risco ao comunicar uma falsa segurança desses produtos químicos, induzindo uma crença em sua inocuidade. Esse ocultamento pode levar à utilização indiscriminada dos agrotóxicos e tem consequências diretas, como aumento da resistência das espécies-alvo consideradas nocivas (animais e vegetais), com contaminação do ambiente (ar, água, solo) e, consequentemente, aumento dos casos de intoxicações agudas (imediatas) e crônicas (tardias) e morte por exposição direta ou indireta aos agrotóxicos.
    A mudança do termo "agrotóxicos" também contraria a compreensão amplamente apreendida da literatura internacional, onde os agrotóxicos são conhecidos como "pesticidas" (do inglês *pesticides*), ou "praguicidas" ou mesmo "agrotóxicos" (do espanhol *plaguicidas* ou *agrotóxicos*, respectivamente), demonstrando que a nomenclatura adotada destaca o potencial biocida/tóxico destes compostos.
    Finalmente, o texto se opõe à terminologia adotada na Constituição Federal, desrespeitando ao menos seis de seus artigos, podendo ser considerado inconstitucional

conforme análise realizada pelo Ministério Público Federal[1] (MPF). Destacam-se o Art. 196 e o Art. 225 da Constituição Federal, que impedem retrocessos de direito socioambientais e o que determina a adoção de políticas para reduzir riscos de doenças.

2.2 Artigo 1º

Redação original proposta:
"§ 1º Os produtos e agentes de processos físicos, químicos ou biológicos, destinados ao **uso nos setores de proteção de ambientes urbanos e industriais** são regidos pela Lei nº 6.330, de 23 de setembro de 1976" (grifo nosso).

Análise:

Este parágrafo implica em outro retrocesso importante, pois exclui do escopo da lei dos agrotóxicos os produtos utilizados em ambientes urbanos e industriais com a finalidade de alterar a composição da flora ou da fauna, que pela lei vigente também são considerados agrotóxicos e afins. Com a alteração proposta, estes passarão a ser regulados somente pela lei nº 6.330, de 23 de setembro de 1976, que dispõe sobre a Vigilância Sanitária a que ficam sujeitos os medicamentos, as drogas, os insumos farmacêuticos e correlatos, cosméticos, saneantes e outros produtos.

Na prática, a alteração proposta implica em excluir definitivamente o entendimento tácito presente na lei nº 7.802/1989 de que os produtos formulados com ingredientes ativos de agrotóxicos de uso não agrícola, a exemplo dos inseticidas utilizados para o controle de vetores como o *Aedes aegypti*, apresentam as mesmas propriedades toxicológicas que os agrotóxicos de uso agrícola e devem, portanto, ser tratados com o mesmo rigor em relação aos aspectos de saúde humana e ambiental. Na verdade, o sistema regulatório deveria avançar, investigando os potenciais danos a partir da exposição a um mesmo ingrediente ativo mediante diferentes fontes de exposição (alimentos, água, indústria, medicamentos de uso humano e veterinário) e seus possíveis efeitos agregados na saúde humana.

---

[1] Propostas de projeto de agrotóxicos são inconstitucionais, afirma MPF. Disponível em: <http://sustentabilidade.estadao.com.br/noticias/geral,propostas-de-projeto-de-agrotoxicos-sao-inconstitucionais-afirma-mpf,70002298844>.

Um exemplo claro da importância de tratar com rigor a exposição humana a domissanitários refere-se ao uso do malation, um inseticida do grupo dos Organofosforados, no controle do *Aedes aegypti*, hoje tido como o principal transmissor dos vírus da dengue, zika e chikungunya. Reintroduzido para uso em ações de saúde pública no ano de 2013 pelo Ministério da Saúde, este produto foi recentemente classificado pela Agência Internacional de Pesquisa sobre Câncer (IARC), uma entidade especializada em câncer e ligada à Organização Mundial da Saúde (OMS), como sendo um provável carcinógeno para humanos[1], sinalizando que não há evidências de que a exposição a este composto pode ser considerada segura.

Todavia, a separação prevista no PL em análise encerra de maneira definitiva o necessário debate da importância de tratar produtos formulados à base do mesmo ingrediente ativo, sejam eles voltados para uso agrícola ou não, com o mesmo rigor necessário quando se trata de análises toxicológicas. Atualmente, a já frágil regulação de domissanitários formulados à base de ingredientes ativos de agrotóxicos implica na não realização de análises toxicológicas rigorosas como as adotadas para os agrotóxicos de uso agrícola. Com esta mudança espera-se a banalização do perigo inerente aos biocidas de uso não agrícola.

2.3 Artigo 2º, inciso VI; Artigo 3º, § 15; Art. 4º, § 3º

Redação original proposta:
Art. 2º.
"VI - análise dos riscos - processo constituído por três fases sucessivas e interligadas: avaliação, gestão (manejo) e comunicação dos riscos, em que:
(...)
d) perigo - propriedade inerente a um agente biológico, químico ou físico, com potencialidades para provocar um efeito nocivo para a saúde humana ou para o meio ambiente.
e) risco - a probabilidade da ocorrência de um efeito nocivo para a saúde ou para o meio ambiente combinado com a severidade desse efeito, como consequência da exposição a um perigo;

f) risco inaceitável - nível de risco considerado insatisfatório por permanecer inseguro ao ser humano ou ao meio ambiente, mesmo com a implementação das medidas de gerenciamento dos riscos".

Art. 3º.

"§ 15 Proceder-se-á à análise de risco para a concessão dos registros dos produtos novos, além de modificação nos usos que impliquem em aumento de dose, inclusão de cultura, equipamento de aplicação ou nos casos de reanálise".

Art. 4º.

"§ 3º Fica proibido o registro de produtos fitossanitários, de produtos de controle ambiental e afins que, nas condições recomendadas de uso, apresentem risco inaceitável para os seres humanos ou para o meio ambiente, ou seja, permanece inseguro mesmo com a implementação das medidas de gestão de risco".

Análise:

O PL desconsidera que a Agência Nacional de Vigilância Sanitária (Anvisa), órgão responsável pelo processo de avaliação toxicológica para registro e reavaliação dos agrotóxicos no país, já realiza a análise e avaliação de risco. Como o próprio PL aponta, a primeira das quatro etapas da avaliação de risco é constituída pela identificação do perigo. Nesta fase, caso seja identificado algum efeito indicativo de proibição de registro em função de sua severidade, tais como carcinogênese, mutagênese, teratogênese, danos ao aparelho reprodutor ou desregulação endócrina, o produto não tem seu uso autorizado no país. Caso não haja indício de ocorrência de nenhum destes desfechos, as demais etapas do processo de avaliação de risco têm seguimento.

Entretanto, a análise de risco nos moldes preconizados pelo presente PL irá permitir o registro de produtos que hoje proibidos no Brasil em função do perigo que representam, sempre que o risco for considerado "aceitável", banalizando o sentido do termo. Na legislação atualmente vigente, esses efeitos nocivos à saúde da população impedem o registro de qualquer novo agrotóxico no Brasil, conforme o disposto no artigo 3º, parágrafo 6º da lei nº 7.802 de 1989.

Cabe destacar que, em casos de exposição a substâncias carcinogênicas e hiperssensibilizantes, para as quais há diferentes susceptibilidades individuais e onde não

há uma relação direta dose-efeito, não é cabível admitir uma exposição segura ou então se considerar que todas as pessoas se comportem como um "ser médio", não sendo aceitáveis limites seguros de exposição[2]. Neste sentido, o modelo adotado pela Anvisa, de proibição do registro de agrotóxicos com efeitos crônicos severos apontados na etapa de identificação do perigo, atualmente é o mais adequado considerando-se a magnitude e impacto destes desfechos.

Segundo o PL proposto, a proibição de registro ficará restrita às situações consideradas como sendo de "risco inaceitável" para os seres humanos ou para o ambiente, ou seja, aquelas em que o uso permanece sendo considerado "inseguro" mesmo diante da implementação das medidas de gestão de risco. Incluem-se nessas medidas a definição de limites máximos que podem ser encontrados na água, nos alimentos e a utilização de Equipamentos de Proteção Individual (EPI), mas que tem se mostrado falhos para restringir a exposição, como mostrado em estudos nacionais, internacionais[3-8] e no último relatório do Programa de Análise de Resíduos de Agrotóxicos em Alimentos da Anvisa[9]. Por outro lado, todo o processo em que se baseia a definição desses limites ou as condições de uso de EPI, e mesmo da avaliação de risco, é repleto de limitações apontadas vastamente na literatura nacional e internacional.

A avaliação de risco considerando um agente químico isolado tem sido criticada por diversos autores e agências reguladoras mundiais, que têm procurado avançar em metodologias minimizem, pelo menos em parte, essas limitações[10-12]. As limitações mais importantes se referem ao distanciamento da realidade de exposição humana mediante o consumo dos alimentos, exposição ambiental e na atividade laboral. Isso ocorre porque a avaliação para o registro de agrotóxicos no Brasil e em outros países não leva em conta que agrotóxicos e outros agentes químicos podem atuar por meio de mecanismos de ação semelhantes, potencializando os efeitos tóxicos para seres humanos, que podem desencadeados mesmo se os níveis de resíduos de agrotóxicos estejam dentro dos níveis permitidos para exposição dietética, como mostrado na literatura científica internacional[4,13,14]. Os estudos experimentais que dão base aos cálculos desses limites e condições de segurança são realizados em animais de laboratório em condições muito distintas da realidade, utilizando o ingrediente ativo na sua forma mais pura e livre de contaminantes e adjuvantes, além do fato que os animais estudados só recebem o agrotóxico por uma única fonte (alimento, água, através da pele ou via inalação), desconsiderando que as pessoas estão expostas por diferentes fontes ao mesmo tempo.

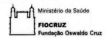

Mesmo que sejam imputados fatores de incerteza às doses testadas em animais de laboratório, os mecanismos toxicológicos e as consequentes manifestações dos efeitos e doenças, não são simplesmente de caráter quantitativo mas definido por essas variáveis já apontadas.

As mudanças propostas no PL pertinentes ao processo de avaliação de risco não representam "modernização" ou "desburocratização", mas um potencial retrocesso, indo na contramão dos avanços que vem sendo adotados nos EUA e Comunidade Europeia. Conforme atesta o Departamento de Vigilância em Saúde Ambiental e Saúde do Trabalhador, do Ministério da Saúde, esta alteração contraria os critérios de regulação da Comunidade Europeia, alterados recentemente, de risco para perigo, igualando ao previsto na lei em vigor no Brasil. Desse modo, além de implicações para a saúde e o ambiente, poderão ocorrer problemas de ordem econômica, uma vez que a liberação do uso de agrotóxicos proibidos na União Europeia causará restrição das exportações brasileiras de produtos que contenham resíduos de agrotóxicos que apresentem estes efeitos[15].

Finalmente, excluído o órgão de saúde da análise dos riscos proposta, ou este perdendo seu poder de veto nos pleitos de registro, as repercussões podem ser ainda mais severas para a saúde humana do que as apontadas até aqui.

2.4 Artigo 2º, incisos XXIII, XXXIV, XLIV, XLVI

Redação original proposta:
"XXIII - produto genérico – produto fitossanitário formulado exclusivamente a partir de produto técnico equivalente;
(...)
XXXIV - produto idêntico – produto fitossanitário, de controle ambiental ou afim com composição qualitativa e quantitativa idêntica ao de outro produto já registrado, com os mesmos fabricantes e mesmos formuladores, com as mesmas indicações, alvos e doses;
(...)
XLIV - Reprocessamento: Consiste no procedimento a ser seguido quando houver necessidade de mistura de lotes com validade a vencer ou vencida e/ou quando houver necessidade de correção físico-química de um determinado lote.
(...)

XLVI - Revalidação: Consiste no procedimento de extensão do prazo de validade original do produto com validade próxima ao vencimento ou vencido".

Análise:

A inclusão de agrotóxicos "genéricos" ou equivalentes, formulados a partir de outros já registrados, segundo o Relatório da Comissão Especial destinada a proferir parecer ao PL nº 3.200, foi cunhado "em analogia aos medicamentos genéricos, regidos pela Lei nº 9.787, de 1999 -, propondo sejam estabelecidos procedimentos específicos e simplificados para o registro desses produtos"[16].

Embora o termo "defensivo genérico" já exista, o estabelecimento de paralelo entre o uso de substâncias tóxicas e o de fármacos confunde a população e promove a ocultação de risco. O senso comum relacionado com o uso de biocidas naturalizou expressões que substituem o termo "veneno" por "remédio", especialmente nos casos relacionados ao uso de agrotóxicos, modificando a compreensão de qual o real sentido de sua finalidade e de seus efeitos. Essa cultura favorece a indústria e o mercado de agrotóxicos e encobre os riscos para a saúde dela decorrentes[17,18]. Neste sentido, a inclusão de termos e expressões que favoreçam o estabelecimento de uma falsa simetria entre fármacos – destinados ao tratamento e recuperação da saúde – e agrotóxicos – destinados à eliminação de espécies – deve ser evitada a todo custo, particularmente em instrumentos normativos.

Em relação aos produtos definidos como "idênticos", falta clareza quanto a que o termo se refere exatamente, uma vez que não é possível saber com certeza se a igualdade refere-se somente ao ingrediente ativo ou ao produto formulado. Esta diferença é essencial do ponto de vista da saúde pública, pois produtos formulados, ainda que tenham uma composição qualitativa e quantitativa idênticas, com os mesmos fabricantes e mesmos formuladores, com as mesmas indicações, alvos e doses, podem ter efeitos distintos sobre a saúde humana em função dos diferentes compostos que compõem o produto final, tais como adjuvantes e impurezas relevantes do ponto de vista toxicológico [13]. Deve-se considerar que, em média, o ingrediente ativo corresponde a aproximadamente 44,5% do produto formulado, e que os demais componentes da formulação não são necessariamente inertes, podendo exercer efeitos tóxicos inclusive mais severos para a saúde humana que o próprio agente responsável pela ação biocida do composto. Destaca-se que este mesmo entendimento deve ser aplicado em relação aos

genéricos, que não devem ter seu registro autorizado sem que haja análise de cada produto cujo registro seja pleiteado.

No tocante ao reprocessamento, e revalidação, falta clareza no tocante à "necessidade de mistura de lotes com validade a vencer ou vencida e/ou quando houver necessidade de correção físico-química" e no que se refere à "extensão do prazo de validade original do produto com validade próxima ao vencimento ou vencido".

A mistura de agrotóxicos, ainda que tenham o mesmo princípio ativo, pode originar compostos distintos dos originalmente previstos em rótulo, pois os produtos formulados podem ter composições diferenciadas e os componentes podem interagir entre si. Do mesmo modo, a interação entre os componentes durante o reprocessamento pode levar a ocorrência de efeitos aditivos ou sinérgicos, onde os efeitos tóxicos do produto final podem ser potencializados, além de não previstos pelos fabricantes.

O uso de produtos vencidos, contrariando a própria indicação do fabricante no que se refere ao período máximo recomendado para uso, onde não se espera que sejam observados danos à saúde e ao ambiente além daqueles inerentes ao produto, inclui mais uma preocupação para a saúde pública, pois pode haver alterações de suas propriedades, tornando-os ainda mais nocivos para as populações expostas.

2.5 Artigo 3º, § 1º; Artigo 12º, § 4º

Redação original proposta:

"§ 1º A conclusão dos pleitos de registro e suas alterações deverão ocorrer nos seguintes prazos contados a partir da sua submissão:

    a) Produto Novo - formulado: 12 meses.

    (...)

    m) Demais alterações: 180 dias".

Art. 12 (...)

"§ 4º Os órgãos federais registrantes deverão concluir a análise do requerimento do registro nos prazos estabelecidos no § 1º do Art. 3º a partir do recebimento do pleito, sob pena de responsabilidade nos termos dos artigos 121 a 126-A da Lei 8.112 de 11 de dezembro de 1990".

Análise:

Os prazos propostos são tecnicamente inexequíveis, ainda mais considerando-se as atuais condições de trabalho e estrutura existentes nos órgãos reguladores. Ressalte-se a necessidade imperativa de ofertar melhores condições materiais e de pessoal para assegurar o adequado funcionamento das estruturas estatais reguladoras de saúde e meio ambiente. Os recentes cortes orçamentários outras medidas de ajuste fiscal adotadas pelo atual governo agravam ainda mais o sucateamento das estruturas estatais, inviabilizando as análises.

2.6 Artigo 3º, § 6º ao 10º

Redação original proposta:

"§ 6º Fica criado Registro Temporário – RT para os Produtos Técnicos, Produtos Técnicos Equivalentes, Produtos Novos, Produtos Formulados e Produtos Genéricos, que estejam registrados para culturas similares em pelo menos três países membros da Organização para Cooperação e Desenvolvimento Econômico – OCDE que adotem, nos respectivos âmbitos, o Código Internacional de Conduta sobre a Distribuição e Uso de Pesticidas da Organização das Nações Unidas para Alimentação e Agricultura – FAO, mediante inscrição em sistema informatizado".

"§ 7º Para expedição de Registro Temporário – RT para Produtos Técnicos e Produtos Técnicos Equivalentes, estes devem possuir registros com especificações idênticas nos três países membros da Organização para Cooperação e Desenvolvimento Econômico – OCDE".

"§ 8º Fica criada Autorização Temporária - AT para Produtos Novos, Produtos Formulados e Produtos Genéricos, para os pedidos de inclusão de culturas cujo emprego seja autorizado em culturas similares em pelo menos três países membros da Organização para Cooperação e Desenvolvimento Econômico – OCDE que adotem, nos respectivos âmbitos, o Código Internacional de Conduta sobre a Distribuição e Uso de Pesticidas da Organização das Nações Unidas para Alimentação e Agricultura – FAO, mediante inscrição em sistema informatizado".

"§ 9º Será expedido o Registro Temporário - RT ou Autorização Temporária – AT pelo órgão registrante quando o solicitante tiver cumprido o estabelecido nesta Lei e não

houver a manifestação conclusiva pelos órgãos responsáveis pela Agricultura, Meio Ambiente e Saúde dentro dos prazos estabelecidos no § 1º do Art. 3º".

"§ 10 O órgão registrante expedirá o Registro Temporário – RT ou Autorização Temporária – AT que terá validade até a deliberação conclusiva dos órgãos federais de agricultura, de saúde e de meio ambiente".

Análise:

A concessão de registro/autorização temporária para produtos liberados em outros países sem que sejam realizadas as devidas análises no Brasil, além de minimizar a atuação das agências reguladoras brasileiras, desconsidera que a toxicidade de um produto é influenciada por diversos fatores além das propriedades físico-químicas e cinéticas comuns aos agrotóxicos. Características genéticas, socioculturais, epidemiológicas e edafoclimáticas, por exemplo, interferem diretamente na toxicidade e variam entre os países, sendo fundamental considerar estas propriedades nos procedimentos de análise de registro em cada território. A liberação de produtos sem os adequados procedimentos de avaliação, aliada às vulnerabilidades socioambientais, políticas e institucionais existentes no Brasil, poderão agravar ainda mais o problema de saúde pública representado pelo uso de agrotóxicos.

Esta proposição representa uma ameaça de dano ao ambiente e à saúde humana, violando o Princípio da Precaução ao evitar a adoção de medidas precaucionárias, mesmo diante de incertezas no que diz respeito aos eventuais efeitos das substâncias químicas sobre os seres humanos e o ambiente[19]. Mediante a ameaça de danos graves ou irreversíveis, o princípio da precaução deve ser sempre considerado no processo de tomada de decisões na proteção da saúde humana e ambiental, reforçando as responsabilidades éticas do processo regulatório de produtos perigosos[19–23].

Ainda, na medida em que o órgão da saúde ou o responsável pela análise ambiental emitir um parecer desfavorável ao registro do produto em função de seus impactos negativos, questiona-se como mitigar os danos reversíveis e que medidas devem ser adotadas diante dos danos irreversíveis decorrentes do uso dos agrotóxicos durante o período em que foi concedido o registro/autorização temporária do produto.

Finalmente, é interessante observar que, embora o PL proponha a liberação de produtos com base em parâmetros adotados em outros países, o mesmo não ocorre para

a proibição do registro, indicando uma estratégia que flexibiliza o uso de agrotóxicos no país, e não um interesse em adotar medidas que assegurem maior segurança e proteção.

2.7 Artigo 3°, § 22; Artigo 4°, inciso VIII

Redação original proposta:
Art. 3°.
"§ 22. Na regulamentação dessa lei o poder público deverá buscar a simplificação e desburocratização de procedimentos, redução de custos e do tempo necessário para a conclusão das análises dos processos de registro".

Art. 4°.
"VIII - adotar medidas para desburocratizar e informatizar o processo de registro".

Análise:
Este parágrafo apresenta a importância da "simplificação e desburocratização de procedimentos, redução de custos e do tempo necessário para a conclusão das análises dos processos de registro", sem, contudo, apontar que estas medidas de cunho econômico não poderão se sobrepor a medidas de proteção da vida sob nenhuma hipótese.

2.8 Artigo 4°

Redação original proposta:
"Art. 4° Fica estabelecido o órgão federal responsável pelo setor da agricultura como órgão registrante dos produtos fitossanitários e afins, assim como o órgão federal que atua na área de meio ambiente como o órgão registrante de produtos de controle ambiental, seus produtos técnicos e afins".

Análise:
Atualmente no Brasil, para a concessão de registro de um produto agrotóxico, seus componentes e afins, é necessária uma avaliação tripartite realizada pelo Ministério da Saúde, pelo Ministério do Meio Ambiente e pelo Ministério da Agricultura, Pecuária e Abastecimento (MAPA). Uma vez atendidas as exigências dos três Ministérios, o registro

DOSSIÊ CONTRA O PACOTE DO VENENO E EM DEFESA DA VIDA   183

do agrotóxico é obtido. No âmbito do Ministério da Saúde, a Anvisa é responsável pelas avaliações de toxicidade e efeitos à saúde humana. No Ministério do Meio Ambiente, por intermédio do Instituto Brasileiro do Meio Ambiente e dos Recursos Naturais Renováveis (Ibama), realiza-se a avaliação ecotoxicológica dos agrotóxicos e afins. No MAPA é realizada a avaliação de eficácia agronômica.

Com a mudança proposta, caberia ao Ministério da Agricultura, Pecuária e Abastecimento (MAPA) a análise toxicológica para a aprovação de registro de agrotóxicos, promovendo um verdadeiro desmonte no sistema de regulação tríplice, onde um produto somente tem seu registro autorizado no país após aprovação unânime dos três Ministérios. O modelo tripartite de análise representa uma estratégia que minimiza a possibilidade das agências agirem para atender exclusivamente aos interesses econômicos do setor regulado quando comparado ao modelo de regulação centralizado em agência única[25].

Com a concentração das atribuições dos três órgãos junto ao MAPA, a Anvisa passará a ter papel meramente consultivo, abrindo possibilidade para que as decisões que deveriam ser técnicas estejam nas mãos do mercado.

2.9 Artigo 5º, inciso IX

Redação original proposta:
Art. 5º Compete ao órgão federal responsável pelo setor da agricultura:
(...)
"IX - monitorar conjuntamente com o órgão federal de saúde os resíduos de produtos fitossanitários em produtos de origem vegetal, sendo responsabilidade do órgão registrante a divulgação dos resultados do monitoramento".

Análise:

Observa-se mais uma vez a centralização de atividades junto ao MAPA, que agora é colocado como o responsável pela divulgação dos resultados de monitoramento de resíduos de agrotóxicos em alimentos, hoje realizado pela Anvisa por meio do Programa de Análises de Resíduos de Agrotóxicos em Alimentos (PARA), que divulga periodicamente seus resultados. Com esta mudança, além da fragilização das ações do órgão da saúde, notadamente as de vigilância em saúde, existe o risco de que a forma de

divulgação dos resultados se dê em detrimento do melhor interesse da sociedade, o que representa um grave ataque ao direito à informação. Ademais, por concentrar poderes, o MAPA torna-se mais vulnerável aos interesses do setor regulado.

2.10 Artigo 9º, parágrafo único

Redação original proposta:

"Parágrafo único. Os Estados e o Distrito Federal não poderão estabelecer restrição à distribuição, comercialização e uso de produtos devidamente registrados ou autorizados, salvo quando as condições locais determinarem, desde que comprovadas cientificamente".

Análise:

É fundamental que os municípios e estados possam legislar de forma mais restritiva, uma vez que os riscos ambientais e para a saúde humana podem diferir de acordo com a localidade. Dependendo de condições climáticas, por exemplo, diferentes produtos de degradação podem ser gerados a partir da pulverização de um agrotóxico, ou mesmo regiões com ventos e sem barreiras naturais podem aumentar a deriva. Outras características como perfil epidemiológico e nutricional da população também podem interferir no aparecimento de doenças.

Atualmente, vários estados possuem leis ou PL em tramitação que, em alguma medida, propõem medidas mais restritivas em comparação à legislação federal, com vistas à proteção da saúde e do ambiente. Com a proibição imposta pelo PL, estes diplomas legais perderão seu efeito, criando espaço para a fragilização de medidas protetivas previstas nestes instrumentos normativos.

Adicionalmente, a implementação desta medida pode ser considerada inconstitucional por impor restrições na competência legislativa de estados e municípios[15,26].

2.11 Artigo 11

Redação original proposta:
Art. 11. (...)

"Parágrafo único. A publicação do registro dos produtos fitossanitários e dos produtos de controle ambiental no sitio eletrônico do órgão federal registrante autoriza a comercialização e uso nos Estados e Distrito Federal".

Análise:

Da mesma forma que o artigo anterior, a simples publicação do registro dos produtos no âmbito da União ser considerada suficiente para a autorização da comercialização e uso nos Estados é inconstitucional e fere a autonomia dos mesmos, pois medidas mais restritivas podem ser adotadas em cada unidade federativa com o propósito de proteção da saúde humana, por exemplo.

2.12 Artigo 16

Redação original proposta:
"Art. 16. Instituições representativas de agricultores ou de engenheiros agrônomos ou florestais, conselhos da categoria profissional da engenharia agronômica ou florestal, ou entidades de pesquisa ou de extensão ou os titulares de registros poderão pedir ao órgão federal registrante a autorização da **extensão de uso de produtos fitossanitários ou afins já registrados para controle de alvos biológicos em culturas com suporte fitossanitário insuficiente**, devendo instruir o processo com os estudos para a análise do órgão registrante, **caso necessário** (grifo nosso)".

"§ 1º O órgão federal responsável pelo setor da agricultura solicitará que as empresas detentoras de registro do produto solicitado se manifestem em até 15 (quinze) dias para avaliar o pedido, com prioridade, e emitir o parecer conclusivo acerca do deferimento ou não da autorização da extensão de uso para as culturas com suporte fitossanitário insuficiente no prazo de 30 (trinta) dias, com publicação do resultado Diário Oficial da União ou em seu sítio eletrônico oficial".

Análise:

A não obrigatoriedade da análise de estudos para a inclusão do uso de um determinado agrotóxico em uma cultura para qual o mesmo não possui autorização de uso representa uma situação que banaliza o uso de agrotóxicos, podendo repercutir negativamente sobre o ambiente e a saúde.

Esta alteração torna-se ainda mais grave por interferir diretamente no cálculo da Ingestão Diária Máxima Teórica, que é utilizada para verificar se os níveis de consumo do agrotóxico em questão ultrapassam a Ingestão Diária Aceitável (IDA) determinada nos testes toxicológicos, conforme limitações anteriormente apontadas.

Ademais, a definição de prazos exíguos para os órgãos registrantes emitirem pareceres técnicos conclusivos, que deveriam ser cuidadosamente apreciados, leva a acreditar que quesitos como segurança e saúde não são centrais no processo de avaliação.

2.13 Artigo 17

Redação original proposta:
"Art. 17. Os produtos fitossanitários e produtos de controle ambiental e afins destinados exclusivamente à exportação serão dispensados de registro no órgão registrante, que será substituído por comunicado de produção para a exportação".
"§ 1º A produção de produtos fitossanitários e de produtos de controle ambiental e afins, quando exclusivo para exportação, estará isenta da apresentação dos estudos agronômicos, toxicológicos e ambientais, observando-se a legislação de transporte de produtos químicos".

Análise:
A autorização de que produtos produzidos no Brasil, ainda que não utilizados em território nacional, fiquem isentos da apresentação dos estudos agronômicos, toxicológicos e ambientais, negligencia os efeitos sobre a saúde dos indivíduos envolvidos em seu processo produtivo, incluindo produção, armazenamento, transporte e demais atividades correlatas, além dos potenciais danos ao ambiente.

Sabe-se que os trabalhadores constituem um grupo populacional vulnerabilizado e mais sujeito aos efeitos tóxicos dos agrotóxicos, especialmente devido a sua frequência de exposição, mesmo que em baixas doses. A exposição frequente a baixas doses pode levar à ocorrência de efeitos tóxicos devido à acumulação de alguns destes agentes no organismo ou mesmo pela não existência de uma relação direta entre a dose e o efeito, como carcinógenos genotóxicos ou nos casos de observância de compostos que apresentam curvas de efeito horméticas como os desreguladores endócrinos[14,27,28].

DOSSIÊ CONTRA O PACOTE DO VENENO E EM DEFESA DA VIDA

Em relação às exposições ocupacionais, diversos estudos apontam um risco diferenciado para trabalhadores, considerando que estes estão sujeitos a exposições rotineiramente, identificando que há risco aumentado para a manifestação de diversas patologias, independente da dose[29,30].

Destaca-se que o risco de exposição dos trabalhadores não é eliminado pelo simples uso de equipamentos de proteção individual (EPI). Diversos estudos indicam a baixa eficiência dos EPI, permitindo que os trabalhadores entre contato com os agrotóxicos, inclusive nos procedimentos de vestir e despir as vestimentas, bem como durante o processo de limpeza dos mesmos[6-8]. Do mesmo modo, os agrotóxicos podem interagir com os EPI em escala molecular, implicando na absorção das moléculas do produto, seguida pela difusão e dessorção das moléculas no material[6]. Outro fator importante a ser considerado relaciona-se ao fato de que, em geral, os EPI são projetados para uso em condições climáticas diferentes das observadas em grande parte do país, praticamente inviabilizando seu uso devido as altas temperaturas proporcionadas pelo clima tropical. Ainda, grande parte dos EPI foi concebida para proteger contra agentes isolados, ignorando os potenciais efeitos sinérgicos dos compostos[8].

Ademais, a região do entorno das unidades de fabrico, armazenamento e distribuição podem ser afetadas em caso de vazamentos e acidentes, com repercussões toxicológicas e ecotoxicológicas. Nestes casos torna-se impossível a elaboração de planos de contingência em casos de desastres industriais ou a adoção de quaisquer medidas de controle sanitário, mitigação ou eliminação de riscos, mantendo a população potencialmente exposta na mais completa ignorância dos perigos existentes na área de influência do empreendimento.

2.14 Artigo 18

Redação original proposta:

"Art. 18. Prescindem do registro, a declaração do estado de emergência fitossanitária pelo poder executivo, em função de situação epidemiológica que indique risco iminente de introdução de doença exótica ou praga quarentenária ausente no País, ou haja risco de surto ou epidemia de doença ou praga já existente, em que fica o órgão registrante autorizado, a anuir com a importação e a conceder permissão emergencial temporária de produção, distribuição, comercialização e uso de produtos fitossanitários, de controle

ambiental, componentes e afins, conforme artigos 52 a 54 da Lei nº 12.873, de 24 de Outubro de 2013".

Análise:

De modo semelhante ao proposto no artigo 17, a autorização de uso de um agrotóxico sem que sejam realizadas as devidas análises toxicológicas e ecotoxicológicas, representa uma ameaça para a saúde pública, sendo impossível avaliar os custos socioambientais associados a estas medidas em médio e longo prazo.

2.15 Artigo 28

Redação original proposta:
"Art. 28 Quando organizações internacionais responsáveis pela saúde, alimentação ou meio ambiente, das quais o Brasil seja membro integrante ou signatário de acordos e convênios, alertarem para riscos ou desaconselharem o uso de produto fitossanitário, de produtos de controle ambiental e afins, **o órgão federal registrante poderá instaurar procedimento para reanalise do produto**, notificando os registrantes para apresentar a defesa em favor do seu produto" (grifo nosso).
"§ 1º O órgão federal que atua na área da agricultura é o coordenador do processo de reanálise dos produtos fitossanitários e poderá solicitar informações dos órgãos de saúde e de meio ambiente para complementar sua análise".

Análise:

Com esta redação, retira-se a obrigatoriedade do órgão registrante tomar as devidas providências em casos em que sejam indicadas situações que desaconselhem o uso de um determinado agrotóxico, conforme preconiza o § 4º do artigo 3º da lei nº 7.802/1989:

> § 4º Quando organizações internacionais responsáveis pela saúde, alimentação ou meio ambiente, das quais o Brasil seja membro integrante ou signatário de acordos e convênios, alertarem para riscos ou desaconselharem o uso de agrotóxicos, seus componentes e afins, **caberá à autoridade competente tomar imediatas providências**, sob pena de responsabilidade (grifo nosso).

Adicionalmente, o PL determina que caberá apenas ao MAPA instaurar procedimento para reanálise do produto, tirando novamente a competência dos órgãos de

saúde e ambiente de realizarem procedimentos básicos sobre questões de sua competência.

2.16 Artigo 39

Redação original proposta:

"Art. 39. Os produtos fitossanitários e produtos de controle ambiental e afins serão comercializados diretamente aos usuários mediante a apresentação de Receita Agronômica própria emitida por profissional legalmente habilitado, **salvo para casos excepcionais** que forem previstos na regulamentação desta lei" (grifo nosso).

"§ 1º O profissional habilitado poderá **prescrever receita agronômica antes da ocorrência da praga, de forma preventiva**, visando o controle de alvos biológicos que necessitam de aplicação de produtos fitossanitários, de produtos de controle ambiental e afins" (grifo nosso).

Análise:

Neste caso, propõe-se a prescrição antes mesmo da ocorrência da "praga", sem que haja qualquer indicativo de obrigatoriedade do profissional da área realizar visita técnica prévia para prescrever adequadamente o agrotóxico de acordo com as características locais.

Dessa forma banaliza-se ainda mais o uso de agrotóxicos, legalizando a emissão de receitas "de balcão", onde o usuário expõe seu problema fitossanitário e o produto a ser utilizado para o caso exposto é recomendado. Portanto, são as informações prestadas pelo solicitante que determinam a prescrição, quando deveria ser o diagnóstico do técnico o princípio orientador dessa mesma prescrição. A ausência de uma visita in situ para avaliação do problema fitossanitário viola o princípio básico do receituário agronômico, criando situações que ampliam as situações de insegurança relacionada ao uso de agrotóxicos. Nesta lógica não é possível adequar o uso de agrotóxicos de acordo com o tipo de problema fitossanitário constatado e seu nível de dano, que deve ser condizente com o tipo de "praga", patógeno ou planta indesejada a ser controlada e com o estágio da cultura a ser tratada[31].

2.17 Artigo 59

Redação original proposta:

"Art. 59. Fica criada a Taxa de Avaliação e de Registro de produtos técnicos, produtos técnicos equivalentes, produtos novos, produtos formulados e produtos genéricos, de produtos fitossanitários e de produtos de controle ambiental, RET, produto atípico, produto idêntico, produto para agricultura orgânica cujo fato gerador é a efetiva prestação de serviços de avaliação e de registros".

"§ 2º A taxa será devida de acordo com os seguintes valores":

(...)

"g) Produto atípico: R$ 5.000,00.

h) Registro Especial Temporária (sic) – RET: R$ 5.000,00".

Análise:

De uma forma geral, todas as taxas previstas apresentam valores irrisórios, incompatíveis com o significado do registro de um produto agrotóxico no país, sendo também incompatível com os valores praticados internacionalmente por países como os EUA, por exemplo, onde os interessados pagam em média 150 mil dólares em caso de reavaliação e de 100 a 425 dólares para manutenção anual, taxas essas não cobradas no Brasil.

São particularmente baixos os valores das taxas de avaliação e de registro de produtos "atípicos" e para o "registro especial temporário", concedidos a produtos que sequer foram submetidos a qualquer tipo de avaliação toxicológica no país, o que pode ter repercussões severas e irreversíveis para a saúde humana. Com os valores praticados, abre-se espaço para registrar qualquer produto, inclusive aqueles proibidos em outros países ou que já tenham tido registro negado no Brasil em função de seus efeitos inaceitáveis, a um custo praticamente inexistente para o fabricante, porém incalculável para a sociedade.

Do mesmo modo, não há a previsão de reavaliação periódica dos agrotóxicos, com aplicação de taxas para esta atividade caso haja interesse do detentor do registro em renovar o registro do produto. Estas medidas banalizam ainda mais o uso dos agrotóxicos e implicam em riscos para a saúde humana.

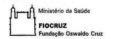

2.18 Artigo 61

Redação original proposta:
"Art. 61 Os recursos arrecadados serão destinados exclusivamente a fiscalizar e fomentar o desenvolvimento de atividades fitossanitárias e a promover a inovação tecnológica do setor agrícola em sanidade vegetal".

Análise:
O produto da arrecadação das avaliações e registros de produtos não será destinado para o custeio de ações de saúde pública, em particular aquelas de promoção da saúde, de assistência e vigilância de populações expostas a agrotóxicos, tampouco para ações voltadas para a proteção do ambiente, evidenciando que o PL possui um caráter centralizador e voltado prioritariamente para atender aos interesses econômicos do setor regulado.

3 CONSIDERAÇÕES FINAIS

As medidas propostas no PL representam enormes retrocessos no que se refere a adoção de medidas de proteção ambiental e proteção da vida, ocasionando prejuízos incalculáveis e irreparáveis para a saúde, o ambiente e a sociedade. A Lei dos Agrotóxicos, vigente desde 1989, foi fruto de lutas sociais e as mudanças legislativas propostas desprezam todos os avanços conquistados.

O PL também possui diversas omissões e ausências, como um sistema de informações que seja acessível para a sociedade em geral e disponibilize informações completas e atualizadas sobre os agrotóxicos comercializados, incluindo sua identificação, indicação de uso, grupo químico, volume comercializado, classificação toxicológica e outras informações pertinentes; previsão de reavaliação periódica dos agrotóxicos com uso autorizado no país, independente de alertas internacionais; indicação da proibição do uso nos casos em que o aplicador não seja alfabetizado, seja menor de idade ou gestante; dentre outras.

Sua aprovação nos termos atuais, além de promover o completo desmonte da regulação dos agrotóxicos no país, claramente prioriza os interesses econômicos e põe em risco toda a sociedade, com repercussões de curto, médio e longo prazo, tanto para as

 21

gerações atuais quanto futuras. Não é possível evidenciar em nenhum momento uma preocupação em priorizar a redução do uso de agrotóxicos ou mesmo a substituição dos produtos atualmente utilizados por formulações menos tóxicas.

Reitera-se ainda a importância de fortalecer as instituições de Estado, nas três esferas de governo, voltadas à fiscalização do uso e comercialização de agrotóxicos; monitoramento de resíduos de agrotóxicos em solo, água e em alimentos in natura, processados e ultraprocessados; vigilância das populações expostas aos agrotóxicos; fiscalização e monitoramento ambiental; contratação de profissionais mediante realização de concursos públicos para aumentar a capacidade de avaliação dos pleitos de registro nos três órgãos responsáveis (MAPA, Ibama, Anvisa), dentre outras medidas.

É preciso ainda colocar em pauta para discussão na sociedade e no Congresso Nacional o PL 6.670/2016 que institui a Política Nacional de Redução de Agrotóxicos (PNARA).

Desse modo, a Fiocruz soma-se a outros importantes órgãos e instituições que posicionam-se contrários aos retrocessos propostos no presente Projeto de Lei[15,32-36], demonstrando as fragilidades técnicas e mesmo a inconstitucionalidade desta proposição.

REFERÊNCIAS
1. International Agency for Research on Cancer. IARC Monographs on the evaluation of carcinogenic risks to humans - volume 112: Some organophosphate insecticides and herbicides - Glyphosate [Internet]. Lyon, Fr; 2017 [cited 2017 Apr 11]. Available from: http://monographs.iarc.fr/ENG/Monographs/vol112/mono112.pdf
2. Augusto LG da S. Saúde do Trabalhador e a Sustentabilidade do Desenvolvimento Humano Local. 1st ed. Recife: Editora Universitária UFPE; 2009. 354 p.
3. Abreu PHB de, Alonzo HGA, Abreu PHB de, Alonzo HGA. O agricultor familiar e o uso (in)seguro de agrotóxicos no município de Lavras/MG. Rev Bras Saúde Ocup [Internet]. 2016 [cited 2018 May 14];41(0). Available from: http://www.scielo.br/scielo.php?script=sci_arttext&pid=S0303-76572016000100211&lng=pt&tlng=pt
4. de Gavelle E, de Lauzon-Guillain B, Charles MA, Chevrier C, Hulin M, Sirot V, et al. Chronic dietary exposure to pesticide residues and associated risk in the French ELFE cohort of pregnant women. Environ Int [Internet]. 2016;92–93:533–42. Available from: http://dx.doi.org/10.1016/j.envint.2016.04.007
5. Traoré T, Forhan A, Sirot V, Kadawathagedara M, Heude B, Hulin M, et al. To which mixtures are French pregnant women mainly exposed? A combination of the second French total diet study with the EDEN and ELFE cohort studies. Food Chem Toxicol [Internet]. 2018 Jan 1 [cited 2018 May 14];111:310–28. Available from: https://www.sciencedirect.com/science/article/pii/S0278691517306828?via%3Dihub

6. Garrigou A, Baldi I, Dubuc P. Contributos da ergotoxicologia na avaliação da eficácia real dos EPI que devem proteger do risco fitossanitário: da análise da contaminação ao processo colectivo de alerta. LaborReal [Internet]. 2008 [cited 2016 Nov 12];IV(1):92–103. Available from: http://laboreal.up.pt/files/articles/2008_07/pt/92-103pt.pdf

7. Leme TS, Papini S, Vieira E, Luchini LC, Leme TS, Papini S, et al. Avaliação da vestimenta utilizada como equipamento de proteção individual pelos aplicadores de malationa no controle da dengue em São Paulo, Brasil. Cad Saude Publica [Internet]. 2014 Mar [cited 2017 Jan 12];30(3):567–76. Available from: http://www.scielo.br/scielo.php?script=sci_arttext&pid=S0102-311X2014000300567&lng=pt&nrm=iso&tlng=en

8. Veiga MM, Duarte FJ de CM, Meirelles LA, Garrigou A, Baldi I. A contaminação por agrotóxicos e os Equipamentos de Proteção Individual (EPIs). Rev Bras Saúde Ocup [Internet]. 2007 Dec [cited 2017 Jan 12];32(116):57–68. Available from: http://www.scielo.br/scielo.php?script=sci_arttext&pid=S0303-76572007000200008&lng=pt&nrm=iso&tlng=en

9. Agência Nacional de Vigilância Sanitária. Programa de Análise de Resíduos de Agrotóxicos em Alimentos (PARA). Relatório das Análises de Amostras de Monitoradas no período de 2013 a 2015 [Internet]. Brasília, DF; 2016 [cited 2017 Jan 15]. Available from: http://portal.anvisa.gov.br/documents/111215/0/Relatório+PARA+2013-2015_VERSÃO-FINAL.pdf/494cd7c5-5408-4e6a-b0e5-5098cbf759f8

10. Boon PE, van Donkersgoed G, Christodoulou D, Crépet A, D'Addezio L, Desvignes V, et al. Cumulative dietary exposure to a selected group of pesticides of the triazole group in different European countries according to the EFSA guidance on probabilistic modelling. Food Chem Toxicol [Internet]. 2014;79:13–31. Available from: http://dx.doi.org/10.1016/j.fct.2014.08.004

11. Howdeshell KL, Hotchkiss AK, Gray LE, Jr. Cumulative effects of antiandrogenic chemical mixtures and their relevance to human health risk assessment. Int J Hyg Environ Health [Internet]. 2017 [cited 2018 May 14];220(2 Pt A):179–88. Available from: http://www.ncbi.nlm.nih.gov/pubmed/27923611

12. Zartarian V, Xue J, Glen G, Smith L, Tulve N, Tornero-Velez R. Quantifying children's aggregate (dietary and residential) exposure and dose to permethrin: application and evaluation of EPA's probabilistic SHEDS-Multimedia model. J Expo Sci Environ Epidemiol [Internet]. 2012 [cited 2018 May 14];22(3):267–73. Available from: http://www.ncbi.nlm.nih.gov/pubmed/22434114

13. Defarge N, Spiroux de Vendômois J, Séralini GE. Toxicity of formulants and heavy metals in glyphosate-based herbicides and other pesticides. Toxicol reports [Internet]. 2018 [cited 2018 May 14];5:156–63. Available from: http://www.ncbi.nlm.nih.gov/pubmed/29321978

14. Docea AO, Gofita E, Goumenou M, Calina D, Rogoveanu O, Varut M, et al. Six months exposure to a real life mixture of 13 chemicals' below individual NOAELs induced non monotonic sex-dependent biochemical and redox status changes in rats. Food Chem Toxicol [Internet]. 2018;115:470–81. Available from: http://linkinghub.elsevier.com/retrieve/pii/S0278691518302011

15. Brasil. Nota informativa contendo o posicionamento do Departamento de Vigilância em Saúde Ambiental e Saúde do Trabalhador sobre o Projeto de Lei Nº 6.299/2002 (origem no PLS nº 526, de 1999). Brasília; 2018.

16. Brasil. Projeto de Lei n. 6.299, de 2002 [Internet]. Brasília; 2018 [cited 2018 May

13]. Available from: https://www.jota.info/wp-content/uploads/2018/04/infolecd-doc.pdf
17. Castro JSM, Rozemberg B. Propaganda de inseticidas: Estratégias para minimização e ocultamento dos riscos no ambiente domestic. Saude e Soc. 2015;
18. Augusto LG da S. Saúde e vigilância ambiental: um tema em construção. Epidemiol e Serviços Saúde [Internet]. 2003 Dec [cited 2018 May 13];12(4):177–87. Available from: http://scielo.iec.pa.gov.br/scielo.php?script=sci_arttext&pid=S1679-49742003000400002&lng=pt&nrm=iso&tlng=pt
19. Augusto LG da S, Freitas CM de. O Princípio da Precaução no uso de indicadores de riscos químicos ambientais em saúde do trabalhador. Cien Saude Colet [Internet]. 1998 [cited 2014 Feb 25];3(2):85–95. Available from: http://www.scielo.br/scielo.php?script=sci_arttext&pid=S1413-81231998000200008&lng=en&nrm=iso&tlng=pt
20. Brasil. Conferência das Nações Unidas sobre o Meio Ambiente e Desenvolvimento (1992: Rio de Janeiro) [Internet]. Brasília, Brasil: Câmara dos Deputados, Coordenação de Publicações; 1995. 471 p. Available from: http://bd.camara.gov.br/bd/handle/bdcamara/7706
21. GILBERT SG. Doubt Is Their Product: How Industry's Assault on Science Threatens Your Health. Environ Health Perspect [Internet]. 2009;17(5):218. Available from: http://www.ncbi.nlm.nih.gov/pmc/articles/PMC2685872/
22. Michaels D. Doubt is Their Product : How Industry's Assault on Science Threatens Your Health [Internet]. 1st ed. New York: Oxford University Press; 2008 [cited 2014 Feb 22]. 384 p. Available from: http://books.google.com/books?id=J0P3IdSYO_MC&pgis=1
23. Mooney C. The Manufacture of Uncertainty. Am Prospect [Internet]. 2008 [cited 2013 Dec 12];19(4):1–2. Available from: http://prospect.org/article/manufacture-uncertainty
24. BRASIL. Declaração do Rio sobre Meio Ambiente e Desenvolvimento. Estud Avançados [Internet]. 1992;6(15):153–9. Available from: http://www.mma.gov.br/sitio/index.php?ido=conteudo.monta&idEstrutura=18&iConteudo=576
25. Silva LR. (Re)Avaliação de agrotóxicos no Brasil e as estratégias nas empresas. Universidade Estadual de Londrina; 2013.
26. Folgado CAR. Breves considerações sobre os projetos de lei contidos no processo de desmonte da legislação de agrotóxicos. Salvador; 2018.
27. Vandenberg LN, Colborn T, Hayes TB, Heindel JJ, Jacobs DR, Lee D-H, et al. Hormones and endocrine-disrupting chemicals: low-dose effects and nonmonotonic dose responses. Endocr Rev [Internet]. 2012 Jun [cited 2017 Mar 13];33(3):378–455. Available from: http://www.ncbi.nlm.nih.gov/pubmed/22419778
28. Calabrese EJ. Hormesis: why it is important to toxicology and toxicologists. Environ Toxicol Chem. 2008;27(7):1451–74.
29. Ye M, Beach J, Martin JW, Senthilselvan A. Occupational pesticide exposures and respiratory health. Int J Environ Res Public Health [Internet]. 2013 Nov 28 [cited 2017 Jan 12];10(12):6442–71. Available from: http://www.ncbi.nlm.nih.gov/pubmed/24287863
30. Rothlein J, Rohlman D, Lasarev M, Phillips J, Muniz J, McCauley L. Organophosphate pesticide exposure and neurobehavioral performance in

Ministério da Saúde
FIOCRUZ
Fundação Oswaldo Cruz

agricultural and non-agricultural Hispanic workers. Environ Health Perspect [Internet]. 2006 May [cited 2017 Jan 12];114(5):691–6. Available from: http://www.ncbi.nlm.nih.gov/pubmed/16675422

31. Martini LCP, Romão AL, Moreira PAB, Fraga MM. Uso da prescrição de agrotóxicos no Brasil: um estudo de caso na região de Tubarão, SC. Extensio Rev Eletrônica Extensão [Internet]. 2016 Sep 30 [cited 2018 May 13];13(23):71–82. Available from: https://periodicos.ufsc.br/index.php/extensio/article/view/1807-0221.2016v13n23p71/32677

32. Fundação Oswaldo Cruz. Nota pública contra a flexibilização da legislação de agrotóxicos [Internet]. Fiocruz divulga nota contra flexibilização de lei sobre agrotóxicos. 2018 [cited 2018 May 13]. p. 2. Available from: https://portal.fiocruz.br/noticia/fiocruz-divulga-nota-contra-flexibilizacao-de-lei-sobre-agrotoxicos

33. Conselho Nacional de Segurança Alimentar e Nutricional. Recomendação do CONSEA n. 007/2016 [Internet]. Brasília; 2016 [cited 2018 May 13]. Available from: http://www4.planalto.gov.br/consea/eventos/plenarias/recomendacoes/2016/recomendacao-no-007-2016

34. Instituto Nacional de Câncer José de Alencar Gomes da Silva. Nota Pública acerca do posicionamento do Instituto Nacional de Câncer sobre o Projeto de Lei n. 6.299/2002. Rio de Janeiro: Instituto Nacional de Câncer José de Alencar Gomes da Silva; 2018.

35. Instituto Brasileiro do Meio Ambiente e dos Recursos Naturais Renováveis. Nota Técnica n. 2/2018/DIQUA. Brasília: Instituto Brasileiro do Meio Ambiente e dos Recursos Naturais Renováveis; 2018.

36. Ministério Público do Trabalho do RN. Nota de repúdio ao PL 6.299/2002. Natal: Ministério Público do Trabalho; 2018.

Rio de Janeiro, 14 de maio de 2018,

Marco Antonio Carneiro Menezes
Vice-Presidente de Ambiente, Atenção e
Promoção da Saúde - VPAAPS/FIOCRUZ
Siape: 00463303

Guilherme Franco Neto
Especialista em Saúde,
Ambiente e Sustentabilidade
SIAPE: 7519807

Guilherme Franco Netto
p/ GT – Agrotóxicos
Especialista em Saúde, Ambiente e Sustentabilidade
Vice-presidência de Ambiente, Atenção e Promoção da Saúde – VPAAPS

Marco Antonio Carneiro Menezes
Vice-Presidente de Ambiente, Atenção e
Promoção da Saúde - VPAAPS/FIOCRUZ
Siape: 00463303

Marco Antônio Carneiro Menezes
Vice-presidente
Vice-presidência de Ambiente, Atenção e Promoção da Saúde – VPAAPS

MINISTÉRIO DA SAÚDE

INSTITUTO NACIONAL DE CÂNCER JOSÉ ALENCAR GOMES DA SILVA

NOTA PÚBLICA ACERCA DO POSICIONAMENTO DO INSTITUTO NACIONAL DE CÂNCER SOBRE O PROJETO DE LEI Nº 6.299/2002

No atual cenário mundial, o Brasil é o maior consumidor de agrotóxicos e, em dez anos, o mercado brasileiro de agrotóxicos cresceu 190%. Destaca-se porém, na literatura científica nacional e internacional, que o modelo atual de cultivo, com o intensivo uso de agrotóxicos, gera insegurança alimentar e outros malefícios, como poluição ambiental, contaminação de mananciais, do solo, do ar e intoxicação de trabalhadores rurais e da população em geral[1,2,3]. Dentre os efeitos sobre a saúde humana associados à exposição aos agrotóxicos, os mais preocupantes são as **intoxicações crônicas**, caracterizadas por **infertilidade**[4], **impotência, abortos**[5, 6,7], **malformações**[8, 9,10], **neurotoxicidade,** manifestada através de distúrbios cognitivos e comportamentais e quadros de neuropatia[11] e **desregulação hormonal**[12, 13, 15,16], ocorrendo também em adolescentes, causando impacto negativo sobre o seu crescimento e desenvolvimento dentre outros desfechos durante esse período[17, 18].

Além disso, há estudos que evidenciaram os efeitos imunotóxicos, caracterizados por imunoestimulação ou imunossupressão, sendo esta última fator favorável à diminuição na resistência a patógenos ou mesmo, diminuição da imunovigilância com comprometimento do combate às células neoplásicas levando a maior incidência de câncer[19, 20,21], e **efeitos genotóxicos** como fatores preditores para o **câncer**[4, 18].

Nessa perspectiva, o objetivo deste documento é apresentar o posicionamento do INCA sobre o Projeto de Lei nº 6.299/2002 a fim de garantir que o **Marco Legal dos agrotóxicos**, isto é, **a Lei 7.802/1989**, não seja alterada e flexibilizada, uma vez que, tal modificação colocará em risco as populações – sejam elas de trabalhadores da agricultura, residentes em áreas rurais ou consumidores de água ou alimentos contaminados, pois acarretará na possível liberação de agrotóxicos responsáveis por causar doenças crônicas extremamente graves e que revelem características mutagênicas e carcinogênicas.

De acordo com o artigo 3º (§ 6º) da **Lei nº 7.802, de 11 DE JULHO de 1989 – a Lei dos Agrotóxicos** – regulamentada pelo Decreto nº 4.074, de 4 de janeiro de 2002 e vigente atualmente no Brasil, *"fica __proibido__ o registro de agrotóxicos, seus componentes e afins que*

1

DOSSIÊ CONTRA O PACOTE DO VENENO E EM DEFESA DA VIDA   197

revelem características teratogênicas, carcinogênicas ou mutagênicas, de acordo com os resultados atualizados de experiências da comunidade científica." Ou seja, a legislação brasileira e suas normas regulamentadoras, considera que a **"identificação do perigo"** em causar mutações e câncer é suficiente para que o produto não seja registrado e seja proibido no Brasil.

O Projeto de Lei nº 6.299/2002, conhecido como "Pacote do Veneno", além de outras propostas de mudanças igualmente negligentes com relação à comunicação do perigo a população e a proteção à vida, como *a mudança do nome "agrotóxicos" para "defensivo fitossanitário"* e *a exclusão dos órgãos responsáveis por avaliar os impactos sobre a saúde e o meio ambiente (ANVISA e IBAMA) da avaliação e do processo de registro dos agrotóxicos no Brasil*, sugere, **no âmbito das doenças crônicas não transmissíveis e do câncer**, que seja feita a **"análise de riscos"** dos agrotóxicos ao invés da **"identificação do perigo"**.

A **"identificação do perigo"** consta na Lei nº 7.802/1989, sempre foi usada no Brasil e é, atualmente, indicada pelos países da União Europeia como o ideal para o registro de agrotóxicos. O **"perigo"** é definido como *"a propriedade inerente de um agente químico com potencial de causar efeitos tóxicos sobre a saúde humana e o meio ambiente"*[22]. Já o **"risco"** é a *"probabilidade de ocorrência de um efeito tóxico para a saúde humana e o meio ambiente"* [22] e a **"análise de riscos"** proposta é um processo constituído de três etapas que vai fixar um "limite permitido de exposição" aos agrotóxicos, que desconsidera as seguintes questões: **a periculosidade intrínseca dos agrotóxicos, o fato de não existir limites seguros de exposição a substâncias mutagênicas e carcinogênicas e o Princípio da Precaução.**

Nesse contexto, a revogação da Lei nº 7.802/1989 e a implementação do PL 6.299/2002 possibilitarão o registro de agrotóxicos com características teratogênicas, mutagênicas e carcinogênicas, colocando em risco a saúde da população exposta a esses produtos e o meio ambiente.

Considerando que o Instituto Nacional de Câncer José Alencar Gomes da Silva (INCA/SAS/MS) tem como missão promover o controle do câncer com ações nacionais integradas em prevenção, assistência, ensino e pesquisa e considerando o aumento dos problemas de Saúde Pública, que serão gerados com a flexibilização do processo de registro dos agrotóxicos no Brasil, o INCA se manifesta contrário ao PL 6.299/2002.

Rio de Janeiro, 11 de maio de 2018.

Referências Bibliográficas

1. ALONZO, H.G..A.; CORRÊA, C.L. Praguicidas. In: OGA, Seizi (Ed.). Fundamentos de toxicologia. São Paulo: Atheneu, 2003. P. 446-448.

2. WORLD HEALTH ORGANIZATION. Pesticides, Genebra: WHO, 2012.

3. ABRASCO. Associação Brasileira de Saúde Coletiva (ABRASCO). Dossiê ABRASCO: um alerta sobre os impactos dos agrotóxicos na saúde/ Organização: Fernando Ferreira Carneiro, Lia Giraldo da Silva Augusto, Raquel Maria Rigotto, Karen Friedrich e André Campo Búrigo. Rio de Janeiro: EPSJV; São Paulo: Expressão Popular, 2015.

4. KOIFMAN S; KOIFMAN RJ. Environment and cancer in Brazil: an overview from a public health perspective. Mutation Research, Netherlands, v. 544, n. 2-3, p. 305-311, 2003.

5. VANDENBERGH JG. Animal models and studies of in utero endocrine disruptor effects. ILAR J 2004; 45:438-42.

6. MEEKER JD. Exposure to environmental endocrine disrupting compounds and men's health. Maturitas 2010; 66:236-41.

7. CREMONESE C; FREIRE A; MEYER A; KOIFMAN S. Exposição a agrotóxicos e eventos adversos na gravidez no Sul do Brasil, 1996-2000.Cadernos de Saúde Pública, Rio de Janeiro, 28 (7): 1263-1272, 2012.

8. CHRISMAN JR. Avaliação da Contaminação por Agrotóxicos de Mulheres Grávidas Residentes no Município de Nova Friburgo, Rio de Janeiro. Dissertação (Mestrado). Escola Nacional de Saúde Publica. Rio de Janeiro. 2008.

9. CAMARGO AM. Defeitos Congênitos e Exposição a Agrotóxicos no Brasil. Dissertação (Mestrado). Instituto de Estudos em Saúde Coletiva-IESC/UFRJ. Rio de Janeiro.2010.

10.OLIVEIRA NO; MOI GP; ANTAKA-SANTOS M, PIGNATI WA. Malformações congênitas em municípios de grande utilização de agrotóxico em Mato Grosso, Brasil. Ciência e Saúde Coletiva 2014; 19 (10):4123-4130.

11. DE ARAÚJO A, DE LIMA J, JACOB SC, SOARES MO, MONTEIRO MCM, et al. Exposição múltipla a agrotóxicos e feitos à saúde: estudo transversal em amostra de 102 trabalhadores rurais, Nova Friburgo.

12. FERNANDEZ MF, OLMOS B, GRANADA A, LOPEZ-ESPINOSA MJ, MOLINA-MOLINA JM, FERNANDEZ JM, et al. Human exposure to endocrine-disrupting chemicals and prenatal risk factors for cryptorchidism and hypospadias: a nested case-control study.

Environ Health Perspect 2007; 115:8-14.

13. WOODRUFF TJ, CARLSON A, SCHWARTZ MJ, GIUDICE LC. Proceedings of the summit on environmental challenges to reproductive health and fertility: executive summary. Fertil Steril. 89:281-300, 2008.

14. WOLANSKY MJ, HARRILL JA. Neurobehavioral toxicology of pyrethroid insecticides in adult animals: a critical review. Neurotoxicol Teratol. 30: 55-78, 2008.

15. WINDHAM G, FENSTER L. Environmental contaminants and pregnancy outcomes. Fertil Steril. 89:111-7, 2008.

16. STILLERMAN KP, MATTISON DR, GIUDICE LC, WOODRUFF TJ. Environmental exposures and adverse pregnancy outcomes: a review of the science. Reprod Sci 2008; 15:631-50.

17. GUIMARÃES RM, ASMUS CIRF. Desreguladores endócrinos e efeitos reprodutores em adolescentes. Cad. Saúde Colet. 2010; 18(2): 203-208.

18. CASTRO-CORREIA C; FONTOURA M. A influência da exposição ambiental a disruptores endócrinos no crescimento e desenvolvimento de crianças e adolescentes. Rev. Port. Endocrinol. Diabetes Metab., 2015. http://dx.doi.org/10.1016/j.rpedm.2014.10.002.

19. ALMEIDA-OLIVEIRA A, DIAMOND HR. Atividade antileucemica de células *natural killer*. Revista Brasileira de Cancerologia 2008; 54(3): 297-305.

20. TERABE M, BERZOFSKY JA. The role of NKT cells in tumor immunity. Adv Cancer Res. 2008;101:277-348.

21. LAMB LS Jr. Gammadelta T cells as immune effectors against high-grade gliomas. Immunol Res 45: 85–95, 2009.

22. CASARETT & DOULL`S Toxicology: The basic science of poisons / editor, Curtis D.Klaassen – 8° edição, 2013.

ASSOCIAÇÃO BRASILEIRA DE AGROECOLOGIA - ABA

NOTA PÚBLICA SOBRE SUBSTITUTIVO PL DO VENENO
(Projeto de Lei 6299/2002)

A Associação Brasileira de Agroecologia (ABA), composta por mais de 1.500 sócios e sócias, entre os quais cientistas de diferentes áreas do conhecimento, tem construído mediante bases científicas e populares, ações determinantes para o processo de transição agroecológica em todo território brasileiro. Desde à sua criação em 2004, a ABA vem apoiando o desenvolvimento de pesquisas aplicadas (e problematizadoras no campo da agroecologia) para a superação do modelo produtivo hegemônico guiado por interesses de grandes corporações internacionais do agronegócio, que têm no controle sobre as sementes e no mercado de agrotóxicos sua principal estrutura de poder.

A "cultura do agrotóxico", imposta desde a implantação do pacote tecnológico da Revolução Verde nos anos 1960 e consolidada na perspectiva do Agronegócio a partir da década de 1990, tem se mantido com base no poder econômico das corporações e nas relações sólidas desta com a Bancada Ruralista no Congresso brasileiro, que tem garantido os contornos políticos na legislação que regula os agrotóxicos no país. A Lei de Agrotóxicos vigente (Lei 7.802, de 11 de julho de 1989), embora apresente significativas fragilidades – que merecem ser debatidas e redefinidas -, tem permitido o controle mínimo sobre o uso de agrotóxicos no Brasil. Este fato, fez com que as empresas (ou os seus representantes) que controlam o mercado de agrotóxicos e, por conseguinte, a Bancada Ruralista propusessem a alteração e/ou revogação desta Lei.

A alteração/revogação da Lei 7.802/1989 pelo substitutivo do PL do Veneno (Projeto de Lei 6299, apresentado em 13 de março de 2002), que objetiva essencialmente garantir maior ganho econômico para as corporações do agronegócio, atenta contra a natureza, viola os direitos dos povos originários e das populações e comunidades tradicionais, bem como de toda a população (rural e urbana), potencializa os processos de contaminação dos rios, lagos e mares, bem como intensifica a pulverização aérea, comprometendo assim a produção e consumo de alimentos saudáveis, impondo riscos inaceitáveis para a saúde e o bem viver da sociedade brasileira.

O PL do Veneno, se aprovado, **impactará de forma desastrosa e irresponsável à natureza (e por conseguinte os seres humanos)**. A dizimação de insetos benéficos, aves e outros organismos ecologicamente importantes, consequência direta do uso indiscriminado de agrotóxico, já tem causado inúmeros impactos irreversíveis. A flexibilização da legislação ampliará este fato, ao expandir a utilização de agrotóxicos. Um exemplo desta assertiva, são as populações de abelhas (e outros polinizadores), que vem sendo a cada ano aniquiladas – com algumas espécies já extintas, dados comprovados cientificamente, comprometendo assim todo o sistema agroalimentar.

O PL do Veneno, se aprovado, **elevará a contaminação dos alimentos com agrotóxicos**. O Programa de Análise de Resíduos de Agrotóxicos (PARA), da Agência Nacional de Vigilância Sanitária, analisou de 2013 a 2015, no Brasil, 12.051 amostras de 25 alimentos. Destas, 6.989 (57,8%) apresentaram resíduo de agrotóxicos. (ANVISA, 2016). Com aprovação do PL do Veneno, o Ministério da Agricultura, que tem revelado despreocupações com o tema, será o único responsável pela divulgação dos resultados do PARA, cerceando assim à sociedade o acesso à informação sobre os alimentos contaminados.

O PL do Veneno, se aprovado, **aumentará os casos de intoxicações agudas e crônicas, e a morte de trabalhadores e trabalhadoras por agrotóxicos no campo e na cidade**. Entre 2007 e 2014 ocorreram no Brasil 25 mil casos de intoxicação com agrotóxicos de uso agrícola, causando no mesmo período 1.186 mortes (BOMBARDI, 2017). O PL do Veneno, permitirá a mistura de diferentes tipos de agrotóxico antes da aplicação, o que elevará o potencial de intoxicação, visto que os agrotóxicos são avaliados individualmente e não misturados. Além disso o PL do Veneno permitirá a produção e comercialização de agrotóxicos com "risco aceitável". Somente seriam proibidos agrotóxicos com "riscos inaceitáveis" para revelar características carcinogênicas, distúrbios hormonais, danos ao aparelho reprodutor, entre outros. Mas, a questão é como será definido o que é risco aceitável? Quais os parâmetros? Quem definará?

O PL do Veneno, se aprovado, **dificultará e, em alguns casos, impossibilitará a produção orgânica e agroecológica**, desde que os venenos utilizados e suas formas de aplicação contaminam os territórios de agricultores e agricultoras que optaram por produzir sem veneno. A aprovação do substitutivo do PL do Veneno elevará a contaminação de agroecossistemas agroecológicos, desde que o controle por receituário será fragilizado, e o poder de legislar sobre os agrotóxicos nos estados e municípios será eliminado.

Defendemos e apoiamos o fortalecimento da Agroecologia como base produtiva livre de veneno. Não precisamos de agrotóxicos para produzir alimentos saudáveis. Isso já está comprovado cientificamente e popularmente em milhares de experiências no Brasil e no Mundo.

A Associação Brasileira de Agroecologia - ABA tem **POSIÇÃO CONTRÁRIA** ao substitutivo do PL 6.299/2002.

DEFENDEMOS a Política Nacional de Redução de Agrotóxicos – PNARA e o fortalecimento da Política Nacional de Agroecologia e Produção Orgânica – PNAPO.

O PL do Veneno atenta contra o direito humano à agroecologia e à produção ou acesso a alimentos livres de agrotóxicos.

O PL DO VENENO ATENTA CONTRA A VIDA!

Manifestação da Sociedade Brasileira de Endocrinologia e Metabologia sobre o Projeto de Lei Nº 6.299/2002

A Sociedade Brasileira de Endocrinologia e Metabologia emite um posicionamento contra o Projeto de Lei da Câmara dos Deputados que propôs modificações no sistema de regulação dos agrotóxicos. A SBEM está preocupada com os riscos provocados pela decisão.

Posicionamento da Sociedade Brasileira de Endocrinologia e Metabologia em Relação ao Projeto de Lei 6.299/2002

Em 25 de junho de 2018 a Comissão Especial da Câmara dos Deputados aprovou o texto que propõe modificações no sistema de regulação de agrotóxicos, seus componentes e afins. As alterações propostas flexibilizam essa regulação, negligenciando os riscos à saúde e ao meio ambiente que o uso indiscriminado destes compostos pode causar.

Propõe-se, nesse texto, a substituição do termo "agrotóxico" por "produto fitossanitário e de controle ambiental" com a clara intenção de passar a idéia de uma falsa inocuidade desses produtos para a população. Esta eufemização pode induzir ao uso indiscriminado pelo agricultor, causando contaminação ou intoxicação.

Outra alteração importante foi a exclusão definitiva da lista de produtos que contenham ingredientes ativos de agrotóxicos, porém de uso não agrícola, a exemplo dos inseticidas. Essa medida representa uma banalização do uso destes produtos e outra negligência em relação à exposição humana.

A proposta de relaxamento do controle sanitário deste PL é confirmada quando se deixa a cargo do Ministério da Agricultura a análise e deliberação sobre os pleitos de registros de "produtos fitossanitários" para os órgãos de saúde e meio ambiente. Produtos com "risco aceitável" passam a ser permitidos e apenas aqueles com "risco inaceitável" podem ser proibidos. Esta medida é absurda e tendenciosa, pois além de retirar o poder de avaliação de órgãos com competência técnica para as referidas análises (a exemplo da ANVISA que aponta uma lista de 9 agrotóxicos proibidos devido ao potencial cancerígeno, de desregulação endócrina, de mutagênese e danos no aparelho reprodutor) coloca a população em risco.

A literatura médica apresenta mais de 600 estudos demonstrando o potencial dos agrotóxicos de interferir nos sistemas endócrinos, especialmente no desenvolvimento dos sistema reprodutivo masculino na exposição intra-útero. Vale ressaltar aqui que as principais janelas de vulnerabilidade á exposição dos desreguladores endócrinos são a

DOSSIÊ CONTRA O PACOTE DO VENENO E EM DEFESA DA VIDA

fase fetal, a infância e a adolescência e que as possíveis alterações epigenéticas causadas pela exposição aos agrotóxicos podem ser transmitidas para as futuras gerações.

Em suma, baseada no "Princípio da Precaução" diante do potencial risco à saúde, a SBEM se posiciona veemente contra esta proposta de relaxamento do controle do uso de agrotóxicos, considerando grande irresponsabilidade e descompromisso com a saúde da população.

Dr. Fábio Trujilho
Presidente da SBEM Nacional - 2017/2018

Dra. Elaine Frade
Presidente da Comissão de Desreguladores Endócrinos - 2017/2018

Posicionamento da Sociedade Brasileira de Medicina de Família e Comunidade em face do Projeto de Lei 6.299/2002.

A Sociedade Brasileira de Medicina de Família e Comunidade-SBMFC, por meio deste, manifesta seu posicionamento ao Projeto de Lei 6.299/2002, que flexibiliza o registro de agrotóxicos no país.

Por força do artigo 41 do Decreto nº 4.074 de 2002, as empresas que possuam registros de produtos agrotóxicos no Brasil ficam obrigadas a apresentar semestralmente ao poder público relatórios de comercialização destes produtos. Deste modo constatou-se que o Brasil é o maior consumidor mundial de agrotóxicos desde 2008, apesar de não ser o maior produtor de alimentos.

Devido à sua escala de uso no Brasil, os agrotóxicos possuem uma ampla cobertura legal, com um grande número de normas estabelecidas. Não é novidade que, a cada dia, brasileiros e brasileiras perdem seus direitos enquanto cidadãos merecedores de boa saúde, boa educação e boa qualidade dos alimentos que chegam à mesa. O agronegócio tenciona ainda, entre outros, para a flexibilização de uso e de liberação de mais produtos para uso nas lavouras.

Na contramão de políticas públicas que visam proteger e promover a saúde humana e planetária, dos 55 agrotóxicos mais utilizados nas lavouras do Brasil, 22 deles já tem sua proibição de uso na União Europeia, ou seja, é fato que no prato do brasileiro não há mais espaço para agrotóxico.

Os efeitos catalogados dos agrotóxicos na saúde humana são vários, desde intoxicação crônica[1], maior morbidade psiquiátrica[2], aumento da morbimortalidade por câncer infanto-juvenil[3,4], má formações congênitas[5], perda auditiva[6], além da ação dos agrotóxicos como desreguladores endócrinos[7], e sua relação com o desenvolvimento de obesidade e diabetes, alterações reprodutivas feminina e masculina, cânceres sensíveis a

hormônios em mulheres, câncer de próstata, e problemas da tireoide e do neurodesenvolvimento de crianças [8,9].

A falta de compromisso com a ética e a solidariedade dos núcleos oligárquicos que hoje comandam o Brasil, faz com que cada brasileiro, ao final do percurso de um ano, consuma em média 4,5 litros de agrotóxicos, número esse sabidamente subestimado.

A Comissão Especial da Câmara dos Deputados aprovou um novo texto que propõe modificações no sistema de regulação de agrotóxicos em 25 de junho de 2018. As alterações flexibilizam a regulação dos agrotóxicos e negligenciam os riscos à saúde e ao meio ambiente que o uso destes compostos pode causar.

Obviamente, a discussão e aprovação do projeto de Lei 6.299 de 2002, mais certamente conhecido como o "PL do Veneno", vem ao encontro dos interesses econômicos da superação dos recordes do agronegócio brasileiro, em detrimento do posicionamento de outros órgãos técnico-científico e de classe, como a Fiocruz, o INCA, o Ministério Público Federal, o Ministério Público do Trabalho, a Defensoria Pública da União, o Conselho Nacional de Saúde, o Conselho Nacional dos Direitos Humanos, o Ministério da Saúde, o Ministério do Meio Ambiente, a ANVISA e a ABAANVISA, a ABRASCO, o INCA, a SBPC, a SBEM, os Movimentos Sociais, as Comunidades tradicionais, e os pequenos agricultores, sobretudo os agricultores familiares.

O Projeto de Lei 6.299/2002 quer nomear agrotóxicos como "produtos fitossanitários" que é uma forma de dissimular a natureza nociva destas substâncias. Além disso, o projeto deixa implícito que o risco está na quantidade da substância e não no perigo da substância em si. A proposta também reduz o poder de decisão de quem analisa os riscos ambientais e à saúde humana, dando ao Ministério da Agricultura a palavra final sobre a aprovação de novos defensivos agrícolas, mesmo se órgãos reguladores, como Ibama e Agência Nacional de Vigilância Sanitária (Anvisa), não tiverem concluído suas análises.

A proposta do substitutivo é de que haja apenas uma "homologação da avaliação realizada pelas próprias empresas registrantes de produtos agrotóxicos, e não mais a avaliação e classificação de produtos pelas áreas de saúde e meio ambiente.

Também permanece no projeto a autorização para a produção de agrotóxicos exclusivos para exportação sem registro nem estudos no Brasil. Com isso, o Brasil poderia produzir agrotóxicos proibidos aqui e mandar para outros países.

O impacto do uso dos agrotóxicos percorre uma cadeia processual, que vai desde o trabalhador rural até o consumidor final, atingindo não somente a população rural, mas também a população urbana. Segundo o Atlas de Saneamento e Saúde do IBGE de 2011, o uso atual e indiscriminado de agrotóxicos, associado a falta de descarte adequado já é responsável pela contaminação de 72% dos mananciais brasileiros[13].

A realidade das populações residentes em áreas rurais é ainda mais preocupante, devido a exposição múltipla e contínua que agrava os efeitos produzidos pelos agrotóxicos. Além das condições inadequadas de trabalho, a localização das moradias e escolas é geralmente próxima às lavouras e plantações. Assim, mesmo as crianças que não se expõem diretamente durante o trabalho, são alvo da contaminação por várias rotas, como ar, água e solo[10,11].

Quando se considera que os níveis de saúde da população expressam a organização social e econômica de um país, não havendo uma relação constante entre indicadores de riqueza de uma sociedade com indicadores de saúde, há de se firmar que a Segurança Alimentar é soberana às vistas da necessidade de mais "commodities". Para tanto, é necessário desconstruir a cultura da "erradicação da fome no mundo às custas de largas produções de alimentos em monoculturas na lógica do agrotóxico/negócio"[12].

Ao aprovar uma lei como a 6.299/2002, o Brasil estará caminhando para a incorporação nos custos dos cofres públicos dos impactos para a saúde humana e do meio ambiente, causados pelo uso indiscriminado de agrotóxicos, já bastante negligenciados pela isenção fiscal e subtaxação dos produtos.

O Grupo de Trabalho de Medicina Rural da Sociedade Brasileira de Medicina de Família e Comunidade (SBMFC), alerta que o referido projeto de lei afeta os brasileiros

diretamente no âmbito da segurança alimentar e nutricional e do direito humano à alimentação adequada.

A sociedade civil não pode ser conivente com a contaminação das águas utilizadas pelas comunidades da Chapada do Apodi no Ceará[14]. Não pode tolerar que ainda aconteçam "chuvas de agrotóxicos" através de pulverização aérea, como houve em Lucas de Rio Verde, MT, que exterminou canteiros de plantas medicinais e de hortaliças do entorno da cidade, além de desencadear surto de intoxicações agudas em crianças e idosos[15]. E não pode admitir que mulheres que amamentam tenham seu leite contaminado com pelo menos um agrotóxico[10].

Se Saúde e Vida não são moedas de troca, pois então que se reestabeleçam a responsabilidade e justiça sociais através da mobilização social. Deste modo, o GT de Medicina Rural da SBMFC se posiciona veemente contra a proposta de flexibilização do controle do uso de agrotóxicos e apoia a Lei 6670/2016 que institui a Política Nacional de Redução de Agrotóxicos (PNaRA).

Referências

1. Murakami Y, Pinto NF, Albuquerque GSC de, Perna P de O, Lacerda A. Intoxicação crônica por agrotóxicos em fumicultores. Saúde em Debate [Internet]. 2017;41(113):563 76. Available from: http://www.scielo.br/scielo.php?script=sci_arttext&pid=S0103-11042017000200563&lng=pt&tlng=pt
2. Faria NM, Facchini L a, Fassa a G, Tomasi E. A cross-sectional study about mental health of farm-workers from Serra Gaucha (Brazil). Rev Saude Publica [Internet]. 1999;33(4):391 400. Available from: http://www.ncbi.nlm.nih.gov/pubmed/10542474
3. Barbosa IM. Câncer Infantojuvenil: Relação Com Os Polos De Irrigação No Estado Do Ceará. Universidade Federal do Ceará; 2016.
4. Curvo HRM, Pignati WA, Pignatti MG. Morbimortalidade por câncer infantojuvenil associada ao uso agrícola de agrotóxicos no Estado de Mato Grosso, Brasil. Cad Saúde Coletiva [Internet]. 2013;21(1):10 7. Available from: http://www.scielo.br/scielo.php?script=sci_arttext&pid=S1414-462X2013000100003&lng=pt&nrm=iso&tlng=en
5. Oliveira NP, Moi GP, Atanaka-Santos M, Silva AMC, Pignati WA. Malformações congênitas em municípios de grande utilização de agrotóxicos em Mato Grosso,

Brasil. Cien Saude Colet [Internet]. 2014;19(10):4123 30. Available from: http://www.scielo.br/scielo.php?script=sci_arttext&pid=S1413-81232014001004123&lng=pt&tlng=pt

6. Sena TRR de, Vargas MM, Oliveira CC da C. Saúde auditiva e qualidade de vida em trabalhadores expostos a agrotóxicos. Cien Saude Colet [Internet]. 2013;18(6):1753 61. Available from: http://www.scielo.br/scielo.php?script=sci_arttext&pid=S1413-81232013000600026&lng=pt&tlng=pt

7. Meyer A, Sarcinelli P de N, Abreu-Villaça Y, Moreira JC. Os agrotóxicos e sua ação como desreguladores endócrinos. In: É Veneno Ou É Remédio?: Agrotóxicos, Saúde E Ambiente [Online] [Internet]. 2003. p. 101 20. Available from: http://ptdocz.com/doc/1178289/"é-veneno-ou-é-remédio?"--- frederico-peres-and-josino

8. Gore AC, Chappell VA, Fenton SE, Flaws JA, Nadal A, Prins GS, et al. Executive Summary to EDC-2: The Endocrine Society's second Scientific Statement on endocrine-disrupting chemicals. Endocr Rev. 2015;36(6):593 602.

9. Braun JM. Early-life exposure to EDCs: Role in childhood obesity and neurodevelopment. Nat Rev Endocrinol [Internet]. 2017;13(3):161 73. Available from: http://dx.doi.org/10.1038/nrendo.2016.186

10. Palma DC de A. Agrotóxicos em leite humano de mães residentes em Lucas do Rio Sarcinelli PDN. A exposição de crianças e adolescentes a agrotóxicos. In: É veneno ou é remédio?: agrotóxicos, saúde e ambiente. 2003. p. 43 58.

11. Rigotto RM, Carneiro FF, Marinho AMCP, Rocha MM, Ferreira MJM, Pessoa VM, et al. O verde da economia no campo: desafios à pesquisa e às políticas públicas para a promoção da saúde no avanço da modernização agrícola. Cien Saude Colet [Internet]. 2012;17(6):1533 42. Available from: http://www.scielo.br/scielo.php?script=sci_arttext&pid=S1413-81232012000600017&lng=pt&tlng=pt

12. Veiga MM, Silva DM, Veiga LBE, Faria MV de C. Análise da contaminação dos sistemas hídricos por agrotóxicos numa pequena comunidade rural do Sudeste do Brasil. Cad Saude Publica [Internet]. 2006;22(11):2391 9. Available from: http://www.scielo.br/scielo.php?script=sci_arttext&pid=S0102-311X2006001100013&lng=pt&tlng=pt

13. Pontes AGV, Gadelha D, Freitas BMC, Rigotto RM, Ferreira MJM. Os perímetros irrigados como estratégia geopolítica para o desenvolvimento do semiárido e suas implicações à saúde, ao trabalho e ao ambiente. Cien Saude Colet [Internet]. 2013;18(11):3213 22. Available from: http://www.scielo.br/scielo.php?script=sci_arttext&pid=S1413-81232013001100012&lng=pt&tlng=pt

14. Pignati WA, Machado JMH, Cabral JF. Acidente rural ampliado: o caso das "chuvas" de agrotóxicos sobre a cidade de Lucas do Rio Verde - MT. Cien Saude Colet [Internet]. 2007;12(1):105 14. Available from: http://www.scielo.br/scielo.php?script=sci_arttext&pid=S1413-

81232007000100014&lng=pt&tlng=pt

Manifestação da SBPC sobre o Projeto de Lei Nº 6.299/2002

Está neste momento sendo discutida, em uma Comissão Especial da Câmara dos Deputados, a aprovação do **Projeto de Lei Nº 6.299/2002**, relacionado aos agrotóxicos. O projeto "altera os arts 3º e 9º da Lei nº 7.802, de 11 de julho de 1989, que dispõe sobre a pesquisa, a experimentação, a produção, a embalagem e rotulagem, o transporte, o armazenamento, a comercialização, a propaganda comercial, a utilização, a importação, a exportação, o destino final dos resíduos e embalagens, o registro, a classificação, o controle, a inspeção e a fiscalização de agrotóxicos, seus componentes e afins, e dá outras providências".

O projeto de lei traz uma proposta de alteração da Lei nº 7.802/89, restringindo a atuação dos órgãos de saúde e ambiente em todo o processo de liberação e controle dos agrotóxicos, concentrando as competências no setor da agricultura, com destaque para os seguintes pontos: a eliminação dos atuais critérios de proibição de registro de agrotóxicos descritos no § 6º do Artigo 3º da referida Lei, principalmente carcinogenicidade, mutagenicidade, teratogenicidade, distúrbios hormonais e danos ao sistema reprodutivo; a possibilidade de comercialização de produtos que ainda não tenham sido autorizados pelos órgãos de governo, mediante a criação do registro temporário e da autorização temporária. O termo agrotóxico ou pesticida é reconhecido mundialmente, porém a nova legislação proposta sugere a troca do termo agrotóxico para defensivo fitossanitário e produtos de controle ambiental, sem uma justificativa científica plausível para tal.

O uso excessivo de agrotóxicos ameaça seriamente os ecossistemas além de representar um problema grave para a saúde. A presença desses compostos nos ecossistemas terrestres e aquáticos representa um risco para os organismos, com vários efeitos negativos já reportados e resultantes desta exposição. A saúde humana é a mais afetada pelos efeitos adversos do uso de agrotóxicos. Muitas dessas substâncias têm o potencial de se acumular na corrente sanguínea, no leite materno e, principalmente, nos alimentos consumidos pela população. Um relatório do Ministério da Saúde, de 2018, registrou 84.206 notificações de intoxicação por agrotóxico entre 2007 e 2015. A Anvisa apontou, em 2013, que 64% dos alimentos no Brasil estavam contaminados por agrotóxicos. Registre-se que, em apenas doze anos, entre 2000 e 2012, houve um aumento de 288% no uso de agrotóxicos no Brasil.

A literatura científica nacional e internacional aponta que, dentre os efeitos sobre a saúde humana associados à exposição aos agrotóxicos, os mais preocupantes são as intoxicações crônicas, caracterizadas por infertilidade, impotência, abortos, malformações, neurotoxicidade, manifestada através de distúrbios cognitivos e comportamentais, e quadros de neuropatia e desregulação hormonal. Além disso, há estudos que evidenciaram os efeitos imunotóxicos, caracterizados por imunoestimulação ou imunossupressão, sendo este último fator favorável à diminuição na resistência a patógenos ou mesmo diminuição da imunovigilância, com comprometimento do combate às células neoplásicas levando a uma maior incidência de câncer.

A questão dos agrotóxicos, apesar de polêmica por envolver interesses de setores da economia como a indústria química e do agronegócio, é um exemplo importante da necessidade de serem utilizadas evidências científicas para dar suporte à elaboração de legislações e políticas públicas. Um caso clássico mundial, e emblemático, foi o livro "A Primavera Silenciosa" da pesquisadora e escritora norte americana Rachel Carson, publicado em 1962. Carson denunciou vários efeitos negativos resultantes do uso do DDT em plantações. As suas análises foram a base para a criação de um Comitê de Consultoria Científica do Presidente dos Estados Unidos sobre a temática dos agrotóxicos, que acabou por reforçar suas conclusões, fornecendo elementos para a criação futura de órgãos como a Agência de Proteção Ambiental Americana.

Em 2015, a Associação Brasileira de Saúde Coletiva - Abrasco, uma das associações científicas afiliadas à SBPC, elaborou um dossiê de alerta sobre os impactos dos agrotóxicos na saúde (disponível no site : www.abrasco.org.br/dossieagrotoxicos/) no qual foram reunidas evidências científicas sobre o risco que toda a população brasileira está correndo frente a medidas que intensificam o uso e a exposição a agrotóxicos no país. Além das consequências para o ambiente e para a saúde da população, o uso exagerado de agrotóxicos afeta a economia brasileira com um custo muito alto (mais de 12 bilhões de dólares por ano) uma vez que a produção de insumos agrícolas, incluindo agrotóxicos, é controlada por grandes multinacionais.

Diante do cenário do uso de agrotóxicos no Brasil e preocupada com a desregulamentação do aparato regulatório de proteção à saúde e ao meio ambiente relacionado aos agrotóxicos no Brasil, a SBPC se manifesta contra a aprovação do Projeto de Lei Nº 6.299/2002 e demais projetos apensados. Alertamos a sociedade brasileira para os efeitos potencialmente catastróficos da aprovação deste PL para a saúde pública. A nossa entidade, que está à disposição para trazer as evidências científicas que justificam sua posição, se soma às análises técnico-científicas de órgãos que já se manifestaram pela rejeição do PL como a Fiocruz, o INCA, o Ministério Público Federal, o Ministério Público do Trabalho, a Defensoria Pública da União, o Conselho Nacional de Saúde, o Conselho Nacional dos Direitos Humanos, o Ministério da Saúde, o Ministério do Meio Ambiente, a ANVISA e a ABA, que produziram notas técnicas alertando para os riscos contidos nesse Projeto de Lei. A SBPC conclama as instituições de pesquisa, os órgãos governamentais, o Congresso Nacional, as entidades representativas dos diversos setores sociais e a sociedade brasileira como um todo para que seja realizado um debate mais amplo e aprofundado sobre as possíveis consequências deste PL, e com o tempo adequado, para que não se aprove às pressas uma legislação sobre os agrotóxicos que pode trazer consequências ainda mais graves para a saúde da população e para o meio ambiente brasileiro.

Ildeu de Castro Moreira
Presidente da Sociedade Brasileira para o Progresso da Ciência

GOVERNO DO ESTADO DA BAHIA
Secretaria da Agricultura, Pecuária, Irrigação, Pesca e Aquicultura - SEAGRI
Agência Estadual de Defesa Agropecuária da Bahia - ADAB

Salvador, 24 de maio de 2018   Of. DIRGER N.º 225/2018

Exma. Sra.
Dra. Luciana Espinheira da Costa Khoury
Promotora de Justiça
Coordenadora do Núcleo de Defesa da Bacia do São Francisco

Senhora Promotora,

Ao cumprimentá-la, em atenção ao **Ofício MP-BA/NUSF/266/2018** enviamos, em anexo, Nota Pública com a posição institucional da ADAB sobre o Projeto Lei 6299/02, que altera a forma de avaliar e reavaliar os registros de agrotóxicos no Brasil, flexibilizando de forma danosa, o controle dessas substâncias.

Ciente ao atendimento ao pleito requerido por Vossa Excelência, aproveitamos o ensejo e colocamo-nos à disposição para qualquer esclarecimento adicional, ao tempo em que, externamos votos de apreço e consideração.

Atenciosamente,

Bruno Almeida Alves
Diretor Geral em Exercício

Av. Adhemar de Barros, 967 - Ondina CEP: 40.170-110 - Salvador, Bahia
Tel. (71) 3116-8403/8402 E-mail diretoria.geral@adab.ba.gov.br

MINISTÉRIO PÚBLICO DO ESTADO DA BAHIA

Oficio MP-BA/NCSF/266/2018.
Salvador, 17 de Maio de 2018.

Ilmo. Sr.
BRUNO ALMEIDA ALVES
Diretor-Geral da Agência de Defesa Agropecuária da Bahia – ADAB–BA.

Cumprimentando-o cordialmente, servimo-nos do para informar que o Fórum Baiano de Combate aos dos Agrotóxicos tem desenvolvido várias ações integradas com enfoque na caracterização dos e impactos do agrotóxico no meio ambiente e saúde no estado da Bahia.

Foram expostas várias manifestações contrárias a aprovação do PL6299/02, seus apensos e o substitutivo proposto, que está para ser votado em Comissão Especial da Câmara de Deputados, dentre elas a "Moção de Repúdio dos Servidores Públicos do Sistema Nacional de Vigilância Sanitária", a "Nota Pública de Repúdio do Fórum Nacional de Combate aos Impactos dos Agrotóxicos e Transgênicos", a "Nota de Posição Institucional do Ministério Público do Trabalho", a "Nota Pública do Posicionamento do Instituto Nacional de Câncer", as "Notas dos Fóruns Estaduais de Combate aos Impactos dos Agrotóxicos", a " Nota pública da Defensoria Pública da União" e demais manifestações da sociedade civil.

Nesse contexto, venho solicitar a Agência a elaboração da Nota de posição institucional sobre a PL6299/02.

No ensejo, renovamos protestos de consideração e apreço.

Atenciosamente,

LUCIANA ESPINHEIRA DA COSTA KHOURY
Promotora de Justiça
Coordenadora do Núcleo de Defesa da Bacia do São Francisco

NUSF – Núcleo de Defesa da Bacia do São Francisco – Ministério do Estado da Bahia
Avenida Joana Angélica, nº 1312 – Sala 213 – Nazaré – Salvador-BA. CEP 40.050-001
Telefax: (71) 3103-6432 / Endereço eletrônico: nusf@mpba.mp.br

NOTA PUBLICA

POSIÇÃO INSTITUCIONAL DA ADAB, SOBRE O PROJETO DE LEI 6299/02

O projeto de Lei n.º 6.299/2002 e apensos possuem o objetivo de alterar a forma de avaliar e reavaliar os registros de agrotóxicos no Brasil, flexibilizando de forma danosa o controle dessas substâncias.

O processo de registro de agrotóxicos no Brasil é extremamente moroso e precisa de maior celeridade. Neste sentido, o aprimoramento e a harmonização de leis é tarefa necessária no que se refere aos agrotóxicos para tornar os regulamentos e procedimentos mais eficientes. No entanto, percebe-se que as disposições contidas neste projeto e apensos violam normas fundamentais de proteção ao consumidor, à saúde, à alimentação adequada e ao meio ambiente ecologicamente equilibrado, para as presentes e futuras gerações.

O PL pretende retirar a responsabilidade penal do empregador em caso de descumprimento das exigências estabelecidas em lei, assim como avocar as competências legislativas dos Estados e Municípios.

Diante desse contexto, a ADAB se posiciona contraria a aprovação desta PL, e que a discussão sobre o tema ocorra com profundidade técnica e razoabilidade.

NOTA TÉCNICA Nº 15/2018/SEI/DICOL/ANVISA

Proposição Legisla. va:	PL 6299/2002 - (Origem PLS 526/1999). Apensados: PL nos 713/1999, 1.388/1999, 2.495/2000, 3.125/2000, 5.852/2001, 5.884/2005, 6.189/2005, 7.564/2006, 1.567/2011, 1.779/2011, 3.063/2011, 4.166/2012, 4.412/2012, 2129/15, 49/2015, 371/2015, 461/2015, 958/2015, 1.687/2015, 3.200/2015, 3.649/2015, 4.933/2016, 5.218/2016, 5.131/2016, 6.042/2016, 7.710/2017, 8.026/2017, 8.892/2017,9271/2017)
Autor:	Senador Blairo Maggi
Ementa:	Altera os arts 3º e 9º da Lei nº 7.802, de 11 de julho de 1989, que dispõe sobre a pesquisa, a experimentação, a produção, a embalagem e rotulagem, o transporte, o armazenamento, a comercialização, a propaganda comercial, a utilização, a importação, a exportação, o desno final dos resíduos e embalagens, o registro, a classificação, o controle, a inspeção e a fiscalização de agrotóxicos, seus componentes e afins, e dá outras providências.
Ministério:	Saúde/Agência Nacional de Vigilância Sanitária – Anvisa
Data da manifestação:	08/05/2018
Posição:	( ) Favorável (X) Contrária ( ) Fora de competência ( ) Favorável com sugestões/ressalvas ( ) Nada a opor ( ) Matéria prejudicada
Manifestação referente a(o):	( ) Texto original ( ) Emendas de _____ (X) Substuv o SBT 1 PL 6299/02 ( ) Outros _____

I - JUSTIFICATIVA:

1. Trata-se de alteração da Lei nº 7.802, de 11 de julho de 1989, que dispõe sobre a pesquisa, a experimentação, a produção, a embalagem e rotulagem, o transporte, o armazenamento, a comercialização, a propaganda comercial, a utiz ação, a Importação, a exportação, o desno final dos resíduos e embalagens, o registro, a classificação, o controle, a Inspeção e a fiscalização de agrotóxicos, seus componentes e afins, e dá outras providências.

2. As alterações se referem às competências dos órgãos federais da saúde, meio ambiente e agricultura, e estabelecem novos conceitos, processos e atos administrav os, além de sistemas informaz ados e eletrônicos. Há, ainda, a criação de taxa de avaliação única de registro, cuja arrecadação é desnada do Fundo F ederal Agropecuário – FFAP.

3. Cabe ressaltar que o substuv o contém 68 arg os que alteram significav amente a Lei n. 7802, de 11 de julho de 1989.

4. De uma forma geral a proposta:

   - Propõe a avaliação de risco para fins de registro de agrotóxicos que revelem características teratogênicas, carcinogênicas ou mutagênicas, que provoquem distúrbios hormonais ou danos no aparelho reprodutor;
   - Altera e retira autonomia de decisão do setor de saúde e ambiente em detrimento dos setores produtivos;
   - Retira a competência do setor ambiental na avaliação de produtos agrotóxicos de uso doméstico;
   - Exclui o órgão federal da saúde das atribuições estabelecidas no § 5º do art. 4º da proposta do substitutivo, muitas delas relacionadas à saúde;
   - Cria uma hierarquia de submissão entre os órgãos federais responsáveis, mesmo submetidos a pastas diferentes de governo; Propõe competências relacionadas à saúde ao órgão registrante que não estão dentro do escopo de sua atuação, seja ele regulador e normatizador de serviços vinculados à agricultura ou o meio-ambiente;
   - Retira a autonomia de decisão do Estado Brasileiro ao definir exigências de registro em função de acordos internacionais, vinculando a atuação a diretrizes internacionais, sem considerar as especificidades da nossa população. Diretrizes como GHS, Codex Alimentarius e Acordo SPS são instrumentos regulatórios que auxiliam na gestão dos riscos e redução de barreiras alfandegárias, mas não têm a função de definição de exigências;
   - Estabelece um prazo de 12 (doze) meses para a concessão do registro a partir do recebimento do pleito; mantém o mesmo prazo de registro de 12 (doze) meses para produtos de alta complexidade e média complexidade (produtos técnicos e formulados, respectivamente); estabelece prazo de registro de produto idêntico (baixíssima complexidade) de 60 (sessenta) dias e estabelece um prazo de 30 (trinta) e 180 (cento e oitenta) dias (média e baixa complexidade) para pós-registro. Tais prazos não se mostram compatíveis ao tempo necessário para tratamento adequado de alguns tipos de pleito e continuarão a subsidiar as demandas judiciais que prejudicam as prioridades estabelecidas.
   - Atribui competência ao órgão da agricultura para realizar reavaliação toxicológica e ambiental dos agrotóxicos. Tal competência, denominada "reanálise de risco", acontecerá quando houver alertas de risco à saúde, à alimentação ou ao meio-ambiente – temas estes que estão fora do escopo de atuação da agricultura. Vejamos:

     "§ 1º O órgão federal que atua na área da agricultura é o coordenador do processo de reanálise dos produtos fitossanitários e poderá solicitar informações dos órgãos de saúde e de meio ambiente para complementar sua análise." (art. 28)

   - Atribui às empresas registrantes a competência para análise do risco dos agrotóxicos, retirando, assim, a competência de fiscalização do setor de saúde, inclusive no que se refere a resíduos. No entanto, compete ao Sistema Único de Saúde participar do controle e fiscalização de tais procedimentos e a supressão da competência do órgão regulador sanitário significa reduzir sua atividade a um papel meramente cartorial, uma vez que somente acataria, por meio de homologação, a análise realizada pelas empresas.
   - Altera o termo "agrotóxico" para "produto fitossanitário". Destaca-se, no entanto, que o termo agrotóxico é o utilizado na Constituição Federal-CF;
   - Determina competências ao setor de agricultura que sobrepesam as questões do agronegócio, em detrimento daquelas que se referem à saúde e meio-ambiente. E, aceita, ainda, riscos à saúde, cujas doenças e agravos serão custeados pelo Sistema Único de Saúde e não pela iniciativa privada; e
   - Concede automaticamente o registro de produtos com base em dados de terceiros, sem se preocupar com a propriedade da informação ou direitos do administrado, contrariando a Lei n. 10.603, de 2002.

5. Ademais se faz necessários alguns comentários:

216 DOSSIÊ CONTRA O PACOTE DO VENENO E EM DEFESA DA VIDA

09/05/2018 :: SEI / ANVISA - 0202694 - Nota Técnica da Dicol ::

6. A Lei n. 7.802, de 1989, estabelece que os agrotóxicos somente podem ser uliz ados no país se forem registrados em órgão federal competente, de acordo com as diretrizes e exigências dos órgãos responsáveis pelos setores da saúde, do meio ambiente e da agricultura. Tal obrigatoriedade, além de fundamental, visa à proteção da saúde, do meio ambiente e da própria agricultura, possibilitando uma ação prevenv a do Estado ao se manifestar e autorizar a uliz ação desses produtos.

7. A Lei n. 7.802, de 1989, ao comparlhar a responsabilidade da regulação de agrotóxicos, garanu de forma estratégica uma regulação mais qualificada, isonômica e equilibrada, que perfaz o âmbito das áreas de agricultura, do meio ambiente e da saúde. Esta Lei foi resultado de uma ampla discussão com a sociedade e de um debate que envolveu diversos segmentos afetados pela temác a de agrotóxicos. Assim, ela traz um resultado consensual desta discussão e representa uma conquista regulatória importante, que está no nível dos países desenvolvidos.

8. A proposta do substuv o quebra esse paradigma já estabelecido e desmerece o papel do setor de saúde e do meio ambiente na regulação, principalmente se considerarmos que o resultado dessa desregulamentação e inação recairá sobre a população e meio-ambiente, cujos interesses claramente não estão representados. O modelo proposto pelo PL não favorece a imparcialidade nos processos de tomada de decisão, podendo prejudicar a qualidade da avaliação técnico-cienfic a, que é o pilar para a garana da qualidade, e ficiência e segurança do uso dos agrotóxicos.

9. A proposta do substuv o é que não haja mais avaliação e classificação de produtos pela área de saúde e meio-ambiente, mas apenas uma "homologação" da avaliação realizada pelas empresas registrantes. Assim, entendemos que essa proposta claramente desconsidera a responsabilidade e dever do Estado em reduzir, por meio de polic as públicas, o potencial de dano à saúde oriundo da exposição a agrotóxicos e afins.

10. A ANVISA se responsabiliza pela análise toxicológica dos agrotóxicos que pleiteiam registro ou alterações pós-registro e também pela reavaliação dos agrotóxicos, à luz de novos conhecimentos e alertas. A reavaliação toxicológica é realizada quando surgem novas informações que indiquem a necessidade de uma revisão de condições de uso, as quais possam desaconselhar o uso dos produtos já registrados. A reavaliação também pode ser feita quando o país for alertado nesse sendo por or ganizações internacionais responsáveis pela saúde, alimentação ou meio ambiente.

11. A ANVISA tem, entre outras, a competência (juntamente com o MAPA, no âmbito de suas respecv as atuações) de monitorar os resíduos de agrotóxicos e afins em alimentos de origem vegetal. Com base na avaliação do risco dietéc o, a ANVISA estabelece o Limite Máximo de Resíduos (LMR) de agrotóxico para cada cultura agrícola. Esses limites são essenciais para garanr que os agrotóxicos estão sendo adequadamente uliz ados, conforme as indicações em bula. Além disso, esses limites são uliz ados como referência para garanr a segurança alimentar dos produtos importados que são internalizados no país.

12. Apesar do LMR ser um parâmetro agronômico, ele é uliz ado na avaliação do risco de forma a compor a avaliação da exposição pela via dietéc a e é um instrumento essencial na estratégia de monitoramento e fiscalização para garanr a segurança alimentar. Sendo assim, o LMR deve ser estabelecido por meio de uma visão abrangente que considera além do estabelecimento de um valor obdo nos estudos de campo, mas também que esteja relacionado à toxicidade, aguda ou crônica, do resíduo remanescente no alimento.

13. Para que o LMR seja estabelecido no país, é necessário realizar a avaliação do risco à saúde decorrente da ingestão dos resíduos de agrotóxicos eventualmente presentes nos alimentos. A Anvisa realiza a avaliação toxicológica da exposição crônica ao se registrar um novo ingrediente av o ou na análise dos pleitos de inclusão de cultura ou alteração de LMR. Nessa avaliação, considera-se que os resíduos do Ingrediente Av o (IA) do agrotóxico são ingeridos nas concentrações mais altas detectadas nos estudos supervisionados de campo durante toda a vida de um indivíduo. A metodologia adotada pela Anvisa para a esma v a da ingestão de resíduos é a determinísc a, recomendada pela Organização Mundial de Saúde (OMS) e adotada no âmbito do Codex alimentarius. (WHO - Word Health Organizaon - Join t FAO/WHO Consultaon. Die tary Exposure Assessment of Chemicals in Food. Maryland, 2005. Disponível em: <hp://whqlibdoc. who.int/publicaons/2008 /9789241597470 eng.pdf >).

14. Internacionalmente, os LMRs são estabelecidos pelo Codex Alimentarius, da Organização Mundial de Saúde Animal (OIE), com a finalidade de nortear a segurança alimentar no âmbito do comércio de alimentos entre países. Os países membros do Codex e signatários do Acordo SPS devem considerar os LMR estabelecidos pelo Codex para efeitos de comércio internacional. Quando o país importador verifica que o LMR do Codex contribui para expor sua população a risco, pode impor restrições.

15. O Brasil, a exemplo de outros membros do Codex como Estados Unidos, Argenna, Canadá, Austrália, Europa, China, Japão, Rússia estabelece seus próprios LMR seguindo diretrizes internacionalmente reconhecidas e respaldada pela ciência, em conformidade com o Acordo sobre a Aplicação de Medidas Sanitárias e Fitossanitárias (SPS) da Organização Mundial do Comércio (OMC). Podem haver diferenças nos valores de LMR estabelecidos pelos diferentes países, uma vez que a adoção de disn tas Boas Prác as Agrícolas (BPA) pode ser necessária para o controle eficaz do problema fitossanitário local. Isto posto, para garanr a segurança da população brasileira é essencial que toda essa estratégia mencionada acima seja manda, não sendo salut ar sua supressão como propõe o substuv o.

16. O monitoramento é realizado pela Anvisa por meio da coordenação do Programa de Análise de Resíduos de Agrotóxicos em Alimentos (PARA), além da fiscalização, ações de informação à sociedade e capacitação em Toxicologia. Com este conjunto de ações e competências, a ANVISA vem colaborando para organizar a uliz ação de agrotóxico na produção de alimentos, de modo a favorecer as ações para a proteção da saúde humana. No âmbito do monitoramento de resíduos em alimentos, um dos principais resultados do PARA é a evidência da necessidade de desenvolver um planejamento estratégico que possa reduzir os efeitos nocivos do uso inadequado dos agrotóxicos. Isso corrobora com a estratégia e necessidade do envolvimento da Agência Nacional de Vigilância Sanitária na regulação e controle de agrotóxicos.

17. O substuv o apresentado desvaloriza todo o trabalho de monitoramento realizado pela Anvisa, impondo um papel secundário no monitoramento de resíduos, principalmente o realizado pelas Vigilâncias Sanitárias Estaduais e Municipais, que realizam as coletas de alimentos nas redes atacadistas e varejistas, locais onde o escopo de atuação da agricultura não alcança.

18. O Sistema Nacional de Vigilância Sanitária tem envidado esforços humanos e pecuniários para manter o programa de monitoramento de resíduos em alimentos. O PARA é exemplo para os países da América Lana e é comparável aos programas existentes nos países desenvolvidos, tanto em termos de metodologia quanto em termos de divulgação. A exclusão dessa competência será um retrocesso no processo regulatório de agrotóxicos e afins e um risco para a garana da segur ança alimentar.

19. O texto do substuv o prevê a centralização de competências de registro, normaz ação e reavaliação de agrotóxicos no MAPA, destuindo os órgãos federais da saúde e meio ambiente desta função, prevista na atual Lei de Agrotóxicos. No entanto, o uso de agrotóxicos afeta não somente a agricultura, mas traz claros riscos para a saúde humana e para o meio ambiente, devendo esta competência ser exercida pelos órgãos de saúde e de meio ambiente. Desta forma, o PL delega ao MAPA uma série de ações que são competências estabelecidas atualmente para os setores de saúde e de meio ambiente.

20. O PL terceiriza, ainda, a responsabilidade pelas doenças e agravos à saúde do trabalhador e do consumidor; pelo monitoramento dos resíduos de agrotóxicos e do uso adequado; pelo acompanhamento sistemác o das populações expostas e das intoxicações; e pelos planos de emergência nos casos de acidentes de trabalho, transporte e ambientais que possam advir da cadeia produv a e logísc a do agrotóxico.

21. No cenário atual, em que há uma tentav a de fragilizar o importante papel da ANVISA, que é de proteção da saúde da população – exercido, principalmente, pela mig ação dos riscos decorrentes do consumo de produtos sujeitos a seu controle, é importante ressaltar que a avaliação toxicológica realizada pela Agência Sanitária, para fins de registro de um agrotóxico no Brasil, segue referências internacionais e a sua abordagem é semelhante ao arcabouço normav o uliz ado na União Europeia.

22. Desde 1979 o setor de saúde faz parte da avaliação dos agrotóxicos e vem acumulando experse no assunto, tornando os procedimentos de avaliação comparáveis aos países desenvolvidos.

DOSSIÊ CONTRA O PACOTE DO VENENO E EM DEFESA DA VIDA   217

09/05/2018   :: SEI / ANVISA - 0202694 - Nota Técnica da Dicol ::

23.   A avaliação do risco dietéc o já é regulamentada e realizada pela Anvisa desde 1992, e estamos avançando para a regulamentação e implementação da avaliação do risco ocupacional. A normav a que trata deste tema está atualmente em processo de Consulta Pública, nº 485, de 2017 e em nada interfere no processo legislav o em andamento.

24.   A proposta regulatória para avaliação do risco ocupacional será de implementação progressiva, se iniciando com o registro de novos ingredientes av os, para os quais não tenham sido idenfic adas, na Etapa I da avaliação, as caracterísc as de toxicidade quanto à mutagenicidade, carcinogenicidade, teratogenicidade, desregulação endócrina ou efeitos sobre a reprodução. Para esse cenário, já é feito um esforço de definição dos parâmetros de referência concorrente com a avaliação toxicológica e se pode estabelecer um nível de exposição seguro.

25.   Quanto à avaliação do risco, a Lei n. 7.802/89 estabelece que, uma vez demonstradas caracterísc as intrínsecas ao agrotóxico que sejam teratogênicas, carcinogênicas ou mutagênicas, ou que resultem em distúrbios hormonais, esse tem seu registro indeferido, ou no caso de uma reavaliação, tem seu registro proibido. O substuv o, no entanto, veda a proibição de registro de agrotóxicos com as mencionadas caracterísc as e obriga, ainda assim, a realização da análise do risco.

26.   Existem vários aspectos que permeiam as entrelinhas dos procedimentos de avaliação do risco, evidenciando que o processo é de elevada complexidade. Há estratégias de possibilidade de avaliação do risco que não estão ainda internacionalmente pacificadas, o que demanda maturidade regulatória, necessidade de condução de estudos para quanfic ação da exposição no Brasil e técnicos especializados em número suficiente para o atendimento da demanda, o que não corresponde à realidade brasileira no momento.

27.   Cabe acrescentar que a avaliação do risco desse po de produto é apresentada pelo legislav o como a resolução dos problemas do agronegócio, de forma a dar maior celeridade ao processo. De outra mão, esta ideia também favorece o pensamento de que a atual legislação (que impossibilita a avaliação do risco, e também registro, dos agrotóxicos com as mencionadas caracterísc as proíbi as) está impedindo a inserção de tecnologia no campo.

28.   De sorte, é de amplo conhecimento que o que garante o uso e permanência de uma tecnologia é a sua segurança à saúde e ao meio-ambiente. Os produtos agrotóxicos, assim como qualquer outra tecnologia, u lizados de forma não adequada ou controlada é ineficiente e pode causar prejuízos.

29.   Esclarecemos que, com a implementação da avaliação do risco ocupacional, muitos dos agrotóxicos hoje permitidos, mesmo que não se enquadrem nas caracterísc as proíbi as, poderão ter seu uso restringido a parr da avaliação dos cenários de exposição. Em outro ponto é que o tempo médio de análise técnica não reduzirá. Pelo contrário, será aumentado, tendo em vista que as empresas detentoras ou solicitantes de registros destes produtos deverão desenvolver e apresentar novos estudos. Soma-se a isto a inexistência de estudos e dados de exposição aos cenários de aplicação de agrotóxicos no Brasil, de forma a permir a a valiação do risco.

30.   Destaca-se que o referido PL propõe a avaliação do risco para fins de registro de agrotóxicos que revelem caracterísc as teratogênicas, carcinogênicas ou mutagênicas, que provoquem distúrbios hormonais ou danos ao aparelho reprodutor, ou seja, exclui o § 6° do art. 3º da Lei n. 7.802/02, que transcrevemos:

> "Art. 3º Os agrotóxicos, seus componentes e afins, de acordo com definição do art. 2º desta Lei, só poderão ser produzidos, exportados, importados, comercializados e u. lizados, se previamente registrados em órgão federal, de acordo com as diretrizes e exigências dos órgãos federais responsáveis pelos setores da saúde, do meio ambiente e da agricultura.
>
> (...)
>
> § 6º Fica proibido o registro de agrotóxicos, seus componentes e afins:
>
> a) para os quais o Brasil não disponha de métodos para desativação de seus componentes, de modo a impedir que os seus resíduos remanescentes provoquem riscos ao meio ambiente e à saúde pública;
>
> b) para os quais não haja antídoto ou tratamento eficaz no Brasil;
>
> c) que revelem características teratogênicas, carcinogênicas ou mutagênicas, de acordo com os resultados atualizados de experiências da comunidade científica;
>
> d) que provoquem distúrbios hormonais, danos ao aparelho reprodutor, de acordo com procedimentos e experiências atualizadas na comunidade científica;
>
> e) que se revelem mais perigosos para o homem do que os testes de laboratório, com animais, tenham podido demonstrar, segundo critérios técnicos e científicos atualizados;
>
> f) cujas características causem danos ao meio ambiente."

31.   Na proposta este substuído o da atual Lei seria substituído pelos seguin tes parágrafos:

> "§ 3º Fica proibido o registro de produtos fitossanitários, de produtos de controle ambiental e afins que, nas condições recomendadas de uso, apresentem risco inaceitável para os seres humanos ou para o meio ambiente, ou seja, permance inseguro mesmo com a implementação das medidas de gestão de risco.
>
> § 4º A análise dos riscos é obrigatória para a concessão de registro de produto fitossanitário e produto de controle ambiental."

32.   Ocorre que a estrutura estatal atual não se adequa ao modelo proposto no substuv o. Hoje, não é possível assegurar a proteção à saúde, permindo que agrotóxicos que revelem caracterísc as teratogênicas, carcinogênicas ou mutagênicas, ou que provoquem distúrbios hormonais ou danos ao aparelho reprodutor possam ser registrados, após uma avaliação de risco segura. Os países que adotam tal modelo, a exemplo dos EUA, possuem um arcabouço legal de responsabilização privada pelo dano e promoção à saúde diferente do arcabouço brasileiro, que tem como premissa a universalidade (SUS).

33.   Sendo assim, excluir este dispositiv o legal significa um retrocesso no ordenamento jurídico brasileiro no que tange aos agrotóxicos. A sua aprovação poderá prejudicar a imagem brasileira no mercado internacional, tendo em vista a desregulação que o substuv o propõe, sem nenhuma contraparda de responsabilização do dano, da qualificação dos equipamentos de aplicação e de proteção individual e a formação adequada para os aplicadores.

34.   A permissão do registro de agrotóxicos com estas caracterísc as torna-se atualmente inviável considerando: o cenário nacional frente as condições precárias de uso das tecnologias de aplicação de agrotóxicos, a ausência de estudos que simulem a realidade de exposição aos agrotóxicos na condição agrícola do Brasil, o nível de desenvolvimento social dos trabalhadores rurais, o grau de complexidade da avaliação do risco, as questões de recursos humanos, a extensão do prazo de avaliação dos processos, as possíveis implicações regulatórias e a vulnerabilidade de determinados segmentos populacionais, como bebês, crianças, mulheres grávidas ou em idade férl, idosos, além dos tr abalhadores rurais e seus familiares.

35.   Há de se considerar que o princípio que rege a avaliação sanitária de um agrotóxico é a segurança de uso pela exposição ocupacional (trabalhadores) e dietéc a (toda a população brasileira), não podendo outras questões superarem ou se igualarem às premissas básicas de proteção à saúde humana.

36.   Quanto à reavaliação, os produtos que v eram seu uso proibido (Tabela 1) não seriam passíveis de avaliação do risco, considerando que algumas das caracterísc as que os produtos apresentaram não permitem a definição de limiar de dose, ou seja, o risco é sempre inaceitável. Isto posto, resta claro que o problema não é ausência da avaliação do risco. Todos os produtos proibidos pela Anvisa já são proibidos em diversos lugares do mundo.

Ingr ediente ativo	Características que levaram a pr oibição	A avaliação do risco seria possível (um limiar de dose pode ser

218   DOSSIÊ CONTRA O PACOTE DO VENENO E EM DEFESA DA VIDA

09/05/2018 :: SEI / ANVISA - 0202694 - Nota Técnica da Dicol ::

		definido)?
Endossulfam (RDC n. 28/2010)	Genotóxicas, neutoróxicas, imunotóxicas, desregulador endócrino e tóxico à reprodução	Não, considerando as características de genotoxicidade e desregulação endócrina
Cihexatina (RDC n. 34/2009)	Toxicidade aguda elevada, opacidade ocular irreversível, toxicidade à reprodução e desenvolvimento	Sim, no entanto, o risco foi considerado inaceitável, conforme avaliação realizada pelos EUA, Canadá, União Européia, Austrália, Nova Zelândia e Japão.
Triclorfom (RDC n. 37/2010)	Genotóxicas, neutoróxicas imunotóxicas, desregulador endócrino e tóxico à reprodução. Danos neurológicos em humanos maiores do que os demonstrados em animais.	Não, considerando as características de genotoxicidade e desregulação endócrina.
Monocrotofós (RDC n. 215/2006)	Ausência de dossiê toxicológico que suporte o registro do produto e inclusão desse ingrediente ativo na Convenção de Roterdã.	Não, devido à insuficiência de dados.
Pentaclorofenol (RDC n. 164/2006)	Organoclorado de alta toxicidade, persistência no meio-ambiente, desregulador endócrino, hepatotoxicidade e nefrotoxicidade, presença de dioxinas, cumprimento de acordos internacionais (poluentes orgânicos persistentes -POP) – Convenção de Estocolmo.	Não, devido a sua alta persistência no meio ambiente e desregulação endócrina e necessidade e atendimento à Convenção de Estocolmo.
Lindano (RDC n. 165/2006)	Organoclorado de alta toxicidade, persistência no meio-ambiente, toxicidade para organismos aquáticos, carcinogenicidade, hepatotoxicidade e neurotoxicidade, cumprimento de acordos internacionais (Poluentes Orgânicos Persistentes-POP) – Convenção de Estocolmo.	Não, devido a sua alta persistência no meio ambiente e necessidade e atendimento a Convenção de Estocolmo.
Metamidofós (RDC n.143 /2011)	Neutoróxicas, imunotóxicas, desregulador endócrino e tóxico a reprodução. Danos neurológicos em humanos maiores do que os demonstrados em animais.	Não, considerando as características de desregulação endócrina.
Parationa Metílica (RDC n. 56/2015)	Neutoróxicas, imunotóxicas, desregulador endócrino, mutagênicas e tóxico à reprodução. Danos neurológicos em humanos maiores do que os demonstrados em animais.	Não, considerando as características de mutagenicidade e desregulação endócrina.
Procloraz (RDC n, 60/2015)	Provoca distúrbios hormonais e danos ao aparelho reprodutor	Não, considerando as características de desregulação endócrina

37.	Em relação ao Relatório da Proposição Legislav a, é citado que:

"...a avaliação dos pesticidas e afins está desatualizada em relação ao cenário internacional, pois usa parâmetros em desacordo com as recomendações de tratados e acordo internacionais assinados pelo País, que são posteriores a atual Lei 7.802/1989: o Acordo sobre a Aplicação de Medidas Sanitárias e Fitossanitárias (SPS);..."

38.	Em relação a este ponto, temos a informar que a Lei n. 7.802, de 1989, não estabelece procedimentos contrários ou contraditórios ao Acordo SPS, conforme rafic ado no Parecer Cons. Nº 89/2015/PF-ANVISA/PGF/AGU, da Procuradoria-Federal junto à Anvisa, que concluiu pela compabilidade entre a Lei n. 7.802, de 1989, e o Acordo Sobre a Aplicação de Medidas Sanitárias e Fitossanitárias celebrado pelo Brasil, no âmbito da Organização Mundial do Comércio (OMC), que transcrevo:

"56. O Acordo SPS, ao mesmo tempo em que exige de seus signatários avaliação de risco para tomada de decisões sobre medidas sanitárias, reconhece a cada país a prerrogativa de estabelecer um nível apropriado de proteção para seu território.

(...)

58. Assim, ao determinar que todos os produtos agrotóxicos, nacionais ou importados, que comprovadamente possuam os efeitos adversos à saúde humana listados nas alíneas do §6º, do artigo 3º, da Lei nº 7.802/89 sejam proibidos em seu território, o Estado brasileiro estabeleceu uma medida sanitária com fundamento científico, não discriminatória e baseada em um nível apropriado de proteção, atendendo aos ditames do Acordo SPS. Não se vislumbra, portanto, conflito ou incompatibilidade entre o dispositivo legal brasileiro e o Acordo SPS."

39.	Desta forma, não vislumbramos razão para emissão de ato normav o para harmonização da legislação vigente ao Acordo SPS. Apontamos a sensibilidade do tema, conforme já apresentado acima, e esclarecemos que o Brasil já realiza a avaliação do risco dietéc o, que é a medida sanitária tratada no âmbito do Acordo SPS, e agora está avançando para a implementação da avaliação do risco ocupacional.

40.	O PL propõe ainda a rer ada § 5º do art. 3º da Lei 7802/89:

"§ 5º O registro para novo produto agrotóxico, seus componentes e afins, será concedido se a sua ação tóxica sobre o ser humano e o meio ambiente for comprovadamente igual ou menor do que a daqueles já registrados, para o mesmo fim, segundo os parâmetros fixados na regulamentação desta Lei."

41.	Entendemos que a exclusão do parágrafo 5º, art. 3º, da Lei nº 7.802/1989 é um desestímulo às empresas a buscarem desenvolver formulações menos tóxicas para a saúde humana, uma vez que existe uma grande diversidade de componentes que podem impactar de forma significav a na toxicidade de um produto formulado.

42.	No sendo de proporcionar maior previsibilidade, segurança regulatória, proteção à saúde e esmular o desenvolvimento de produtos de menor toxicidade aguda, a Anvisa propôs, por meio da CP 261/2016 e da CP 484/2018, a adoção do Sistema Globalmente Harmonizado de Classificação e Rotulagem de Produtos Químicos (GHS). A mov ação para a criação desse sistema foi a existência de divergências na classificação de perigos e na

DOSSIÊ CONTRA O PACOTE DO VENENO E EM DEFESA DA VIDA   219

09/05/2018 :: SEI / ANVISA - 0202694 - Nota Técnica da Dicol ::

rotulagem de produtos químicos similares produzidos em diferentes países, o que aumenta o risco de acidentes durante o manuseio de produtos químicos, com efeitos negav os para a saúde humana e para o meio ambiente, situação que é agravada pelo crescente e intenso comércio internacional de produtos químicos.

A implementação do GHS é possível independentemente da alteração da Lei, e a Anvisa propõe esta alteração, conforme se segue:

Figura 1. Categorias de classificação e rotulagem de agrotóxicos utilizando o GHS e proposto pelo Código Internacional de Gestão de Pesticidas da Organiza

GHS – Acute toxicity

		Hazard category				
		Category 1	Category 2	Category 3	Category 4	Category 5	Not classified
Pictogram		☠	☠	☠	❗	No symbol	No symbol
Signal Word		Danger	Danger	Danger	Warning	Warning	No signal word
Hazard Statement							
– oral		Fatal if swallowed	Fatal if swallowed	Toxic if swallowed	Harmful if swallowed	May be harmful if swallowed	
– dermal		Fatal in contact with skin	Fatal in contact with skin	Toxic in contact with skin	Harmful in contact with skin	May be harmful in contact with skin	
– inhalation		Fatal if inhaled	Fatal if inhaled	Toxic if inhaled	Harmful if inhaled	May be harmful if inhaled	
Colour band		PMS red 199 C	PMS red 199 C	PMS Yellow C	PMS Blue 282	PMS Blue 282	

Fonte: International Code of Conduct on Pesticide Management – FAO/WHO - Guidelines on Good Labelling Practice for Pesticides, publicado em Agosto de 2015.

43. A parr da classificação do GHS (Figura 1), foi proposta na CP 261/16 e agora na CP 484/2018, a regulamentação do parágrafo 5º do arg o 3º da Lei n.7.802/89, com a definição do mesmo fim e a comparação da ação mais tóxica entre produtos, levando em consideração a toxicidade aguda.

44. Para fins de comparação da ação de toxicidade aguda, foi proposto na CP 484/2018, a seguinte classificação:

"Seção II

Da comparação da ação tóxica de agrotóxicos e afins

Art. 54. Para fins de comparação da ação tóxica, são considerados três grupos: I- Grupo 1: agrotóxicos e afins classificados nas Categorias 1 ou 2 de toxicidade aguda;

II- Grupo 2: agrotóxicos e afins classificados na Categoria 3 de toxicidade aguda; e

III- Grupo 3: agrotóxicos e afins classificados nas Categorias 4 ou 5 de toxicidade aguda.

Parágrafo único. A comparação da ação tóxica dos produtos técnicos é realizada com base nos critérios de equivalência.

Art. 55. Para fins de verificação de maior ação tóxica, devem ser comparados os agrotóxicos e afins à base do (s) mesmo (s) ingrediente (s) ativo (s), com mesmo tipo de formulação e na mesma faixa de concentração do ingrediente ativo estabelecida na declaração de composição qualitativa e quantitativa.

Parágrafo único. Para fins de comparação da mesma faixa de concentração, são utilizados os parâmetros definidos em legislação específica.

Art. 56. Será indeferido o pedido de avaliação toxicológica de registro ou pós-registro para um agrotóxico ou afim quando:

I- for enquadrado no Grupo 1, quando todos os agrotóxicos ou afins já registrados estiverem enquadrados no Grupo 2, 3 ou Não

Classificado; II- for enquadrado no Grupo 2, quando todos os agrotóxicos ou afins já registrados estiverem enquadrados no Grupo 3 ou Não

Classificado; ou III- for enquadrado no Grupo 1, 2 ou 3, quando todos os agrotóxicos ou afins já registrados estiverem enquadrados como

Não Classificado."

45. Importante esclarecer que a proposta de comparação da ação tóxica feita pela Anvisa está alinhada aos princípios de proteção, bem como de incentivo ao desenvolvimento de produtos com formulações menos tóxicas e, consequentemente, de menor risco à toxicidade aguda, seja pela exposição ocupacional ou acidental. Vale o registro de que houve boa aceitabilidade da proposta por parte da sociedade civil e setor regulado.

46. Para fins de avaliação toxicológica, a Anvisa propôs que a comparação seja feita para os produtos à base do(s) mesmos(s) ingrediente(s) av os, com mesmo po de f ormulação e na mesma faixa de concentração.

47. O PL propõe ainda a rer ada de competências das esferas estaduais de legislar sobre a produção e o consumo, de fiscalizar o consumo e o comércio, e de aplicar multas, limitando a autonomia dos estados, Distrito Federal e municípios e a possibilidade de maior restrição no seu âmbito. Ocorre que aos Estados, ao DF e aos Municípios é vedada explicitamente a possibilidade de restringir o alcance do registro federal, a menos que seja para atender uma parcularidade regional ou local devidamente jusfic ada. A parcipaç ão dos órgãos estaduais e municipais se dá hoje de forma complementar e relevante para a proteção da saúde e do meio ambiente considerando as questões regionais.

48. As principais propostas do PL enfraquecerão o sistema regulatório de agrotóxicos, componentes e afins, prejudicando de forma significav a a qualidade, eficiência e efevidade do controle de agrotóxicos e afins, tornando ineficiente a missão do Sistema Único de Saúde de proteger a saúde da população e intervir nos riscos decorrentes da produção e do uso de produtos sujeitos à vigilância sanitária.

49. A regulação de agrotóxicos pode e está sendo aprimorada com a uliz ação de normav as que têm convergência com as melhores prác as internacionais, com uma melhor arculaç ão dos órgãos federais entre si e desses com os órgãos estaduais e municipais.

50. O aperfeiçoamento do arcabouço regulatório, a gestão, a informaz ação, a uliz ação racional e segura de agrotóxicos devem ser o foco de polí c a pública voltada para este tema. Tem sido uma demanda da sociedade o fortalecimento dos órgãos governamentais responsáveis pelo registro e fiscalização de agrotóxicos, por meio de reestruturações, de forma a proporcionar condições suficientes para que exerçam o seu trabalho.

51. A proposta exngue ainda o Comitê Técnico para Assessoramento de Agrotóxicos-CTA, que se trata de fórum consulv o para harmonização de entendimento entre os órgãos federais envolvidos no processo de registro de agrotóxicos. O CTA é a instância atualmente vigente que tem apresentado propostas de forma a desburocraz ar o processo de registro de agrotóxico, considerando a proteção à saúde, ao meio ambiente e à agricultura. Sendo assim, o CTA de forma alguma reduz a autonomia do órgão registrante, mas tem como objev o garanr a necessidade de intervenção nos riscos à saúde e meio-ambiente, por meio de diálogo democrác o e conjunto.

52. Quanto à criação de uma taxa única, devem ser consultados os órgãos competentes para verificação dessa possibilidade de arrecadação. Outro ponto divergente do PL é quando se estabelece um valor de taxa de R$ 80.000,00 para Produto Técnico Novo – PTN e de R$ 100.000,00 para Produto Formulado Novo – PFN, sendo que a análise do PTN é mais complexa do ponto de vista toxicológico. Há de ressaltar também a desnaç ão dos recursos recolhidos ao Fundo Federal Agropecuário – FFAP, que em nada está relacionado à proteção à saúde e ao meio ambiente, que serão os maiores prejudicados, caso esta proposta seja aprovada neste formato.

53. Ademais, somos contrários à autorização automác a provisória, tendo em vista se tratar de produtos com impacto direto à saúde e ao meio ambiente. Ao conceder automac amente o registro de produtos com base em dados de terceiros, poderá não ser respeitado o direito de propriedade da informação ou do administrado, conforme a Lei n. 10.603, de 2002 e colocar em risco a saúde da população brasileira.

220 DOSSIÊ CONTRA O PACOTE DO VENENO E EM DEFESA DA VIDA

54. O referido PL tem como objev o alterar em profundidade a Lei nº 7.802, de 1989, considerada e reconhecida internacionalmente como uma das normas mais avançadas na proteção da saúde e do meio ambiente.

55. Diante dos fatos expostos, a Diretoria Colegiada da Agência Nacional de Vigilância Sanitária – ANVISA, observada a manifestação técnica da Gerência Geral de Toxicologia - GGTOX desta Agência, posiciona-se CONTRÁRIA à proposta do substuv o e consequente revogação da Lei n. 7.802, de 1989. Em adição, não idenfic amos que o presente PL contribua com melhoria, disponibilidade de alimentos mais seguros ou novas tecnologias para o agricultor e nem mesmo com o fortalecimento do sistema regulatório de agrotóxicos, não atendendo dessa forma quem deveria ser o foco da legislação: a população brasileira.

Atenciosamente,

JARBAS BARBOSA DA SILVA JR.
Diretor-Presidente
Anvisa

Documento assinado eletronicamente por Jarbas Barbosa da Silva Jr., Dir etor-Pr esidente, em 09/05/2018, às 08:34, conforme horário oficial de Brasília, com fundamento no art. 6º, § 1º, do Decreto nº 8.539, de 8 de outubro de 2015 http://www.planalto.gov.br/ccivil_03/_Ato2015-2018/2015/Decreto/D8539.htm.

A autenticidade deste documento pode ser conferida no site https://sei.anvisa.gov.br/autenticidade, informando o código verificador 0202694 e o código CRC 09C70B86.

Nota informativa contendo o posicionamento do Departamento de Vigilância em Saúde Ambiental e Saúde do Trabalhador sobre o Projeto de Lei Nº 6.299/2002 (origem no PLS nº 526, de 1999)

(Apensados: PL nº 713/1999, 1.388/1999, 2.495/2000, 3.125/2000, 5.852/2001, 5.884/2005, 6.189/2005, 7.564/2006, 1.567/2011, 1.779/2011, 3.063/2011, 4.166/2012, 4.412/2012, 49/2015, 371/2015, 461/2015, 958/2015, 1.687/2015, 3.200/2015, 3.649/2015, 4.933/2016, 5.218/2016, 5.131/2016, 6.042/2016, 7.710/2017, 8.026/2017, 8.892/2017)

O Departamento de Vigilância em Saúde Ambiental e Saúde do Trabalhador, do Ministério da Saúde, se posiciona contrário ao que diz o Projeto de Lei Nº 6.299/2002, com autoria do Senhor Senador Blairo Maggi e relatoria do Senhor Deputado Luiz Nishimori.

O presente PL Lei Nº 6.299/2002, dispõe sobre a pesquisa, a experimentação, a produção, a embalagem e rotulagem, o transporte, o armazenamento, a comercialização, a utilização, a importação, a exportação, o destino final dos resíduos e embalagens, o registro, a classificação, o controle, a inspeção e a fiscalização de produtos fitossanitários e de produtos de controle ambiental e afins, e dá outras providências. O pleito apresenta uma proposta de revogação da Lei nº 7.802/89, restringindo a atuação dos órgãos de saúde em todo o processo e concentrando as competências no setor da agricultura, com destaque para: a eliminação dos atuais critérios de proibição de registro de agrotóxicos descritos no § 6º do Artigo 3º da referida Lei - principalmente carcinogenicidade, mutagenicidade, teratogenicidade, distúrbios hormonais e danos ao sistema reprodutivo; gerando possibilidade de comercialização de produtos que ainda não tenham sido autorizados pelos órgãos de governo, mediante a criação do registro temporário e da autorização temporária.

O Brasil possui um arcabouço legal consolidado sobre as questões relacionadas aos agrotóxicos, em especial a Lei nº 7.802, de 11 de julho de 1989, regulamentada pelo Decreto nº 4.074, de 4 de janeiro de 2002, que dispõe sobre a pesquisa, a experimentação, a produção, a embalagem e rotulagem, o transporte, o armazenamento, a comercialização, a propaganda comercial, a utilização, a importação, a exportação, o destino final dos resíduos e embalagens, o registro, a classificação, o controle, a inspeção e a fiscalização de agrotóxicos, seus componentes e afins, e dá outras providências. Para questões complementares ou de aprimoramento existem as normas infralegais.

A legislação vigente no Brasil é considerada uma das mais robustas do mundo, representando avanços significativos para proteção à saúde humana e ao meio ambiente. Em que pese a necessidade de atualizações pontuais, os pilares de saúde humana e de meio ambiente devem ser preservados.

A nova proposta apresentada no PL 6299/2002, se aprovada, irá favorecer o aumento da permissividade e flexibilização do uso de agrotóxicos, uma vez que minimiza a atuação dos órgãos de saúde e meio ambiente e amplia a competência do setor agrícola.

As fragilidades, incoerências e inconsistências que o PL apresenta podem ser verificadas nas considerações seguintes, negligenciando aspectos relacionados à segurança, saúde e bem-estar dos cidadãos e pela proteção ao meio ambiente:

DISPOSIÇÕES PRELIMINARES

- Modifica a nomenclatura geral de "agrotóxicos" para "produtos fitossanitários" e "produtos de controle ambiental", o que permite minimizar ou mesmo anular a percepção de toxicidade intrínseca que essas substâncias representam à saúde humana e ao meio ambiente, transmitindo uma ideia de que são inofensivos (Art. 1º caput e Art. 2º, incisos XXIX e XXX);
- Cria a possibilidade de registros e autorizações temporários em duas situações, o que enfraquece o processo de avaliação dos riscos para o registro dos produtos:
    - o produtos que estejam registrados para culturas similares em pelo menos três países membros da Organização para Cooperação e Desenvolvimento Econômico (OCDE). Ou seja, trata de forma idêntica países de características diferentes do ponto de vista climático, demográfico, epidemiológico, entre outras;
    - o quando não houver a manifestação conclusiva pelos órgãos responsáveis pela Agricultura, Meio Ambiente e Saúde dentro dos prazos estabelecidos no §1º do Art. 3º;
- Coloca a OCDE, uma organização de caráter eminentemente econômico, como referência em várias situações de tomada de decisão (Art. 3º);

CAPÍTULO I – DOS ÓRGÃOS REGISTRANTES

- Exclui a competência legal dos órgãos de saúde de se manifestar e decidir pela necessidade e critérios de reavaliação de agrotóxicos (Art. 4º);
- Elimina critérios de proibição de registro de agrotóxicos baseados no perigo inerente às substâncias, tais como: carcinogenicidade, mutagenicidade, teratogenicidade, distúrbios hormonais e danos ao sistema reprodutivo. Delimita a proibição de registro a situações de risco inaceitável para os seres humanos ou para o meio ambiente, ou seja, situações em que o uso permanece inseguro mesmo com a implementação das medidas de gestão de risco. Contraria os critérios de regulação da Comunidade Europeia, alterados recentemente, de risco para perigo, igualando ao previsto na Lei em vigor no Brasil, com isso, a permissão de uso de agrotóxicos proibidos na União Europeia causará restrição as exportações brasileiras de produtos que contenham esses resíduos.
- Omite a penalização da autoridade competente no país quando não tomar providências em situações de alertas de organizações internacionais responsáveis pela saúde, alimentação ou meio ambiente relativas aos riscos de produtos (Art. 3º, §14º);

CAPÍTULO II – DAS COMPETÊNCIAS

- Exclui os órgãos de saúde da realização das análises de risco à saúde (Art. 5º, inciso VIII);
- Deixa as competências dos órgãos de saúde imprecisas, pois atribuiu-se a estes apenas atividades auxiliares ou de apoio ao processo de registro e reanálise, conforme observado nos verbos "apoiar", "homologar" e "priorizar" - sob determinação do órgão registrante (Art. 6º);
- Atribui aos órgãos de saúde apenas a homologação (definida no Art. 2º, inciso XI, como "ato dos órgãos federais de validar os documentos apresentados pelo registrante do produto e demais agentes previstos nesta Lei") da avaliação de risco toxicológico apresentada pelo requerente, podendo somente solicitar complementação de informações (Art. 6º, inciso IV);

- Incorre em uma restrição da competência legislativa dos estados e municípios, configurando inconstitucionalidade no âmbito do pacto federativo (parágrafo único do Art. 9º);
- Retira a autonomia dos órgãos de saúde de divulgar os resultados do monitoramento de resíduos de agrotóxicos em produtos de origem vegetal realizados pelos próprios órgãos de saúde (Art. 5º, inciso IX);
- Possibilita a comercialização de produtos que ainda não tenham sido autorizados pelos órgãos de governo, mediante a criação do registro temporário e da autorização temporária;
- Provoca confundimento entre os conceitos de reavaliação de registro de produtos e reavaliação de riscos, não prevendo no texto do projeto de lei a primeira situação;
- Restrição de possíveis situações que ensejem a reavaliação de produtos;

CAPÍTULO III – Seção V - Do Comunicado de Produção para Exportação

- Substitui o registro de produtos quando estes forem destinados apenas à exportação por um comunicado de produção para exportação, dispensando o fabricante da apresentação de estudos toxicológicos e ambientais. Desta forma, os riscos relativos ao processo produtivo, especialmente os riscos ocupacionais, seriam ignorados;

CAPÍTULO X

- Omite a possibilidade de solicitação de impugnação ou cancelamento de registro de produtos por entidades de classe, representativas de profissões ligadas ao setor, partidos políticos, com representação no Congresso Nacional e entidades legalmente constituídas para defesa dos interesses difusos relacionados à proteção do consumidor, do meio ambiente e dos recursos naturais. O texto somente prevê cancelamento de registro diante de infrações administrativas previstas no projeto de lei (Art. 53, §1º);

CAPÍTULO XIII
- O texto não prevê cobrança de taxa para reavaliação de registro de produtos.

Considerações Finais

Ante ao exposto, o Departamento de Vigilância em Saúde Ambiental e Saúde do Trabalhador se manifesta contrário ao PL Nº 6.299/2002, por este representar um retrocesso às conquistas legislativas com vistas à proteção da saúde humana frente à exposição aos agrotóxicos.

Cabe registrar que as áreas de saúde, meio ambiente e agricultura elaboraram contraproposta apresentada ao Deputado Relator que incluiu diversos critérios de atualização entendidos possíveis, com a manutenção dos critérios de proteção à saúde e ao meio ambiente, que não foi considerado pelo Relator para construção de um texto consensuado pelos setores de saúde, meio ambiente e agricultura.

Não podemos deixar de registrar que o Brasil, desde 2008, é o maior mercado de agrotóxico do mundo e que alteração proposta no PL 6299/2002 trará importantes impactos negativos tanto na saúde da população quanto no comércio agrícola, uma vez que introduzirá no país agrotóxicos hoje proibidos e até banidos em países importadores de alimentos do Brasil.

INSTITUTO BRASILEIRO DO MEIO AMBIENTE E DOS RECURSOS NATURAIS RENOVÁVEIS

NOTA TÉCNICA Nº 2/2018/DIQUA

PROCESSO Nº 02000.000406/2016-93

INTERESSADO: DIVISÃO DE ASSUNTOS PARLAMENTARES

	MINISTÉRIO DO MEIO AMBIENTE INSTITUTO BRASILEIRO DO MEIO AMBIENTE E DOS RECURSOS NATURAIS RENOVÁVEIS IBAMA

NOTA TÉCNICA Nº 2/2018/CGASQ/CGFIN

Brasília/DF, 26 de abril de 2018

Proposição Legislativa:: Substitutivo ao Projeto de Lei nº 6.299 de 2002 (PLS nº 526, de 1999) (Apensados: PL's nº 713/1999, 1.388/1999, 2.495/2000, 3.125/2000, 5.852/2001, 5.884/2005, 6.189/2005, 7.564/2006, 1.567/2011, 1.779/2011, 3.063/2011, 4.166/2012, 4.412/2012, 2.129/2015, 49/2015, 371/2015, 461/2015, 958/2015, 1.687/2015, 3.200/2015, 3.649/2015, 4.933/2016, 5.218/2016, 5.131/2016, 6.042/2016, 7.710/2017, 8.026/2017, 8.892/2017, 9.271/2017)

Autor: Deputado Luiz Nishimori

Ementa: Dispõe sobre a pesquisa, a experimentação, a produção, a embalagem e rotulagem, o transporte, o armazenamento, a comercialização, a propaganda comercial, a u. lização, a importação, a exportação, o destino final dos resíduos e embalagens, o registro, a classificação, o controle, a inspeção e a fiscalização de pesticidas e de produtos de controle ambiental, seus componentes e afins, e dá outras providências.

Instituição: IBAMA

Diretoria: DIQUA e DIPLAN

Data da Manifestação: 26/04/2018

Posição: ( ) Favorável   ( ) Favorável com sugestões/ressalvas   (X) Contrária   ( ) Nada a opor   ( ) Sem competência   ( ) Matéria prejudicada

Manifestação referente a: ( ) Texto original   (X) Substitutivo da Comissão
( ) Emendas   ( ) Outros:

JUSTIFICATIVA:

1. **DESTINATÁRIO:** Assessoria Parlamentar do MMA

2. **INTERESSADO:** Deputado Luiz Nishimori

3. REFERÊNCIA

- Lei nº 7802 de 11 de julho de 1989 - Dispõe sobre a pesquisa, a experimentação, a produção, a embalagem e a rotulagem, o transporte, o armazenamento, a comercialização, a propaganda comercial, a utilização, a importação, a exportação, o destino final de resíduos e embalagens, o registro, a classificação, o controle, a inspeção, a fiscalização de agrotóxicos, seus componentes e afins, e dá outras providências.

- Lei nº 9974, de 6 de junho de 2000, que alterou a Lei nº 7802 de *1989*.

- Lei nº 6.330 de 23, de setembro de 1976, que dispõe sobre a Vigilância sanitária a que ficam sujeitos os Medicamentos, as Drogas, os Insumos Farmacêuticos e Correlatos, Cosméticos, Saneantes e Outros Produtos, e dá outras providências.

- Lei nº 12.873, de 24 de outubro de 2013, que, entre outras disposições, autoriza o Poder Executivo a declarar estado de emergência fitossanitária ou zoossanitária, quando for constatada situação epidemiológica que indique risco iminente de introdução de doença exótica ou praga quarentenária ausente no País, ou haja risco de surto ou epidemia de doença ou praga já existente; e dá outras providências.

- Lei nº 12.529, de 30 de novembro de 2011, que dispõe sobre a prevenção e repressão às infrações contra a ordem econômica; e dá outras providências.

- Lei nº 9.279, de 14 de maio de 1996, que regula direitos e obrigações relativos à propriedade industrial.

- Lei nº 6.938, de 31 de agosto de 1981, que dispõe sobre a Política Nacional do Meio Ambiente, seus fins e mecanismos de formulação e aplicação, e dá outras providências.

- Lei Delegada nº 8, de 11 de outubro de 1962, que cria o Fundo Federal Agropecuário (FFAP), no Ministério da Agricultura e dá outras providências.

- Lei nº 12.873, de 24 de outubro de 2013, que autoriza o Poder Público a declarar estado de emergência fitossanitária ou zoossanitária, quando constatada situação epidemiológica que indique risco iminente de introdução de doença exótica ou praga quarentenária ausente no País, ou haja risco de surto ou epidemia de doença ou praga já existente, entre outras disposições.

- Lei nº 9.782, de 26 de janeiro de 1999, que define o Sistema Nacional de Vigilância Sanitária, e dá outras providências.

4. FUNDAMENTAÇÃO/ANÁLISE TÉCNICA/PARECER

4.1. O Substitutivo ao Projeto de Lei nº 6.299, de 2002, revoga as Leis nº 7.802, de 11 de julho de 1989, e nº 9.974, de 6 de junho 2000, assim como os itens 2.2.1 a 2.25; 2.3 a 2.7 e 4.2 a 4.4 do Anexo da Lei nº 6.938, de 31 de agosto de 1981, o § 4º do art. 53 da Lei nº 12.873, de 24 de outubro de 2013, e o item 8 do Anexo II da Lei nº 9.782, de 26 de janeiro de 1999, e altera outras Leis, para instituir um novo sistema de registro, de controle e de fiscalização para os agrotóxicos, seus componentes e afins, que passam a ser denominados "produtos fitossanitários e produtos para controle ambiental, seus produtos técnicos e afins".

4.2. A proposta legislativa modifica conceitos, competências institucionais, critérios e procedimentos relativos ao controle dos agrotóxicos, seus componentes e afins.

4.3. Destacamos nesta Nota algumas disposições mais relevantes a serem comentadas:

O projeto de Lei propõe a alteração da denominação "agrotóxicos", por "produto fitossanitários" e "produto de controle ambiental".

4.4 É necessário que os agricultores, como principais usuários dos produtos tratados pela Lei nº 7.802/89 reconheçam esses produtos mais como produtos tóxicos perigosos, como em realidade o são, do que como meros insumos agrícolas, para que tenham maiores cuidados na utilização. A toxicidade é uma característica inerente à grande maioria dos produtos destinados ao controle de pragas e doenças, por ação biocida. Assim, o termo agrotóxicos contribui para essa caracterização.

A proposta altera a competências institucionais e finalidade do registro, que deixa de ser um procedimento básico e inicial de controle dos agrotóxicos, destinado a proteger a saúde humana e o meio ambiente. Essa intenção se evidencia pela combinação de três disposições:

- ao conferir exclusivamente ao Ministério da Agricultura, Pecuária e Abastecimento (MAPA) poder decisório quanto à concessão e manutenção de registro, à reavaliação (substituída pelo termo reanálise) de produtos e à fiscalização dos agrotóxicos registráveis no MAPA, ou seja, os de uso na agricultura, em florestas plantadas ou em pastagens, e no armazenamento e beneficiamento de produtos agrícolas (art. 5º);

- ao incumbir o Ministério da Saúde e o Ministério do Meio Ambiente de "homologar" avaliações de risco sobre os produtos apresentadas pelos requerentes de registro (arts. 6º/IV e 7º/VII); e,

- na medida em que extingue a possibilidade de proibição de um produto ou de um ingrediente ativo em função de sua periculosidade, ou seja, em função de suas características intrínsecas (art. 4/§3º).

4.5. Além disso, as seguintes disposições diminuem as garantias para defesa e proteção à saúde e ao meio ambiente em prol do interesse econômico:

Nota Técnica 2 (2240198) SEI 02000.000406/2016-93 / pg. 2

226   DOSSIÊ CONTRA O PACOTE DO VENENO E EM DEFESA DA VIDA

"Art. 2°Para os efeitos desta Lei, consideram-se:

I - ....

VI -............................

a)...........

b)...........

c) gestão dos riscos - o processo, decorrente da avaliação dos riscos, que consiste em ponderar fatores políticos, econômicos, sociais e regulatórios bem como os efeitos sobre a saúde humana e meio ambiente, em consulta com as partes interessadas, tendo em conta a avaliação dos riscos e outros fatores legítimos e, se necessário, selecionar opções apropriadas para proteger a saúde e o meio ambiente.
...."

f) risco inaceitável - nível de risco considerado insatisfatório por permanecer inseguro ao ser humano ou ao meio ambiente, mesmo com a implementação das medidas de gerenciamento dos riscos."

"Art 4º. ....
....

§ 3º Fica proibido o registro de produtos fitossanitários, de produtos de controle ambiental e afins que, nas condições recomendadas de uso, apresentem risco inaceitável para os seres humanos ou para o meio ambiente, ou seja, permanece inseguro mesmo com a implementação das medidas de gestão de risco."

4.6.   Estão ausentes nas definições apresentadas os fundamentos do gerenciamento de risco como mitigação e controle. Além disso, todas as possibilidades de proibição de registro de produto fitossanitário ficaram associadas à avaliação de risco, sendo que para algumas substâncias as características de toxicidade intrínseca, tais como mutagênese, carcinogênese e teratogênese, independem da dose, inviabilizando assim a avaliação de risco.

4.7.   A prevalência do interesse econômico ou político sobre aspectos relativos à segurança ao ser humano e ao meio ambiente, contraria a norma contida no texto Constitucional (art. 225, § 1°, V) que determina ao Poder Público o exercício do controle sobre a produção, a comercialização e o emprego de técnicas, métodos e substâncias que comportem risco para a vida, a qualidade de vida e o meio ambiente. Ou seja, o controle desses produtos pelo Poder Público deve ter por finalidade primordial a proteção da vida, da qualidade de vida e do meio ambiente.

A proposta substitui a incumbência dos órgãos federais de avaliação dos estudos referentes aos produtos submetidos a registro, pela homologação dos pareceres técnicos de avaliação apresentados pelo setor privado

4.8.   Conforme indicado nas incumbências específicas de cada um dos órgãos federais envolvidos, esses deverão homologar avaliações recebidas:

"Art 2 º ....

XI - homologar - ato dos órgãos federais de validar os documentos apresentados pelo registrante do produto e demais agentes previstos nesta Lei;
...."

"Art 5º Compete ao órgão federal responsável pelo setor da agricultura:

VIII – homologar os pareceres técnicos apresentados nos pleitos de registro de produtos técnicos, produtos equivalentes, pré-mistura, produtos formulados e produtos genéricos, conforme as análises de risco à saúde e ao meio ambiente, e divulgar em seu sítio, **sem a necessidade de aprovação;** "(negritei)

"Art. 6º Cabe ao órgão federal responsável pelo setor da saúde:

IV - homologar a avaliação de risco toxicológico apresentada pelo requerente dos produtos fitossanitários e produtos de controle ambiental, produtos técnicos e afins, podendo solicitar complementação de informações;
...................."

"Art. 7º Cabe ao órgão federal responsável pelo setor do meio ambiente:

VII - homologar a análise de risco ambiental apresentada pelo requerente dos produtos fitossanitários, dos produtos de controle ambiental e afins;
...."

4.9.   A homologação fragiliza ou mesmo elimina ferramentas de controle da qualidade ambiental sendo estritamente contrária

DOSSIÊ CONTRA O PACOTE DO VENENO E EM DEFESA DA VIDA   227

a princípios importantes da Administração Pública como a indisponibilidade do interesse público e a indelegabilidade do poder de polícia ao setor regulado. Não pode o Estado renunciar aos seus mecanismos de avaliação e controle prévio de substâncias nocivas ao meio ambiente contentando-se apenas como o ato homologatório de uma avaliação conduzida pelo particular, distante do interesse público.

4.10.	Em função do grande número de estudos, dados e informações abrangidos na avaliação ambiental, a homologação do resultado da avaliação requer a revisão de todo esse o acervo documental, cálculos e interpretações de resultados de estudos, sendo preferível, portanto, não se receber a avaliação ambiental realizada por terceiros e sim que a mesma seja feita diretamente pelo Ibama.

4.11.	O Substitutivo não contém previsão para os casos em que não for concedida a homologação pelo órgão ambiental ou de saúde, e, ainda, impede o órgão ambiental de solicitar complementação de informações. Por fim, o texto também permitiu a interpretação de que as informações sejam utilizadas e divulgadas sem a necessidade de aprovação pela Administração.

O Substitutivo prevê a concessão de registro temporário e autorização temporária, por decurso de prazo

4.12.	Serão concedidos registros e autorizações temporários, **que terão** validade até a deliberação conclusiva dos órgãos federais de agricultura, de saúde e de meio ambiente, conforme se verifica nos trechos transcritos abaixo:

" Art. 3° ....

....

§ 7º Para expedição de Registro Temporário – RT para Produtos Técnicos e Produtos Técnicos Equivalentes, estes devem possuir registros com especificações idênticas nos três países membros da Organização para Cooperação e Desenvolvimento Econômico – OCDE.

§ 8º Fica criada Autorização Temporária - AT para Produtos Novos, Produtos Formulados e Produtos Genéricos, para os pedidos de inclusão de culturas cujo emprego seja autorizado em culturas similares em pelo menos três países membros da Organização para Cooperação e Desenvolvimento Econômico – OCDE que adotem, nos respectivos âmbitos, o Código Internacional de Conduta sobre a Distribuição e Uso de Pesticidas da Organização das Nações Unidas para Alimentação e Agricultura – FAO, mediante inscrição em sistema informatizado.

.."

4.13.	Em realidade, ainda que o conhecimento sobre a situação do produto em outros países tenha importância, isso, por si só, não pode ser determinante, pois as razões que justificaram a adoção de tais medidas não são extrapoláveis para as condições ambientais brasileiras. Além disso, não há isonomia na decisão entre a aprovação e restrição, pois o Substitutivo não trata dos casos de proibição em outros países.

Na proposta normativa (Art. 5°) o Ministério da Agricultura absorve competências essenciais das áreas ambiental e de saúde

4.14.	O MMA e o Ministério da Saúde deixam de ter atribuição sobre a edição ou propositura de atos normativos referentes a produtos fitossanitários e de decidir sobre a realização de reavaliação, e, ainda, estarão sob a coordenação do MAPA nas atividades de reavaliação desses produtos. Além disso, não lhes caberá divulgar resultados de monitoramento. O Substitutivo não prevê a necessidade de manifestação das autoridades de saúde e meio ambiente no processo de reanálise de produtos fitossanitários.

"Art. 5º Compete ao órgão federal responsável pelo setor da agricultura:

I - analisar propostas de edição e alteração de atos normativos sobre as matérias tratadas nesta lei e promover ajustes e adequações consideradas cabíveis quanto aos produtos fitossanitários;

....

VI - decidir sobre os pedidos e critérios a serem adotados na reanálise dos riscos dos produtos fitossanitários.

VII - definir e estabelecer prioridades de análise dos pleitos de registros dos produtos fitossanitários para os órgãos de saúde e meio ambiente de acordo com as pragas (alvos biológicos) de maior importância econômica.

....

IX - monitorar conjuntamente com o órgão federal de saúde os resíduos de produtos fitossanitários em produtos de origem vegetal, sendo responsabilidade do órgão registrante a divulgação dos resultados do monitoramento."

4.15.	Na proposta normativa o instituto da reavaliação foi substituído pela reanálise. Os Arts 28 a 32 discorrem sobre os novos critérios relacionados à reanálise. A redação do texto reduziu a chamada à reanálise apenas quando houver um alerta proveniente de organizações internacionais, tirando a competência das autoridades de meio ambiente e saúde de iniciarem este processo quando observarem, no território nacional, indícios, não detectados anteriormente, de que o produto possa causar danos afetos às suas áreas de competência. Além disso, apenas o MAPA poderá fazer este chamamento. Não é razoável que o órgão federal do setor da agricultura realize a avaliação técnica sobre questões toxicológicas ou ecotoxicológicas.

4.16. O PL prevê, também, que durante o processo de reavaliação estaria assegurada a manutenção no mercado dos produtos em análise e o ingresso no mercado de outros produtos à base do mesmo ingrediente ativo. Consideramos que tal manutenção pode existir em determinadas situações, mas não como regra geral.

4.17. Indica que a reanálise de registro de produtos fitossanitários e dos produtos de controle ambiental não poderá se fundamentar em relatórios, dados e informações fornecidos somente por "interessado detentor de registro". Não fica clara qual é a intenção do proponente, levando ao entendimento de que o Poder Público também deva gerar dados.

Adoção do Sistema Globalmente Harmonizado de Classificação e Rotulagem de Produtos Químicos – GHS

4. 18. O projeto faz referência apenas à metodologia de comunicação, emissão de rótulo e bula em consonância com o Sistema Globalmente Harmonizado de Classificação e Rotulagem de Produtos Químicos – GHS e não considera o atual estágio de implementação desse sistema no Brasil bem como suas limitações, como por exemplo, a ausência de critérios para organismos diversos (abelhas, aves, organismos do solo...) e frases de mitigação resultantes da avaliação de risco.

"Art. 4º ....

..

§ 5º Caberá aos órgãos registrantes:

III - autorizar as empresas a realizarem a comunicação de risco e a emitirem rótulos e bulas em consonância com o Sistema Globalmente Harmonizado de Classificação e Rotulagem de Produtos Químicos – GHS;

.............................."

4.19. A proposta indica que o próprio órgão registrante concederá a autorização das matérias primas utilizados na fabricação de um produto, novamente desconsiderando as competências naturais das instituições envolvidas no atual processo de avaliação e controle de produtos e substâncias potencialmente perigosos ao meio ambiente e à saúde humana, bem como suas atribuições frente a acordos e convenções internacionais.

"Art. 1°. ....

§ 2º Os produtos com função adjuvante não estão regulados na presente Lei e serão regidos por regulamento específico."

"Art. 14. Serão consideradas autorizadas as matérias-primas especificadas no processo de síntese do produto técnico registrado e do produto técnico equivalente registrado, bem como os outros ingredientes e aditivos usados na fabricação de produtos genéricos, formulados e afins.

Parágrafo único. O órgão federal registrante publicará e manterá atualizada a lista de matérias primas, outros ingredientes e aditivos autorizados."

Atribuições dos Estados, do Distrito Federal e Municípios

4.20.. O art. 9 do PL prevê em seu parágrafo único que "Os Estados e o Distrito Federal não poderão estabelecer restrição à distribuição, comercialização e uso de produtos devidamente registrados ou autorizados, salvo quando as condições locais determinarem, desde que comprovadas cientificamente." Tal previsão contraria o dispositivo estabelecido no §2 do art. 24 da CF, eliminando a competência concorrente dos Estados e do DF para legislar sobre a matéria e inverte o "ônus" da prova, colocando o Estado como responsável pela comprovação científica para a restrição quando necessária.

4.21. O Substitutivo extinguiu a competência suplementar dos Municípios, prevista na Lei n° 7.802/1989 e que tem fundamentação no art. 30 da CF, de legislar supletivamente sobre o uso e o armazenamento local dos agrotóxicos, seus componentes e afins.

Criação da Taxa de Avaliação e de Registro

4.22. O PL em análise cria novo tributo denominado Taxa de Avaliação e de Registro, cujo fato gerador é a efetiva prestação de serviços de avaliação e de registros de produtos técnicos, produtos técnicos equivalentes, produtos novos, produtos

DOSSIÊ CONTRA O PACOTE DO VENENO E EM DEFESA DA VIDA   229

formulados e produtos genéricos, de produtos fitossanitários e de produtos de controle ambiental, RET, produto atipico, produto idêntico, produto para agricultura orgânica, conforme "caput" do art. 59, e define o sujeito passivo, conforme § 1º do art. 59.

4.23.　　　Embora a medida defina que o fator gerador do novo tributo é a efetiva prestação de serviço, não há definição quanto ao sujeito ativo, conforme estabelece o art. 119 da Lei nº 5.172, de 25 de outubro de 1966, Código Tributário Nacional – CTN.

4.24.　　　A ausência de definição do sujeito ativo ganha relevância quando se verifica que o produto da arrecadação da taxa é destinado ao Fundo Federal Agropecuário - FFAP, que é um fundo de natureza contábil, conforme art. 60, pois se é taxa pela prestação de serviço, tem por finalidade custear as despesas referentes à prestação do serviço.

4.25.　　　Assim, a medida impõe ao MMA/IBAMA atribuições que geram despesas e estabelece taxa que não será utilizada para o custeio das referidas despesas. Além disso, a revogação dos itens do Anexo da Lei nº 6.938, de 1981, mencionada no item 4.1. desta Nota Técnica, retira receitas do IBAMA que atualmente suprem o custeio dessas despesas. A combinação desses fatores tem o nocivo potencial de impactar negativamente o orçamento da Autarquia, posto que mantém as despesas, por meio da imputação de atribuições decorrentes das competências estabelecidas por meio do art. 7º, incisos I a VIII, sem, no entanto, destinar as receitas correspondentes.

Outras questões:

4.26.　　　O Art. 38 do PL autoriza o reprocessamento, retrabalho e revalidação de produtos de acordo com procedimentos a serem estabelecidos pelo MAPA. No entanto, tais ações se relacionam com a garantia da qualidade do produto final, com as características toxicológicas e ecotoxicológicas do produto reprocessado e podem elevar os níveis de periculosidade dos produtos à saúde e ao meio ambiente, visto que não há garantias de manutenção das propriedades das substâncias por tempo indeterminado. São essas matérias afetas às áreas de saúde, de agricultura e de meio ambiente e que, inclusive, podem estar também relacionadas à performance do produto no campo e serem a causa de redução de eficiência de produtos.

4.27.　　　Há diversas questões incluídas no PL mais adequadas à uma regulamentação ou, até mesmo, a normas complementares, com o agravante de serem contestáveis na forma como ora se apresentam. Na proposta de PL Art. 1 §20 foram consideradas similares para ensaios de resíduos as formulações do tipo concentrado emulsionável (CE ou EC), pó molhável (PM ou WP), granulado dispersível (WG), suspensão concentrada (SC) e líquido solúvel (SL). No caso específico dos estudos de resíduos utilizados no procedimento de avaliação de risco para abelhas um fator que condiciona o potencial de toxicidade do agrotóxico é a sua formulação. A diferença de toxicidade está relacionada com a forma como o ingrediente ativo é captado por pelos, distribuídos ao longo do corpo das abelhas, adaptados para a coleta de pólen. Assim, por exemplo, um produto na forma pó molhável tende a ser mais tóxico do que uma solução e, se usarmos os resultados do mesmo estudo resíduos para conduzir os estudos para a avaliação de risco destes dois tipos de formulação, provavelmente serão obtidas conclusões equivocadas.

4.28.　　　Nas justificativas apresentadas no PL algumas considerações feitas pelo Secretário de Defesa Agropecuária do Ministério da Agricultura Pecuária e Abastecimento são relevantes. Da argumentação apresentada destacamos os seguintestrechos:

"Eu vou lhes explicar uma primeira coisa: um bom negócio é evitar que a praga entre, porque, depois que ela entra, como disse a Dra. Regina, o que se tem que fazer é arrumar. E vai se gastar muito dinheiro para se tentar controlá-la, principalmente num modelo de agricultura tropical em que vivemos, em que nós concorremos com as pragas."

" Na verdade, o erro foi o Ministério da Agricultura demorar 10 anos para soltar uma política pública dizendo que precisa de defensivos para combater 8 pragas prioritárias, e não conviver com uma fila de defensivos agrícolas, o que pode levar até 10 anos, para produtos que muitas vezes interessam apenas a um portfólio de determinadas empresas."

4.29.　　　Neste último trecho o próprio Ministério da Agricultura reconhece que atualmente a fila de pedidos de avaliação e registro de agrotóxicos está mais relacionada com portfólios empresariais do que com o atendimento às necessidades de controle pragas e de oferecimento de alternativas para o enfrentamento da problemática de resistências de pragas e doenças a determinados princípios ativos. E as informações apresentadas a este Instituto pelas empresas titulares de registro de produtos técnicos, agrotóxicos e afins, em atendimento à exigência do art. 41 do Decreto n° 4.074, de 4 de janeiro de 2002, relativas à comercialização de seus produtos no ano 2017, mostram que apenas cerca de 50% dos produtos registrados foram produzidos, importados ou comercializados, referendando o comentário do Secretário de Defesa Agropecuária.

4.30.　　　Nesse contexto, a flexibilização de procedimentos e análises concernentes ao registro, tal como proposto no Substitutivo, não visa assegurar que produtos mais seguros estejam disponíveis no mercado, mas tão somente que mais produtos ingressem no mercado e os já registrados tenham maiores garantias de permanência.

4.31.　　　Nesta seção de justificativas é também informado que a sistemática proposta para avaliações e registro de agrotóxicos guarda semelhança com a de outros países, tais como Estados Unidos e Canadá. No entanto, o quantitativo de servidores disponíveis para a dedicação ao tema na área ambiental, bem como a estrutura administrativa e o modelo jurídico empregado nesses países diferem drasticamente do existente no Brasil. A título de exemplificação, salientamos que na Agência de Proteção Ambiental Americana existem mais de 600 servidores dedicados ao tema.

230　　DOSSIÊ CONTRA O PACOTE DO VENENO E EM DEFESA DA VIDA

5. CONCLUSÃO E/OU PROPOSIÇÃO

5.1. Sugerimos que a manifestação do Ibama seja contrária à aprovação do Substitutivo ao Projeto de Lei n° 6.299, de 2002 apensados, uma vez que são propostas excessivas simplificações ao registro de agrotóxicos, sob a justificativa de que o sistema atua está ultrapassado e de que não estão sendo atendidas as necessidades do setor agrícola, mas que, se implantadas, reduzirão o contr desses produtos pelo Poder Público, especialmente por parte dos órgãos federais responsáveis pelos setores da saúde e do me ambiente, inviáveis ou desprovidas de adequada fundamentação técnica e, até mesmo, que contrariam determinação Constitucior (art. 225, §1°, V).

5.2. O registro dos agrotóxicos, com participação efetiva dos setores de saúde e meio ambiente, é o procedimento básico e inic de controle a ser exercido pelo Poder Público e sua manutenção e aperfeiçoamento se justificam na medida em que se primordialmente, um procedimento que previna a ocorrência de efeitos danosos ao ser humano, aos animais e ao meio ambiente.

5.3. Destaca-se, ainda, que a criação da Taxa de Avaliação e Registro não observa adequadamente as disposições do CTN, so pela indefinição do sujeito ativo, seja pela destinação da arrecadação para agente diverso daquele que presta o serviço, e que a supress dos recursos que atualmente custeiam as correspondentes despesas, por meio do inciso I do art. 67, pode impactar negativamente orçamento do IBAMA, inviabilizando a prestação dos serviços de que se trata.

Documento assinado eletronicamente por **JOSE EDUARDO GONCALVES**, **Coordenador-Geral**, em 27/04/2018, às 11:52, conforme horário oficial de Brasília, com fundamento no art. 6º, § 1º, do Decreto nº 8.539, de 8 de outubro de 2015.

Documento assinado eletronicamente por **MARISA ZERBETTO**, **Coordenadora-Geral**, em 27/04/2018, às 11:53, conforme horário oficial de Brasília, com fundamento no art. 6º, § 1º, do Decreto nº 8.539, de 8 de outubro de 2015.

Documento assinado eletronicamente por **JACIMARA GUERRA MACHADO**, **Diretora**, em 30/04/2018, às 14:37, conforme horário oficial de Brasília, com fundamento no art. 6º, § 1º, do Decreto nº 8.539, de 8 de outubro de 2015.

Documento assinado eletronicamente por **SUELY MARA VAZ GUIMARAES DE ARAUJO**, **Presidente**, em 30/04/2018, às 15:29, conforme horário oficial de Brasília, com fundamento no art. 6º, § 1º, do Decreto nº 8.539, de 8 de outubro de 2015.

A autenticidade deste documento pode ser conferida no site https://sei.ibama.gov.br/autenticidade, informando o código verificador **2240198** e o código CRC **F07C3856**.

Referência: Processo nº 02000.000406/2016-93

SEI nº 2240198

5363621   08000.003710/2017-50

CONSELHO NACIONAL DOS DIREITOS HUMANOS

RECOMENDAÇÃO Nº 09, DE 26 DE OUTUBRO DE 2017.

Recomenda, ao Presidente da Câmara dos Deputados, a imediata instalação da Comissão Especial Temporária, para dar seguimento à tramitação do Projeto de Lei nº 6.670/2016, o qual institui a Política Nacional de Redução de Agrotóxicos (PNARA); e, ao Congresso Nacional, a aprovação do Projeto de Lei nº 6.670/2016, bem como a rejeição dos Projetos de Lei nº 6.299/2002, nº 3.200/2015 e de todos os Projetos de Lei que representam ameaça à proteção do direito à alimentação adequada e à saúde em decorrência do uso de agrotóxicos.

O **CONSELHO NACIONAL DOS DIREITOS HUMANOS – CNDH**, no uso de suas atribuições previstas na Lei nº 12.986, de 02 de junho de 2014, e tendo em vista especialmente o disposto no artigo 4º, inciso IV, que lhe confere competência para expedir recomendações a entidades públicas e privadas envolvidas com a proteção dos direitos humanos, e dando cumprimento à deliberação tomada em sua 31ª Reunião Ordinária, realizada nos dias 25 e 26 de outubro de 2017;

CONSIDERANDO o art. 6º da Constituição de 1988, que prevê o direito à alimentação no rol dos direitos sociais;

CONSIDERANDO que o Brasil é o maior consumidor de agrotóxicos do mundo, alcançando o consumo médio de 7,2 litros por pessoa ao ano[1];

CONSIDERANDO que o Relatório da ANVISA[2], sobre a análise de 12.051 amostras de 25 alimentos representativos da dieta brasileira, monitoradas entre 2013 e 2015, revela que 58% das amostras estão contaminadas por agrotóxicos e que, deste total, 19,7% foram consideradas amostras insatisfatórias, seja porque apresentam limites acima do permitido (3%), seja porque apresentam agrotóxicos não autorizados no Brasil (18,3%);

CONSIDERANDO que o Brasil ainda consome agrotóxicos já proibidos em outros países em razão da ameaça ao direito à saúde e ao meio ambiente, a exemplo do glifosato, classificado em 2015 como potencialmente carcinogênico pela Agência Internacional de Pesquisas do Câncer (IARC, em inglês), órgão da Organização Mundial da Saúde (OMS), e que segue sendo livremente vendido em grande escala no Brasil;

CONSIDERANDO o conjunto de riscos e de evidências a respeito do uso extensivo de agrotóxicos e seus impactos na saúde das pessoas;

CONSIDERANDO a recomendação expedida pelo Instituto Nacional de Câncer José Alencar Gomes da Silva (INCA) da aplicação do princípio da precaução e o estabelecimento de ações que visem à redução progressiva e sustentada do uso de agrotóxicos[3];

CONSIDERANDO que avança no Congresso Nacional a tramitação de um conjunto de Projetos de Lei, denominados "pacote do veneno", que buscam flexibilizar o uso e a comercialização de agrotóxicos no país e que se dão pelo desmonte dos marcos legais existentes, violando o direito humano à saúde e à alimentação adequada. Destacam-se os Projetos de Lei nº 6.299/2002 e nº 3.200/2015, que tentam banalizar o impacto do uso dos agrotóxicos, além de propor a substituição da nomenclatura de "agrotóxico" para "defensivos fitossanitários e de controle ambiental", o que representa uma alteração de forte poder simbólico para esconder o perigo dessas substâncias tóxicas;

CONSIDERANDO que o PL nº 3.200/2015 cria também a Comissão Técnica Nacional de Fitossanitários (CTNFito), que usurpa as atribuições fundamentais do que hoje é competência tripartite da Agência Nacional de Vigilância Sanitária (ANVISA), do Instituto Brasileiro do Meio Ambiente e dos Recursos Naturais Renováveis (IBAMA) e do Ministério da Agricultura, Pecuária e Abastecimento (MAPA), no que diz respeito aos agrotóxicos. Desta forma, a composição e as decisões da referida Comissão ficariam restritas ao MAPA;

CONSIDERANDO a necessidade da implementação do Programa Nacional de Redução de Agrotóxicos (PRONARA)[4] e da aprovação da Política Nacional de Redução de Agrotóxicos (PNARA) – PL nº 6.670/2016 –, construída de forma plural, com um conjunto de entidades e movimentos sociais que visam à garantia do direito à alimentação saudável e adequada, mas que atualmente está paralisado na Câmara dos Deputados;

RECOMENDA:

AO PRESIDENTE DA CÂMARA DOS DEPUTADOS:

1) A imediata instalação da Comissão Especial Temporária, para dar seguimento à tramitação do Projeto de Lei nº 6.670/2016, o qual institui a Política Nacional de Redução de Agrotóxicos (PNARA);

AO CONGRESSO NACIONAL:

2) A aprovação do Projeto de Lei nº 6.670/2016, bem como a rejeição dos Projetos de Lei nº 6.299/2002, nº 3.200/2015 e de todos os Projetos de Lei que representam ameaça à proteção do direito à alimentação adequada e à saúde em decorrência do uso de agrotóxicos.

DARCI FRIGO
Presidente
Conselho Nacional dos Direitos Humanos

[1] Dossiê ABRASCO: Um alerta sobre os impactos dos agrotóxicos na saúde, 2015.

[2] Programa de Análise de Resíduos de Agrotóxicos em Alimentos (PARA) – Relatório das Análises de Amostras Monitoradas no Período de 2013 a 2015, 2016.

[3] Mesa de Controvérsias sobre Impactos dos Agrotóxicos na Soberania e Segurança Alimentar e Nutricional e no Direito Humano à Alimentação Adequada – Relatório Final, 2012.

[4] Composto por 137 ações concretas que visam a frear o uso de agrotóxicos no Brasil, no âmbito do Plano Nacional de Agroecologia e Produção Orgânica.

 Documento assinado eletronicamente por **Darci Frigo**, **Usuário Externo**, em 30/10/2017, às 14:00, conforme o § 1º do art. 6º e art. 10 do Decreto nº 8.539/2015.

 A autenticidade do documento pode ser conferida no site http://sei.autentica.mj.gov.br informando o código verificador **5363621** e o código CRC **ECC445E7**
O trâmite deste documento pode ser acompanhado pelo site http://www.justica.gov.br/acesso-a-sistemas/protocolo e tem validade de prova de registro de protocolo no Ministério da Justiça.

Referência: Processo nº 08000.003710/2017-50   SEI nº 5363621

CONSELHO NACIONAL DE SAÚDE

RECOMENDAÇÃO Nº 008, DE 16 DE SETEMBRO DE 2016

O Plenário do Conselho Nacional de Saúde, em sua Ducentésima Octogésima Quinta Reunião Ordinária, realizada nos dias 15 e 16 de setembro de 2016, no uso de suas competências regimentais e atribuições conferidas pela Lei nº 8.080, de 19 de setembro de 1990, pela Lei nº 8.142, de 28 de dezembro de 1990 e pelo Decreto nº 5.839, de 11 de julho de 2006, e

considerando que o mercado de agrotóxicos no Brasil teve crescimento de 190% em 10 anos;

considerando que, desde 2008, o Brasil ocupa o lugar de maior consumidor de agrotóxicos no mundo e que na safra de 2011 foram pulverizados cerca de 12 litros de agrotóxicos por hectare, proporcionalmente, 7,3 litros de agrotóxicos por habitante/ano;

considerando que, de acordo com a Organização Mundial da Saúde (OMS), para cada caso notificado, há 50 casos subnotificados de intoxicação exógena por agrotóxicos, portanto, onde há maior índice de notificação pode não ser o local onde há maior exposição, e sim onde há maior empenho para notificar os casos;

considerando que, segundo o Ministério da Saúde, de 2011 a 2015 foram registrados 56.823 casos de intoxicação por agrotóxicos e que os estados com maior número de casos notificados neste período foram: São Paulo (17,7%), Minas Gerais (16,7%), Paraná (12,7%), Pernambuco (7,8%) e Goiás (5,47%);

considerando que o Instituto Nacional do Câncer (INCA), a Fundação Oswaldo Cruz (Fiocruz), a Associação Brasileira de Saúde Coletiva (Abrasco), entre outras reconhecidas entidades acadêmicas e também da sociedade civil, já se posicionaram contrárias à utilização indiscriminada de agrotóxicos devido aos impactos na saúde da população e do ambiente;

considerando que o Projeto de Lei n.º 6.299/2002 e o Projeto de Lei n.º 3.200/2015 tem por objetivo alterar o atual marco normativo afeto ao tema dos agrotóxicos, em especial a Lei nº 7.802/1989, o que representa grave afronta ao meio ambiente, e ao direito à alimentação saudável, pois flexibiliza a utilização de veneno agrícola e consequentemente, aumenta a utilização;

considerando que o Projeto de Lei nº 6.299/2002 e seus apensados, propõe não só mudar o nome de agrotóxico para produto defensivo fitossanitário, como prevê a instituição de uma Comissão Técnica Nacional de Fitossanitários (CTNFito), no âmbito do Mapa, a qual ficará responsável pela avaliação de pedidos de registro de novos produtos, composta por 23 membros efetivos e suplentes indicados pelo Ministério da Agricultura, Pecuária e Abastecimento, excluindo a análise do Ministério da Saúde e do Meio Ambiente, como acontece até o momento;

considerando que está prevista também a limitação de atuação normativa e fiscalizatória dos estados e a autorização de utilização de agrotóxicos com características teratogênicas, carcinogênicas, ou mutagênicas "quando o risco for aceitável";

considerando que o Ministério Público Federal já se posicionou contrário ao Projeto de Lei nº 3.200/2015 (apensado ao PL nº 6.299), por compreender que amplia o uso e consumo dos agroquímicos no território nacional, altera nomenclatura e retira a denominação que transparece a exata noção do produto, ferindo princípios da transparência e da informação e dissimulando efeitos deletérios dos agrotóxicos, mediante a utilização de um termo mais brando, assim como pela proposta de criação da comissão de avaliação, que deixa de fora representantes dos consumidores e da Agência Nacional de Vigilância Sanitária (Anvisa).

Recomenda ao Presidente da Câmara dos Deputados e à Presidência da Comissão Especial destinada a proferir parecer ao Projeto de Lei n.º 6299 de 2002 - regula defensivos fitossanitários:

1. A rejeição do Projeto de Lei nº 6.299/2002 e seus apensados;

2. Promover amplo debate nas 05 (cinco) regiões do país, por meio de audiências públicas, com o objetivo de divulgar e esclarecer sobre os impactos e riscos que estas proposições podem acarretar na saúde da população.

Plenário do Conselho Nacional de Saúde, em sua Ducentésima Octogésima Quinta Reunião Ordinária, realizada nos dias 15 e 16 de setembro de 2016.

Brasília, 1º de julho de 2013

E.M. nº 003-2013/**CONSEA**

Excelentíssima Senhora Presidenta da República,

O Conselho Nacional de Segurança Alimentar e Nutricional (CONSEA), reunido em plenária no dia 19 de junho de 2013, discutiu e aprovou o encaminhamento das propostas resultantes dos debates ocorridos durante a Mesa de Controvérsias sobre Agrotóxicos, realizada em Brasília, nos dias 20 e 21 de setembro de 2012. A atividade contou com a participação de especialistas, pesquisadores(as), representantes de governo e da sociedade civil, sendo organizada por este Conselho com o objetivo de estimular o Governo Brasileiro a adotar iniciativas concretas de curto, médio e longo prazo para a redução do uso dos agrotóxicos. As propostas constantes neste documento também se fundamentam nas proposições aprovadas na 4º Conferência Nacional de Segurança Alimentar e Nutricional, realizada em Salvador, em novembro de 2011.

A disseminação do uso intensivo das substâncias que se abrigam sob o termo agrotóxicos tornou-se massiva após a implementação do processo de modernização agrícola conhecido como "Revolução Verde", que, a partir da década de 1970, transformou o modelo de produção agrícola, principalmente em países periféricos do capitalismo mundial, em estruturas monocultoras e altamente dependentes de insumos químico-industriais. O Governo Brasileiro, no ano de 1975, por meio do Plano Nacional de Desenvolvimento e Programa Nacional de Defensivos Agrícolas, adotou várias medidas de incentivo econômico, educacional, de pesquisa e de assistência técnica para que a "Revolução Verde" fosse assimilada pelo setor agrícola de forma que esse paradigma perdura até os dias atuais, sendo ainda a diretriz de muitas políticas governamentais.

Nos últimos anos, alguns organismos internacionais se manifestaram a respeito do uso de agrotóxicos que tem sido amplamente disseminado desde então. Em 2007, a Organização das Nações Unidas para Alimentação e Agricultura (FAO) organizou a Conferência Internacional sobre a Agricultura Orgânica e Segurança Alimentar que concluiu que a agricultura convencional esgotou sua capacidade de alimentar a população global e que existe a necessidade de substituição pela agricultura ecológica.

DOSSIÊ CONTRA O PACOTE DO VENENO E EM DEFESA DA VIDA   237

Em 2010, a Conferência das Nações Unidas sobre Comércio e Desenvolvimento (UNCTAD) recomendou que os governos estimulem o uso de diferentes formas de agricultura sustentável, entre elas a orgânica, a de baixo uso de insumos externos e o manejo integrado de pragas, que minimizam o uso de agroquímicos.

Em 2010, o Relator Especial sobre o Direito Humano à Alimentação, Olivier de Schutter, afirmou na Assembleia Geral da Organização das Nações Unidas (ONU) que a agroecologia é um novo paradigma de desenvolvimento agrícola que não só apresenta fortes conexões conceituais com o direito humano à alimentação, como também demonstra resultados para avançar rapidamente no sentido da concretização desse direito humano para muitos grupos vulnerabilizados em vários países

Na contramão das recomendações internacionais mencionadas, o Brasil tornou-se o maior consumidor de agrotóxicos do mundo com 19% do mercado mundial. Segundo estudo baseado em relatórios financeiros das empresas líderes na comercialização de agrotóxicos, a taxa de crescimento do mercado brasileiro de agrotóxicos, entre 2000 e 2010, foi de 190% contra 93% do mercado mundial.

De acordo com os dados do Sistema de Informações de Agravos de Notificação (SINAN), do Instituto Brasileiro de Geografia e Estatística (IBGE) e Sindicato Nacional da Indústria de Produtos para Defesa Agrícola (SINDAG), a evolução da taxa de consumo de agrotóxicos no Brasil cresceu de 7,5 quilos por hectare em 2005 para 15,8 quilos por hectare em 2010. O percentual mais elevado se encontra entre os estabelecimentos com mais de 100 hectares dos quais 80% usam agrotóxicos

O peso dos agrotóxicos nos custos de produção também cresceu, apesar dos incentivos e das isenções tributárias, fato que desconstrói a afirmação de que esse modelo de produção possui o menor custo. Segundo dados da Companhia Nacional de Abastecimento (CONAB) e do SINDAG, o custo do agrotóxico nas culturas cresceu de 13,32 dólares por tonelada em 2001 para 30 dólares em 2010. Segundo estudo do Banco Nacional de Desenvolvimento Econômico e Social (BNDES) para as culturas de algodão, arroz, milho e soja, entre 10% e 20% do custo de produção corresponde aos agrotóxicos, sendo o segundo item de custo dessas culturas. Segundo o Banco do Brasil, 16.3% do valor de crédito rural concedido pelo Banco para custeio na safra 2011/2012 destinou-se à aquisição de agrotóxicos.

Em termos dos incentivos e isenções tributárias, a Lei 10.925/2004 reduziu a zero as alíquotas do Programa de Integração Social (PIS) e do Programa de Formação do Patrimônio do Servidor Público (PASEP) e da Contribuição para o Financiamento da Seguridade Social (COFINS) sobre um conjunto de produtos, inclusive os agrotóxicos. O Decreto nº 7.660, de 23 de dezembro de 2011, aprovou a alíquota zero para o item referente aos agrotóxicos na Tabela de Incidência do Imposto sobre Produtos Industrializados (IPI). De acordo com o Convênio nº 100/97, firmado entre o Ministro de Estado da Fazenda e os Secretários de Fazenda, Finanças ou Tributação dos Estados e do Distrito Federal, a base de cálculo do Imposto sobre Circulação de Mercadorias e Prestação de Serviços (ICMS) ficou reduzida em

238 DOSSIÊ CONTRA O PACOTE DO VENENO E EM DEFESA DA VIDA

60% (sessenta por cento) nas saídas interestaduais de inseticidas, fungicidas, formicidas, herbicidas, parasiticidas, germicidas, acaricidas, nematicidas, raticidas, produzidos para uso na agricultura e na pecuária. O referido Convênio foi prorrogado até 31 de julho de 2013 por meio do Convênio ICMS n° 101/12.

Quando se compara o crescimento da área plantada com o crescimento do consumo de agrotóxicos, constata-se que enquanto a área plantada com soja, entre 2000 e 2009, cresceu em 67%, o consumo de agrotóxicos elevou-se em 209%, de acordo com dados da Companhia Nacional de Abastecimento (CONAB). A área plantada com soja em 2009 foi praticamente a mesma de 2005, enquanto que o consumo de agrotóxicos foi 94% maior. Considerando que a semente utilizada é transgênica, percebe-se que a promessa de eficiência agronômica e de menor uso de agrotóxicos a partir do plantio da soja transgênica não se comprova.

O Brasil autorizou entre 2008 e 2010 o plantio comercial de 26 variedades transgênicas de soja, milho e algodão, desconsiderando os riscos de erosão genética e contaminação de sementes tradicionais e varietais. Das 26 variedades liberadas no período, 21 foram modificadas para resistência a herbicidas. A companhia Monsanto detém 46% delas e divulgou a previsão de que 70% da soja colhida no Brasil em 2012 seja derivada de suas sementes. Na safra 2010/11, 25,8 milhões de hectares foram cultivados com organismos geneticamente modificados (OGM).

A incidência de notificações por intoxicação cresceu concomitantemente ao aumento do uso de agrotóxicos. Segundo dados do Sistema de Informações de Agravos de Notificação (SINAN), responsável pela notificação obrigatória das intoxicações, foram registrados cerca de 9 mil casos de intoxicações agudas em 2011.

No campo da saúde humana, é importante destacar que os agrotóxicos podem ser absorvidos pela pele, por ingestão e por inalação e causam dois grandes grupos de efeitos: os efeitos agudos, que são as intoxicações com uma dose elevada dos agrotóxicos e que acontecem logo após a exposição por um curto período de tempo e os efeitos crônicos que são aqueles relacionados à exposição diária a pequenas doses por um longo período de tempo. Estes efeitos surgem após um intervalo de tempo variável, e podem causar diversas alterações crônicas de saúde nos grupos humanos tais como dermatites, câncer, neurotoxicidade retardada, desregulação endócrina, efeitos sobre o sistema imunológico, efeitos na reprodução como infertilidade, malformações congênitas, abortamentos, efeitos no desenvolvimento da criança, doenças do fígado e dos rins, doenças do sistema nervoso, doenças respiratórias, distúrbios mutagênicos, neurológicos e psiquiátricos, que levam a ocorrência de óbito, inclusive por suicídio.

De acordo com o Relatório do Programa de Análise de Resíduos de Agrotóxicos em Alimentos (PARA) de 2010, 28% das amostras de alimentos analisadas pela Agência Nacional de

Vigilância Sanitária (ANVISA) estavam com resíduos insatisfatórios ou acima do limite permitido ou de agrotóxicos não permitidos.

Contudo, essa definição de quantidade de resíduos permitidos para consumo humano possui a limitação de não considerar o efeito sinérgico, aditivo e complementar na existência de diferentes ingredientes ativos utilizados em uma mesma cultura. Segundo dados da ANVISA, 434 ingredientes ativos estão registrados e são permitidos no Brasil.

Como exemplo, pode-se mencionar o caso do estado de Pernambuco que identificou 17 diferentes agrotóxicos na mesma amostra de pimentão, e também o caso do estado do Paraná que identificou 14 diferentes ingredientes ativos na mesma amostra de maçã.

Ainda que esses limites de resíduos estejam dentro de todas as margens de segurança que foram estabelecidas, são desconhecidos os impactos que podem ser gerados pela exposição a múltiplos ingredientes ativos. Além disso, o ser humano corre também riscos agregados que são advindos de diferentes tipos de exposições. Os limites de ingestão diária aceitável de resíduos na água não são somados aos limites que permanecem nas culturas, assim como não são somadas às contaminações ambientais.

Outra questão preocupante é que os estudos para o registro de produtos agrotóxicos são feitos pelas próprias empresas solicitantes, o que pode gerar o conflito de interesses e a ingerência do patrocinador na condução dos estudos. Ademais, as empresas detém a propriedade dos dados dos estudos por 10 anos, conforme estipula a Lei 10.603/2002, o que impede que os órgãos públicos divulguem essas informações antes desse prazo. Portanto, esses estudos não são de acesso público, sendo permitido somente depois de vencido o prazo de proteção dos dados.

É importante mencionar ainda o "Estudo epidemiológico da população da região do Baixo Jaguaribe/CE exposta à contaminação ambiental em área de uso de agrotóxicos", pesquisa realizada pelo Departamento de Saúde Comunitária da Faculdade de Medicina da Universidade Federal do Ceará, sob coordenação da Professora Dra. Raquel Maria Rigotto, e apoiada pelo Conselho Nacional de Desenvolvimento Científico e Tecnológico (CNPq) e Ministério da Saúde através do Edital MCT-CNPq/MS-SCTIE-DECIT/CT-Saúde – Nº 24/2006.

Os primeiros resultados da referida pesquisa no Baixo Jaguaribe/CE revelam uma situação de extrema vulnerabilidade populacional e institucional e graves desafios à saúde pública em razão do uso de agrotóxicos na região. A pesquisa apontou um aumento de 100% dos agrotóxicos consumidos no Ceará entre 2005 e 2009, e de 963,3% dos ingredientes ativos de agrotóxicos comercializados no estado no mesmo período. Considerando a contaminação por agrotóxicos da água disponibilizada para consumo humano e das águas subterrâneas, o lançamento de cerca de 4.425.000 litros pela pulverização aérea de calda contendo venenos extremamente tóxicos e altamente persistentes no ambiente do entorno de comunidades da Chapada do Apodi/CE, a exposição diária de trabalhadores(as) do agronegócio a elevados volumes de caldas tóxicas que inclusive já resultou em pelo menos um óbito e na identificação de alterações na função hepática de significativo contingente de trabalhadores(as) examinados(as), constatou- se que os(as) agricultores(as) no Ceará têm até seis vezes mais câncer do que os não agricultores(as), em pelo menos 15 das 23 localizações anatômicas estudadas. Além disso, a taxa de mortalidade por neoplasias foi 38% maior (IC95%= 1,09 – 1,73) nos municípios de estudo.

Os dados apresentados acima demonstram que a redução do uso de agrotóxicos requer a desconstrução de alguns mitos que foram reproduzidos socialmente sem uma base científica sólida. O primeiro deles diz respeito à relação entre custo de produção e receita entre a produção convencional e a produção em transição agroecológica. Esse mito pode ser desfeito a partir de análises comparativas entre a produção convencional e a produção em transição agroecológica. Os resultados da safra 2010/2011 no estado do Paraná permitem uma comparação entre os diferentes tipos de produção dos(as) agricultores(as) familiares que produzem na mesma região, município e comunidade, ou seja, expostos ao mesmo tipo de condição ambiental, de solo e de clima. O(a) agricultor(a) familiar, que plantou milho convencional no Centro-Sul do Paraná, apresentou receita líquida de aproximadamente R$1.000,00 por hectare. Na mesma área, os(as) agricultores(as), em transição para a agroecologia, fazendo manejo de solos com adubação verde, rotação de culturas, uso de pó de rocha, e, principalmente, plantando milho crioulo, apresentaram uma lucratividade maior de R$2.000,00 por hectare.

Do ponto de vista internacional, um estudo de 2006 compilou e analisou um conjunto de dados de quase 200 experiências de promoção da agroecologia em países do Norte e do Sul, em desenvolvimento e desenvolvidos, sobre a produtividade e a produção dessas experiências para uma série de cultivos agrícolas, de hortaliças, de produção animal, de produção de grãos, e extrapolou para toda a área que é cultivada hoje em dia. Praticamente todas as categorias avaliadas confirmam que o sistema ecológico é mais produtivo e rende mais na média global e também nos países em desenvolvimento. O estudo constatou que a produção é duas ou até três vezes maior no sistema orgânico do que na produção convencional para algumas categorias.

Mais recentemente, o Brasil avançou ao aprovar a criação da Política Nacional de Agroecologia e Produção Orgânica (PNAPO) e, dentro desta, o Plano Nacional de Agroecologia e Produção Orgânica (PLANAPO), elaborado por meio de um processo de diálogo entre governo e sociedade civil realizado no âmbito da Câmara Interministerial e da Comissão Nacional de Agroecologia e Produção Orgânica (CIAPO e CNAPO). O Plano prevê um conjunto de ações para implementar um "Programa Nacional para Redução do Uso de Agrotóxicos", medida que tem o endosso e o apoio do CONSEA.

Propostas do Conselho Nacional de Segurança Alimentar e Nutricional

Como conclusão geral da Mesa de Controvérsias sobre Agrotóxicos, pactuou-se que há uma concordância a respeito da necessidade de redução do uso de agrotóxicos e de afirmação do Plano Nacional de Agroecologia e Produção Orgânica (PLANAPO), em consonância também com o que estabelece o Plano Nacional de Segurança Alimentar e Nutricional 2012-2015.

Diante do exposto, Excelência, este Conselho apresenta as seguintes propostas:

De responsabilidade dos órgãos de saúde, agricultura e meio ambiente intervenientes no processo de avaliação, registro, fiscalização e monitoramento dos impactos dos agrotóxicos

Componentes de um Plano de Redução do Uso de Agrotóxicos:

1. Proibir no Brasil os agrotóxicos já vedados em outros países, a exemplo dos banidos na União Europeia, e coibir a comercialização e contrabando destes ingredientes ativos, notadamente os que se encontram em processo de reavaliação na ANVISA e no Instituto Brasileiro do Meio Ambiente e dos Recursos Naturais Renováveis (IBAMA).

2. Proibir as pulverizações aéreas de agrotóxicos.

3. Instituir programa que estimule uma maior eficiência com o mínimo de uso desse tipo de tecnologia para evitar o desperdício existente na sua aplicação e o risco do consumo de produtos tóxicos.

4. Incluir no Plano de Redução do Uso de Agrotóxicos a redução do uso de sementes transgênicas e a realização de estudos de impacto socioeconômico e ambiental de organismos vivos geneticamente modificados em atendimento às recomendações aprovadas na Convenção de Diversidade Biológica (COP-MOP).

5. Ampliar a participação da sociedade civil no Comitê do Codex Alimentarius do Brasil.

Monitoramento dos impactos dos agrotóxicos:

6. Criar um programa nacional de monitoramento dos resíduos e do descarte de embalagens de agrotóxicos, fertilizantes, metais e solventes em água potável, rios, lagos e solos de biomas específicos como o Pantanal e águas subterrâneas.

7. Incluir no Programa de Análise de Resíduos de Agrotóxicos (PARA) da ANVISA, o leite, o milho, a soja, as carnes, os peixes, a água de abastecimento para consumo humano e alimentos processados e industrializados, cumprindo com a Portaria n° 2.914/2011/MS, implantando uma rede de laboratórios públicos para realizar estas análises, garantido o orçamento necessário para tal funcionamento.

8. Implantar uma Vigilância Integral à Saúde (epidemiológica, sanitária, ambiental, laboral, farmacológica e nutricional), de forma participativa e integrada (saúde, agricultura, ambiente, educação), garantindo o cumprimento da Norma Regulamentadora nº 31, do Ministério do Trabalho e do Emprego (MTE) que estabelece os preceitos para a segurança e saúde no trabalho na agricultura, pecuária, silvicultura, exploração florestal e aquicultura e assegurando orçamento para tal funcionamento.

9. Realizar estudos sobre os custos sociais, econômicos, ambientais, especialmente para a saúde pública, decorrentes de intoxicações agudas e crônicas por agrotóxicos.

10. Definir metodologia única de monitoramento em todos os órgãos ambientais nas três esferas federativas e investir em pesquisas voltadas ao estudo do comportamento das moléculas dos ingredientes ativos e seus impactos na biodiversidade brasileira e na saúde humana.

Mecanismos para melhorar a avaliação de agrotóxicos:

11. Construir mecanismos para revisar o método de avaliação ambiental, considerando as especificidades de cada bioma e de cada espécie.

12. Criar um modelo democrático de decisão no que diz respeito ao registro e fiscalização de agrotóxicos, com fóruns de discussão e com controle social sobre os órgãos de Governo que atuam nessas questões, incluindo-se as universidades no processo de avaliação das pesquisas realizadas pelas empresas solicitantes de liberação do uso de seus produtos.

13. Fortalecer as agências reguladoras responsáveis pelo registro e fiscalização de agrotóxicos, reestruturando e dando condições para que exerçam o seu trabalho; assegurando a aplicação e o cumprimento da Lei de Agrotóxicos existente com penalidades previstas para descumprimento, revisando o valor das multas das sanções administrativas que atualmente são insignificantes, ampliando e qualificando o quadro de recursos humanos com a função de fiscalização, incluindo a fiscalização do uso dos agrotóxicos nas propriedades rurais.

14. Criar penalidades, incluindo o pagamento de ressarcimento financeiro, para os responsáveis pela contaminação por agrotóxicos e por transgênicos de sistemas agroecológicos.

15. Garantir a continuidade da atuação dos três órgãos que atualmente integram o sistema de fiscalização, quais sejam o Ministério da Agricultura, Pecuária e Abastecimento (MAPA), IBAMA e a ANVISA, impedindo a criação de uma agência única para essa atribuição, aproximando os setores de governo da agricultura e da saúde em suas tomadas de decisões.

Acesso a informações e participação da sociedade:

16. Garantir aos(às) consumidores(as) o direito à informação a respeito da presença de agrotóxicos nos alimentos por meio da rotulagem de alimentos, inclusive os processados.

17. Garantir canais e mecanismos para a participação social e exigibilidade de direitos por meio de fóruns estaduais de controle aos impactos dos agrotóxicos, realização de audiências públicas sobre o uso de agrotóxicos e articulação de vias de enfrentamento: administrativa (audiência pública, investigação e inspeção, recomendação), extra judicial (Termo de Ajuste de Conduta) e judicial (atuação do Ministério Público Federal para provocar o Poder Judiciário, Advocacia Geral da União).

18. Implementar a Convenção de Roterdã sobre o procedimento de consentimento prévio informado (PIC) Aplicado a Certos Agrotóxicos e Substâncias Químicas Perigosas Objeto de Comércio Internacional, promulgada no Brasil através do Decreto Presidencial nº 5.360/2005.

19. Implantar fóruns de elaboração de normas, de monitoramento e de vigilância do desenvolvimento local e regional, com um sistema de Vigilância do Desenvolvimento Agropecuário, Urbano e Industrial e Sistema Nacional de Informação de Venda e Uso de Agrotóxicos que fortaleça o controle do receituário agronômico e possa subsidiar com dados e informações as ações de vigilância ambiental e à saúde.

20. Rever a Lei nº 10.603/2002 que estabelece o poder das empresas de reter os dados resultantes dos estudos de registro de agrotóxicos por 10 anos, impedindo a sua divulgação antes desse prazo.

De responsabilidade dos órgãos de tributação federal e estaduais

21. Analisar os impactos mais diretos de custo decorrentes da isenção/redução da tributação federal e estadual sobre agrotóxicos e os desdobramentos desse impacto em termos sociais e econômicos mais amplos, com vistas a acabar com subsídios e isenção nos impostos para os agrotóxicos, destinando a arrecadação destes no fortalecimento dos sistemas agroecológicos.

22. Incluir, no processo de tomada de decisão governamental sobre a tributação, perspectivas mais amplas que o olhar meramente econômico, viabilizando propostas de tributação maior para agrotóxicos de maior toxicidade, como forma de desincentivo ao seu uso.

De responsabilidade dos órgãos envolvidos com educação, pesquisa e formação profissional

23. Investir na capacitação e formação dos(as) profissionais da saúde a fim de torná-los competentes para a realização de diagnósticos clínicos relacionados à intoxicação aguda e crônica por agrotóxicos.

24. Fortalecer e fomentar o papel das universidades nas pesquisas sobre o impacto dos agrotóxicos na saúde humana e ambiental.

25. Investir na capacitação e formação dos(as) profissionais das ciências agrárias e afins, qualificando as grades curriculares (escolas e universidades, etc) de forma que possam dar um panorama sobre os agrotóxicos e sobre a agroecologia (toxicologia, agroecologia, etc) e fomentando ações de formação dos(as) profissionais e dos(as) agricultores(as) a respeito dos riscos do uso de agrotóxicos e dos benefícios do uso das tecnologias agroecológicas.

26. Incluir no currículo do ensino fundamental a importância dos sistemas agroecológicos de produção e sistemas produtivos indígenas tradicionais para uma alimentação adequada e saudável. Considerar as questões de sustentabilidade do solo, água e meio ambiente, bem como dos impactos nutricionais do uso de agrotóxicos, nos conceitos atuais vigentes de eficiência agronômica.

Aos órgãos coordenadores e integrantes de Política Nacional de Agroecologia e Produção Orgânica (PNAPO)

Alternativas ao uso de agrotóxicos:

27. Democratizar a estrutura fundiária do País com base no direito humano à terra urbana e rural e territórios e na soberania alimentar dos povos e comunidades tradicionais e implementar um Programa Nacional de Reforma Agrária e reconhecimento dos direitos territoriais e patrimoniais dos povos indígenas e povos e comunidades tradicionais.

28. Definir medidas e metas ousadas no Plano Nacional de Agroecologia e Produção Orgânica com vistas a ampliar o uso de tecnologias, processos e práticas de agroecologia, agricultura orgânica e dos sistemas produtivos indígenas tradicionais já existentes, bem como fortalecer ações em rede com vistas ao intercâmbio de experiências agroecológicas.

29. Ampliar as políticas de incentivo econômico para a produção de alimentos saudáveis, dentre outros, por meio de:
    a. garantia de investimentos públicos em pesquisas alternativas;
    b. garantia de financiamentos públicos para a produção e comercialização agrícola e pecuária que investirem em tecnologias sustentáveis e sem agrotóxicos;
    c. programas públicos de multiplicação de variedades de sementes tradicionais ou crioulas e outros materiais propagativos de culturas alimentares;
    d. ampliação dos recursos para Pesquisa, Desenvolvimento e Inovação (Portfólio de Agricultura de Base Ecológica – Embrapa e parceiros, Universidades, Instituições de Pesquisa, Iniciativa Privada e Organizações da Sociedade Civil);
    e. fortalecimento da organização socioeconômica das cadeias produtivas de alimentos livres de agrotóxicos;

f. revisão da legislação de vigilância sanitária aplicável aos produtos de origem agroecológica;

g. prioridade às redes agroecológicas de serviços de assistência técnica para a agricultura familiar;

h. fomento para criação de redes sustentáveis de comercialização e distribuição de alimentos saudáveis;

i. desobrigação do uso de agrotóxicos pelos(as) agricultores(as) familiares em suas práticas agrícolas exigidas pelo Programa Nacional de Fortalecimento da Agricultura Familiar (Pronaf) para acesso ao seguro agrícola;

j. priorização de compras governamentais de produtos agroecológicos com a ampliação progressiva de metas.

Cremos, Excelência, que ao abordar essa temática e apresentar as propostas supracitadas, o CONSEA cumpre sua missão institucional e espera contribuir para a promoção da soberania e segurança alimentar e nutricional da população brasileira

Respeitosamente,

Maria Emília Lisboa Pacheco

Presidenta do CONSEA

Brasília, 06 de julho de 2016

E.M. nº 004 -2016/**CONSEA**

Excelentíssimo Senhor Vice-Presidente da República, no exercício do cargo de Presidente da República,

O Conselho Nacional de Segurança Alimentar e Nutricional (CONSEA), por diversas ocasiões, destacou a importância do debate sobre os efeitos do uso de agrotóxicos na saúde humana, animal e ambiental, e o risco que ele traz para a garantia à promoção da soberania e segurança alimentar e nutricional da população brasileira. Importante ressaltar que o Brasil, desde 2008, ocupa a primeira posição no consumo mundial de agrotóxicos.

O Consea, entendendo o grave risco à garantia do direito humano a alimentação adequada e saudável em função do uso de agrotóxicos, em diversos momentos tem alertado sobre os seus impactos na saúde humana, animal e do meio ambiente, se manifestando por meio de Recomendações, como a de nº 006/2005, que solicita medidas para manutenção e aprimoramento das disposições de controle e fiscalização dos agrotóxicos; a de nº 011/2005, que solicita a não flexibilização dos procedimentos de registro de agrotóxicos, além da Exposição de Motivo nº 005/2013, que solicitou o veto ao art. 53 do Projeto de Lei de Conversão – PLV nº 25/2013, que autoriza de forma temporária e emergencial a produção, importação, liberação comercial e uso de agrotóxicos em situação epidemiológica emergencial.

Ademais, dada a importância do tema, o Consea, em 2012, promoveu a "Mesa de Controvérsia sobre os Impactos dos Agrotóxicos na Soberania e Segurança Alimentar e Nutricional e o Direito Humano à Alimentação Adequada", com o objetivo de estimular o Estado Brasileiro a tomar iniciativas concretas de curto, médio e longo prazos para a redução do uso de agrotóxicos, tendo como base as proposições aprovadas na 4ª Conferência Nacional de Segurança Alimentar e Nutricional realizada em novembro de 2011.

Como resultado da Mesa de controvérsia, foi encaminhada a Exposição de Motivo nº 003/2013, contendo uma série de propostas ao Governo Federal para a redução do uso de agrotóxicos, a necessidade de construção e implementação do Plano Nacional de Agroecologia e Produção Orgânica (PLANAPO), em consonância com o que estabelece o Plano Nacional de Segurança Alimentar e Nutricional (PLANSAN). O Consea, junto a Comissão Nacional de Agroecologia e Produção Orgânica (CNAPO) e o Conselho Nacional de Desenvolvimento Rural Sustentável (Condraf), elaboraram Ofício endereçado ao Ministro do Desenvolvimento Agrário, recomendando a publicação e lançamento do Programa Nacional para Redução do Uso de Agrotóxicos, previsto no PLANAPO, que tem como um dos principais objetivos ampliar e fortalecer a produção de produtos orgânicos e de base agroecológica, reduzindo o uso de agrotóxicos nas plantações.

Ademais, durante a 5ª Conferência Nacional de Segurança Alimentar e Nutricional, realizada em Brasília entre os dias 03 e 06 de novembro de 2015, foi aprovada Moção de Repúdio ao Projeto de Lei 3200/15 que busca revogar a lei atual dos agrotóxicos (lei 7.802/89), que contou com o seguinte teor:

> *Nós, delegado(a)s da 5ª Conferência Nacional de Segurança Alimentar e Nutricional, realizada em Brasília durante os dias 03 a 06 de novembro de 2015, repudiamos o projeto de lei protocolado no último dia 06 de outubro pelo Dep. Federal Covatti Filho (PP/RS), cuja proposta é a revogação da Lei de Agrotóxicos 7.802/89.*
>
> *Entendemos que essa Lei 7.802/89 (lei atual dos agrotóxicos) deve ser mantida porque é resultado de um processo de lutas sociais para a normatização de um sistema regulatório de agrotóxicos que prioriza a saúde da população e não os interesses econômicos.*
>
> *Já o PL 3200/15 flexibiliza totalmente o sistema normativo de agrotóxicos, por colocar todo o processo de registro sob a responsabilidade de uma Comissão Técnica Nacional de Fitossanitários – CTNFito (composta e com funcionamento nos moldes da CTNBio), vinculada ao Ministério da Agricultura (MAPA) com grandes ameaças à saúde pública e ao ambiente. Além disso, gera outros agravos na medida em que:*
> - *Altera o nome de agrotóxicos para defensivos fitossanitários.*
> - *Permite que a CTNFito autorize a produção e o uso de agrotóxicos genéricos.*
> - *Vincula os atos dos órgãos de meio ambiente (IBAMA) e saúde (ANVISA) aos pareceres técnicos da CTNFito.*
> - *Estabelece valores irrisórios para avaliação de registro e reavaliações de agrotóxicos, entre outros.*
>
> *Entendemos ainda que o Projeto de Lei 3200/15 compromete o Programa Nacional de Redução de Agrotóxicos – Pronara, elaborado no âmbito da Política Nacional de Agroecologia e Produção Orgânica, e desta forma inviabiliza a Política Nacional de Agroecologia e Produção Orgânica – PNAPO.*
>
> *O Projeto de Lei 3200/15 é inaceitável, pois ampliará o uso de agrotóxicos no Brasil, ameaçando a saúde, a segurança e a soberania alimentar do povo brasileiro.*

Ademais, através da Exposição de Motivos nº 03/2016, o Consea apresentou manifestação à Presidência da República para respaldar veto presidencial ao art. 1º, § 3º, inciso IV, do Projeto de Lei de Conversão nº 9, de 2016, que dá "permissão da incorporação de mecanismos de controle vetorial por meio de dispersão por aeronaves mediante aprovação das autoridades sanitárias e da comprovação científica da eficácia da medida".

Todas as ações do Consea acima referidas, diretamente vinculadas ao tema dos agrotóxicos e suas repercussões no âmbito do direito humano à alimentação adequada, deixam clara a posição consolidada deste conselho no tema. Assim, cumprindo sua missão institucional, o Conselho manifesta profunda preocupação com os Projetos de Lei 3.200/2015 e 6.299/2002 que tramitam na Câmara dos Deputados.

Os referidos projetos de lei têm por objetivo alterar o atual marco normativo afeto ao tema dos agrotóxicos, em especial a lei 7802/1989. No entender do Consea a alteração normativa proposta representa grave afronta ao direito humano à alimentação adequada e ao meio ambiente situação que intensificará a quantidade de agrotóxicos utilizados, bem com facilitará a utilização de agrotóxicos mais nocivos aos seres humanos e ao meio ambiente.

O Consea compreende que o estabelecimento da CTNFito, a limitação da atuação normativa e fiscalizatória dos Estados e a autorização de utilização de agrotóxicos que revelem características teratogênicas, carcinogênicas ou mutagênicas quando o risco for aceitável, entre outros dispositivos compreendidos os Projetos de Lei 3.200/2015 e 6.299/2002, não podem ser convertidos em lei, pois alterarão o atual marco normativo de modo a comprometer o direito humano à alimentação adequada e ao meio ambiente.

Por isso, dirijo-me à Vossa Excelência para, em nome do CONSEA, denunciar a iminente alteração do marco normativo relativo ao tema de agrotóxicos, manifestando nosso inconformismo com as possíveis alterações normativas relativa aos Projetos de Lei 3.200/2015 e 6.299/2002, para assim solicitar a adoção das medidas que julgar cabíveis em relação à situação posta.

Respeitosamente,

Maria Emília Lisboa Pacheco
Presidenta do CONSEA

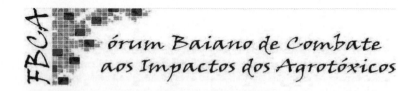

NOTA PÚBLICA DE REPÚDIO À PROPOSTA DE DESMONTE DA LEGISLAÇÃO DE AGROTÓXICOS PELO PL 6299/2002, SEUS APENSOS E SUBSTITUTIVO.

O Fórum Baiano de Combate aos Impactos dos Agrotóxicos – FBCA, instrumento de controle social que congrega entidades da sociedade civil, órgãos de governo, Ministério Público e representantes de setores acadêmicos e científicos, por sua representante infra-assinado, de acordo com as deliberações da 2ª Reunião Plenária Ordinária, realizada no dia 11 de maio de 2018 no auditório do Conselho Regional de Engenharia e Agronomia da Bahia - Salvador/BA, vêm a público expor seu posicionamento acerca do Projeto de Lei 6299/2002 e seus apensados, bem como do Projeto de Lei Substitutivo proposto pelo Relator Dep. Luiz Nishimori.

Este conjunto de Projetos de Lei, conhecido popularmente por "Pacote do Veneno" é composto por 29 Projetos de Lei, sendo que no texto Substitutivo apresentado pelo relator, foram, no mérito, indicados para aprovação 12 PL's. Tais propostas tem em comum o desmonte do sistema normativo regulatório de agrotóxicos. Noutras palavras, propõe a revogação da Lei de Agrotóxicos nº 7.802/89 e seu decreto regulamentador.

O conjunto de propostas apresentados no texto substitutivo é extremamente nefasto para a saúde pública e o meio ambiente. Ademais, viola direitos constitucionalmente garantidos e normas fundamentais de proteção ao consumidor, à saúde, à alimentação adequada e ao meio ambiente ecologicamente equilibrado.

A utilização da terminologia "produtos fitossanitários e de controle ambiental" afronta o termo "agrotóxico" definido no art. 220, §4º da Constituição Federal de 1988. Também viola a Constituição Federal a supressão de competências dos Estados e do Distrito Federal acerca da temática.

É inadmissível a alteração da avaliação de perigo, atualmente prevista na Lei de Agrotóxicos, pela avaliação de risco, principalmente, tendo em vista que o

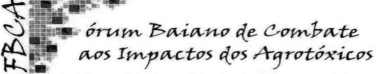

novo texto possibilita o registro de agrotóxicos carcinogênicos, teratogênicos e mutagênicos, considerando ainda a possibilidade de riscos aceitáveis para a saúde e o meio ambiente. É inaceitável também a utilização de monografias de produtos com registro cancelado para o registro por equivalência, bem como, a proposta de registro temporário, mesmo sem a finalização dos testes necessários.

Reafirmamos a importância e necessidade da responsabilidade tripartite (IBAMA, ANVISA e MAPA) e nos posicionamos contrários a concentração de atribuições no MAPA, de modo que ANVISA e IBAMA não se tornem apenas órgãos de consulta tal qual proposto no "pacote do veneno". A análise dos impactos na saúde e no ambiente não podem ser desconsideradas para aprovação do uso de agrotóxico no país.

Assim, nos somamos às diversas manifestações contrárias a aprovação do PL6299/02, seus apensos e o substitutivo proposto, que está pronto para ser votado e em vias de aprovação na Comissão Especial da Câmara dos Deputados, dentre elas a "Moção de Repúdio dos Servidores Públicos do Sistema Nacional de Vigilância Sanitária", a "Nota Pública de Repúdio do Fórum Nacional de Combate aos Impactos dos Agrotóxicos e Transgênicos", a "Nota de Posição Institucional do Ministério Público do Trabalho", a "Nota Pública Acerca do Posicionamento do Instituto Nacional de Câncer", a "Nota Técnica nº 1 da Defensoria Pública da União" através do Grupo de Trabalho de Garantia à Segurança Alimentar e Nutricional, as Notas dos Fóruns Estaduais de Combate aos Impactos dos Agrotóxicos e demais manifestações da sociedade civil.

Salvador, Bahia, 11 de Maio de 2018.

LUCIANA ESPINHEIRA DA COSTA KHOURY
Promotora de Justiça
Coordenadora do Núcleo de Defesa da Bacia do São Francisco
Coordenadora do Fórum Baiano de Combate aos Impactos dos Agrotóxicos

FÓRUM ESTADUAL DE COMBATE AOS EFEITOS DOS AGROTÓXICOS NA SAÚDE DO TRABALHADOR, NO MEIO AMBIENTE E NA SOCIEDADE – FECEAGRO/RN

NOTA DE REPÚDIO A PL 6.299ƒ2002

O FÓRUM ESTADUAL DE COMBATE AOS EFEITOS DOS AGROTÓXICOS NA SAÚDE DO TRABALHADOR, NO MEIO AMBIENTE E NA SOCIEDADE – FECEAGRO/RN – vem repudiar o
Projeto de Lei (PL) nº 6.299ƒ2002 de autoria de Blairo Maggi, cujo relator é o Deputado Luiz Nishimori (PRƒPR), que tem o objetivo de alterar em profundidade a Lei nº 7.802ƒ1989, considerada como uma das normas mais avançadas na proteção da saúde e do meio ambiente.

O Projeto de Lei 6.299ƒ2002, se aprovado, irá fragilizar o registro e reavaliação de agrotóxicos no país, sendo certo que para proteção do ambiente e da saúde humana é necessário que os critérios de avaliação e reavaliação de pedidos de registro passem pelo crivo dos órgãos que têm por atribuição a proteção à saúde e ao meio ambiente.

O FECEAGRO é totalmente contra a centralização das decisões sobre a regulamentação dos agrotóxicos apenas no âmbito do Ministério da Agricultura, deixando a Agência Nacional de Vigilância Sanitária (ANVISA) e o Instituto Brasileiro do Meio Ambiente e dos Recursos Naturais Renováveis (IBAMA) como meros órgãos consultivos. A inexistência da análise de risco, como propõe o projeto, permitirá que produtos que hoje possuem seus registros proibido, por causa do maléficos à saúde, como por exemplo, o câncer, desregulações endócrinas, mutações, passem a ter o registro permitido. A mudança do nome "agrotóxicos" para "defensivos agrícolas" é uma clara estratégia para ocultar o real perigo que esses produtos causam a saúde humana e ambiental e vai na contramão do dever de publicidade na comercialização de produtos, imposto pelo código de defesa do consumidor

As alterações propostas representam um retrocesso para o Brasil, pondo em risco a população consumidora e o trabalhador rural, pois até a dispensa de receituário agronômico é prevista no projeto, sob o argumento de que alguns agrotóxicos tem baixa toxicidade, quando, na verdade, se for feita a vigilância epidemiológica na população de trabalhadores rurais será visto que não existe agrotóxico sem toxicidade expressiva, e é necessário que haja um profissional capacitado para evitar o uso abusivo e irrestrito desses produtos.

Portanto, os riscos para os trabalhadores rurais e para a população pelo uso de agrotóxicos tendem a aumentar se for aprovado esse Projeto de Lei, o que motiva o Fórum Estadual de Combate aos Efeitos dos Agrotóxicos na Saúde do Trabalhador, no Meio Ambiente e na Sociedade – FECEAGRO/RN a emitir essa nota de repúdio e a conclamar os senhores Deputados a ouvir as análises técnicas dos profissionais de saúde e meio ambiente e não aprovarem esse Projeto.

O FECEAGRO conclama toda a sociedade a unir–se a nós nessa luta!

NOTA PÚBLICA DE REPÚDIO AO PL Nº 3.200/2015 – PL Nº 6299/2002
(Alteração da Lei dos Agrotóxicos)

O **FÓRUM NACIONAL DE COMBATE AOS IMPACTOS DOS AGROTÓXICOS**, instrumento de controle social que congrega entidades da sociedade civil com atuação em âmbito nacional, órgãos de governo, o Ministério Público e representantes do setor acadêmico e científico, por seus representantes abaixo assinados, vem a público **REPUDIAR os termos do Projeto de Lei nº 3.200/2015**, de autoria do Deputado Federal Covatti Filho, que pretende revogar as Leis nº 7.802/1989 e nº 9.974/2000 e **os termos do Projeto de Lei 6299/2015**, de autoria do Senador Blairo Maggi, dispõe que o registro prévio do agrotóxico será o do princípio ativo; dá competência à União para legislar sobre destruição de embalagem do defensivo agrícola. Os PLs alteraram profundamente a Política Nacional de Agrotóxicos, com direta violação aos princípios da prevenção, da precaução, da vedação de retrocesso e consequente precarização da defesa do meio ambiente, da segurança alimentar e da saúde humana, pelos seguintes motivos:

CONSIDERANDO que os PLs **invertem completamente a lógica da proteção ao meio ambiente e da saúde**, consubstanciada, inicialmente, na **retirada da nomenclatura de "agrotóxico"**, adotando o termo **"produtos defensivos fitossanitários"**, mascarando, desta forma, as características tóxicas e nocivas desses produtos;

CONSIDERANDO que a substituição da palavra "agrotóxico" por um termo mais brando e pretensamente técnico, apesar de parecer inofensiva, é capaz de propagar a errônea ideia de uma substância voltada para a proteção dos vegetais, sem considerar seu caráter tóxico e perigoso ao meio ambiente e ao ser humano, causando confusão com os produtos utilizados na cultura orgânica, que já são atualmente intitulados "produtos **fitossanitários** com uso aprovado para a cultura orgânica". Além disso, a adoção do conceito de "defensivo fitossanitário" abre espaço para a desnecessidade de registro de herbicidas como o 2,4D, paraquate e glifosato;

CONSIDERANDO que a alteração pretendida está na **contramão dos países que detêm a legislação mais avançada** no assunto, como aqueles pertencentes à União Europeia, os quais utilizam o termo "pesticides" (pesticidas), que ao menos possui a conotação de "veneno";

CONSIDERANDO que a mudança contida nos PLs implicam também na **exclusão, do seu campo de incidência, dos agrotóxicos destinados a ambientes urbanos e industriais**, os quais passarão a ser regulados unicamente pela Lei n.º 6.360/76 (Vigilância Sanitária), concentrando responsabilidades somente no Ministério da Saúde;

CONSIDERANDO que, no que se refere às proibições, em uma demonstração de inexplicável tolerância com substâncias altamente nocivas à saúde e meio ambiente, os PLs abrem espaço para a utilização de produtos atualmente proibidos pela legislação em vigor, mediante a **introdução do aberto e perigoso conceito de "risco inaceitável"**;

CONSIDERANDO que, de acordo com a proposta, somente serão proibidas substâncias: "a) para os quais o Brasil não disponha de métodos para desativação de seus componentes, de modo a impedir que os seus resíduos remanescentes provoquem **riscos inaceitáveis** ao meio ambiente e à saúde pública; b) para os quais não haja antídoto ou tratamento eficaz no Brasil; de acordo com os conhecimentos técnicos e científicos atuais; c) que revelem um **risco inaceitável** para características teratogênicas, carcinogênicas ou mutagênicas, de acordo com os resultados atualizados de experiências da comunidade científica; d) que revelem um **risco inaceitável** para distúrbios hormonais, danos ao aparelho reprodutor, de acordo com procedimentos e experiências atualizadas na comunidade científica; e) que revelem um **risco inaceitável** mais perigoso para o homem do que os testes de laboratório, realizados com animais ou através de métodos alternativos, tenham podido demonstrar, segundo critérios técnicos e científicos atualizados; f) cujas características revelem um **risco inaceitável** para saúde humana, meio ambiente e agricultura, segundo critérios técnicos e científicos atualizados", ou seja, **ficará ao critério do Órgão Registrante definir se um risco é aceitável ou não**.

CONSIDERANDO que, em relação ao procedimento de registro, outra mudança contestável no PL 3.200/2015 é a previsão de **criação da Comissão Técnica Nacional de Fitossanitários (CTNFito)**, atribuindo-lhe competência para emitir pareceres técnicos conclusivos e vinculativos sobre os pedidos de avaliação de agrotóxicos. No âmbito da referida Comissão, **as decisões serão tomadas pela maioria absoluta dos membros, cabendo ao seu Presidente o voto de desempate. Além disso, todos os integrantes da CTNFito, inclusive seu Presidente, serão designados, escolhidos ou nomeados pelo Ministério da Agricultura, Pecuária e Abastecimento (MAPA)**;

CONSIDERANDO, ainda, que no modelo proposto identifica-se uma concentração injustificada de poderes no MAPA, em detrimento dos Ministérios do Meio Ambiente (MMA) e Saúde (MS), cuja implementação resultará na quebra da paridade e igualdade na confrontação entre os diversos direitos e interesses envolvidos;

CONSIDERANDO que, caso a malfadada legislação proposta seja aprovada, **todos os demais personagens participantes do processo terão sua atuação pautada pelos limites delineados nos vinculativos pareceres exarados pela CTNFito**, restando expressamente proibida a formulação de exigências técnicas adicionais que extrapolem as condições anteriormente estabelecidas pela Comissão, nos aspectos relacionados à segurança e à eficiência. Tal previsão representa flagrante violação aos princípios da precaução e vedação ao retrocesso;

CONSIDERANDO, finalmente, que os Projetos de Lei **impõe limitação aos entes federativos - Estados, DF e Municípios – no que se refere à sua autonomia para restringir o alcance do registro federal**, admitindo-a somente nas hipóteses de particularidades regionais devidamente justificadas. Ou seja, os entes foram cerceados, de maneira absolutamente desarrazoada, em sua autonomia para legislar de forma mais favorável ao meio ambiente e à saúde humana, restando- lhes somente o diminuto espaço das supostas "peculiaridades regionais fundamentadas".

ENTENDE o FÓRUM ser indispensável a adoção de uma postura comprometida com o meio ambiente e a vida, bem como responsável e restritiva quanto aos agrotóxicos no país, o que não se coaduna com as propostas constantes dos PLs, inclusive porque não levará em consideração o custo gerado pelas doenças decorrentes do uso de agrotóxicos, causadas até mesmo na exposição a essas substâncias em baixas dosagens, mas de modo repetitivo.

POR OUTRO LADO, sendo o Brasil o maior consumidor mundial de agrotóxicos, o FÓRUM vê como indispensável estimular alterações legislativas capazes de reverter esse quadro e não flexibilizar a legislação, pois resultará no aumento do consumo dessas substâncias com graves e irremediáveis problemas de saúde pública e ambientais.

DIANTE DO EXPOSTO, o Fórum Nacional de Combate aos Impactos dos Agrotóxicos vem tornar público seu **REPÚDIO AO PL Nº 3.200/2015 e ao PL N° 6.299/2015**, pelo o que eles representam em termos de agravamento de riscos e de retrocesso nos termos acima.

*Brasília, 7 de maio de 2018

Coordenador do Fórum Nacional
PEDRO LUIZ G. SERAFIM DA SILVA - MPT

Vice-Coordenadora do Fórum Nacional
FÁTIMA APARECIDA DE SOUZA BORGHI - MPF

Secretário Executivo
LUIZ CLAUDIO MEIRELES – ENSP/FIOCRUZ

Nota Pública da Associação Nacional do Ministério Público do Consumidor (MPCon)

A Associação Nacional do Ministério Público do Consumidor - MPCON, entidade civil sem fins lucrativos, que congrega membros do Ministério Público dos Estados, do Ministério Público do Distrito Federal e Territórios e do Ministério Público Federal que atuam na defesa do consumidor, vem a público REPUDIAR o conjunto de Projetos de Lei, encabeçado pelo PL n.º 6.299/2002, conhecido como Pacote do Veneno, que pretende alterar a Lei Federal n.º 7.802/1989 e modificar radicalmente a Política Nacional de Agrotóxicos, violando os direitos fundamentais ao meio ambiente equilibrado e da defesa do consumidor pelo Estado, além de princípios ambientais caros ao ordenamento jurídico brasileiro, tais como os princípios da prevenção, da precaução, da vedação de retrocesso, quando, com todas as mudanças que pretende, possibilitará que produtos altamente nocivos à saúde dos seres vivos sejam colocados no mercado consumidor.

Faltando menos de oito meses para o fim da atual legislatura, a sociedade brasileira precisa saber que a Comissão Especial que cuida do PL n.º 6.299/2002, que tem como Relator o Dep. Luiz Nishimori, indicou recentemente a aprovação, além do PL n.º 6.299/02, outros 12 Projetos de Lei, oportunidade em que ainda indicou a rejeição de 17 Projetos de Lei e seus apensos.

Mais uma vez, a sociedade brasileira encontra-se diante de um retrocesso que impactará, desta vez, não apenas os consumidores, mas também o meio ambiente para as presentes e, acima de tudo, para as futuras gerações.

A sociedade precisa saber que o texto substitutivo ao conjunto de Projetos de Lei inverte todos os princípios mais caros à proteção do meio ambiente, da saúde e da vida, quando, de início, pretende eliminar o termo agrotóxico, passando a chamá-lo de produto fitossanitário, ocultando, assim, a nocividade desse produto.

Como não raras as vezes ocorre no Brasil, a mudança de nomes cumpre um importante papel de mascarar a realidade. Por aqui, não é incomum que a mudança de nomes sirva para ocultar ou aquilo que a realidade não mudou ou o que a realidade mudou para pior, o que será o caso, se o Pacote do Veneno for aprovado.

Essa alteração, deve-se dizer, não é inofensiva, porquanto, acima de tudo, deixa a entender que os agrotóxicos seriam, na verdade, produtos que seriam destinados à proteção dos vegetais, o que, além de ser falso, ainda causa confusão com os produtos utilizados na cultura orgânica, que já são atualmente intitulados "produtos fitossanitários com uso aprovado para a cultura orgânica".

É preciso ficar claro para a sociedade brasileira que agrotóxicos são venenos, não são produtos fitossanitários.

Mas não se trata apenas de uma mudança de nome, porque, ao denominar os agrotóxicos de produtos fitossanitários, fica aberta a possibilidade de se dispensar o registro de poderosos herbicidas, a exemplo do glifosato.

É evidente que a alteração da nomenclatura pretendida choca-se com o avanço historicamente buscado, por exemplo, pela maioria dos países da União Europeia, que distinguem os agrotóxicos denominando-os de pesticidas, o que demonstra o seu real significado, dando-lhes severo tratamento.

Por isso, a sociedade brasileira deve saber que a saúde de todos estará ainda mais em risco, graças ao que está sendo gestado no parlamento brasileiro em 2018.

Não bastasse o fato de que o Brasil é campeão mundial no uso de agrotóxicos, é necessário impedir o retrocesso que o Congresso Nacional está construindo, pois a aprovação do que já está sendo chamado de Projeto do Veneno está na contramão do desenvolvimento econômico e social, que deve ser pautado em mudanças no enfoque exclusivo no agronegócio baseado em grandes monoculturas, que fazem intenso uso de agrotóxicos, fazendo com que quanto mais se usa agrotóxico mais esse produto é necessário.

No Brasil, aliás, ainda não compreenderam os parlamentares e parte do mercado que comer é um ato acima de tudo social, político e cultural.

Mas os retrocessos não param por aí, porque, não bastasse a intenção de excluir uma distinção do tratamento dos agrotóxicos destinados aos ambientes urbanos e aos industriais, a introdução do termo vago "risco inaceitável" permite que produtos atualmente proibidos pela legislação em vigor sejam colocados no mercado, a despeito de serem nocivos à saúde e ao ambiente.

Aprovadas essas mudanças, não fosse suficiente o fato de que no Brasil são utilizados agrotóxicos que são banidos de muitos países, será possível liberar substâncias hoje proibidas, tais com aquelas a respeito das quais o Brasil não possui métodos de desativação, as que têm características teratogênicas, carcinogênicas ou mutagênicas, as que causam distúrbios hormonais e danos ao aparelho reprodutor e as que podem ser mais perigosas para o ser humano do que os testes de laboratório, feitos contrariando a Constituição da República com animais, tenham podido demonstrar.

Pretende o Pacote do Veneno alterar as regras de pesquisa, experimentação, produção, embalagem e rotulagem, transporte, armazenamento, comercialização, publicidade, importação, exportação, destino final dos resíduos e embalagens, registro, classificação, controle, inspeção e fiscalização.

E, no processo de registro de agrotóxicos no Brasil, o Pacote do Veneno ainda quer criar a Comissão Técnica Nacional de Fitossanitários (CTNFito), que terá atribuição para emitir pareceres técnicos conclusivos e vinculativos sobre os pedidos de avaliação de agrotóxicos.

As decisões na CTNFito serão tomadas pela maioria absoluta dos membros, cabendo ao seu Presidente o voto de desempate. Ademais, seus integrantes, inclusive seu presidente, serão designados, escolhidos ou nomeados pelo Ministério da Agricultura, Pecuária e Abastecimento (MAPA).

De acordo com o Pacote do Veneno, o MAPA ganhará papel de protagonista em detrimento dos Ministérios da Saúde e do Meio Ambiente, deixando a ANVISA e o IBAMA praticamente fora do processo de registro de novos agrotóxicos, o que provocará um desequilíbrio entre os direitos e interesses que estão em jogo, quando se está a tratar de agrotóxicos.

A avaliação de novos agrotóxicos, segundo o Pacote de Veneno, na prática, deverá desconsiderar os impactos à saúde e ao meio ambiente, ficando sujeita somente ao Ministério da Agricultura e aos interesses econômicos do mercado.

A admissão de registro de substâncias comprovadamente cancerígenas e o estabelecimento de níveis aceitáveis para isso, tal como se lê no Pacote do Veneno, são inconciliáveis, levando em conta que não há níveis seguros para substâncias que se demonstrem cancerígenas.

O Pacote do Veneno, que alcança toda a cadeia produtiva dos agrotóxicos, pretende ainda sepultar a regulação específica sobre propaganda de agrotóxicos, possibilitando, também, a comercialização de alguns agrotóxicos sem receituário agronômico e de forma preventiva, o que será um imenso incentivo ao uso indiscriminado de veneno.

Admite o Pacote do Veneno que profissional habilitado possa prescrever receita agronômica antes mesmo da ocorrência da praga, o que atinge de modo considerável as bases do próprio receituário agronômico, fazendo com que o profissional possa "antever" a ocorrência de pragas e, acima de tudo, prescrever veneno sem qualquer amparo fático e científico.

Além disso, impedir Estados e Municípios de regular os agrotóxicos de modo mais severo, admitindo isso somente em hipóteses de particularidades regionais devidamente justificadas, é outra pretensão do Pacote do Veneno, que praticamente não permite a esses entes proteger sua biodiversidade, cumprindo o dever de proteger o meio ambiente, o que é inconstitucional, inclusive.

Ao invés do Estado brasileiro decidir pela redução do uso de agrotóxicos, o Pacote do Veneno prevê a possibilidade de registro temporário, sendo que, na regulamentação da lei, o poder público deverá buscar a simplificação e desburocratização de procedimentos, redução de custos e do tempo necessário para a conclusão das análises dos processos de registro, em evidente desprezo pelos princípios da prevenção, da precaução e da vedação de retrocesso.

Por tudo isso e porque no Congresso Nacional tramita o Projeto de Lei n.º 6670/2016, que institui a Política Nacional de Redução de Agrotóxicos (PNaRA), buscando a redução progressiva do uso de agrotóxicos na produção agrícola, pecuária, extrativista e nas práticas de manejo dos recursos naturais, ampliando-se a oferta de insumos de origens biológicas e naturais, contribuindo para a promoção da saúde e sustentabilidade ambiental, com a produção de alimentos saudáveis, é que, respeitando os direitos fundamentais à vida, à saúde, ao meio ambiente equilibrado para presentes e futuras gerações e à defesa do consumidor pelo Estado, que devem levar à postura responsável e restritiva do Estado em relação aos agrotóxicos, o que não se coaduna com as propostas constantes do Projeto de Lei Substitutivo, apresentado na Comissão Especial pelo Relator Dep. Luiz Nishimori, acerca dos Projetos de Lei apensados ao PL 6299/2002, a MPCON vem a público deixar seu REPÚDIO ao Projeto de Lei Substitutivo apresentado na Comissão Especial acerca dos Projetos de Lei apensados ao PL n.º 6.299/2002, deixando aqui registrado o seu apoio ao PL n.º 6.670/2016, que pretende instituir a Política Nacional de Redução dos Agrotóxicos.

Brasília, 28 de maio de 2018.

ALESSANDRA GARCIA MARQUES

Presidente da MPCON

SANDRA LENGRUBER DA SILVA

1ª Vice-Presidente da MPCON

Nota conjunta: Conasems e Conass manifestam-se contrários ao PL 6.299/02 que trata de agrotóxicos no país

Tramita no Congresso Nacional projeto de lei 6299/02 que pretende alterar a legislação de agrotóxico vigente no Brasil, considerada uma das mais robustas do mundo, representando retrocessos expressivos para proteção à saúde humana e ao meio ambiente.

O Brasil, desde 2008, é o maior mercado de agrotóxico do mundo. Segundo o relatório da Anvisa e da Universidade Federal do Paraná (UFPR) (2012), o mercado nacional de agrotóxicos cresceu 190% entre 2000 e 2010, suplantando o crescimento mundial de 93%.

A comercialização de agrotóxicos no País tem crescido ao longo dos anos, sem aumento proporcional da área plantada. Entre 2007 e 2013, houve acréscimo de 90,49% na comercialização de agrotóxicos e uma ampliação de 19,5% de área plantada, segundo o relatório nacional de vigilância em saúde de populações expostas a agrotóxicos, 2016 do MS.

A taxa de incidência de intoxicações por agrotóxicos no Brasil também vem apresentando um crescimento gradativo entre 2007 (3,08 casos/100 mil hab.) a 2013 (6,23 casos/100 mil hab.). Estes aumentos impactam na vida das pessoas e diretamente no Sistema Único de Saúde – SUS, em atendimento, internação e acompanhamento dos pacientes.

A exposição humana a agrotóxicos representa um problema de saúde pública, impactando diretamente na saúde da população, principalmente no trabalhador que manipula o produto, tornando imperativa a manutenção da avaliação e classificação de produtos pelas áreas de saúde (Anvisa) e meio ambiente para fins de registro destes produtos.

Entendemos que o PL 6.299 "Pacote do Veneno" se aprovado coloca em risco a saúde dos brasileiros, portanto Conasems e o Conass **manifestam-se contrários** ao referido Projeto de Lei.

Diante deste cenário há como flexibilizar o atual sistema normativo regulatório de agrotóxicos no Brasil.

MAURO GUIMARÃES JUNQUEIRA
Conselho Nacional de Secretarias Municipais de Saúde (CONASEMS)

LEONARDO MOURA VILELA
Conselho Nacional de Secretários Estaduais de Saúde (CONASS)

DEFENSORIA PÚBLICA-GERAL DA UNIÃO
Setor de Autarquias Norte - SAUN, Quadra 05, Lote C, Bloco C, Centro Empresarial CNC - Bairro Asa Norte - CEP 70040-250 - Brasília - DF -
http://www.dpu.gov.br/

NOTA TÉCNICA Nº 1 - DPGU/SGAI DPGU/GTGSAN DPGU

Em 11 de maio de 2018.

ANÁLISE DO PROJETO DE LEI Nº 6.299/2002 (origem no PLS nº 526, de 1999)

(Apensados: PL nº 713/1999, 1.388/1999, 2.495/2000, 3.125/2000, 5.852/2001, 5.884/2005, 6.189/2005, 7.564/2006, 1.567/2011, 1.779/2011, 3.063/2011, 4.166/2012, 4.412/2012, 49/2015, 371/2015, 461/2015, 958/2015, 1.687/2015, 3.200/2015, 3.649/2015, 4.933/2016, 5.218/2016, 5.131/2016, 6.042/2016, 7.710/2017, 8.026/2017, 8.892/2017). Esvaziamento de direitos e garantias fundamentais. Necessidade de manutenção da Lei nº 7.802/1989 para proteção do direito à saúde, à segurança alimentar, ao meio ambiente ecologicamente equilibrado e à informação.

A **DEFENSORIA PÚBLICA DA UNIÃO**, por meio do **Grupo de Trabalho de Garantia à Segurança Alimentar e Nutricional**, apresenta as seguintes considerações a respeito do Projeto de Lei nº 6.299 de 2002, de autoria de Blairo Maggi e cujo Relator é o Deputado Luiz Nishimori (PR/PR) e apensos, que alteram ou pretendem revogar a Lei nº 7.802/1989 e o Decreto nº 4.074/2002.

1. INTRODUÇÃO

O Projeto de Lei nº 6.299/2002 e apensos possuem o objetivo **de alterar a forma de avaliar e reavaliar os registros de agrotóxicos no Brasil,** flexibilizando de forma maléfica o controle dessas substâncias.

Importa esclarecer, de início, que as proposições do citado projeto de lei para alteração dos dispositivos da Lei nº 7.802/1989 e do Decreto nº 4.074/2002, os quais representam normas avançadas de proteção à saúde e ao meio ambiente, **não** consideram a necessidade de ponderação de riscos e a necessidade de controle e tutela do meio ambiente e da saúde humana.

As justificativas para as alterações propostas ora em análise se consubstanciam na suposta modificação da agricultura após a Lei nº 7.802/1989 ou mesmo na suposta "burocracia" para efetivação do registro de agrotóxicos no Brasil.

As alterações dizem respeito à tentativa de *fragilizar situações de extrema relevância*, albergadas por direitos fundamentais e que já estão asseguradas pela legislação infraconstitucional, constitucional e no âmbito do direito internacional.

260 DOSSIÊ CONTRA O PACOTE DO VENENO E EM DEFESA DA VIDA

:: SEI / DPU - 2393350 - Nota Técnica ::

A começar pela nova terminologia adotada pelo Projeto de Lei nº 6.299/2002 para substituir **a** palavra *"agrotóxicos"*, os quais passam a ser denominados de *"defensivos fitossanitários"*, depreende-se o abrandamento legislativo a instituir uma política avalizadora do uso de substâncias comprovadamente nocivas, mascarando-se os efeitos deletérios no organismo humano e no meio ambiente, sem que essa nocividade esteja carregada na própria expressão.

Outrossim, os projetos de lei em comento admitem o registro de agrotóxicos que contenham substâncias com características teratogênicas, carcinogênicas ou mutagênicas, ou que provoquem distúrbios hormonais e danos ao sistema reprodutivo, ao preverem a substituição da proibição de registro pela expressão "risco inaceitável", o que implica em análise subjetiva na avaliação dos agrotóxicos.

Sobre essa expressão, ainda cumpre destacar que as alterações legislativas sob análise englobam a substituição da avaliação pelas autoridades de saúde pelo procedimento denominado de "análise de risco". O enfoque da análise dos agrotóxicos deixa de ser a identificação do perigo das substâncias que carreiam para ser o de célere registro e inconsequente uso desses produtos.

Nessa esteira, assinale-se que o PL pretende promover a centralização das decisões sobre a regulamentação dos agrotóxicos apenas no âmbito do Ministério da Agricultura, deixando a Agência Nacional de Vigilância Sanitária (ANVISA) e o Instituto Brasileiro do Meio Ambiente e dos Recursos Naturais Renováveis (IBAMA) como meros órgãos consultivos.

Acresça-se a essa tentativa de desmonte do papel regulatório dos órgãos federais de saúde e agricultura a alteração do PL que impõe *condicionante* à reavaliação do registro de agrotóxicos, qual seja, **a** superveniência de alerta de organizações internacionais. Nesse ponto, realce-se que é papel do Estado Democrático Brasileiro a avaliação e a reavaliação de agrotóxicos, quando detectada a potencialidade lesiva de determinada substância, dever este que deriva da salvaguarda constitucional de zelo à saúde e à segurança alimentar da população.

A atual Lei de Agrotóxicos (Lei nº 7.802/1989), diferentemente, prevê a reavaliação dos agrotóxicos, *a qualquer tempo*, quando surgirem indícios da ocorrência/alteração de riscos à saúde humana ou ao meio ambiente, que desaconselhem o uso de produtos registrados, e quando apresentarem indícios de redução de sua eficiência agronômica. Ao final da reavaliação, os produtos poderão ter seus registros mantidos, alterados, suspensos ou cancelados. Isso se mostra sobremaneira relevante, haja vista que o registro, uma vez concedido, tem prazo de validade indeterminado[1].

O PL ora em análise ainda dispensa o receituário agronômico, com o qual se evita o uso abusivo e irrestrito de agrotóxicos. Mister enfatizar a gravidade dessa dispensa, quando considerado o contexto dos agricultores e trabalhadores rurais, ainda que se parta do pressuposto que se esteja diante de produtos de baixa toxicidade.

Outra dispensa do PL e que merece citação nesta nota técnica é a dispensa da advertência pelos vendedores aos consumidores acerca dos malefícios decorrentes do uso de agrotóxicos.

Tais informações demonstram, indubitavelmente, o perfil de **extrema vulnerabilidade dos agricultores, trabalhadores rurais, que lidam diretamente com os agrotóxicos, bem como dos consumidores de alimentos resultantes da produção com agrotóxicos.**

Percebe-se que as disposições contidas no Projeto de Lei nº 6.299/2002 e apensos padecem de máculas **à** Constituição da República Federativa do Brasil, pois violam a um só tempo normas fundamentais de proteção ao consumidor, à saúde, à alimentação adequada e ao meio ambiente ecologicamente equilibrado, para as presentes e futuras gerações.

DOSSIÊ CONTRA O PACOTE DO VENENO E EM DEFESA DA VIDA   261

11/05/2018 :: SEI / DPU - 2393350 - Nota Técnica ::

Por fim, impende apontar que o PL pretende retirar **a** responsabilização penal do empregador em caso de descumprimento das exigências estabelecidas em lei, assim como usurpar **a** competência legislativa dos Estados e do Distrito Federal sobre a matéria.

Dessume-se que as alterações legislativas assinaladas vulneram disposições constitucionais, considerando toda a complexidade do tema em questão a exigir maior abertura ao debate público e participação da sociedade, bem como ao direito à saúde, ao meio ambiente ecologicamente equilibrado, à segurança alimentar, à informação e à vida, conforme será exposto adiante.

Diante desse contexto, é premente a **pronta e direta manifestação da Defensoria Pública da União** em razão das possíveis repercussões de extrema importância das modificações em testilha.

Trata-se este documento de Nota Técnica, que objetiva elencar os parâmetros estatuídos no ordenamento acerca do registro de agrotóxicos, já que umbilicalmente relacionado com a preocupação mundial com o meio ambiente e com a saúde e, em *ultima ratio*, com o direito à vida, para uma análise mais completa por parte da Câmara dos Deputados - inexistindo, portanto, intenção de violação à separação dos Poderes constitucionalmente prevista.

2. DA ATUAÇÃO DA DEFENSORIA PÚBLICA DA UNIÃO

A Defensoria Pública, nos precisos termos do art. 134 da Constituição da República, *"é instituição permanente, essencial à função jurisdicional do Estado, incumbindo-lhe, como expressão e instrumento do regime democrático, fundamentalmente, a orientação jurídica, a promoção dos direitos humanos e a defesa, em todos os graus, judicial e extrajudicial, dos direitos individuais e coletivos, de forma integral e gratuita, aos necessitados, na forma do inciso LXXIV do art. 5° desta Constituição Federal".*

De acordo com o art. 3°-A, inciso III, da Lei Complementar n° 80/1994 (alterada pela LC n. 132/2009), são objetivos da Defensoria Pública a prevalência e a efetividade dos direitos humanos, ao passo que o art. 4°, inciso III, da Lei Complementar n° 80/1994 estabelece ser função institucional da Defensoria Pública *"promover a difusão e a conscientização dos direitos humanos, da cidadania e do ordenamento jurídico".*

Cumpre destacar outras funções institucionais da Defensoria Pública, previstas no citado diploma legal, no art. 4°, nos incisos VIII e X, respectivamente: *"exercer a defesa dos direitos e interesses individuais, difusos, coletivos e individuais homogêneos e dos direitos do consumidor, na forma do inciso LXXIV do art. 5° da Constituição Federal" e "promover a mais ampla defesa dos direitos fundamentais dos necessitados, abrangendo seus direitos individuais, coletivos, sociais, econômicos, culturais e ambientais, sendo admissíveis todas as espécies de ações capazes de propiciar sua adequada e efetiva tutela".*

Além da vocação institucional conferida pela Carta Magna e por legislação complementar, acima já expostas, vale destacar que, no âmbito interno da DPU, a Portaria n° 291, de 27 de junho de 2014 instituiu o Grupo de Trabalho para tratar de estratégias de atuação para o estabelecimento de ações relacionadas ao tema da segurança alimentar. A especialização da função institucional para a promoção e defesa do direito à alimentação adequada é evidenciada na atual Portaria GABDPGF DPGU n° 200, de 12 de março de 2018, que regulamenta as atividades dos Grupos de Trabalho vinculados à Defensoria Pública-Geral da União destinados **a** dar atenção especial **a** grupos sociais específicos **e** prestar-lhes assistência jurídica integral **e** gratuita de forma prioritária, estabelecendo ser competência do Grupo de Trabalho de Garantia à Segurança Alimentar e Nutricional:

http://sei.dpu.def.br/sei/controlador.php?acao=documento_imprimir_web&acao_origem=arvore_visualizar&id_documento=10000002499180&infra_sistema... 3/9

262   DOSSIÊ CONTRA O PACOTE DO VENENO E EM DEFESA DA VIDA

Art. 2º.

XIII – Identificar as diferentes propostas em tramitação no Poder Legislativo correlatas aos interesses do público-alvo assistido pelos Grupos de Trabalho e articular, em conjunto com a Defensoria Pública-Geral da União, a participação nos debates sobre as matérias afetas às respectivas áreas de especialidade;

XVI - Manifestar-se publicamente, por meio dos veículos oficiais de comunicação da Defensoria Pública da União, desde que respeitadas as diretrizes do Plano Estratégico da Assessoria de Comunicação (ASCOM), após aprovação da maioria absoluta dos membros integrantes do respectivo grupo e ouvida a Secretaria-Geral de Articulação Institucional (SGAI), expedindo notas, moções ou manifestações opinativas, em relação a proposições normativas, projetos de lei ou fatos relacionados às respectivas áreas de especialidade;

Art. 3º

1. promover a defesa dos cidadãos e comunidades em situação de insegurança alimentar e nutricional;

2. monitorar os casos de violação do direito social à alimentação adequada, atuando de forma integrada com a Comissão Especial "Direito Humano à Alimentação Adequada" da Secretaria de Direitos Humanos da Presidência da República e com o Conselho Nacional de Segurança Alimentar e Nutricional - CONSEA;

Assim, firmada a atribuição da Defensoria Pública da União.

3. ANÁLISE DO PROJETO DE LEI Nº 6.299/2002 E APENSOS

3.1 Repercussões da redução ou abolição do controle do registro de agrotóxicos: violação de normas constitucionais e internacionais

Como já alertado por Bosselmann, *"a liberdade individual não é apenas determinada por um contexto social – a dimensão social dos direitos humanos – mas também por um contexto ecológico"*[2]. Referido autor argumenta que os séculos XVIII, XIX e XX foram marcados pelos princípios da liberdade, igualdade e fraternidade, respectivamente; e o século XXI deve ser o século da consciência ecológica, sendo essa a base comum para os direitos humanos e o meio ambiente.

Uma das preocupações da humanidade, acentuada desde **a** década de 1970, com **a** Conferência das Nações Unidas sobre Meio Ambiente de Estocolmo, é a preservação do meio ambiente para as presentes e futuras gerações. Nesse sentido, a Declaração do Rio de Janeiro sobre o Meio Ambiente (1992), a Declaração de Joanesburgo sobre Desenvolvimento Sustentável (2002), o Protocolo de Quioto (compromisso para a redução da emissão de gases responsáveis pelo aquecimento global), textos dos quais o Brasil é signatário, alertam que a incolumidade do meio ambiente está condicionada a algumas palavras-chave, quais sejam, o desenvolvimento limpo, a consciência ambientalista, o aprimoramento de técnicas e legislação em defesa ambiental e a participação de todos.

Nota-se que só a partir da década de 70, ao meio ambiente foi atribuída maior tutela pelos sistemas constitucionais, consagrando-se como direito fundamental, dotado de irrenunciabilidade, inalienabilidade e imprescritibilidade, ou segundo José Afonso da Silva, que **não é passível, respectivamente, de desistência, abandono; transferência, negociação; e ineficácia em decorrência de certo lapso temporal**[3].

Vale lembrar, ainda, outros compromissos assumidos pela República Federativa do Brasil no plano internacional, com a intenção de regular o uso e o registro de agrotóxicos, a saber os seguintes tratados internacionais: a) Convenção sobre Procedimento de Consentimento Prévio Informado para o Comércio Internacional de Certas Substâncias Químicas e Agrotóxicos Perigosos, conhecida como Convenção de Roterdã , cuja adesão se deu por meio do Decreto no 5.360/2005; b) Convenção de Estocolmo 1994).

11/05/2018 :: SEI / DPU - 2393350 - Nota Técnica ::

Alia-se a isso a previsão em nosso ordenamento dos princípios da prevenção e da precaução, os quais nunca fizeram tanto sentido como agora, em que a sociedade brasileira se depara com a tentativa de redução e/ou abolição de mecanismos de controle do registro de agrotóxicos. Nesse ponto, impende alertar que *"um sistema de gerenciamento de riscos que ignora a incerteza e a expectativa de danos não quantificáveis consiste em verdadeira receita para os desastres"*[4], de modo que o mero risco ou incerteza que circunde o registro de agrotóxicos deve gerar mudança de atitude, em benefício da proteção dos direitos fundamentais de forma ainda mais elastecida.

A Constituição da República Federativa Brasileira de 1988 (CRFB/1988) tratou do direito ao meio ambiente, no artigo 225, como "bem de uso comum do povo" e "essencial à sadia qualidade de vida", do que se conclui que é permitido a todo o cidadão usufruir dos recursos naturais e viver em um ambiente ecologicamente equilibrado. Ao invés de uma proteção por ricochete, em que o bem jurídico tutelado era outro (o patrimônio, por exemplo) e só de forma reflexa atingia o meio ambiente, passou este a ser considerado como um bem em si mesmo, dotado de autonomia.

Assim, tem-se que o Projeto de Lei nº 6.299/2002 e apensos em comento, caso aprovados, acarretarão em violação de normas constitucionais e de compromissos internacionais de proteção aos direitos humanos, na seara ambiental, firmados pelo Estado Brasileiro. Quanto ao direito pátrio, registrem-se que as alterações mencionadas vulneram as normas previstas nos **artigos 23, incisos II e VI; 24, §2º; 170, VI; 196; 220 e 225, §1º, V, da CRFB/1988.**

Desta feita, as propostas de alterações ora abordadas denotam que a proteção à vida, à saúde, à segurança alimentar, ao meio ambiente e à informação seriam de somenos importância, quando interesses econômicos estivessem em jogo. Tal reflexo é deveras preocupante, especialmente à luz do alarmante dado de que o Brasil é o maior consumidor de agrotóxicos atualmente.

É dever constitucional a adoção de políticas sociais e econômicas que visem à redução dos riscos de doenças. Como conceber o cumprimento desse dever se as propostas legislativas sob análise estão na contramão das constatações científicas acerca dos malefícios dos agrotóxicos? Depreende-se a incompatibilidade da flexibilização do controle de agrotóxicos com as normas constitucionais suprarreferidas.

Isso porque, conforme sabido, considerando a supremacia da Constituição em nosso ordenamento jurídico, disposição de lei que se oponha à determinada previsão constitucional leva à anulação daquela.

3.2. Da jurisprudência formada no sentido da obrigação de não retroceder e da obrigação de avançar na proteção ambiental

É preciso suscitar a reflexão sobre as graves consequências das alterações propostas pelo PL 6.299/2002 e apensos à Lei nº 7.802/1989 e ao Decreto nº 4.074/2002. As alterações em tela incorrem em grave retrocesso ecológico, ao proporem a supressão da proteção a direitos fundamentais consagrados e consolidados na ordem jurídica brasileira, como se depreende da leitura desta nota.

No julgamento da medida cautelar em ação direta de inconstitucionalidade 3.540-1, o ministro relator Celso de Mello sustentou que o direito à preservação da integridade do meio ambiente consiste em uma prerrogativa qualificada por seu caráter de metaindividualidade. Nesse sentido, transcreva-se jurisprudência afinada com as obrigações do Estado em não retroceder e em avançar na proteção do meio ambiente e da saúde humana:

http://sei.dpu.def.br/sei/controlador.php?acao=documento_imprimir_web&acao_origem=arvore_visualizar&id_documento=10000002499180&infra_sistema... 5/9

264 DOSSIÊ CONTRA O PACOTE DO VENENO E EM DEFESA DA VIDA

11/05/2018   :: SEI / DPU - 2393350 - Nota Técnica ::

EMENTA AÇÃO DIRETA DE INCONSTITUCIONALIDADE. ART. 2º, CAPUT E PARÁGRAFO ÚNICO, DA LEI Nº 9.055/1995. EXTRAÇÃO, INDUSTRIALIZAÇÃO, UTILIZAÇÃO, COMERCIALIZAÇÃO E TRANSPORTE DO ASBESTO/AMIANTO E DOS PRODUTOS QUE O CONTENHAM. AMIANTO CRISOTILA. **LESIVIDADE À SAÚDE HUMANA**. ALEGADA INEXISTÊNCIA DE NÍVEIS SEGUROS DE EXPOSIÇÃO. LEGITIMIDADE ATIVA AD CAUSAM. ASSOCIAÇÃO NACIONAL DOS PROCURADORES DO TRABALHO – ANPT. ASSOCIAÇÃO NACIONAL DOS MAGISTRADOS DA JUSTIÇA DO TRABALHO – ANAMATRA. ART. 103, IX, DA CONSTITUIÇÃO DA REPÚBLICA. REPRESENTATIVIDADE NACIONAL. PERTINÊNCIA TEMÁTICA. MÉRITO. AMIANTO. VARIEDADE CRISOTILA (ASBESTO BRANCO). FIBRA MINERAL. CONSENSO MÉDICO ATUAL NO SENTIDO DE QUE A EXPOSIÇÃO AO AMIANTO TEM, COMO EFEITO DIRETO, A CONTRAÇÃO DE DIVERSAS E GRAVES MORBIDADES. RELAÇÃO DE CAUSALIDADE. RECONHECIMENTO OFICIAL. PORTARIA Nº 1.339/1999 DO MINISTÉRIO DA SAÚDE. **POSIÇÃO DA ORGANIZAÇÃO MUNDIAL DA SAÚDE – OMS. RISCO CARCINOGÊNICO** DO ASBESTO CRISOTILA. INEXISTÊNCIA DE NÍVEIS SEGUROS DE EXPOSIÇÃO. LIMITES DA COGNIÇÃO JURISDICIONAL. QUESTÃO JURÍDICO-NORMATIVA E QUESTÕES DE FATO. ANÁLISE DA JURISPRUDÊNCIA. (...) EQUACIONAMENTO. LIVRE INICIATIVA. DIGNIDADE DA PESSOA HUMANA. VALOR SOCIAL DO TRABALHO. **DIREITO À SAÚDE. DIREITO AO MEIO AMBIENTE ECOLOGICAMENTE EQUILIBRADO. DESENVOLVIMENTO ECONÔMICO, PROGRESSO SOCIAL E BEM-ESTAR COLETIVO. LIMITES DOS DIREITOS FUNDAMENTAIS. COMPATIBILIZAÇÃO. (...) PROTEÇÃO INSUFICIENTE. ARTS. 6º, 7º, XXII, 196 E 225 DA CONSTITUIÇÃO DA REPÚBLICA**. QUÓRUM CONSTITUÍDO POR NOVE MINISTROS, CONSIDERADOS OS IMPEDIMENTOS. CINCO VOTOS PELA PROCEDÊNCIA E QUATRO VOTOS PELA IMPROCEDÊNCIA. ART. 97 DA CONSTITUIÇÃO DA REPÚBLICA. ART. 23 DA LEI Nº 9.868/1999. NÃO ATINGIDO O QUÓRUM PARA PRONÚNCIA DA INCONSTITUCIONALIDADE DO ART. 2º DA LEI Nº 9.055/1995. (...) **O art. 225, § 1º, V, da CF (a) legitima medidas de controle da produção, da comercialização e do emprego de técnicas, métodos e substâncias que comportam risco para a vida, a qualidade de vida e o meio ambiente, sempre que necessárias, adequadas e suficientes para assegurar a efetividade do direito fundamental ao meio ambiente ecologicamente equilibrado; (b) deslegitima, por insuficientes, medidas incapazes de aliviar satisfatoriamente o risco gerado para a vida, para a qualidade de vida e para o meio ambiente; e (c) ampara eventual vedação, banimento ou proibição dirigida a técnicas, métodos e substâncias, quando nenhuma outra medida de controle se mostrar efetiva.** 13. À luz do conhecimento científico acumulado sobre a extensão dos efeitos nocivos do amianto para a saúde e o meio ambiente e à evidência da ineficácia das medidas de controle nela contempladas, a tolerância ao uso do amianto crisotila, tal como positivada no art. 2º da Lei nº 9.055/1995, não protege adequada e suficientemente os direitos fundamentais à saúde e ao meio ambiente equilibrado (arts. 6º, 7º, XXII, 196, e 225 da CF), tampouco se alinha aos compromissos internacionais de caráter supralegal assumidos pelo Brasil e que moldaram o conteúdo desses direitos, especialmente as Convenções nºs 139 e 162 da OIT e a Convenção de Basileia. Juízo de procedência da ação no voto da Relatora. 14. Quórum de julgamento constituído por nove Ministros, considerados os impedimentos. Cinco votos pela procedência da ação direta, a fim de declarar a inconstitucionalidade, por proteção deficiente, da tolerância ao uso do amianto crisotila, da forma como encartada no art. 2º da Lei nº 9.055/1995, em face dos arts. 7º, XXII, 196 e 225 da Constituição da República. Quatro votos pela improcedência. Não atingido o quórum de seis votos (art. 23 da Lei nº 9.868/1999), maioria absoluta (art. 97 da Constituição da República), para proclamação da constitucionalidade ou inconstitucionalidade do dispositivo impugnado, a destituir de eficácia vinculante o julgado. 15. Ação direta de inconstitucionalidade conhecida e, no mérito, não atingido o quórum exigido pelo art. 97 da Constituição da República para a pronúncia da inconstitucionalidade do art. 2º da Lei nº 9.055/1995.

(STF, ADI 4066, Relator(a): Min. ROSA WEBER, Tribunal Pleno, julgado em 24/08/2017, PROCESSO ELETRÔNICO DJe-043 DIVULG 06-03-2018 PUBLIC 07-03-2018)

RECURSO EXTRAORDINÁRIO. **COMPETÊNCIA ESTADUAL E DA UNIÃO. PROTEÇÃO À SAÚDE E AO MEIO AMBIENTE. LEI ESTADUAL DE CADASTRO DE AGROTÓXICOS, BIOCIDAS E PRODUTOS SANEANTES DOMISSANITÁRIOS. LEI Nº 7.747/2-RS. RP 1135. 1. A matéria do presente recurso já foi objeto de análise por esta Corte no julgamento da RP 1.135, quando, sob a égide da Carta pretérita, se examinou se a Lei 7.747/82-RS invadiu competência da União. Neste julgamento, o Plenário definiu o conceito de normas gerais a cargo da União e aparou as normas desta lei que superavam os limites da alçada estadual. 2. As conclusões ali assentadas permanecem válidas em face da Carta atual, porque as regras remanescentes não usurparam a competência federal. A Constituição em vigor, longe de revogar a lei ora impugnada, reforçou a participação dos estados na fiscalização do uso de produtos lesivos à saúde. 3. A lei em comento foi editada no exercício da competência supletiva conferida no parágrafo único do artigo 8º da CF/69 para os Estados legislarem sobre a proteção à saúde. Atribuição que permanece dividida entre Estados, Distrito Federal e a União (art. 24, XII da CF/88). 4. Os produtos em tela, além de potencialmente prejudiciais à saúde humana, podem causar lesão ao meio ambiente. O Estado do Rio Grande do Sul, portanto, ao fiscalizar a sua comercialização, também desempenha competência outorgada nos artigos 23, VI e 24, VI da Constituição atual. 5. Recurso extraordinário** conhecido e improvido.

http://sei.dpu.def.br/sei/controlador.php?acao=documento_imprimir_web&acao_origem=arvore_visualizar&id_documento=10000002499180&infra_sistema...   6/9

DOSSIÊ CONTRA O PACOTE DO VENENO E EM DEFESA DA VIDA   265

(STF, RE 286789, Relator(a): Min. ELLEN GRACIE, Segunda Turma, julgado em 08/03/2005, DJ 08-04-2005 PP-00038 EMENT VOL-02186-03 PP-00446 LEXSTF v. 27, n. 317, 2005, p. 257-265 RT v. 94, n. 837, 2005, p. 138-141 RB v. 17, n. 501, 2005, p. 51 RTJ VOL-00194-01 PP-00355)

AMBIENTAL E ADMINISTRATIVO. AÇÃO CIVIL PÚBLICA. NOVO CÓDIGO FLORESTAL. IRRETROATIVIDADE. APLICAÇÃO DO ART. 15 DA LEI 12.651/2012. COMPENSAÇÃO DE APPS EM ÁREA DE RESERVA LEGAL. **PROIBIÇÃO DE RETROCESSO. PROTEÇÃO DOS ECOSSISTEMAS FRÁGEIS.**

1. (...). 2. (...). **3.** (...) 4. (...) conquanto não **se** possa conferir ao direito fundamental do meio ambiente equilibrado a característica de direito absoluto, ele se insere entre os **direitos indisponíveis, devendo-se acentuar a imprescritibilidade de sua reparação e a sua inalienabilidade, já que se trata de bem de uso comum do povo** (REsp 1.251.697/PR, Rel. Ministro Mauro Campbell Marques, Segunda Turma, julgado em 12.4.2012, DJe de 17.4.2012; REsp 1.179.316/SP, Rel. Ministro Teori Albino Zavascki, Primeira Turma, julgado em 15.6.2010, DJe de 29.6.2010; AgRg nos EDcl no REsp 1.203.101/SP, Rel. Ministro Hamilton Carvalhido, Primeira Turma, julgado em 8.2.2011, DJe de 18.2.2011, e REsp 1.381.191/SP, Relatora Ministra Diva Malerbi [desembargadora convocada TRF 3ª Região], Segunda Turma, Julgado em 16/6/2016, DJe 30/6/2016).

5. A jurisprudência do STJ é forte no sentido de que o art. 16 c/c o art. 44 da Lei 4.771/1965 impõe o seu cumprimento no que diz respeito à área de reserva legal, independentemente de haver área florestal ou vegetação nativa na propriedade (REsp 865.309/MG, Rel. Min. Castro Meira, Segunda Turma, julgado em 23.9.2008, DJe de 23.10.2008; REsp 867.085/PR. Ministro João Otávio de Noronha, Segunda Turma. DJ 27/11/2007 p. 293, e REsp 821.083/MG, Rel. Ministro Luiz Fux, Primeira Turma, julgado em 25.3.2008, DJe de 9.4.2008).

6. Recurso Especial a que se dá provimento.

(STJ, REsp 1680699/SP, Rel. Ministro HERMAN BENJAMIN, SEGUNDA TURMA, julgado em 28/11/2017, DJe 19/12/2017)

AMBIENTAL. AGROTÓXICOS PRODUZIDOS NO EXTERIOR E **IMPORTADOS PARA COMERCIALIZAÇÃO NO BRASIL. TRANSFERÊNCIA DE TITULARIDADE DE REGISTRO. NECESSIDADE DE NOVO REGISTRO.**

1. Somente as modificações no estatuto ou contrato social das empresas registrantes poderão ser submetidas ao apostilamento, de modo que a transferência de titularidade de registro também deve sujeitar-se ao prévio registro.

2. O poder de polícia deve ser garantido por meio de medidas eficazes, não por meio de mero apostilamento do produto - que inviabiliza a prévia avaliação pelos setores competentes do lançamento no mercado de quantidade considerável de agrotóxicos – até para melhor atender o sistema jurídico de proteção ao meio ambiente, o qual se guia pelos princípios da prevenção e da precaução.

3. Recurso especial não provido.

(STJ, REsp 1153500/DF, Rel. Ministro MAURO CAMPBELL MARQUES, SEGUNDA TURMA, julgado em 07/12/2010, DJe 03/02/2011)

AGRAVO REGIMENTAL SAÚDE PUBLICA LEGISLAÇÃO SUPLETIVA AGROTÓXICOS. OS PODERES CONCEDIDOS A UNIÃO, INCLUSIVE PARA FISCALIZAR E CONTROLAR A DISTRIBUIÇÃO E VENDA DE AGROTÓXICOS E OUTROS BIOCIDAS, NÃO IMPEDEM QUE OS ESTADOS, SUPLETIVAMENTE, EXERÇAM AS MESMAS ATIVIDADES. AGRAVO IMPROVIDO. (STJ, AgRg no Ag 71.697/RS, Rel. Ministro GARCIA VIEIRA, PRIMEIRA TURMA, julgado em 14/06/1995, DJ 14/08/1995, p. 24006)

Diante disso, cumpre destacar que a sociedade se depara com malefícios outros que não apenas as ameaças às liberdades, tendo em vista que riscos de repercussão geral e indistinta colocam em xeque a denominada **segurança ambiental**, conforme se refere o Ministro do Superior Tribunal de Justiça, Antônio Herman de Vasconcellos e Benjamin [5]. Para garantir o direito ao meio ambiente ecologicamente equilibrado a todos, o qual é intrínseco ao direito à vida, à segurança alimentar e à dignidade, devem o Poder Público e a coletividade defendê-lo e preservá-lo progressivamente, e não retrocedendo.

4. CONSIDERAÇÕES FINAIS

A **Defensoria Pública da União**, instituição destinada **a** prestar assistência jurídica gratuita e que tem como função precípua **a** defesa de grupos sociais específicos que mereçam especial proteção, deve dar atenção prioritária à proteção do direito social à alimentação adequada, do direito difuso ao meio ambiente ecologicamente equilibrado, à segurança alimentar e à saúde, prevenindo retrocessos e promovendo o avanço na proteção de bens jurídicos de valor inestimável.

Ao analisar o **Projeto de Lei nº 6.299/2002 e apensos**, constata-se que, não obstante as justificativas que os originaram seja a desburocratização ou a liberação de agrotóxicos na velocidade da produção agrícola, essas disposições, formal e materialmente, ferem disposições constitucionais e de proteção no âmbito internacional.

Evidentemente as aspirações do Poder Legislativo no sentido de alcançar o bem comum são imprescindíveis. Porém, não se vislumbra que as propostas em discussão possam alcançar tais objetivos, ao abrir margem para abolir direitos e garantias consolidados há quase 30 anos - sem o prévio e adequado debate sobre um tema tão sensível, considerando todas as suas nuances, conforme acima exposto, de forma que a presente nota técnica defende a manutenção na integralidade da **Lei nº 7.802/1989,** marco legal de proteção.

Cumpre realçar que a CRFB/88, a jurisprudência, a doutrina e demais razões apresentadas contemplam o princípio de vedação do retrocesso ambiental e a proibição de sobreposição de interesses econômicos sobre o plexo de direitos coletivos mencionados.

A garantia dos direitos albergados na CRFB/88 e o usufruto pelo povo dos bens jurídicos mediante a devida proteção pelo Estado são pressupostos para a construção de uma sociedade mais justa, em que resguardados os objetivos da **Defensoria Pública da União**: primazia da dignidade da pessoa humana, redução das desigualdades sociais, prevalência e efetividade dos direitos humanos.

FRANCISCO DE ASSIS NASCIMENTO NÓBREGA

Defensor Público Federal em Brasília - Distrito Federal

Secretário-Geral de Articulação Institucional – SGAI

THAÍS AURÉLIA GARCIA

Defensora Pública Federal em Brasília - Distrito Federal

Coordenadora do Grupo de Trabalho Garantia à Segurança Alimentar e Nutricional

---

[1] Plano **Nacional** de Implementação Brasil: Convenção de Estocolmo / Ministério do Meio Ambiente. Brasília: MMA, 2015. Disponível em: . Acesso em: 08/05/2018.

[2] BOSSELMANN, Klaus. Direitos humanos e meio ambiente: a procura por uma base comum. Revista de Direito Ambiental. São Paulo: Revista dos Tribunais, v. 23, ano 6, jul./set. 2001, p. 36 e 52.

[3] SILVA, José Afonso da. Curso de Direito Constitucional Positivo. 9ª ed. São Paulo: Malheiros, 1994, p. 166.

[4] CARVALHO, Délton Winter de. Desastres ambientais e sua regulação jurídica: deveres de prevenção, respostas e compensação ambiental. São Paulo: Revista dos Tribunais, 2015.

[5] BENJAMIN, Antônio Herman de Vasconcellos e. Meio ambiente e constituição: uma primeira abordagem. In: Congresso Internacional de Direito Ambiental. São Paulo. 2002. Anais. Congresso Internacional do Meio Ambiente: 10 anos da Eco-92: o direito e o desenvolvimento sustentável. v. 6. São Paulo: IMESP, 2002, p. 512.

 Documento assinado eletronicamente por **Thais Aurelia Garcia**, **Coordenador(a)**, em 11/05/2018, às 22:39, conforme o §2º do art. 10 da Medida Provisória nº 2.200-2, de 24 de agosto de 2001.

 Documento assinado eletronicamente por **Francisco de Assis Nascimento Nóbrega**, **Secretário-Geral de Articulação Institucional**, em 11/05/2018, às 22:58, conforme o §2º do art. 10 da Medida Provisória nº 2.200-2, de 24 de agosto de 2001.

 A autenticidade do documento pode ser conferida no site http://www.dpu.def.br/sei/conferir_documento_dpu.html informando o código verificador **2393350** e o código CRC **544E0D42**.

MINISTÉRIO PÚBLICO FEDERAL
4ª CÂMARA DE COORDENAÇÃO E REVISÃO
- Meio Ambiente e Patrimônio Cultural -

PGR-00229659/2018

NOTA TÉCNICA 4ª CCR n.º 1/2018

NOTA TÉCNICA SOBRE O PROJETO DE LEI N° 6.299/2002
(origem no PLS nº 526, de 1999)
(Apensados: PL nº 713/1999, 1.388/1999, 2.495/2000, 3.125/2000, 5.852/2001, 5.884/2005, 6.189/2005, 7.564/2006, 1.567/2011, 1.779/2011, 3.063/2011, 4.166/2012, 4.412/2012, 49/2015, 371/2015, 461/2015, 958/2015, 1.687/2015, 3.200/2015, 3.649/2015, 4.933/2016, 5.218/2016, 5.131/2016, 6.042/2016, 7.710/2017, 8.026/2017, 8.892/2017)

1. INTRODUÇÃO

A definição de gestão dos riscos como o "(...)**processo, decorrente da avaliação dos riscos, que consiste em ponderar fatores políticos, econômicos, sociais e regulatórios bem como os efeitos sobre a saúde humana e meio ambiente(...)**" (art. 2º, VI, "c") estabelece, de forma clara, a inversão das prioridades constitucionais estabelecidas no presente PL: a submissão do Direito à Saúde, ao Meio Ambiente e à defesa do consumidor à Ordem Econômica, especificamente à Política Agrícola.

Esta afirmação é corroborada pelo rol de problemas detetados na atual legislação, nos termos do voto do relator. Dos quatorze motivos apontados para a alteração da legislação vigente, nenhum considera, diretamente, os efeitos dos agrotóxicos sobre a saúde ou meio ambiente. Por outro lado, termos como "avaliação dos pesticidas e afins está desatualizada", "extremamente burocrático", "burocracia excessiva" e "ausência de transparência" fundamentam, diretamente, quatro das premissas utilizadas como justificativa para a necessidade de alteração legislativa.

2. DAS INCONSTITUCIONALIDADES

O projeto apresenta extenso rol de inconstitucionalidades como se apresentará, sucintamente, na presente nota. Aponta-se a violação aos arts. 23, 24, 170, 196, 220 e 225 da Constituição Federal conforme a seguir especificado:

a) Violação aos arts. 23 e 24 da Constituição Federal:

O art. 9 do PL prevê em seu parágrafo único que

> "Os Estados e o Distrito Federal não poderão estabelecer restrição à distribuição, comercialização e uso de produtos devidamente registrados ou autorizados, salvo quando as condições locais determinarem, desde que comprovadas cientificamente."

Tal previsão contraria o dispositivo estabelecido no § 2º do art. 24 da CF, ao eliminar a possibilidade de exercício da competência concorrente dos Estados e do DF para legislar sobre a matéria, bem como limitar o exercício da competência comum de proteção da Saúde e do Meio ambiente estabelecida nos incisos II e VI do art. 23 da CF. Aponte-se que o Substitutivo extinguiu a competência dos Municípios de legislar supletivamente sobre o uso e o armazenamento local dos agrotóxicos, seus componentes e afins, prevista na Lei nº 7.802/1989, com fundamentação no art. 30 da CF.

Quanto a esse ponto, verifica-se que o dispositivo em tela colide com a jurisprudência do STF relacionada à competência concorrente e supletiva, respectivamente, dos Estados e Municípios, que vem afirmando a constitucionalidade na edição de leis mais protetivas ao meio ambiente por tais entes federativos. Nesse sentido: ADI 3937/SP; ADI 2030/SC; RE 194704/MG.

b) Violação aos incisos VI do art. 170, 196 e inciso V do § 1º do art. 225 da Constituição Federal:

A Constituição Federal estabelece, nos artigos 170 e 225, o controle e o tratamento diferenciado conforme o impacto ambiental dos produtos e de seus processos de elaboração e prestação. No mesmo sentido, é a previsão contida no art. 196, que estabelece o dever de adoção de políticas sociais e econômicas que visem a redução dos riscos de doenças. Logo, afigura-se inconstitucional o estabelecimento de medidas que representem a flexibilização de controles, em detrimento da Saúde e do Meio Ambiente. Neste sentido, as seguintes alterações afiguram-se inconstitucionais:

SAF – Setor de Administração Federal Sul Quadra 4 Conjunto C Bloco B Sala 302 - Fone (61) 3105.6075 - Fax (61) 3105.6105
70050-900 – Brasília – Distrito Federal - e-mail: 4ccr@mpf.mp.br

1) A eliminação dos critérios de proibição de registro de agrotóxicos baseados no perigo. Na legislação em vigor há vedação de registro de substâncias que revelem **características teratogênicas, carcinogênicas ou mutagênicas, ou provoquem distúrbios hormonais ou/e danos ao sistema reprodutivo (art. 3º, §6º, "c", da Lei n. 7.802/89)**. Substâncias com estas características, nos termos do PL, **poderão ser registradas.** A proibição de registro é substituída pela definição de "risco inaceitável" para os seres humanos ou para o meio ambiente, ou seja, situações em que o uso permanece inseguro mesmo com a implementação das medidas de gestão de risco (Inciso VI do art. 2º)[1]. Dessa forma, o projeto de lei, que se lastreia na análise dos riscos, desconsidera a possibilidade de periculosidade intrínseca de produtos agrotóxicos que revelem características teratogênicas, carcinogênicas ou mutagênicas, por exemplo;

2) Possibilidade de flexibilização do controle e do tratamento diferenciado mediante a possibilidade de registros e autorizações temporárias, desde que os produtos estejam registrados para culturas similares em, pelo menos, três países-membros da Organização para Cooperação e Desenvolvimento Econômico (OCDE). A norma não estabelece qualquer parâmetro para a escolha, o que pode acarretar a eleição de países com características radicalmente diversas do ponto de vista climático, demográfico e epidemiológico (§§ 6º e 8º do art. 3º)[2];

---

[1]   Art. 2º Para os efeitos desta Lei, consideram-se:
(...)
VI - análise dos riscos - processo constituído por três fases sucessivas e interligadas: avaliação, gestão (manejo) e comunicação dos riscos, em que: a
a)   gestão dos riscos - **o processo, decorrente da avaliação dos riscos, que consiste em ponderar fatores políticos, econômicos, sociais e regulatórios bem como os efeitos sobre a saúde humana e meio ambiente**, em consulta com as partes interessadas, tendo em conta a avaliação dos riscos e outros fatores legítimos e, se necessário, selecionar opções apropriadas para proteger a saúde e o meio ambiente.
(...)
f) risco inaceitável - nível de risco considerado insatisfatório por permanecer inseguro ao ser humano ou ao meio ambiente, mesmo com a implementação das medidas de gerenciamento dos riscos.

[2]   Art. 3º
§ 6º Fica criado Registro Temporário – RT para os Produtos Técnicos, Produtos Técnicos Equivalentes, Produtos Novos, Produtos Formulados e Produtos Genéricos, que estejam registrados para culturas similares em pelo menos três países membros da Organização para Cooperação e Desenvolvimento Econômico – OCDE que adotem, nos respectivos âmbitos, o Código Internacional de Conduta sobre a Distribuição e Uso de Pesticidas da Organização das Nações Unidas para Alimentação e

3) Possibilidade de flexibilização do controle e do tratamento diferenciado mediante a possibilidade de registros e autorizações temporárias **quando não houver a manifestação conclusiva pelos órgãos responsáveis pela Agricultura, Meio Ambiente e Saúde dentro dos prazos estabelecidos no §1º do Art. 3º. Em outros termos, uma substância carcinogênica, teratogênica ou mutagênica poderá obter o registro ou autorização temporária, caso não ocorra manifestação da administração em um prazo médio de 12(doze) meses (§ 9º do Art. 3º);** [3]

4) **De forma diversa à aprovação por "decurso de prazo", em caso de alerta internacional em relação aos riscos de determinada substância, não há procedimento diferenciado ou prioritário de reavaliação (§ 14 do Art. 3º);** [4]

5) A submissão do Direito à Saúde e ao Meio Ambiente à Ordem Econômica ao definir que cabe ao órgão federal responsável pelo setor da agricultura, nos termos do inciso VI do art. 5º, a decisão sobre os "(...) pedidos e critérios a serem adotados na **reanálise dos riscos dos produtos fitossanitários**" O referido dispositivo deve ser combinado com o regramento detalhado nos art. 28 a 32. A redação do PL estabeleceu apenas uma possibilidade da denominada reanálise: **Em caso de alerta de organizações internacionais.** Não há possibilidade de provocação do processo pelos órgãos do meio ambiente e saúde. Ou seja, mesmo que sejam detetados indícios no território nacional, não detectados anteriormente. Não é razoável que o órgão federal

---

Agricultura – FAO, mediante inscrição em sistema informatizado.
   § 8º Fica criada Autorização Temporária - AT para Produtos Novos, Produtos Formulados e Produtos Genéricos, para os pedidos de inclusão de culturas cujo emprego seja autorizado em culturas similares em pelo menos três países membros da Organização para Cooperação e Desenvolvimento Econômico – OCDE que adotem, nos respectivos âmbitos, o Código Internacional de Conduta sobre a Distribuição e Uso de Pesticidas da Organização das Nações Unidas para Alimentação e Agricultura – FAO, mediante inscrição em sistema informatizado.

[3]   § 9º Será expedido o Registro Temporário - RT ou Autorização Temporária – AT pelo órgão registrante quando o solicitante tiver cumprido o estabelecido nesta Lei e não houver a manifestação conclusiva pelos órgãos responsáveis pela Agricultura, Meio Ambiente e Saúde dentro dos prazos estabelecidos no § 1º do Art. 3º.

[4]   § 14. Quando organizações internacionais responsáveis pela saúde, alimentação ou meio ambiente, das quais o Brasil seja membro integrante ou signatário de acordos e convênios, alertarem para riscos ou desaconselharem o uso de produto fitossanitário, produto de controle ambiental, produto técnico e afins, caberá à autoridade competente tomar providências de reanálise dos riscos.

SAF – Setor de Administração Federal Sul Quadra 4 Conjunto C Bloco B Sala 302 - Fone (61) 3105.6075 - Fax (61) 3105.6105
70050-900 – Brasília – Distrito Federal - e-mail: 4ccr@mpf.mp.br

do setor da agricultura realize a avaliação técnica sobre questões toxicológicas ou ecotoxicológicas (Inciso VI do Art. 5°c/c art. 28).[5]

6) Limitação à atuação dos órgãos de saúde e de meio ambiente ao restringir a ação regulatória à mera "homologação" da avaliação de risco toxicológico e de risco ambiental, apresentadas pelos requerentes. Frise-se que, no caso do órgão ambiental, não é facultado sequer a solicitação de complementação de informações A homologação é contrária a princípios importantes da Administração Pública, como a indisponibilidade do interesse público e a indelegabilidade do poder de polícia. Não pode o Estado renunciar aos seus mecanismos de avaliação e controle prévio de substâncias nocivas ao meio ambiente e à saúde, mediante sua substituição por mero ato homologatório de uma avaliação conduzida pelo particular, distante do interesse público. (Inciso IV do Art. 6° e inciso VII do art. 7°);[6]

7) Possibilidade de utilização de agrotóxicos sem o devido receituário agronômico. A norma permite, em situações excepcionais, a utilização de agrotóxicos sem receituário agronômico. Desnecessário apontar os riscos da utilização, indiscriminada, de substâncias tóxicas. Mais uma vez, não há possibilidade constitucional de estabelecimento de riscos, não

---

[5]   Art. 5° Compete ao órgão federal responsável pelo setor da agricultura:
(...)
VI - decidir sobre os pedidos e critérios a serem adotados na reanálise dos riscos dos produtos fitossanitários
Art. 28. Quando organizações internacionais responsáveis pela saúde, alimentação ou meio ambiente, das quais o Brasil seja membro integrante ou signatário de acordos e convênios, alertarem para riscos ou desaconselharem o uso de produto fitossanitário, de produtos de controle ambiental e afins, o órgão federal registrante poderá instaurar procedimento para reanalise do produto, notificando os registrantes para apresentar a defesa em favor do seu produto.
§ 1° O órgão federal que atua na área da agricultura é o coordenador do processo de reanálise dos produtos fitossanitários e poderá solicitar informações dos órgãos de saúde e de meio ambiente para complementar sua análise.
§ 2° O órgão federal que atua na área de meio ambiente é o coordenador do processo de reanalise dos produtos de controle ambiental e poderá solicitar informações do órgão de saúde para complementar sua análise.

[6]   Art. 6° Cabe ao órgão federal responsável pelo setor da saúde:
(...)
IV - homologar a avaliação de risco toxicológico apresentada pelo requerente dos produtos fitossanitários e produtos de controle ambiental, produtos técnicos e afins, podendo solicitar complementação de informações;
Art. 7° Cabe ao órgão federal responsável pelo setor do meio ambiente;
(..)
VII - homologar a análise de risco ambiental apresentada pelo requerente dos produtos fitossanitários, dos produtos de controle ambiental e afins;

SAF – Setor de Administração Federal Sul Quadra 4 Conjunto C Bloco B Sala 302 - Fone (61) 3105.6075 - Fax (61) 3105.6105
70050-900 – Brasília – Distrito Federal - e-mail: 4ccr@mpf.mp.br

dimensionáveis, à Saúde e ao Meio Ambiente em face da efetivação de atividades econômicas (Art. 39). [7]

c) Violação aos incisos V do art. 170 da Constituição Federal:

> "Art. 5º Compete ao **órgão federal responsável pelo setor da agricultura:**
> (...)
> IX - monitorar conjuntamente com o órgão federal de saúde os resíduos de produtos fitossanitários em produtos de origem vegetal, **sendo responsabilidade do órgão registrante a divulgação dos resultados do monitoramento."**

A existência digna a ser assegurada pela ordem econômica se funda, em outros princípios, na defesa do consumidor. A inversão desta premissa, contida no dispositivo em análise resulta em flagrante inconstitucionalidade. O regramento da divulgação de informações relevantes ao consumidor pelo órgão federal responsável pelo setor da agricultura, acarreta a submissão dos interesses consumeristas aos interesses econômicos em manifesto esvaziamento do desiderato constitucional. Não é cabível a efetivação de atividades econômicas mediante restrição de informações relevantes aos consumidores;

d) Violação ao Parágrafo 4º do Art. 220 da Constituição Federal:

> "Art. 220
> § 4º A propaganda comercial de tabaco, bebidas alcoólicas, **agrotóxicos,** medicamentos e terapias estará sujeita a restrições legais, nos termos do inciso II do parágrafo anterior, e conterá, sempre que necessário, **advertência sobre os malefícios decorrentes de seu uso."**

É necessário que os agricultores, como principais usuários dos produtos tratados pela Lei nº 7.802/89, os reconheçam como produtos tóxicos perigosos e, não, como meros insumos agrícolas. A medida é fundamental para que ocorra a devida proteção ao meio ambiente, à saúde e ao consumidor em sua utilização. A toxicidade é uma característica inerente à grande maioria dos produtos destinados ao controle de pragas e doenças, por ação biocida. A eventual substituição pelo termo "fitossanitário", visa estabelecer um caráter "inofensivo" a substâncias que, manifestamente, não o são. Não há outra possibilidade interpretativa, uma vez que a Constituição vinculou aos agrotóxicos "(...)malefícios decorrentes de seu uso". Manifesta a inconstitucionalidade

---

[7]   Art. 39. Os produtos fitossanitários e produtos de controle ambiental e afins serão comercializados diretamente aos usuários mediante a apresentação de Receita Agronômica própria emitida por profissional legalmente habilitado, **salvo para casos excepcionais que forem previstos na regulamentação desta lei..**

SAF – Setor de Administração Federal Sul Quadra 4 Conjunto C Bloco B Sala 302 - Fone (61) 3105.6075 - Fax (61) 3105.6105
70050-900 – Brasília – Distrito Federal - e-mail: 4ccr@mpf.mp.br

274   DOSSIÊ CONTRA O PACOTE DO VENENO E EM DEFESA DA VIDA

em eventual alteração que contrarie e esvazie o preceito constitucional. Interessante ressaltar que, na própria norma proposta, há a utilização da terminologia "agrotóxicos" (§11 do art.3°) [8]e

e) Violação à Vedação ao Retrocesso dos Direitos Socioambientais (Art.196 e 225 da Constituição Federal)

A lei n° 7.802/89 bem como o decreto n° 4.074/2002 apresentam artigos, suprimidos pela redação do PL, que protegem a saúde e o meio ambiente de forma mais efetiva. É cediço a impossibilidade de retrocesso no âmbito de proteção de normas associadas aos Direitos Humanos. No caso em tela, normas com um âmbito de proteção maior à Saúde e ao Meio Ambiente, não podem ser meramente subtraídas do ordenamento jurídico. A atual proposta legislativa revogou as seguintes normas protetivas, sem equivalência na redação final do PL:

> Art. 3° (Lei n° 7.802/89)
>
> § 4° Quando organizações internacionais responsáveis pela saúde, alimentação ou meio ambiente, das quais o Brasil seja membro integrante ou signatário de acordos e convênios, alertarem para riscos ou desaconselharem o uso de agrotóxicos, seus componentes e afins, caberá à autoridade competente tomar imediatas providências, **sob pena de responsabilidade.**
>
> § 5° **O registro para novo produto agrotóxico**, seus componentes e afins, será concedido se a sua ação tóxica sobre o ser humano e o meio ambiente **for comprovadamente igual ou menor do que a daqueles já registrados,** para o mesmo fim, segundo os parâmetros fixados na regulamentação desta Lei.
>
> § 6° **Fica proibido o registro de agrotóxicos, seus componentes e afins**:
>
> a) para os quais o Brasil não disponha de métodos para desativação de seus componentes, de modo a impedir que os seus resíduos remanescentes provoquem riscos ao meio ambiente e à saúde pública;
>
> b) para os quais não haja antídoto ou tratamento eficaz no Brasil;
>
> c) que revelem características teratogênicas, carcinogênicas ou mutagênicas, de acordo com os resultados atualizados de experiências da comunidade científica;
>
> d) que provoquem distúrbios hormonais, danos ao aparelho reprodutor, de acordo com procedimentos e experiências atualizadas na comunidade científica;
>
> e) que se revelem mais perigosos para o homem do que os testes de laboratório, com animais, tenham podido demonstrar, segundo critérios técnicos e científicos atualizados;
>
> f) cujas características causem danos ao meio ambiente.

---

[8]   § 11. As condições a serem observadas para a autorização de uso de agrotóxicos e afins deverão considerar os limites máximos de resíduos estabelecidos nas monografias de ingrediente ativo publicadas pelo órgão federal de saúde

SAF – Setor de Administração Federal Sul Quadra 4 Conjunto C Bloco B Sala 302 - Fone (61) 3105.6075 - Fax (61) 3105.6105
70050-900 – Brasília – Distrito Federal - e-mail: 4ccr@mpf.mp.br

DOSSIÊ CONTRA O PACOTE DO VENENO E EM DEFESA DA VIDA

Em relação ao Decreto nº 4.074/2002 a denominada "mistura em tanque"[9] apresentava um regramento mais rígido, compatível com os riscos à Saúde e ao Meio Ambiente decorrentes da aplicação simultânea de diversos agrotóxicos. Havia a necessidade de expressa autorização pelo órgão federal registrante.

> Art. 22 (Decreto nº 4.074/2002)
> .§ 2ª As alterações de natureza técnica deverão ser requeridas ao órgão federal registrante, observado o seguinte:
> I - **serão avaliados pelos órgãos federais dos setores de agricultura, saúde e meio ambiente** os pedidos de alteração de componentes, processo produtivo, fabricante e formulador, estabelecimento de doses superiores às registradas, aumento da frequência de aplicação, inclusão de cultura, alteração de modalidade de emprego, **indicação de mistura em tanque** e redução de intervalo de segurança;

A atual proposta legislativa simplifica tal procedimento e o condiciona, nos termos do § 2º do art. 39, à mera autorização do profissional habilitado, sem que exista qualquer exigência adicional. Desnecessário ressaltar o risco à Saúde e ao Meio Ambiente em decorrência de tal possibilidade.

f) Violação à Vedação da Proteção Deficiente do Meio Ambiente (§ 3º do Art. 225 da CF)

> Art. 225
> (...)
> § 3º As condutas e atividades consideradas lesivas ao meio ambiente sujeitarão os infratores, pessoas físicas ou jurídicas, a sanções penais e administrativas, independentemente da obrigação de reparar os danos causados.

O projeto de lei retira a responsabilização penal, contida no art.15 da lei 7.802/89, da produção, comercialização, transporte, aplicação, prestação de serviço, em descumprimento às exigências estabelecidas na legislação pertinente. Igualmente revoga o disposto no art. 16 que determina a responsabilização penal do empregador, profissional responsável ou do prestador de serviço, que deixar de promover as medidas necessárias de proteção à saúde e ao meio ambiente.

As infrações são substituídas pelo já existente crime de destinação de resíduos e embalagens vazias de agrotóxicos e pela produção, armazenagem, transporte, importação, utilização ou comercialização de substâncias não registradas ou não autorizadas.

---

[9]   Consiste na mistura de diversos agrotóxicos em tanque, supostamente para combate simultâneo de pragas. Por exemplo, inseticidas, com fungicidas e herbicidas.

Ao retirar do âmbito penal as condutas, afigura-se a proteção deficiente do Meio Ambiente, uma vez que não há sanção penal em relação a condutas e atividades consideradas lesivas como, por exemplo, aplicação sem receituário agronômico, fora dos parâmetros da bula ou fora dos limites determinados para pulverização terrestre ou aérea.

(assinado e datado digitalmente)
NÍVIO DE FREITAS SILVA FILHO
Subprocurador-Geral da República
Coordenador

Nota de posição institucional do MPT sobre o PL 6.299/2002

No dia 8 de maio a Comissão Especial sobre Defensivos Agrícolas da Câmara Federal aprecia o parecer do deputado federal Luiz Nishimori (PR/PR) sobre o Projeto de Lei 6299/2002 de autoria do ministro da Agricultura, Blairo Maggi (PP/MT).

O projeto de lei altera substancialmente a lei 7.802/1989 atingindo dispositivos fundamentais para assegurar a saúde do trabalhador.

Dentre as propostas de mudança da legislação vigente encontra-se a mudança de nomenclatura de "agrotóxicos" para "produtos fitossanitários". No meio técnico, avalia-se que a mudança do nome leve à ocultação dos efeitos tóxicos associados a esses produtos, incentivando o uso irregular e dificultando a compreensão da necessidade de transição para práticas de produção menos agressivas à saúde humana.

O processo de registro de novos agrotóxicos também passaria por mudanças significativas, caso o projeto de lei fosse aprovado. Na lei atual, a Agência Nacional de Vigilância Sanitária (Anvisa) e o Instituto Brasileiro do Meio Ambiente e dos Recursos Naturais Renováveis (Ibama) avaliam, respectivamente, os impactos sobre a saúde humana e o meio ambiente. Na proposta esses órgãos perderiam o poder de veto, tendo papel apenas consultivo, estando a deliberação do registro a cargo somente do Ministério da Agricultura, Pecuária e Abastecimento (Mapa).

A lei de 1989 também prevê que agrotóxicos que causam câncer, mutações, alterações reprodutivas, distúrbios endócrinos e malformações congênitas sejam proibidos, critério esse que vem sendo adotado pela legislação europeia desde 2009. O PL 6.299/2002 acaba com esse critério de proibição do registro, caso o risco seja considerado "aceitável".

Os trabalhadores de toda a cadeia produtiva dos agrotóxicos seriam os mais impactados, pois estão expostos a maiores quantidades de agrotóxicos, com maior frequência e com dificuldades de no acesso a informações. Portanto, seria o grupo sob maior risco de manifestar doenças como o câncer e problemas endócrinos.

O Sistema de Informação de Agravos de Notificação do Ministério da Saúde mostra que entre 2008 e 2017 foram notificados cerca de 16.000 casos associados à exposição de trabalhadores. Nota-se que essas notificações, na sua quase totalidade estão associadas a intoxicações agudas, não contabilizando as doenças crônicas, cientificamente associadas ao uso desses produtos, e que têm maior impacto social e para a vida pessoal e familiar das vítimas.

Por essas razões, atuando fielmente com o compromisso de preservar a vida dos trabalhadores, o Ministério Público do Trabalho manifesta-se contrário à aprovação do projeto de lei, reiterando a necessidade de fortalecimento das instâncias do Estado brasileiro voltadas ao aprimoramento das atividades de registro e de reavaliação de produtos tóxicos e obsoletos disponíveis no mercado brasileiro; às ações de fiscalização dos processos de produção; monitoramento de água de consumo humano e alimentos; à vigilância das populações expostas; ao diagnóstico, notificação e tratamento dos casos de intoxicação as funções de registro; à adoção de medidas de prevenção de intoxicações; ao investimento em pesquisas públicas para estudo dos impactos sobre a saúde e o meio ambiente; à transição para processos de produção de base orgânica e agroecológica.

MINISTÉRIO PÚBLICO DO TRABALHO
PROCURADORIA-GERAL DO TRABALHO
ATOS DO PROCURADOR-GERAL DO TRABALHO

NOTA TÉCNICA DO MINISTÉRIO PÚBLICO DO TRABALHO

**SOBRE O PROJETO DE LEI Nº 6.299/2002
(origem no PLS nº 526, de 1999)
(Apensados: PL nº 713/1999, 1.388/1999,
2.495/2000, 3.125/2000, 5.852/2001, 5.884/2005,
6.189/2005, 7.564/2006, 1.567/2011, 1.779/2011,
3.063/2011, 4.166/2012, 4.412/2012, 49/2015,
371/2015, 461/2015, 958/2015, 1.687/2015,
3.200/2015, 3.649/2015, 4.933/2016, 5.218/2016,
5.131/2016, 6.042/2016, 7.710/2017, 8.026/2017,
8.892/2017)**

O Ministério Público do Trabalho, no indeclinável exercício de suas funções constitucionais, vem a público manifestar-se pela rejeição do PL 6.299/2002, que pretende alterar substancialmente dispositivos da Lei dos Agrotóxicos, instrumento que viabiliza a proteção do meio ambiente, inclusive o meio ambiente do trabalho.

A fragilização do instrumento legal de proteção do direito fundamental ao meio ambiente saudável e equilibrado, como extensão do direito à vida, comprometeria a função da propriedade que, constitucionalmente, tem sua utilização condicionada ao adequado uso dos recursos naturais disponíveis e à preservação do meio ambiente. A subversão desse comando constitucional transferiria, de modo desarrazoado, os riscos e os danos inerentes à atividade econômica para a sociedade, em especial aos consumidores, trabalhadores rurais e moradores das regiões agrícolas.

A conversão do PL em lei afrontaria tratados internacionais sobre direitos humanos ratificados pela República Federativa do Brasil, em especial as Convenções nº 155 e nº 170 da OIT, que dispõem, respectivamente, sobre a prevenção dois riscos, acidentes e danos à saúde que sejam consequência do trabalho e riscos ocasionados pela exposição a pesticidas. Também afrontaria orientações da Organização Mundial da Saúde – OMS.

1

DOSSIÊ CONTRA O PACOTE DO VENENO E EM DEFESA DA VIDA   279

MINISTÉRIO PÚBLICO DO TRABALHO
PROCURADORIA-GERAL DO TRABALHO
ATOS DO PROCURADOR-GERAL DO TRABALHO

O projeto em análise também contraria decisões recentes do STF que reconhecem a similaridade da discussão jurídica sobre as medidas protetivas (princípios da prevenção e da precaução) necessárias em face dos agrotóxicos e aquela travada por ocasião da análise das restrições à utilização do amianto. A Corte Suprema vem reconhecendo a garantia constitucional do afastamento de perigo à saúde e de risco ao meio ambiente, configurando medida de prevenção para segurança das gerações futuras, com efetiva proteção e respeito à saúde e à integridade física.

INTRODUÇÃO

Agrotóxicos são produtos amplamente utilizados com a função de aniquilar seres vivos considerados indesejáveis para diferentes fases da produção agrícola, incluindo armazenamento e beneficiamento. O incremento no uso desses produtos químicos ocorreu a partir da segunda metade do século XX, durante o processo denominado Revolução Verde.

A Revolução Verde é considerada a resposta tecnológica às necessidades de produção de alimento que se intensificaram após a Segunda Grande Guerra[1] e que foi caracterizada pela incorporação de tecnologias no campo e pelo aumento da produção e da utilização de agrotóxicos e fertilizantes[2]. Por um lado, houve aumento da produção de alimentos. Mas em alguns países, como o Brasil, ocorreram profundas mudanças no processo tradicional do trabalho agrícola, resultando em consideráveis impactos para o ambiente e para a saúde humana[3]. Com o tempo, a utilização intensiva e extensiva levou à resistência das pragas, à contaminação de água, solos e

---

[1] KHUSH GS. Green revolution: the way forward. Nature rev Genetics. 2001; v.2, p. 815-822
[2] ECOBICHON D J. Toxic effects of pesticides. In: KLASSEN, C.D. *Casarett & Doull's Toxicology. The basic science of poisons*. 2001; New York: McGraw-Hill, p.763 – 810.
[3] PERES F, MOREIRA J C. É veneno ou é Remédio? Agrotóxicos, Saúde e Ambiente. Rio de Janeiro: Editora da Fiocruz; 2003

280 DOSSIÊ CONTRA O PACOTE DO VENENO E EM DEFESA DA VIDA

MINISTÉRIO PÚBLICO DO TRABALHO
PROCURADORIA-GERAL DO TRABALHO
ATOS DO PROCURADOR-GERAL DO TRABALHO

seres vivos com produtos altamente persistentes e ao aumento do número de casos de doenças[4].

O termo agrotóxico, segundo a lei brasileira 7.802 de 1989, também abrange produtos e componentes utilizados em ambientes urbanos, hídricos e industriais, incluindo desse modo produtos de uso domissanitário de venda livre e para empresas especializadas em controle de vetores e produtos destinados a utilização em campanhas de saúde pública. Os agrotóxicos têm ampla disseminação em áreas rurais e urbanas e suas consequências atingem grupos populacionais de forma imprevisível e inevitável, seja através da aplicação direta nesses locais ou da contaminação de água, chuva e alimentos que chegam a locais muito distantes.

Os grupos populacionais mais atingidos são os trabalhadores e trabalhadoras envolvidos na cadeia produtiva, tanto dos produtos destinados à alimentação quanto dos destinados ao controle de vetores urbanos.

O volume aplicado na agricultura brasileira chega perto de 900.000 toneladas anuais (2015), dado que indica o elevado grau de exposição da população brasileira, sob diversas formas. O Sistema de Informação de Agravos de Notificação do Ministério da Saúde aponta que entre 2008 e 2017 foram registrados cerca de 16.000 casos associados à exposição de trabalhadores[5]. Observa-se que essas notificações, na sua quase totalidade, estão associadas a intoxicações agudas, não contabilizando as doenças crônicas, cientificamente associadas ao uso dos biocidas, e que têm maior impacto social e para a vida pessoal e familiar das vítimas, além dos altos custos para a saúde pública.

Esse cenário, por si só, já aponta uma situação ainda mais preocupante se considerarmos que a maior parte dos casos se encontra subnotificada. A subnotificação pode ser explicada por diversas razões, como a dificuldade de diagnóstico das intoxicações, em especial as crônicas que possuem períodos de latência que podem chagar a décadas; o uso frequente

---

[4] Carson, R. Primavera Silenciosa. Global Editora e Distribuidora Ltda, 2015, 328p.
[5] http://tabnet.datasus.gov.br/cgi/tabcgi.exe?sinannet/cnv/Intoxbr.def

DOSSIÊ CONTRA O PACOTE DO VENENO E EM DEFESA DA VIDA   281

MINISTÉRIO PÚBLICO DO TRABALHO
PROCURADORIA-GERAL DO TRABALHO
ATOS DO PROCURADOR-GERAL DO TRABALHO

de agrotóxicos distintos, ou combinados, que podem desencadear efeitos bastante diversos aos previstos no momento do registro e em bula; e falta de informação sobre a toxicidade do produto, tanto nos serviços de saúde como para os trabalhadores e trabalhadoras, mesmo com a sinalização existente no rótulo (símbolo da caveira).

Considerações sobre o PL 6.299/2002 e o PLS

O projeto de lei 6.299/2002 e seus apensados tramitam em Comissão Especial da Câmara dos Deputados, tendo como relator o Deputado Federal Luiz Nishimori, cujo parecer foi apresentado no dia 24 de abril de 2018. O Parecer do Relator veio acompanhado de um **Projeto de Lei Substitutivo**.

Seguem abaixo considerações sobre o voto do relator:

1) O parecer afirma que *"Não há, de outra parte, qualquer violação a princípios ou normas de ordem material na Constituição de 1988"* (PRL PL 6299/2002, p.13).

No entanto o Ministério Público Federal em Nota Técnica da 4ª CCR nº 1/2018 aponta e justifica a violação de seis artigos da Constituição Federal. O Ministério Público do Trabalho endossa este mesmo entendimento e indica que o Projeto de Lei em discussão ainda viola os termos do artigo 7º, XXII, de nossa Carta Magna, que determina a necessidade de redução dos riscos inerentes a saúde e segurança dos trabalhadores e do § 4º do artigo 220 que impõem restrição legal para a propaganda de produtos como tabaco, bebidas alcóolicas, **agrotóxicos,** medicamentos e terapias, face os **malefícios decorrentes de seu uso** (conforme trecho expresso na própria Lei Maior);

2) Além das inconstitucionalidades apontadas na proposta, que afrontam a construção jurídica que dá base ao direito fundamental do trabalhador a laborar em um meio ambiente do trabalho hígido, inclusive no meio rural, fruto da evolução dos estudos referentes ao trabalho e à saúde, e

4

MINISTÉRIO PÚBLICO DO TRABALHO
PROCURADORIA-GERAL DO TRABALHO
ATOS DO PROCURADOR-GERAL DO TRABALHO

sua inter-relação com os direitos fundamentais, é preciso considerar a afronta às normas internacionais ratificadas pelo Brasil.

A proposta em análise é incompatível com a tutela do direito fundamental à saúde do trabalhador exposto aos agrotóxicos, a partir de atos normativos internacionais ratificados pelo Brasil, como a Convenção nº 155 da Organização Internacional do Trabalho – OIT, que trata da Saúde e Segurança dos Trabalhadores - aprovada em Genebra, em 1983, e ratificada pelo Brasil em 1992, que dispõe sobre a prevenção de doenças ocupacionais. Pela Convenção nº 155 da OIT a República Federativa do Brasil obrigou-se a prevenir os acidentes e os danos à saúde que sejam consequência do trabalho, reduzindo ao mínimo, na medida em que seja razoável e factível, as causas dos riscos inerentes ao meio ambiente de trabalho – artigo 4.2 (SUSSEKIND, 2007). Registre-se que dessa proteção não estão subtraídos os trabalhadores expostos aos agrotóxicos.

No mesmo sentido, a Organização Mundial da Saúde – OMS ressalta que os riscos ocasionados pela exposição a pesticidas despertam especial atenção em relação à saúde dos trabalhadores. Essa avaliação foi incorporada pela OIT na Convenção 170 "relativa à segurança na utilização dos produtos químicos no trabalho". Trata-se de mais uma norma aplicável à tutela do meio ambiente de trabalho, posto que incorporada à Ordem Jurídica interna, e que seria vulnerada com a proposta em análise.

3) O parecer alega que a Lei 7.802 de 1989 é "obsoleta". No entanto, as modificações propostas no referido PL vão de encontro aos critérios para avaliação de segurança humana e ambiental adotados por outros países mais recentemente, como a previsão de proibição de registro de produtos cancerígenos e a não permissão de registro de produtos mais tóxicos do que os já existentes (Regulação EC No 1107/2009[6]) que são pontos que o PL pretende extinguir.

---

[6] https://ec.europa.eu/food/plant/pesticides/authorisation_of_ppp_en

5

DOSSIÊ CONTRA O PACOTE DO VENENO E EM DEFESA DA VIDA   283

MINISTÉRIO PÚBLICO DO TRABALHO
PROCURADORIA-GERAL DO TRABALHO
ATOS DO PROCURADOR-GERAL DO TRABALHO

Destaca-se ainda o fato da legislação europeia não permitir a pulverização aérea agrícola, salvo em condições muito especiais; de prever a revisão periódica de registro que deve ser de 10 anos após a primeira licença e de 15 anos nas subsequentes renovações; e mencionar que o princípio da precaução deva ser observado. Essas lacunas na atual legislação brasileira de agrotóxicos não foram objeto de crítica pelo relator. Observa-se justamente o oposto. Alguns dispositivos de PLs apensados foram rejeitados, e previam medidas protetivas tais como: a proibição de produtos altamente perigosos (PL 713/1999, PL1.388/1999, 7.564/1999, PL 5.218/2016, PL 4.412/2012); a melhoria nas informações sobre toxicidade apresentadas no rótulo (PL 49/2015, PL 371/2015, PL 461/2015) e que prevê a revisão do registro a cada 10 anos (PL 3.063/2011).

Ou seja, a legislação brasileira de 1989 mostra-se alinhada, em muitos dispositivos, a legislações internacionais no que tange a aspectos fundamentais à proteção da saúde humana e que a sua eventual atualização deveria se dar no sentido aproximá-la das legislações internacionais modernas no que concerne à definição de restrições à utilização de produtos mais tóxicos, que já não são autorizados em outros países. A desconsideração dessa premissa expõe a população brasileira aos riscos da contaminação e também pode levar a sanções comerciais e a restrições de venda dos nossos produtos agrícolas no mercado internacional, por conta da presença de resíduos de agrotóxicos.

4) Sobre esse fato, o Parecer não menciona o Princípio da Precaução, adotado internacionalmente (e também garantido em nosso direito interno) de fundamental importância para a preservação da vida. Nesse sentido, muitos agrotóxicos aplicados no país não deveriam mais ser comercializados pois evidências robustas os associam a efeitos tóxicos graves.

5) O Globalmente Harmonizado de Classificação e Rotulagem de Substâncias Químicas (GHS) já vem sendo discutido para ser implementado pela Anvisa nas propostas de diretrizes que se encontram sob revisão.

6

284   DOSSIÊ CONTRA O PACOTE DO VENENO E EM DEFESA DA VIDA

MINISTÉRIO PÚBLICO DO TRABALHO
PROCURADORIA-GERAL DO TRABALHO
ATOS DO PROCURADOR-GERAL DO TRABALHO

6) O parecer do relator justifica o item do PL que pretende extinguir os critérios de proibição de registro. Cabe esclarecer que segundo a legislação atual, a ANVISA já realiza o processo de avaliação de risco para a identificação de um dos possíveis efeitos indicados para a proibição (câncer, mutação, distúrbios hormonais, problemas reprodutivos e malformações fetais). Essa é a primeira das 4 etapas etapa da avaliação de risco, denominada de "identificação dos efeitos' (ou perigos). Caso os efeitos proibitivos sejam identificados logo na primeira etapa da avaliação de risco, há indicação e proibição. Quando esses efeitos não são identificados nesta primeira etapa, dá- se seguimento às outras três etapas da avaliação de risco: avaliação da relação dose-efeito; avaliação da exposição; e caracterização de risco.

Ao fim das 4 etapas da avaliação de risco tem-se o estabelecimento de limites de segurança (alimentos, ambiente de trabalho etc) aos quais, em tese, as pessoas podem entrar em contato sem manifestar doenças, pois os riscos seriam considerados "aceitáveis".

No entanto, quando se conclui que os riscos não são "aceitáveis" por não ser possível estabelecer condições seguras de exposição, também há indicação de proibição do agrotóxico.

Ressalte-se que a literatura científica internacional, incluindo estudos produzidos por renomadas agências reguladoras de diversos países de referência, questiona o processo empregado atualmente. Apontam o acanhamento da definição desses limites de segurança para a exposição simultânea a múltiplos agentes químicos.

Essa percepção considera as doenças graves geradas, na maioria dos casos sem cura, apesar da sistemática proibitiva de registro estabelecida na lei de 1989.

7

DOSSIÊ CONTRA O PACOTE DO VENENO E EM DEFESA DA VIDA   285

MINISTÉRIO PÚBLICO DO TRABALHO
PROCURADORIA-GERAL DO TRABALHO
ATOS DO PROCURADOR-GERAL DO TRABALHO

Estudos no território brasileiro têm mostrado maior número de casos de câncer, malformações fetais e problemas reprodutivos em regiões de aplicação de grandes volumes[7].

Também se equivoca o relator ao afirmar que a avaliação de risco não seria realizada no Brasil. Nossa sistemática se aproxima do que há de mais moderno.

A legislação brasileira de 1989, muito próxima do que atualmente estabelece a legislação da Comunidade Europeia, de 2009, considera desnecessária a sequência das fases de avaliação quando a avaliação de risco já demonstra, na fase inicial, ser inaceitável o risco dessas doenças.

Não pode ser ignorado que as atuais condições de uso de agrotóxicos já aumentam o risco de aparecimento de doenças crônicas como o câncer. As atuais diretrizes da Anvisa não exigem que as indústrias apresentem estudos para avaliar as potenciais interações químicas entre os componentes presentes na formulação de um produto, nem para os diferentes ingredientes ativos autorizados para uso em um mesmo alimento. Portanto, a realidade de uso, em que as substâncias são combinadas, é distinta das condições de exposição definidas nos estudos toxicológicos que atribuem os "limites de segurança".

---

[7] CARNEIRO FF; AUGUSTO LGS; RIGOTTO RM; FRIEDRICH K; BÚRIGO AC. Dossiê ABRASCO: um alerta sobre os impactos dos agrotóxicos na saúde. 1st ed. Rio de Janeiro: Rio de Janeiro: EPSJV; São Paulo: Expressão Popular, 2015.

DUTRA LS; FERREIRA AP. Associação entre malformações congênitas e a utilização de agrotóxicos em monoculturas no Paraná, Brasil. Saúde debate [online]. 2017, vol.41, n.spe2, pp.241-253. ISSN 0103- 1104. http://dx.doi.org/10.1590/0103-11042017s220
OLIVEIRA NP; MOI GP; ATANAKA-SANTOS M; SILVA AMC; PIGNATI WA. Malformações congênitas em municípios de grande utilização de agrotóxicos em Mato Grosso, Brasil. Ciênc. saúde coletiva vol.19 no.10 Rio de Janeiro Oct. 2014.
RIGOTTO RM; SILVA AMC; FERREIRA MJM; ROSA IF; AGUIAR ACP. Tendências de agravos crônicos à saúde associados a agrotóxicos em região de fruticultura no Ceará, Brasil. Rev. bras. epidemiol. vol.16 no.3 São Paulo Sept. 2013.
KRAWCZYK N; SANTOS ASE; LIMA J; MEYER A. Revisiting Cancer 15 Years Later: Exploring Mortality Among Agricultural and Non-Agricultural Workers in the Serrana Region of Rio de Janeiro. AMERICAN JOURNAL OF INDUSTRIAL MEDICINE 60:77–86 (2017).
BOCCOLINI PM; BOCCOLINI CS; CHRISMAN JR; KOIFMAN RJ; MEYER A. Non-Hodgkin lymphoma among Brazilian agricultural workers: A death certificate case-control study. Arch Environ Occup Health. 2017 May 4;72(3):139-144.

---

286 DOSSIÊ CONTRA O PACOTE DO VENENO E EM DEFESA DA VIDA

MINISTÉRIO PÚBLICO DO TRABALHO
PROCURADORIA-GERAL DO TRABALHO
ATOS DO PROCURADOR-GERAL DO TRABALHO

Os trabalhadores e trabalhadoras formam o grupo mais suscetível a essas doenças e, na agricultura, também estão expostos a outras situações agravantes como longas jornadas, riscos ergonômicos, lesões, radiação solar e déficit de informação, perfazendo uma população particularmente vulnerável.

Portanto, nada justifica a inclusão de maiores e mais graves riscos no seu processo laboral, em flagrante violação aos termos do artigo 7º, XXII, da Carta Magna de 1988, acima já devidamente citado.

7) Os estudos científicos internacionais têm demonstrado que para alguns efeitos, como o próprio câncer e alterações hormonais, não é possível determinar um limite de segurança. Isso porque – e nas substâncias cancerígenas "iniciadoras" há um conhecimento bem consolidado pelos toxicologistas – uma quantidade muito pequena, a nível molecular, pode interagir com pequenas regiões do material genético humano (DNA) e desencadear uma série de processos celulares que, em síntese, resultarão na proliferação celular descontrolada, levando a formação de tumores malignos.

O processo de formação do câncer consiste de três etapas[8]: iniciação (mutação no material genético), promoção (proliferação celular) e progressão (fase em que as células possuem uma série de modificações genéticas e alterações epigenéticas), desse modo, os agentes cancerígenos podem ser classificados como cancerígenos *iniciadores*, ou *promotores.*

Consequentemente, numa situação de exposição a múltiplos agrotóxicos, que isoladamente podem ser classificados, um deles, como *iniciador*, e o outro, como *promotor*, em conjunto o risco de desenvolvimento de câncer será muito maior.

O mesmo ocorre para agrotóxicos e outros agentes químicos que atuam sobre as funções hormonais que, por sua vez, são extremamente importantes para o funcionamento do corpo humano, e para a vida, uma vez

---

[8] https://www.iarc.fr/en/publications/pdfs-online/wcr/2008/wcr_2008_5.pdf

DOSSIÊ CONTRA O PACOTE DO VENENO E EM DEFESA DA VIDA   287

MINISTÉRIO PÚBLICO DO TRABALHO
PROCURADORIA-GERAL DO TRABALHO
ATOS DO PROCURADOR-GERAL DO TRABALHO

que regulam desde os processos nutricionais, passando pela regulação das funções cardíacas e neurológicas, até a reprodução[9].

A ação dessa classe de agentes conhecidos como "desreguladores endócrinos" também pode ocorrer a nível molecular, seja ligando-se ao material genético, seja desencadeando uma cascata de efeitos a partir da ligação a pequenas estruturas como receptores celulares. Consequentemente, não é possível garantir que existam limites de segurança para esses agentes químicos[10].

Em suma, para os efeitos crônicos, que hoje são considerados proibitivos de registro, não é possível definir limites de segurança segundo centenas de estudos científicos nacionais e internacionais. Nesse sentido a citação de Paracelsus, médico suíço (1493-1541), "O que existe que não é veneno? Todas as substâncias são venenos, não existe nenhuma que não seja. Somente a dose correta determina o que não é veneno", não se aplica a todos os tipos de efeitos causados por um agente químico, como vem mostrando centenas de estudos publicados nos séculos 20 e 21.

8) A substituição do termo agrotóxico por "defensivo fitossanitário" voltado à agricultura, ou "produtos de controle ambiental", nos casos dos produtos para controle de vetores, introduz um eufemismo, capaz de ocultar os riscos, bastante preocupante para os trabalhadores e trabalhadoras dessas áreas. O termo agrotóxico indica o potencial tóxico que esses agentes possuem e pode induzir medidas de cuidado no manuseio, evitando-se a exposição que leve a doenças ou mesmo ao óbito das pessoas que manipulam produtos tóxicos. Deve ser destacado o direito à correta informação garantido a todos os brasileiros, sendo que a incorreta definição do produto representa flagrante violação a este direito básico.

9) As propostas de estabelecer um prazo máximo para a avaliação do registro e registro temporário no caso de descumprimento do prazo também são preocupantes. Mesmo quando aprovado em outros países, o uso dos

---

[9] https://www.ncbi.nlm.nih.gov/pmc/articles/PMC3365860/

[10] https://visaemdebate.incqs.fiocruz.br/index.php/visaemdebate/article/view/30/34

10

288   DOSSIÊ CONTRA O PACOTE DO VENENO E EM DEFESA DA VIDA

MINISTÉRIO PÚBLICO DO TRABALHO
PROCURADORIA-GERAL DO TRABALHO
ATOS DO PROCURADOR-GERAL DO TRABALHO

agrotóxicos, os modos e volumes de utilização variam. Ou seja, produtos autorizados em outros países podem representar mais riscos no Brasil, pois podem vir a ser usados em volumes maiores – como já vem sendo observado – além de características climáticas que podem dificultar a adoção de medidas de prevenção de intoxicações como o uso de Equipamentos de Proteção Individual. Por outro lado, a degradação ambiental – e consequentemente os produtos formados e a persistência destes – variam de acordo com umidade, temperatura, pressão, composição do solo, que obviamente se diferenciam entre os países, o que interfere nos processos de avaliação de risco toxicológico e ambiental.

10) Destaca-se a importância de manutenção das funções regulatórias da ANVISA e do IBAMA, principalmente no que tange ao poder de veto quando identificarem situações de ameaças à saúde das pessoas e ao meio ambiente, ante o maior conhecimento e a aptidão técnica destes órgãos governamentais para tal identificação;

11) Deve ser destacado que o direito à vida, a saúde e ao meio-ambiente já foi objeto de julgamento no Excelso Supremo Tribunal Federal, quando do julgamento da possibilidade de utilização do amianto, em todas as suas formas, em nosso país (ADI 4066), sendo importante, aqui, consignar trechos do voto do Ministro Celso de Mello no mencionado julgamento:

"...**A Constituição da República**, ao dispor sobre o amparo e a tutela da saúde, **erigindo-a** à condição de direito social básico, **impõe** ao Poder Público **o dever** de protegê-la, **garantindo ao trabalhador**, *no âmbito de um efetivo programa social*, **a redução** dos riscos inerentes ao trabalho.

O direito à saúde, *nesse particular contexto*, **representa** consequência constitucional indissociável do direito à vida. É que o direito público subjetivo à saúde **qualifica-se** como prerrogativa jurídica **indisponível** assegurada à **generalidade** das pessoas pela **própria** Constituição da República (art. 196). **Traduz** bem jurídico constitucionalmente tutelado, **por**

DOSSIÊ CONTRA O PACOTE DO VENENO E EM DEFESA DA VIDA   289

MINISTÉRIO PÚBLICO DO TRABALHO
PROCURADORIA-GERAL DO TRABALHO
ATOS DO PROCURADOR-GERAL DO TRABALHO

cuja integridade deve velar, de maneira responsável, o Poder Público, **a quem incumbe formular– e** implementar – políticas sociais e econômicas **idôneas** que visem **não só a garantir** aos cidadãos (e aos trabalhadores em geral) o acesso universal e igualitário à assistência farmacêutica e médico- hospitalar, **como**, *também*, **a assegurar-lhes** a redução do risco de doenças e de outros agravos, **tal como proclama**, *em tom imperativo*, a Lei Fundamental do País.

Cabe enfatizar que o Poder Público, **qualquer** que seja a esfera institucional de sua atuação no plano da organização federativa brasileira, **não pode mostrar-se indiferente** ao problema da saúde da população, **sob pena** de incidir, *ainda que por censurável omissão*, em **grave** comportamento inconstitucional.

A interpretação dos direitos fundamentais, **especialmente** daqueles de índole social, **não pode transformá-los** *em promessas constitucionais inconsequentes*, **sob pena** de o Poder Público, **fraudando** justas expectativas nele depositadas pela coletividade, **substituir**, *de maneira ilegítima*, o cumprimento de **seu** impostergável dever, **por um gesto irresponsável** *de infidelidade governamental* **ao que determina** a própria Lei Fundamental do Estado.

O diploma legislativo ora em análise, *ao não viabilizar a concretização dos direitos fundamentais a que anteriormente me referi*, **claramente incide em transgressão** ao princípio *que veda a proteção jurídico-social deficiente ou insuficiente*, **assim descumprindo** valores constitucionais **que não podem deixar** de ser observados, **seja no plano** do respeito à dignidade humana, **seja no âmbito** da defesa da saúde, **seja**, *ainda*, **na esfera** da proteção ao meio ambiente, **cuja noção conceitual**, *por ser ampla*, **abrange**, *inclusive*, **o meio ambiente laboral ou do trabalho**...." (todos os destaques são do original).

12) Em harmonia com essa decisão, em recentíssima manifestação, a presidente do STF, ministra Cármen Lúcia - SS 5230 - SUSPENSÃO DE SEGURANÇA – assinalou a semelhança da discussão sobre

MINISTÉRIO PÚBLICO DO TRABALHO
PROCURADORIA-GERAL DO TRABALHO
ATOS DO PROCURADOR-GERAL DO TRABALHO

a liberação, ou não, da comercialização de agrotóxicos à proibição do amianto. Nesse sentido, tecendo considerações sobre o prejuízo à saúde daqueles que manipulam o pesticida paraquate, registrou a similaridade da questão jurídica com aquele objeto das ações de controle abstrato de constitucionalidade ajuizadas contra leis estaduais pelas quais se proibiu a produção, comercialização e uso de amianto/asbesto.

Coerentemente, reconheceu a legitimidade da opção legislativa estadual (RS) em editar normas específicas mais restritivas que a lei nacional – em matéria de competência legislativa concorrente, suplementar, e comum – ao dispor sobre o comércio, o consumo, o meio ambiente e o cuidado com a saúde. Desse modo, no entendimento da ministra, aperfeiçoa-se, de maneira cautelosa, a garantia do afastamento de perigo à saúde e de risco ao meio ambiente, configurando medida de prevenção para segurança das gerações futuras, com efetiva proteção e respeito à saúde e à integridade física.

Merece destaque na decisão a referência aos princípios da prevenção e da precaução: "Pelo princípio da prevenção, acautela-se contra danos possíveis de serem previstos. Pelo princípio da precaução, previnem-se contra riscos de danos que não se tem certeza que não vão ocorrer".

13) Por fim, deve ser destacado o posicionamento majoritário de órgãos governamentais e instituições privadas que defendem a vida, a saúde e o meio-ambiente (nele incluído o do trabalho) que indicam o inconteste prejuízo do Projeto de Lei ora em discussão para os bens da vida acima indicados, corroborando, assim, o entendimento da necessidade de arquivamento do mesmo.

A Lei dos Agrotóxicos é um instrumento fundamental para a proteção do meio ambiente, inclusive o meio ambiente do trabalho.

A fragilização do instrumento legal de proteção do direito fundamental ao meio ambiente saudável e equilibrado, como extensão do direito à vida, comprometeria a função da propriedade que,

13

DOSSIÊ CONTRA O PACOTE DO VENENO E EM DEFESA DA VIDA 291

MINISTÉRIO PÚBLICO DO TRABALHO
PROCURADORIA-GERAL DO
TRABALHO ATOS DO PROCURADOR-
GERAL DO TRABALHO

constitucionalmente, tem sua utilização condicionada ao adequado uso dos recursos naturais disponíveis e à preservação do meio ambiente.

A subversão desse comando constitucional transferiria, de modo desarrazoado, os riscos e os danos inerentes à atividade econômica para a sociedade, em especial aos consumidores, trabalhadores rurais e moradores das regiões agrícolas.

CONSIDERAÇÕES FINAIS

Merece destaque o fato de, em paralelo à discussão do PL 6.299/2002 no Congresso Nacional, encontra-se em Consulta Pública na Anvisa a revisão das diretrizes para o processo de registro, com algumas propostas críticas, como a possibilidade de retirada do símbolo de alerta para produtos tóxicos (caveira com duas tíbias cruzadas) dos produtos classe IV, que incluem agrotóxicos proibidos em outros países e com potencial cancerígeno apontado pela Agência Internacional de Pesquisa em Câncer (IARC).

Essas diretrizes contêm ainda propostas de dispensar a apresentação de todos os tipos de estudos toxicológicos, desde que justificadamente. Nesse caso, espera-se uma situação ainda mais grave: como o PL prevê que a Anvisa apenas homologue os estudos apresentados pela indústria, perdendo seu poder de veto, é possível que o processo de registro seja deferido sem nenhum estudo toxicológico aportado.

assinado eletronicamente
RONALDO CURADO FLEURY
Procurador-Geral do Trabalho

Anexo VI - Notas públicas de órgãos de controle social
CNDH – Conselho Nacional dos Direitos Humanos
CNS – Conselho Nacional de Saúde
CONSEA – Conselho Nacional de Segurança Alimentar e Nutricional
FBCA – Fórum Baiano de Combate aos Impactos dos Agrotóxicos
FECEAGRO/RN – Fórum Estadual de Combate aos efeitos dos Agrotóxicos na Saúde do Trabalhador, no Meio Ambiente e na Sociedade
Fórum Nacional de Combate aos Impactos dos Agrotóxicos e Transgênicos
MPCON – Associação Nacional do Ministério Público do Consumidor

MOÇÃO DE REPÚDIO

Nós servidores públicos do Sistema Nacional de Vigilância Sanitária (SNVS) e integrantes do Programa de Análise de Resíduos de Agrotóxicos em Alimentos (PARA), nos âmbitos federal, estadual e municipal, reunidos na cidade de São Paulo-SP, em 25 de abril de 2018, vimos a público nos manifestar **contrários** ao Projeto de Lei (PL) nº 6.299/2002 de autoria do Deputado Luiz Nishimori (PR/PR) que tem como objetivo alterar em profundidade a Lei nº 7.802/1989, considerada como uma das normas mais avançadas na proteção da saúde e do meio ambiente. Tal desregulamentação irá fragilizar todo o arcabouço legal protetivo em relação aos agrotóxicos, construído ao longo de quase 30 anos na esteira do processo de redemocratização do país, cujo eixo norteador é a Carta Magna de 1988.

Numa análise resumida das ameaças contidas no PL nº 6.299/2002 estão: mudança da denominação de agrotóxicos para defensivo fitossanitário, gerando para a sociedade a falsa percepção de inocuidade destes insumos agrícolas; ii) retirada da ANVISA e do IBAMA das avaliações dos riscos à saúde e ao meio ambiente, respectivamente, na concessão de registro de agrotóxicos, deixando apenas o Ministério da Agricultura, Pecuária e Abastecimento como órgão concedente; iii) admissibilidade de concessão de registro de agrotóxicos com alto grau de toxicidade à saúde humana que revelem características carcinogênicas, teratogênicas e mutagênicas, impedidos pela legislação atual; iv) desregulamentação das regras que impõem limites à veiculação de propaganda de produtos agrotóxicos; v) não obrigatoriedade de receituário agronômico para algumas classes de agrotóxicos; vi) impedimento de estados e municípios editarem leis mais restritivas em relação aos agrotóxicos. Assim, reiteramos o caráter inapropriado do PL nº 6.299/2002, considerando que o Brasil, desde o ano de 2008, figura como um dos maiores consumidores mundiais de agrotóxicos, num cenário de baixa efetividade da assistência técnica e extensão rural e das ações de fiscalização da utilização de agrotóxicos, bem como das iniciativas de educação sanitária e ambiental, o que vem contribuindo para o aumento das intoxicações exógenas relativas à exposição aos agrotóxicos (ABRASCO, 2015) e dos impactos ao meio ambiente.

Cabe destacar, ainda, que o PL nº 6.299/2002 é claramente inconstitucional, na medida em que a Carta Magna dispõe, em seu artigo **200, inciso VII, que compete ao Sistema Único de Saúde (SUS) "participar** do controle e fiscalização da produção, transporte, guarda e utilização de substâncias e produtos psicoativos, tóxicos e radioativos".

Neste contexto, cumpre aos parlamentares a edição de normas jurídicas capazes de garantir a proteção e a promoção da saúde e do meio ambiente, além do apoio a iniciativas como o Programa Nacional de Redução de Uso de Agrotóxicos (PRONARA), o Plano Nacional de Agroecologia e Produção Orgânica (PLANAPO), a Vigilância da Saúde de Populações Expostas a Agrotóxicos (VSPEA), bem como, o Programa de Análise de Resíduos de Agrotóxicos em Alimentos (PARA).

O Instituto Nacional do Câncer José Alencar Gomes da Silva (INCA), órgão do Ministério da Saúde, ao analisar o cenário de exposição aos agrotóxicos no país e os estudos científicos desenvolvidos até o momento, propõe, evocando o princípio da precaução, a superação do atual modelo agrícola – que toma como base a utilização de agrotóxicos - para um modelo que conserve os recursos naturais e a biodiversidade, elementos essenciais à vida e à saúde da população.

Por fim, os servidores do Sistema Nacional de Vigilância Sanitária reiteram sua posição contrária ao PL 6299-2002, recomendando a sua retirada de pauta no Congresso Nacional.

SERVIDORES DO SISTEMA NACIONAL DE VIGILÂNCIA SANITÁRIA –SNVS, QUE ASSINAM A MOÇÃO DE REPÚDIO AO PL 6299/2002.

Nº	NOME	FORMAÇÃO	INSTITUIÇÃO
01	MARIA DO CARMO DOS SANTOS BARBOSA	ASSISTENTE SOCIAL	DIVISA/AC
02	MARCIO JANDER RIBEIRO DAMASCENO	NUTRICIONISTA	DIVISA/AC
03	PEDRO PABLO RODRIGUEZ CAMPUZANO	ENG. PESCA	DIVISA/AC
04	ANA MARIA FARIAS DE MELLO		VISA/AM
05	AUGUSTO KLUCZKOVSKI JUNIOR	MÉD. VETERINÁRIO	FVS/AM
06	DENISE ROCHA FERREIRA MACHADO DA SILVA	FARMACEUTICA	GVS/SJC/SP
07	MARIA HELENA CASTRO REIS PASSOS	ENG. ALIMENTOS	GVS/SP
08	MARIA CRISTINA JUNQUEIRA DE CASTRO	NUTRICIONISTA	COVISA/SP
09	ALESSANDRA BEZERRA DE BRITO	DENTISTA	VISA/SP
10	RADOMIR TOMICH	ENG. AGRÔNOMO	COVISA/SP
11	ELENA HITOMI UENO ANDO	DENTISTA	GVS/SJC/SP
12	**ANA CLAÚDIA DALMORA BULL**	TÉC. VIGILÃNCIA SAÚDE	VISA/SP
13	ELISANGELA MARA DA SILVA RODRIGUES	TÉC. VIGILÃNCIA SAÚDE	VISA/SP
14	HAROLDO DE BARROS FERREIRA PINTO	MED. VETERINÁRIO	SMS/SP
15	RENATA SANTOS BREGA	ENG.DE ALIMENTOS	VISA/ES
16	FLAVIA MARIA DE LIMA BARBOSA	NUTRICIONISTA	VISA/ES
17	ÂNGELA FERREIRA VIEIRA	FARMACEUTICA	SES/VISA/MG
18	EVARISTO RABELO DA MATTA	FARMACEUTICO	VISA/BH/MG
19	CIRLENE RODRIGUES RIBAS	MÉD. VETERINÁRIA	VISA/BH/MG
20	SEBASTIÃO ARRUDA JUNIOR	MED. VETERINÁRIO	APEVISA/PE
21	ENEIDA LACERDA	NUTRICIONISTA	APEVISA/PE
22	RUY MURICY DE ABREU	ENG. AGRÔNOMO	DIVISA/BA
23	MARIA DO CARMO OLIVEIRA	DENTISTA	DIVISA/BA
24	RAONI RODRIGUES	ADVOGADO	DIVISA/BA
25	ADELMAR CARNEIRO VILELA	DENTISTA	DIVISA/BA
26	MARIA CÉLIA BARBOSA DE FARIAS	NUTRICIONISTA	SUVISA/RN
27	POLYANA DE OLIVEIRA CACHO	NUTRICIONISTA	SUVISA/RN
28	KACIA RÉGIA RODRIGUES VIEIRA	BIÓLOGA	VISA/RN
29	KADIDJA KELLY FERREIRA DA SILVA	NUTRICIONISTA	VISA/RN
30	MARIA JOSÉ AZEVEDO DA SILVA	PEDAGOGA	VISA/RN
31	MARIA JOSÉ SILVA DE SOUZA	TÉC. SEG. TRABALHO	VISA/RN
32	IOLANDA SOARES DA CUNHA	MÉD. VETERINÁRIA	DIVISA/PI
33	IDIACIRA PINHEIRO SAMPAIO DA CRUZ	TÉ. SANEAMENTO	DIVISA/PI
34	SUZANA ANDREATTA NIETIEDT	BIÓLOGA	SES/CEVS/RS
35	FRANCINE B. CARDOSO	MÉD. VETERINÁRIA	SES/CEVS/RS
36	ANELISE HAHN BUENO DE OLIVEIRA	NUTRICIONISTA	SES/CEVS/RS
37	CRISTIANE OLIVEIRA DOS SANTOS	NUTRICIONISTA	SES/CEVS/RS
38	AYRES CHAVES LOPES NETO	MÉD. VETERINÁRIO	SES/CEVS/RS
39	**FERNANDA ARAÚJO BRITTO VELHO**	MÉD. VETERINÁRIA	SES/CEVS/RS
40	JUSSARA ELAINE SÁBADO FIGUEIREDO	NUTRICIONISTA	SES/CEVS/RS
41	DENIS FONSECA CORDEIRO	BIÓLOGO	SUVISA/MA
42	STEFANNE RODRIGUES JORGE	NUTRICIONISTA	VISA/MA
43	CRISLANE MARIA DA SILVA BASTOS	ENG. ALIMENTOS	SES/DIVISA/TO
44	JOSELITA MONTEIRO DE MOURA MACEDO	BIÓLOGA	VISA/TO

45	LUCIANA MASCARENHAS BARROS		VISA/TO
46	ANDRÉ GODOY RAMOS	NUTRICIONISTA	DIVISA/DF
47	DILLIAN ADELAINE CESAR DA SILVA	NUTRICIONISTA	SES/DIVISA/DF
48	MARIA DA CONCEIÇÃO SALES	MÉD. VETERINÁRIA	VISA/RR
49	JOSÉ GILVANI CAVALCANTE	MÉD. VETERINÁRIO	VISA/RR
50	EMANUELLE GEMIN POUZATO	MÉD. VETERINÁRIA	DIVISA/PR
51	ELIANA SCUCATO	ENG. AGRÔNOMA	DIVISA/PR
52	ALEXANDRA CASTELO BRANCO B. DE MENEZES	NUTRICIONISTA	NUVIS/CE
53	MARCIO FERNANDO DUCAT MOURA	ENG. ALIMENTOS	AGEVISA/PB
54	TEREZA COELHO DOS SANTOS	ENG. AGRÔNOMA	DVS/PA
55	ROSANA PAULA DANTAS MELO BARRETO	MÉD. VETERINÁRIA	VISA/SE
56	JANINE MÁRCIA SANTOS	NUTRICIONISTA	VISA/AL
57	MÁRCIA MARIA DUTRA LEÃO GARCIA	NUTRICIONISTA	VISA/MT
58	MARIA HELENA GARCIA DAS CHAGAS		AGEVISA/RO
59	LUCIA MARIA MARCIANO FREITAS	NUTRICIONISTA	AGEVISA/RO
60	LUCIENE TOMAZINE DO PRADO PALADINO		SUVISA/RJ
61	LETÍCIA C. TEIXEIRA		VISA/SC
62	MICHELE VIEIRA EBONE	ANALISTA TÉC. GESTÃO AMBIENTAL	VISA/SC
63	BRUNA MATSUDA	MÉD. VETERINÁRIA	COVISA/SP
64	**CLAÚDIA WIEZEL DE CAMPOS BICUDO**	NUTRICIONISTA	COVISA/SP
65	MARCUS VENICIUS PIRES	ESPEC. REGULAÇÃO E VISA	ANVISA
66	PETER REMBISCHEVSKI	ESPEC. REGULAÇÃO E VISA	ANVISA
67	ALANA FLEMMING		VIGILÂNCIA AMBIENTAL/PR
68	JOSÉ LUIZ NISHIHARA PINTO		VIGILÂNCIA AMBIENTAL/PR
69	JOANA DALVA DE MIRANDA		DIRETORIA DE VIGILÂNCIA EM ALIMENTOS - MG
70	MICHELE VIEIRA EBONE		DIRETORIA DE VIGILÂNCIA SANITÁRIA - SC
71	Adriana Carla Batista Carvalhais	Administradora	VISA-Belo horizonte
72	Francisco Matos Melo	Técnico em Segurança do Trabalho	VISA-SE
73	Camila Passos Barboza Moura	Eng. Alimentos	VISA-SE
74	Rui Alberto Coelho Lins	Médico Veterinário	APEVISA
75	Ina Maria Vieira de Aquino		APEVISA

RECOMENDAÇÕES[1]

AO MINISTÉRIO DA AGRICULTURA, PECUÁRIA E ABASTECIMENTO

- Estabelecer e implementar uma regulamentação nacional sobre zonas de segurança em torno de locais sensíveis, incluindo áreas de habitação humana e escolas, para todas as formas de pulverização terrestre;

- Estabelecer uma suspensão à pulverização aérea de agrotóxicos até que o Ministério, em conjunto com os Ministérios da Saúde e do Meio Ambiente e como parte de uma revisão nacional das políticas atuais sobre agrotóxicos, realize um estudo sobre os impactos à saúde humana, ambientais e os custos econômicos da pulverização aérea (incluindo um estudo de viabilidade sobre formas alternativas de aplicação);

- Em conjunto com os Ministérios da Saúde e do Meio Ambiente, desenvolver um plano de ação nacional abrangente para reduzir o uso de agrotóxicos altamente perigosos no Brasil, que deverá conter metas vinculantes e mensuráveis de redução com prazos e incentivos para apoiar alternativas e reduções no uso de agrotóxicos altamente perigosos.

AO MINISTÉRIO DA SAÚDE

- Como parte de uma revisão nacional das políticas atuais de agrotóxicos, conduzir um estudo sobre os principais efeitos à saúde e os custos associados à exposição aguda e crônica a agrotóxicos entre as pessoas que vivem em áreas rurais, incluindo mulheres grávidas, crianças e outras pessoas vulneráveis;

- Em conjunto com os Ministérios da Agricultura, Pecuária e Abastecimento e do Meio Ambiente, desenvolver um plano de ação nacional abrangente para reduzir o uso de agrotóxicos altamente perigosos no Brasil, que deverá conter metas vinculantes e mensuráveis de redução com prazos e incentivos para apoiar alternativas e reduções no uso de agrotóxicos altamente perigosos;

- Desenvolver e implementar um protocolo para receber denúncias sobre a pulverização de agrotóxicos em torno de locais sensíveis, incluindo áreas de habitação humana e escolas, com medidas detalhadas para:

  — Assegurar que as autoridades de saúde conduzam um acompanhamento de saúde e monitoramento da água para consumo humano;
  — Fornecer informações sobre casos de pulverização de agrotóxicos em torno de locais sensíveis às autoridades agrícolas a fim de garantir que a pulverização de agrotóxicos seja realizada de acordo com a lei.

- Assegurar que a legislação existente sobre monitoramento de água para consumo humano seja aplicada, particularmente a exigência de que provedores de serviços de água conduzam 2 testes por ano de todos os 27 agrotóxicos listados no regulamento do Ministério da Saúde sobre a qualidade de água para consumo humano;

- Monitorar a presença de agrotóxicos na água para consumo humano em comunidades indígenas;

- Fornecer apoio técnico aos estados e municípios para realizar o monitoramento da água para consumo humano em comunidades rurais e quilombolas;

- Garantir que a rede nacional de laboratórios de vigilância sanitária que monitoram os resíduos de agrotóxicos na água e em alimentos disponha de equipamento e treinamento de pessoal adequados para realizar o teste de resíduos de agrotóxicos em alimentos e na água para consumo humano;

[1] O relatório completo está disponível em: <https://www.hrw.org/sites/default/files/report_pdf/brazil0718port_web2.pdf>. Acesso em: 20 dez. 2020.

- Ampliar, em termos de número e tipo de alimentos e agrotóxicos testados, a análise de resíduos de agrotóxicos em alimentos no âmbito do Programa de Análise de Resíduos de Agrotóxicos em Alimentos (PARA);

- Publicar informes anuais sobre os resultados do monitoramento de agrotóxicos na água e em alimentos;

- Ampliar o treinamento de profissionais de saúde quanto a intoxicações por agrotóxicos, incluindo treinamento em diagnósticos clínicos de intoxicações agudas e de exposição crônica a agrotóxicos, e quanto às obrigações de notificação;

- Melhorar as informações disponíveis aos profissionais de saúde sobre tipos de agrotóxicos e seus impactos agudos e crônicos à saúde, inclusive por meio de um banco de dados on-line com informações toxicológicas para os agrotóxicos mais amplamente usados no Brasil e o manejo clínico de efeitos agudos e/ou crônicos à saúde;

- Aumentar o apoio técnico aos programas estaduais de vigilância em saúde de populações expostas a agrotóxicos;

- Elaborar campanhas de conscientização sobre agrotóxicos, seus riscos relacionados à saúde, e como proceder em caso de exposição e/ou intoxicação.

AO MINISTÉRIO DO MEIO AMBIENTE

- Como parte de uma revisão nacional das políticas atuais de agrotóxicos, conduzir um estudo dos principais impactos ambientais das atuais políticas de agrotóxicos;

- Em conjunto com os Ministérios da Saúde e da Agricultura, desenvolver um plano de ação nacional abrangente para reduzir o uso de agrotóxicos altamente perigosos no Brasil, que deverá conter metas vinculantes e mensuráveis de redução com prazos e incentivos para apoiar alternativas e reduções no uso de agrotóxicos altamente perigosos.

AO MINISTÉRIO DA EDUCAÇÃO

- Em conjunto com o Ministério da Saúde, realizar uma avaliação nacional das escolas particularmente sob risco de exposição à pulverização de agrotóxicos;

- Em conjunto com secretarias estaduais e municipais de educação, orientar e garantir que diretores e diretoras de escolas notifiquem os casos de intoxicação de estudantes por agrotóxicos, incluindo casos suspeitos, às autoridades de saúde, conforme prescrito na lista do Ministério da Saúde sobre doenças e agravos que requerem notificação compulsória;

- Trabalhar em colaboração com autoridades de saúde nos níveis federal, estadual e municipal para monitorar a exposição e os impactos à saúde das populações escolares expostas à pulverização de agrotóxicos;

- Trabalhar em colaboração com autoridades com competência sobre agricultura nos níveis federal, estadual e municipal para reduzir a exposição a agrotóxicos, incluindo a implementação de zonas de segurança para pulverização terrestre e aérea nas proximidades de escolas;

- Incluir o ensino sobre danos causados por agrotóxicos e estratégias de proteção no currículo escolar, como parte da educação ambiental.

HUMAN RIGHTS WATCH | JULHO 2018

RECOMENDAÇÕES

AO CONGRESSO NACIONAL

- Rejeitar projetos de lei que venham a enfraquecer a estrutura regulatória do Brasil sobre agrotóxicos, incluindo o projeto de lei 6.299/2002.

- Designar apoio financeiro adequado ao Ministério Público Federal, ao Ministério da Saúde, ao Ministério da Agricultura, Pecuária e Abastecimento, ao Ministério do Meio Ambiente, ao Ministério da Educação e ao Ministério dos Direitos Humanos para implementarem as respectivas recomendações deste relatório.

AOS MINISTÉRIOS PÚBLICOS FEDERAL E ESTADUAL

- Investigar e processar, sem demoras, os casos suspeitos de pulverização dentro de zonas de segurança ou de danos à saúde ou ambientais resultantes da pulverização de agrotóxicos;

- Investigar e processar, sem demoras, os casos suspeitos de ameaças contra moradores ou lideranças comunitárias por denunciarem os efeitos dos agrotóxicos à saúde ou por pressionarem por melhor proteção contra a exposição a agrotóxicos;

- Desenvolver diretrizes sobre como investigar e processar casos de intoxicações agudas ou crônicas por agrotóxicos, incluindo medidas detalhadas relativas:
  — A um canal de comunicação para que autoridades de saúde e ambientais encaminhem casos suspeitos de uso ilegal de agrotóxicos danosos à saúde pública ou ao meio ambiente;
  — À coordenação com serviços de saúde especializados para pessoas expostas aos riscos;
  — À proteção de quem denuncia e de quem testemunha ameaças e atos de retaliação;
  — À coleta de evidências de violação de normas e regulamentos relacionados a agrotóxicos.
- Treinar procuradores federais e promotores de justiça para investigarem e processarem casos relacionados à pulverização ilegal de agrotóxicos.

AO MINISTÉRIO DE DIREITOS HUMANOS

- Proteger as pessoas em risco por denunciarem questões relacionadas a agrotóxicos no âmbito do atual programa de defensores de direitos humanos e outros programas;

- Designar e treinar especialistas para se especializarem em casos relacionados a agrotóxicos.

ÀS SECRETARIAS DE ESTADO DA AGRICULTURA

- Quando estabelecidas pelo Ministério da Agricultura, Pecuária e Abastecimento, implementar rigoro- samente as zonas de segurança para pulverização terrestre;

- Na ausência de ação do Ministério da Agricultura, Pecuária e Abastecimento, estabelecer e implementar rigorosamente as zonas de segurança para pulverização terrestre;

- Fornecer apoio aos municípios na regulamentação de agrotóxicos, incluindo a implementação e monito- ramento de zonas de segurança.

ÀS SECRETARIAS DE ESTADO DA SAÚDE

- Assegurar que a legislação existente sobre testes de água para consumo humano seja aplicada, particu- larmente a exigência de que provedores de serviços de água conduzam 2 testes por ano de todos os 27 agrotóxicos listados no regulamento do Ministério da Saúde sobre a qualidade da água para consumo humano;

- Desenvolver e implementar o programa estadual de vigilância em saúde de populações expostas a agrotóxicos, incluindo medidas detalhadas relativas:

  — À vigilância da água para consumo humano, incluindo quanto a todos os 27 agrotóxicos listados no regulamento do Ministério da Saúde sobre a qualidade da água para consumo humano, bem como outros agrotóxicos utilizados intensivamente no estado;

  — Ao monitoramento de resíduos de agrotóxicos em alimentos;

  — À identificação e ao monitoramento de comunidades rurais e quilombolas, escolas e outros locais sensíveis expostos à pulverização de agrotóxicos;

- Monitorar e informar publicamente os incidentes de exposição e quaisquer impactos adversos à saúde causados pela pulverização de agrotóxicos em comunidades rurais, escolas e outros locais sensíveis, bem como quaisquer medidas adotadas ou não pelas autoridades locais para reduzir a exposição à pulverização de agrotóxicos.

ÀS SECRETARIAS MUNICIPAIS DE AGRICULTURA

- Quando estabelecidas pelo Ministério da Agricultura, Pecuária e Abastecimento ou pela Secretaria Estadual de Agricultura, implementar rigorosamente as zonas de segurança para pulverização terrestre;

- Na ausência de ação do Ministério da Agricultura, Pecuária e Abastecimento ou da Secretaria Estadual de Agricultura, estabelecer e aplicar rigorosamente as zonas de segurança para pulverização terrestre.

ÀS SECRETARIAS MUNICIPAIS DE SAÚDE

- Assegurar que a legislação existente sobre testes de água para consumo humano seja aplicada, particu- larmente quanto a exigência de que provedores de serviços de água conduzam 2 testes por ano de todos os 27 agrotóxicos listados no regulamento do Ministério da Saúde sobre a qualidade da água para consumo humano;

- Desenvolver e implementar o programa municipal de vigilância em saúde de populações expostas a agrotóxicos, incluindo medidas detalhadas relativas:

  — Ao monitoramento da água para consumo humano, incluindo quanto a todos os 27 agrotóxicos listados no regulamento do Ministério da Saúde sobre a qualidade da água para consumo humano, bem como outros agrotóxicos utilizados intensivamente no estado;

  — À identificação e ao monitoramento de comunidades rurais e quilombolas, escolas e outros locais sensíveis expostos à pulverização de agrotóxicos.

- Monitorar e informar publicamente os incidentes de exposição e quaisquer impactos adversos à saúde causados pela pulverização de agrotóxicos em comunidades rurais, escolas e outros locais sensíveis, bem como quaisquer medidas adotadas ou não pelas autoridades locais para reduzir a exposição à pulverização de agrotóxicos.

TÉLÉCOPIE • FACSIMILE TRANSMISSION

DATE: 13 June 2018

A/TO: Her Excellency
Ms. Maria Nazareth Farani Azevêdo
Ambassador
Permanent Representative
Permanent Mission of Brazil
to the United Nations Office and other international organizations in Geneva

FAX: +41 22 910 07 51
EMAIL: delbrasgen@itamaraty.gov.br

DE/FROM:

Beatriz
Balbin Chief
Special Procedures Branch
OHCHR

FAX: +41 22 917 9008
TEL: +41 22 917 9543 / +41 22 917 9738
E-MAIL: registry@ohchr.org

REF: OL BRA 5/2018
PAGES: 11 (Y COMPRIS CETTE PAGE/INCLUDING THIS PAGE)
OBJET/SUBJECT: **JOINT COMMUNICATION FROM SPECIAL PROCEDURES**

Please find attached a joint communication sent by the Special Rapporteur on the issue of human rights obligations relating to the enjoyment of a safe, clean, healthy and sustainable environment; the Special Rapporteur on the right to food; the Special Rapporteur on the implications for human rights of the environmentally sound management and disposal of hazardous substances and wastes; the Special Rapporteur on the right of everyone to the enjoyment of the highest attainable standard of physical and mental health; and the Special Rapporteur on the human rights to safe drinking water and sanitation.

We would be grateful if this letter could be transmitted at your earliest convenience to His Excellency Mr. Aloysio Nunes Ferreira, Minister for External Relations and His Excellency Congressman Rodrigo Maia, President of the Chamber of Deputies, National Congress of Brazil.

PALAIS DES NATIONS • 1211 GENEVA 10, SWITZERLAND
www.ohchr.org • TEL: +41 22 917 9543 / +41 22 917 9738 • FAX: +41 22 917 9008 • E-MAIL: registry@ohchr.org

Mandates of the Special Rapporteur on the issue of human rights obligations relating to the enjoyment of a safe, clean, healthy and sustainable environment; the Special Rapporteur on the right to food; the Special Rapporteur on the implications for human rights of the environmentally sound management and disposal of hazardous substances and wastes; the Special Rapporteur on the right of everyone to the enjoyment of the highest attainable standard of physical and mental health; and the Special Rapporteur on the human rights to safe drinking water and sanitation

REFERENCE:
OL BRA 5/2018

13 June 2018

Excellency,

We have the honor to address you in our capacities as Special Rapporteur on the issue of human rights obligations relating to the enjoyment of a safe, clean, healthy and sustainable environment; Special Rapporteur on the right to food; Special Rapporteur on the implications for human rights of the environmentally sound management and disposal of hazardous substances and wastes; Special Rapporteur on the right of everyone to the enjoyment of the highest attainable standard of physical and mental health; and Special Rapporteur on the human rights to safe drinking water and sanitation, pursuant to Human Rights Council resolutions 37/8, 32/8, 36/15, 33/9 and 33/10.

In this connection, we would like to bring to the attention of your Excellency's Government information we have received concerning the **Project of Law (PL), 6.299/2002 which amends Law No. 7.802 of 11 July 1989, which deals with the research, experimentation, production, packaging and labeling, transportation, storage, commercialization, commercial advertisement, use, import, export, final destination of wastes as well as packaging, registration, classification, control, inspection and inspection of pesticides.[1] The referred amendments would significantly weaken the criteria for approving the experimental and commercial use of pesticides, posing threats to a number of human rights.**

---

[1] Pesticides are defined herein to include chemical compounds that are used to kill pests, including insects, rodents, fungi and unwanted plants (weeds). World Health Organization, "Health Topics: Pesticides" (webpage, last accessed 29 May 2018), available at:
http://www.who.int/topics/pesticides/en/

…/2

His Excellency
Mr. Aloysio Nunes Ferreira
Minister for External Relations

According to the information received:

The Project of Law 6.299/2002 amends articles 3 and 9 of Law No. 7,802 of July 11, 1989. The referred law project further incorporates several other bills presented (PL nº 713/1999, 1.388/1999, 2.495/2000, 3.125/2000, 5.852/2001, 5.884/2005, 6.189/2005, 7.564/2006, 1.567/2011, 1.779/2011, 3.063/2011, 4.166/2012, 4.412/2012, 49/2015, 371/2015, 461/2015, 958/2015, 1.687/2015, 3.200/2015, 3.649/2015, 4.933/2016, 5.218/2016, 5.131/2016, 6.042/2016, 7.710/2017, 8.026/2017, 8.892/2017), fully revising the regulations for pesticides registration and their use in Brazil with the aim of making the framework more flexible, facilitating the registration and marketing of these products in the country.

A number of concerns are noted below regarding the proposed amendments to the existing legislation, which may loosen regulation and oversight of hazardous pesticides in Brazil.

The concerns listed below are heightened by consideration of the current state of pesticide use and regulation in Brazil, reportedly the largest consumer and importer of pesticides in the world. Public health data illustrates serious concerns. According to the data collected by the Ministry of Health, 5501 cases of intoxication were recorded in 2017 in Brazil (almost the double of what was recorded ten years before), an average of fifteen persons per day. According to the same source, 152 persons died in Brazil as a result of poisoning in 2017. These figures are likely an underestimation of adverse impacts to human health, given the limited data available on poisonings and the health impacts of chronic exposure to hazardous pesticides.

Concerns further exist with regard to the capacity of water suppliers across the territory in regularly monitoring the levels of contamination of water by pesticides. Only around 30% of the cities in Brazil regularly provide information on levels of contamination to the national entity monitoring water quality (SISAGUA).

It is further noted that five among the ten most frequently sold pesticides in Brazil (Atrazine, Acephate, Carbendazim, Paraquat and Imidacloprid[2]) are reportedly not authorized in several countries as well as the European Union due to their risks to human health or ecosystems. Further, it is noted that the existing Brazilian standards permit higher levels of exposure to toxic pesticides than the equivalent standards, such as those in Europe. For example, it is reported that while the European Union limits in 0.1 milligrams per liter the maximum amount of

---

[2] The ban for Imidacloprid will come into force by the end of 2018 and will mean they can only be used in closed greenhouses due to impact environmental impact.

glyphosate to be found in drinking water Brazil allegedly allows up to 5,000 times more.[3]

a)   Concerns on the   proposed institutional framework for pesticide registration, use and commercialization:

The proposed amendment of Art. 3 of Law No. 7,802 alters the institutional framework for approval and registration of new pesticides in Brazil. Currently, approval and registration requires the authorization from the federal authorities for health, environment and agriculture – the Brazilian Institute of Environment and Renewable Natural Resources (IBAMA), the Brazilian Health Regulatory Agency (ANVISA) and the Ministry of Agriculture Livestock and Supply (Agriculture), respectively.

The amendment concentrates in the Ministry of Agriculture the mandate of registering pesticides in Brazil, while the Brazilian Institute of Environment and Renewable Natural Resources (IBAMA), the Brazilian Health Regulatory Agency (ANVISA) homologate this decision. It is not specified what could happen in the case the health or environmental authorities disagree with the registering of a product.

Concerns exist that the overwhelming financial capacity of the agriculture lobby in Brazil would easily control decisions adopted with this new institutional arrangement.

The proposed institutional arrangements reduce the powers of the health and environmental authorities in the decision making process, raising serious questions of how evidence of hazard and risk will be evaluated in arriving at regulatory decisions.

The amendments establish a maximum period for the adoption of decisions on products registration. For example, 12 months for the decisions with regard to the registration of a new pesticide. Also opening the possibility of temporary registration in cases when analysis are not concluded by the authorities within the established timeframe.

The amendments establish the possibility for automatic temporary authorizations for products that are registered for similar crops in at least three member countries of the Organization for Economic Cooperation and Development (OECD) to take place without any supportive analysis to be made in Brazil.

Finally, the amendments proposed to Articles 9, 10, 11 concentrate all the authority in the establishment of restrictions and controls on pesticide registration and use in the federal government, eliminating the current recognition of the

---

[3] Bombardi, L., Geografia do uso de agrotoxicos no Brasil e conexoes com a Uniao Europeia, FFLCH-USP, 2017

capacity of cities and states to propose standards of protection tailored to locally identified circumstances and challenges.

b) Concerns regarding the authorization and use of pesticides linked to cancer, birth defects and other adverse health outcomes, in particular for children

Article 3 of the existing law explicitly prohibits the registering of pesticides with elements considered to be teratogenic, carcinogenic, mutagenic, endocrine disruptive, or posing risks to the reproductive system. Many of these substances present incalculable risks to young children during sensitive periods of development. Under the proposed amendment, hazardous pesticides will only be prohibited from the use where "scientifically established unacceptable risk" is demonstrated. This approach rejects the application of good practices on the risk management of pesticides such as those in the European Union, in favor of an unspecified definition of "unacceptable risk" that deeply problematic bearing the reduced powers of health and environmental authorities under the new institutional arrangement.

Furthermore, lessons from other countries illustrate how standards based on the acceptability of risks fail to adequately protect those most at risk from exposure to toxic chemicals, such as low-income communities, minorities, workers, different genders and their children.

Moreover, the proposed amendments inject additional uncertainties that reduce the accuracy of risk assessments that may be conducted. Accordingly, permits for the use of pesticides may be obtained also for preventive purposes (before the occurrence of crop pests), increasing the uncertainties in the types and volumes of pesticides applied and the risk of exposure for workers and local communities.

c) Concerns regarding gaps in the proposed regulatory framework for pesticides

The amendments proposed would limit the application of the Law No. 7,802 regulating pesticides only to the rural environment. This would mean that urban and industrial environments would be either uncovered or regulated only by the health surveillance law, Law 6,360 / 76, which is outdated and has no specific clauses on the registration and use of pesticides, including protective measures.

d) Concerns on import and export of prohibited or banned pesticides

Brazil reportedly continues to permit foreign chemical manufacturers to exploit lower standards of protection in the country, exporting hazardous pesticides prohibited from use in their domestic markets to be used in Brazil. Many of these countries from which these banned pesticides are exported have stricter health and environmental protection systems in place than Brazil. Several countries have prohibited such practices, mindful of the inequities created for local communities and workers.[4]

Furthermore, current norms do not provide any guidance on the exportation of pesticides produced in Brazil. The amendments proposed establish that requirements of agronomic, toxicological and environmental studies for the production of pesticides are not required if these are produced with the sole purpose of exportation. This is of considerable concern where pesticides are exported to countries without adequate risk reduction systems for pesticides.

e)   Additional contextual concerns

The Brazilian Government reportedly continues to stimulate the use of pesticides through financial incentives. Experiences from other countries have illustrated the benefits of financial incentives for minimizing the use of hazardous pesticides and other toxic chemicals. Decree 7.660 of December 23, 2011 established the total exemption of Tax on Industrialized Products for the production and sale of pesticides and the Agreement 100/97 do National Council of Economic Policy (Confaz) that reduces in 60% the basis used for calculating the Tax on the Circulation of Goods and Services for agriculture inputs, including pesticides.

Furthermore it is noted that an alternative law project - PL6670 / 2016, establishing a National Policy for Pesticide Reduction (PNARA), proposed two years ago by civil society and academic organizations received a lower level of priority by the Federal Congress. A commission to analyze this proposal was only established on 23 May 2018.

In light of all of the above and without prejudicing the accuracy of the allegations, we are concerned that the multiple changes proposed to the existing legal and institutional framework for pesticides in Brazil would significantly weaken protection mechanisms that are vital to guarantee the human rights of agriculture workers, of the communities living around areas where pesticides are used and of the population consuming food produced with the support of these chemical products.

In connection with the above alleged facts and concerns, please refer to the **Annex on Reference to international human rights law** attached to this letter which cites international human rights instruments and standards relevant to these allegations.

We are very concerned by the evident weakening of the role of public health and environmental authorities in the decision making process on the authorization of the use and commercialization of highly toxic products resulting from the proposed institutional framework. Equally the new norms unduly imposes the priority of compliance with unreasonably short deadlines in the authorization of products, clearly privileging the commercial interest of the industry over the protection of the rights of people to health and life.

---

[4]   See e.g. Bamako Convention

We are especially disturbed by the significant loosening of the existing criteria and procedures for authorizing the registration and use of products proposed by the amendments described. The lack of clarity of what would constitute scientifically established "unacceptable risk" opens the door for the introduction of highly toxic products directly threatening the rights to life, to health and to safe water and food of persons living in Brazil, as well as their right to physical integrity and freedom from scientific experimentation without consent. The experimental use of toxic substances without the prior consent of those exposed as a result, contradicts a basic principle set by the Nuremberg Code on human research, which is similarly reflected in the International Covenant on Civil and Political Rights. The possibility of automatic registration of products already registered in three OECD countries further reduce the scope for minimal scientific assessment on the pertinence of products.

We also express concern on the continued import by Brazil of products banned in their region of production due to the detection of significant health or environmental risks. Equally, the exclusion by the new norm of any requirement with regard to the potential toxicological and environmental impact of substances produced for exportation widens the space for the introduction of highly hazardous substances in Brazil. This new window is also clearly incompatible with Brazil's obligations to ensure that locally based enterprises do not engage in conduct that is alleged to violate or harm the enjoyment of human rights abroad.

Moreover, we are concerned by the weakening of the oversight on the toxicity of pesticides will also undermine public access to information on pesticides. This is also incompatible with the duty of the Government to ensure wide access to information on the direct threats these products pose to the health of workers, their families and communities, as well as necessary protective and precautionary measures.

Finally, the proposed amendments are especially worrying considering the very high consumption of toxic pesticides in Brazil and the consequent public health impact of the population. The increased use of pesticides can also directly affect the safety and quality of the water, the food produced. In this regard, we also express our alarm at the continued support of the Government for the dissemination and use of pesticides in Brazil through the promotion of tax exemptions. It is also difficult to understand the limited attention given to alternative legislative proposals aiming at promoting the reduction of the levels of exposure to toxics.

It is our responsibility under the mandates provided to us by the Human Rights Council to clarify all cases brought to our attention. Therefore, we would welcome any additional information or clarification from the your Excellency's Government with respect to the proposal under discussion and on measures taken to ensure that it complies with the Brazil's obligations under international human rights law, particularly with respect to the rights to an adequate standard of living and the right to the highest attainable standard of health. We would also welcome the opportunity to discuss the proposal in more detail with Government officials at their convenience.

We intend to publicly express our concerns through a press release to be disseminated in the near future as, in our view, the amendment proposals potential impact in human rights warrants immediate public attention. The press release will indicate that we have been in contact with your Excellency's Government's to clarify the issue/s in question.

Finally, we would like to inform your Government that this joint communication will be made available to the public and posted on the website page for the mandate of the Special Rapporteur on the implications for human rights of the environmentally sound management and disposal of hazardous substances and wastes: (http://www.ohchr.org/EN/Issues/Environment/ToxicWastes/Pages/SRToxicWastesIndex.aspx).

Your Government's response will also be made available on the same website as well as in the regular periodic Communications Report to be presented to the Human Rights council.

Please accept, Excellency, the assurances of our highest consideration.

John H. Knox
Special Rapporteur on the issue of human rights obligations relating to the enjoyment of a safe, clean, healthy and sustainable environment

Hilal Elver
Special Rapporteur on the right to food

Baskut Tuncak
Special Rapporteur on the implications for human rights of the environmentally sound management and disposal of hazardous substances and wastes

Dainius Puras
Special Rapporteur on the right of everyone to the enjoyment of the highest attainable standard of physical and mental health

Léo Heller
Special Rapporteur on the human rights to safe drinking water and sanitation

Annex
Reference to international human rights law

We wish to draw the attention of your Excellency's Government to article 11 and 12 of the International Covenant on Economic, Social and Cultural Rights (ICESCR), ratified by your Excellency's Government on 24 January 1992, which enshrine respectively the rights to an adequate standard of living, including adequate food and the right to the enjoyment of the highest attainable standard of physical and mental health. We further underline the obligations connected with Article 7 b) of the same Covenant that recognize the right of everyone to the enjoyment of just and favorable conditions of work which ensure, in particular, the obligation to secure safe and healthy working conditions.

In this respect, we recall that the Committee on Economic, Social, and Cultural Rights, in its general comment No. 12 (1999) on the right to adequate food (art.11), establishes that this right must not be construed in a narrow or restrictive sense, and declaring that adequacy denotes not just quantity but also quality. The Committee further considers that the right implies food that is free from adverse substances, and asserts that States must implement food safety requirements and protective measures to ensure that food is safe and qualitatively adequate. Moreover, in its general comment No. 14 on the right to physical and mental health (art. 12) the Committee notes this right extends to the underlying determinants of health, such as safe food, potable water, safe and healthy working conditions and a healthy environment. It also notes that the obligation to improve industrial and environmental hygiene essentially entails the right to a healthy workplace, including the prevention and reduction of exposure to harmful substances, and the minimization of the causes of health hazards inherent in the workplace.

We furthermore recall the explicit recognition of the human rights to safe drinking water and sanitation by the UN General Assembly (resolution 64/292) and the Human Rights Council (resolution 15/9), which derives from the right to an adequate standard of living, protected under, inter alia, article 25 of the Universal Declaration of Human Rights, and article 11 of ICESCR. In its General Comment No. 15, the Committee on Economic, Social and Cultural Rights clarified that the human right to water means that everyone is entitled to sufficient, safe, acceptable, physically accessible and affordable water for personal and domestic uses. Furthermore, the United Nations General Assembly in its resolution 70/169 of 2015 recognized that "the human right to safe drinking water entitles everyone, without discrimination, to have access to sufficient, safe, acceptable, physically accessible and affordable water for personal and domestic use", and that "the human right to sanitation entitles everyone, without discrimination, to have physical and affordable access to sanitation, in all spheres of life, that is safe, hygienic, secure, socially and culturally acceptable and that provides privacy and ensures dignity, while reaffirming that both rights are components of the right to an adequate standard of living".

We would also like to refer to article 19 of the International Covenant on Civil and Political Rights (ICCPR), acceded to by Brazil on 24 January 1992, which protects everyone's right to right of access to information. We further refer to articles 11 and 12 of the Convention on the Elimination of All Forms of Discrimination against Women, ratified by Brazil in 1 February 1984 which address women's right to protection of health and safety, including the safeguarding of the function of reproduction, and call for special protections to be accorded to mothers before and after childbirth.

Finally we refer to the Article 6 of the Convention on the Rights of the Child (CRC) ratified by Brazil in 24 September 1990 which establishes the obligation of Governments, to the maximum extent possible, to ensure that children survive and develop in a healthy manner. The article 24 of the Convention makes an additional explicit link between food, water and the right to the highest attainable standard of health. Accordingly, States must combat disease and malnutrition through the provision of adequate, nutritious foods and clean drinking water, taking into consideration the dangers and risks of environmental pollution.

We further refer to the report of the Special Rapporteur on the right to food A/HRC/34/48 that details the multiple human rights implications of the use of pesticides in the world today and the role of States in regulating and overseeing the use of these chemicals. The report calls States to, inter alia, "(b) Establish systems to enable various national agencies responsible for agriculture, public health and the environment to cooperate efficiently to address the adverse impact of pesticides and to mitigate risks related to their misuse and overuse; (c) Establish impartial and independent risk- assessment and registration processes for pesticides, with full disclosure requirements from the producer. Such processes must be based on the precautionary principle, taking into account the hazardous effects of pesticide products on human health and the environment; (d) Consider non-chemical alternatives first, and only allow chemicals to be registered where need can be demonstrated."

Finally, we refer to the Framework Principles on human rights and the environment of the Special Rapporteur on human rights and the environment (A/HRC/37/59, annex), which summarize the main human rights obligations relating to the enjoyment of a safe, clean, healthy and sustainable environment. Namely, the Framework Principle 1 provides that States should ensure a safe, clean, healthy and sustainable environment in order to respect, protect and fulfil human rights. In the same vein, Principle 2 reiterates that States should respect, protect and fulfil human rights in order to ensure a safe, clean, healthy and sustainable environment. Principle 11 reminds States that they should establish and maintain substantive environmental standards that are non-discriminatory, non-retrogressive and otherwise respect, protect and fulfil human rights.

Jaguariúna, 15 de maio 2018

NOTA TÉCNICA

Robson R. M. Barizon ([1]) & Marcelo A. B. Morandi ([1*])

Substitutivo Projeto de Lei nº 6.299, de 2002 - Política de Defensivos Fitossanitários e de Produtos de Controle Ambiental, seus Componentes e Afins.

A agricultura é um dos setores mais inovadores da economia brasileira. Ao longo das últimas décadas foi construído um arranjo efetivo de inovações e tecnologias para produzir alimentos, fibras e bioenergia em regiões tropicais. As inovações agrícolas e seus benefícios sociais e econômicos têm sido fundamentais para o Brasil.

A agricultura brasileira apresenta uma dinâmica intensa, muitas vezes não observada em outros países, que exige um constante desenvolvimento tecnológico, principalmente no que se refere aos aspectos fitossanitários. É fato notório que o processo de registro de agrotóxicos no Brasil é extremamente moroso e precisa de maior celeridade. Neste sentido, o aprimoramento e a harmonização de leis é tarefa necessária no que se refere aos agrotóxicos para tornar os regulamentos e procedimentos mais eficientes, modernos e equitativos.

Tão importante quanto evitar ou até proibir tecnologias que podem causar danos ou trazer riscos, é permitir o acesso rápido a tecnologias que, à luz do melhor conhecimento disponível, sejam consideradas úteis e seguras.

A existência de um marco regulatório previsível e funcional contribui para um ambiente juridicamente seguro, o que resulta em maiores investimentos em inovação e segurança. O sistema regulatório de agrotóxicos deve ser ágil, funcional e cientificamente embasado para que a agricultura desenvolva de modo sustentável e preserve sua competitividade internacional e seu papel social no país.

---

[1] *Pesquisadores da Embrapa Meio Ambiente e membros do Portfólio Manejo Racional de Agrotóxicos.* *Chefe-Geral da Embrapa Meio Ambiente

Neste sentido, a adequada disponibilização no mercado de produtos fitossanitários para atender à pujante agricultura praticada no Brasil é vista como essencial. Assim, iniciativas que venham a contribuir para a melhoria dos processos relacionados a este quadro são vistas de forma satisfatória, uma vez que, como já exposto, o processo de registro de agrotóxicos atualmente apresenta uma morosidade incompatível com as necessidades do setor.

A primeira constatação da proposta é a substituição do termo "agrotóxico" pelo termo "produto fitossanitário", o que representa uma mudança positiva, uma vez que o uso do termo agrotóxico é bastante questionável do ponto de vista toxicológico. O uso deste termo é contraditório com o próprio processo regulatório, que tem como objetivo principal assegurar a proteção à saúde humana e ao meio ambiente, com a autorização apenas de produtos que apresentem segurança do ponto de vista toxicológico, quando utilizados em conformidade com as práticas agrícolas preconizadas no processo de registro.

Um dos principais fatores relacionados à morosidade dos processos de registro de pesticidas no Brasil é a excessiva burocracia observada. Assim, toda medida que busca reduzir os trâmites regulatórios sem colocar em risco a integridade técnica da avaliação merece ser destacada. A simplificação do registro de produtos equivalentes ou genéricos, como contemplado nesta proposta, será de grande utilidade para imprimir maior dinâmica às avaliações e representa um importante avanço para a desburocratização, o que deverá impactar de forma muito positiva para a redução dos prazos dos processos de registro. Também com o objetivo de reduzir a morosidade do processo de registro e que merece destaque é o cancelamento do registro para produtos não comercializados até dois anos após a autorização para tal atividade, com o objetivo de desestimular processos de registro que visam apenas a proteção de mercado da empresa registrante e que sobrecarregam a estrutura regulatória. Entretanto, a redução da burocracia no processo de registro é um desafio considerável e medidas adicionais que busquem maior eficiência de todo o sistema regulatório talvez sejam necessárias para atingir uma maior diligência nos pleitos de registro.

Outro ponto relevante do PL é a designação do Ministério da Agricultura, Pecuária e Abastecimento (MAPA) como o órgão registrante dos agrotóxicos e afins, que passa a coordenar todo o processo de registro, estabelecendo os critérios de prioridades de análise, de acordo com as demandas fitossanitárias, além de estabelecer procedimentos para o registro, incluindo as reavaliações de produtos. Trata-se de medida com grande potencial para reduzir a burocracia constatada em todo o processo atual, em que os três órgãos responsáveis pelo registro (MAPA, Ibama e Anvisa), atuam de forma independente, gerando sobreposições de esforços, inconsistências nos fluxos dos processos e insegurança jurídica. Entretanto, é importante salientar que a atuação dos órgãos de saúde e meio ambiente no processo regulatório é essencial para garantir a segurança do uso destes produtos para a saúde humana e o meio ambiente. Assim, é importante que se busque um equilíbrio institucional, visando ao mesmo tempo maior eficiência processual, que pode ser alcançada com a coordenação do MAPA, e também assegurando que todos os aspectos toxicológicos e ambientais sejam considerados ao integrar de forma adequada o Ibama e Anvisa a esta nova estrutura regulatória proposta no projeto de lei.

A proposta também apresenta avanços quando propõe a adoção da metodologia da análise de risco em substituição à análise de perigo, atualmente utilizada nas avaliações regulatórias. A análise de risco é utilizada pela maioria dos países desenvolvidos e caracteriza-se por considerar também a exposição ao pesticida e não somente suas características intrínsecas. Cabe aqui destacar, entretanto, que nesta proposta de PL elimina-se qualquer critério de exclusão baseado no perigo, como a carcinogenicidade e mutagenicidade. Este é um ponto fundamental da proposta e que merece ser debatida em profundidade, haja vista que não há um consenso mundial sobre o tema. A prática dos Estados Unidos da América se alinha com a presente proposta, onde se utiliza exclusivamente a avaliação de risco. Porém, na União Europeia em um espectro mais conservador, se utilizam de critérios de exclusão conjuntamente com a avaliação de risco. Assim, dada as características ainda presentes em nosso país, com a existência de grande contingente de produtores com baixo perfil tecnológico e problemas na fiscalização de venda e uso de produtos fitossanitários, é necessário maior cuidado na disponibilização de produtos com perfil de maior risco, sem a implementação de outras práticas que garantam o correto uso dos produtos conforme preconizado nas boas práticas agrícolas.

Da mesma forma, outros pontos da proposta são polêmicos e merecem um maior debate. É fato que os atuais prazos de registro, que se estendem por anos, são incompatíveis com as necessidades da agricultura. Porém, também é preocupante o estabelecimento de prazos que não garantam a adequada avaliação dos riscos à saúde humana e ao meio ambiente, assim como os aspectos agronômicos. O prazo de um ano para o registro de novos produtos, por exemplo, não parece ser suficiente para finalizar todas as avaliações necessárias e é inferior aos prazos de registro de países com estruturas regulatórias consistentes.

O Brasil dispõe de uma rede estruturada de empresas privadas de tecnologia voltadas a atender as demandas para geração de informações toxicológicas, ambientais e físico-químicas de pesticidas e suas formulações para fins regulatórios. Também possui universidades e instituições de pesquisa públicas e privadas com estrutura e capacitação suficientes para a prestação de serviços com tais propósitos. Assim, mais importante que incluir instituições de ensino e pesquisa como prestadores de serviço nesta temática é assegurar que todas as instituições, sejam elas empresas de tecnologia ou universidades, sejam acreditadas pela norma de Boas Práticas de Laboratório (BPL). Esta medida assegura qualidade e credibilidade às informações apresentadas pelas empresas registrantes e é um critério internacional exigido pelos principais órgãos reguladores do mundo, como a USEPA nos Estados Unidos e EFSA na União Europeia.

Por fim, observa-se que no PL não são estabelecidos prazos de reavaliação dos produtos fitossanitários registrados. Esta é uma medida que vem sendo utilizada pela maioria dos países desenvolvidos e que possuem um robusto sistema regulatório. Com esta medida, busca-se trazer maior segurança à saúde humana e ao meio ambiente, pois revisa periodicamente as informações toxicológicas e ambientais geradas após o registro do pesticida. Mesmo que este procedimento eventualmente leve a um aumento das demandas dos órgãos regulatórios, é essencial que estes prazos para reavaliação sejam considerados no PL.

Diante do exposto, a proposta apresenta avanços em relação à legislação atual. Destaca- se que os avanços devem se dar à luz do melhor conhecimento disponível, para que a proposta traga maior celeridade ao processo de registro de agrotóxicos, com garantia à disponibilidade de ferramentas adequadas para o manejo fitossanitário da produção agropecuária brasileira e, ao mesmo tempo, assegure a minimização de riscos à saúde da população, dos agricultores e do meio ambiente.

NOTA TÉCNICA

RECOMENDAÇÕES PARA O RECONHECIMENTO DO DANO E ADOÇÃO DE MEDIDAS EM CASOS DE CONTAMINAÇÃO AMBIENTAL E EXPOSIÇÃO HUMANA DECORRENTES DA PULVERIZAÇÃO AÉREA DE AGROTÓXICOS: O CASO DO ASSENTAMENTO SANTA RITA DE CÁSSIA II, NOVA SANTA RITA/RS

1. **Introdução**

Esta Nota Técnica foi produzida pelo Grupo de Trabalho (GT) de Agrotóxicos da Fiocruz, grupo de assessoramento da Presidência da Instituição e tem como objetivo recomendar a adoção de ações voltadas ao reconhecimento do dano, adoção de medidas de prevenção, proteção, vigilância e cuidado, bem como de reparação dos danos para a saúde humana e para o ambiente, decorrentes da pulverização aérea de agrotóxicos.

Sua produção tem como base o caso da pulverização aérea de agrotóxicos sobre o Assentamento Santa Rita de Cássia II, localizado no município de Nova Santa Rita, região metropolitana de Porto Alegre, Rio Grande do Sul[1]. Situações como esta vêm ocorrendo com frequência em todo Brasil, e sua ocorrência em um território de produção de base agroecológica torna este caso particularmente grave.

Dada a violação de direitos humanos crescente no Brasil relacionada a exposição aos agrotóxicos[2], faz-se necessário que este caso seja tratado como exemplar, demandando respostas articuladas e de base territorial.

2. **Descrição do contexto: breve caracterização do assentamento Santa Rita de Cássia II e sua importância para a saúde**

O assentamento da reforma agrária Santa Rita de Cássia II está localizado a 500 metros de distância da sede do município de Nova Santa Rita e a 21 km de Porto Alegre, capital do Rio Grande do Sul. Sua criação no final de 2005 permitiu o assentamento de 102 famílias, cada uma com 12 hectares de terra. Mais de 85% das lavouras do município de Nova Santa Rita são

---

[1] Há informações de que impactos dessa mesma deriva de pulverização aérea de agrotóxicos também teria atingido unidades da agricultura familiar dos assentamentos Itapuí e Integração Gaúcha, localizados no município de Eldorado do Sul. Essa Nota Técnica restringe a contextualização ao assentamento Santa Rita de Cássia II por concentrar o conjunto de informações que o GT Agrotóxicos da Fiocruz teve acesso. De qualquer forma, o fato de existir evidências de impactos em um município que sequer faz fronteira com Nova Santa Rita, só reforça a extensão dos impactos da pulverização aérea, nesse caso dentro de uma região metropolitana, o que torna o número de pessoas possivelmente expostas muito alto. As recomendações contidas nesse documento devem ser interpretadas levando em consideração, portanto, também o município de Eldorado do Sul.

[2] Relatório da missão do Relator Especial sobre direitos humanos e substâncias e resíduos perigosos, da Comissão de Direitos Humanos da Organização das Nações Unidas (ONU), sobre a visita oficial ao Brasil realizada entre 02 a 13 de dezembro 2019. Disponível em:
https://www.ohchr.org/EN/Issues/Environment/SRToxicsandhumanrights/Pages/Visits.aspx

de arroz (IBGE, 2021a), cuja produção no assentamento passa por um processo de transição agroecológica (ALMEIDA, 2011). Apesar do processo de avanço da produção do arroz orgânico ser permeado por desafios e disputas com o modelo do agronegócio, os assentamentos da reforma agrária da região metropolitana de Porto Alegre são referência na produção de arroz orgânico e da agricultura agroecológica. No total são 25 assentamentos da reforma agrária nessa região, incluindo os assentamentos Santa Rita de Cássia II (em Nova Santa Rita/RS), Itapuí e Integração Gaúcha (em Eldorado do Sul/RS). A organização da produção nos assentamentos se dá por meio de cooperativas, associações comunitárias e pequenos grupos de produção familiar. Além do arroz orgânico são produzidas hortaliças, frutas, peixes e leite, entre outros produtos, que são comercializados por meio do Programa de Aquisição de Alimentos (PAA) e do Programa Nacional de Alimentação Escolar (PNAE), bem nas feiras orgânicas de Porto Alegre e da região Metropolitana (ALMEIDA, 2011; LUVISON et al, 2017).

A região é considerada a maior produtora de arroz orgânico da América Latina. Segundo dados atuais (2019), o Rio Grande do Sul é responsável por quase 57% de toda a área plantada de arroz no Brasil (IBGE, 2021). O RS também é o estado que mais produz arroz orgânico no Brasil, e 76,6% do plantio de arroz orgânico vem sendo realizado em assentamentos da reforma agrária organizados pelo Movimento dos Trabalhadores Rurais Sem Terra - MST (SILVA, 2019). Na safra 2020/2021, os camponeses estimaram colher mais de 12,4 mil toneladas, em aproximadamente 2.740 mil hectares. A produção do alimento nesta safra envolve 389 famílias, de 12 assentamentos da reforma agrária, três unidades de pequenos agricultores familiares, em 11 municípios (MST, 2021).

A pandemia de Covid-19, aliada à baixa da oferta de arroz, elevação dos preços dos alimentos e ao desmonte de políticas públicas de segurança alimentar e nutricional no Brasil, fez crescer as dificuldades para acesso a cesta básica, em contexto agravado pelas crises econômica e socioambiental vivenciadas pelo Brasil, que impactam de forma mais severa os mais pobres. A fome avança no Brasil e experiências de produção de alimentos agroecológicos precisam ser protegidas e fortalecidas.

O assentamento Santa Rita de Cássia II precisa ser compreendido em um contexto mais amplo – da importância da produção de arroz orgânico e sua importância para a soberania e segurança alimentar e nutricional, mas também desde suas particularidades, considerando avanços no processo organizativo e na transição agroecológica que se viabilizam das conquistas das famílias assentadas, com importantes contribuições para a saúde. A primeira delas diz respeito a **participação de um grupo de famílias do assentamento na implantação do Programa Nacional de Alimentação Escolar (PNAE) em Nova Santa Rita/RS, o que resultou no estímulo a produção de alimentos orgânicos e maior qualidade da merenda escolar em dezesseis escolas municipais e três estaduais, o que corresponde a maioria das unidades escolares do município** (RODRIGUES et al, 2016).

A conquista de uma unidade da estratégia da saúde da família com sede dentro do Assentamento, inaugurada em 2014, é a segunda experiência que merece destaque. Essa unidade de saúde rural é referência do SUS para as famílias dos quatro assentamentos e de

famílias da zona urbana do município de Nova Santa Rita. Trata-se de uma referência nacional para a Política Nacional de Saúde Integral das Populações do Campo, da Floresta e das Águas, que foi instituída no SUS em 2011 (LUVISON et al, 2017).

Essas conquistas representam avanços coerentes com um conjunto de políticas nacionais do país, tais como: **Política Nacional do Meio Ambiente (1981), Programa de Aquisição de Alimentos (2003), Política Nacional de Segurança Alimentar e Nutricional (2006, 2010), Política Nacional de Promoção da Saúde (2006, 2014), Programa Nacional de Alimentação Escolar (2009), Política Nacional de Saúde Integral das Populações do Campo, da Floresta e das Águas (2011, 2014), Política Nacional de Alimentação e Nutrição (2011), programa de Vigilância em Saúde de Populações Expostas aos Agrotóxicos (2012), Política Nacional de Agroecologia e Produção Orgânica (2012).** Registra-se aqui, também, a Política de Agroecologia e Produção Orgânica e o Programa Estadual de Agricultura de Base Ecológica do Rio Grande do Sul (2014).

A caracterização deste tópico justifica que esse caso seja reconhecido e tratado como emblemático. As respostas do Estado brasileiro e da sociedade, nesse caso concreto, dizem respeito à proteção da saúde em uma perspectiva ampliada, tanto das famílias diretamente atingidas, mas também daqueles indiretamente atingidos (consumidores dos alimentos do assentamento) e da sociedade em geral.

Dado o crescente consumo de agrotóxicos no Brasil e seus consequentes impactos, e levando em consideração a importância de proteger áreas de produção de alimentos seguros e saudáveis, especialmente próximo ou dentro de regiões densamente povoadas, como as regiões metropolitanas, crescem no país iniciativas para a criação de zonas livres de agrotóxicos. A ilha de Florianópolis é considerada o primeiro território livre do uso de agrotóxicos no Brasil (Lei Municipal nº 10.628, de 08 de outubro de 2019), mas há projetos de lei tramitando para tornar regiões metropolitanas zonas livres de venenos agrícolas, como o PL (nº 438/2019) que trata da região metropolitana de Curitiba.

3. Relato do caso da pulverização aérea em Nova Santa Rita

Desde 2017, a população do município vem sofrendo as consequências nocivas da deriva da pulverização aérea de agrotóxicos realizada em propriedades vizinhas com produções agrícolas convencionais. **Foram feitas denúncias relativas à matéria ao Ministério Público do RS em 2017 e 2019**, que ainda tramitam nesta esfera judiciária. Entretanto, em novembro de 2020, nos dias 11 e 12, um avião responsável pela pulverização aérea sobrevoou a área do assentamento, inclusive das moradias, despejando veneno sobre esta população e as plantações de hortaliças, pomares de árvores frutíferas e até vegetação nativa. Os prejuízos nos plantios orgânicos foram enormes. As folhas das plantas ficaram com aspecto de queimadas e algumas morreram, indicando a ação de herbicidas. Em 16 de fevereiro de 2021 ocorreu episódio similar. Além de Nova Santa Rita, plantações orgânicas do município de Eldorado do Sul também foram atingidas.

Em 18 de novembro de 2020 foram coletadas amostras dos produtos cultivados pela Secretaria Estadual de Agricultura e Ministério da Agricultura, Pecuária e Abastecimento (MAPA), cujas análises foram feitas pelo Laboratório de Resíduos de Pesticidas (LARP) da Universidade Federal de Santa Maria. Foram coletadas 19 amostras nos dois assentamentos (Nova Santa Rita e Eldorado do Sul) e em Santa Rita de Cássia II foi detectada a presença do herbicida 2,4D em uma amostra (JFRS, 2021).

As famílias registraram queixa na Polícia Civil, Secretaria de Meio Ambiente, Agricultura, Saúde da Prefeitura Municipal, Empresa de Assistência Técnica e Extensão Rural (Emater), Grupo Gestor das Hortas Micro Nova Santa Rita, Mapa e Secretaria de Agricultura do Estado, e no Centro Estadual de Vigilância em Saúde (Cievs) em decorrência dos sintomas relatados pelos expostos, tais como náuseas e dor de cabeça, característicos de intoxicação aguda. Também constituíram ação judicial por meio de relatos, vídeos, fotos, encaminhados ao Ministério Público do RS e à Justiça Federal (FAMÍLIAS DO ASSENTAMENTO SANTA RITA DE CÁSSIA 2, 2020). Os assentados também relataram e registraram por meio de fotos e vídeos a morte de animais de estimação e pássaros nativos, adoecimento de animais de criação e sumiço de abelhas, caracterizando grave impacto na fauna nativa e animais de criação, bem como nas águas e plantas aquáticas do local.

O relato dos agricultores foi de aplicação do agrotóxico com ventos fortes, condições mais ainda contraindicadas para a pulverização aérea. O uso irregular atingiu produtores convencionais e orgânicos em um raio de 30 km de distância.

Os agricultores relataram também que o município de Nova Santa Rita não faz parte do grupo dos 24 municípios alvos das instruções normativas que regulamentam o uso dos herbicidas hormonais, e, portanto, os produtores locais não podem ser cobrados de descumprimento das normas de aplicação (MARCHI, 2020), o que demonstra incoerência e assimetria nessas normas. As referidas instruções normativas foram criadas, em 2019, como resultado de impactos da deriva do 2,4-D sobre cultivos agrícolas não alvo da aplicação (RIO GRANDE DO SUL, 2019).

Em 11 de março de 2021, a ação ajuizada pelo Núcleo Amigos da Terra Brasil, Instituto Preservar, Instituto Gaúcho de Estudos Ambientais, Cooperativa Central dos Assentamentos do Rio Grande do Sul, Associação Gaúcha de Proteção ao Ambiente Natural, Associação Comunitária 29 de Outubro, Associação Brasileira de Agroecologia e Associação Amigos do Meio Ambiente contra a União, o proprietário do imóvel rural vizinho, a Fundação Estadual de Proteção Ambiental (Fepam) e o Estado do RS, transcorreu na 9ª Vara Federal de Porto Alegre e determinou a suspensão imediata do uso de agrotóxicos na propriedade vizinha ao assentamento, também localizada em Nova Santa Rita, enquanto não fossem estabelecidas normas específicas pelas autoridades de controle e fiscalização da pulverização de agrotóxicos sem que a atividade atinja direito de terceiros, fixando multa de R$ 100 mil em caso de descumprimento. A juíza do caso também sentenciou que União, Estado e Fepam implementassem o mesmo em suas áreas de competência dentro de 30 dias, e ao réu que apresentasse plano de pulverização de agrotóxicos (JFRS, 2021).

Em 16 de março de 2021, novamente um avião sobrevoou as casas e propriedades dos assentamentos e dispersou agrotóxicos na região. Essa ação aparentemente não foi provocada por deriva, pois os relatos dos assentados indicam vários sobrevoos. De acordo com a Agência Nacional de Aviação Civil (Anac), a aeronave não estava registrada para a aviação agrícola. A propriedade do avião é investigada pela polícia civil (CAMARGO, 2021).

Em 23 de março de 2021, já em segunda instância, o desembargador da 4ª Turma do TRF4 manteve a decisão liminar da juíza, contra o recurso apresentado pelo fazendeiro vizinho que provocou a contaminação, delimitando a proibição para os compostos 2,4-D e Loyant (Florpirauxifen benzil), bem como o uso mediante pulverizações aéreas de agrotóxicos próximas ao assentamento. Por outro lado, também determinou que o fazendeiro poderá ser responsabilizado se outras formas de aplicação dos agrotóxicos forem causadores de danos nos assentamentos vizinhos (REDAÇÃO, 2021).

4. Danos à Saúde humana e ao ambiente decorrentes da pulverização aérea[3]

A deriva decorrente da pulverização de agrotóxicos em lavouras representa um grave problema para a saúde humana e ambiental, principalmente quando a aplicação é realizada por meio de aviões, ocasionando problemas ainda maiores pois os agrotóxicos não chegam até as plantas que deveriam ser os alvos, e contaminam outros compartimentos não alvos. Esta perda indica que pulverização aérea é um método comprovadamente de baixa eficácia, uma vez que parcela significativa dos agrotóxicos aplicados não chega até a planta. Estudos realizados no Brasil e no mundo apontam perdas variando entre 34,5% a 99,98% (CHAIM, 1999). O tema foi objeto de análise na própria Câmara Federal, e dados do relatório produzido pela subcomissão especial que tratou da matéria revelam que 70% do agrotóxico aplicado por avião não atinge o alvo (CÂMARA DOS DEPUTADOS, 2011).

Não há condições "ideais" para aplicação aérea de agrotóxicos. Mesmo ao se tentar reduzir perdas ao aplicar os venenos somente quando as condições forem consideradas adequadas, é incontroverso que a dispersão dos agrotóxicos não pode ser eliminada, uma vez que a deriva é influenciada por diversos fatores, que não podem ser controlados em sua totalidade. O desvio da trajetória inicial do agrotóxico depende de diversos fatores tais como seleção e regulagem dos equipamentos; condições climáticas; deposição na superfície a ser tratada; volume da calda; adição de adjuvantes à calda, que mudam o comportamento da pulverização; turbulência; taxa de evaporação das gotas; dissipação; dispersão; tipo de cobertura vegetal a ser pulverizada; densidade de plantio; direção do voo; velocidade do voo ou de aplicação; altura do voo (distância do alvo); faixa de aplicação; entre outros.

---

[3] Esta seção foi elaborada a partir de excertos da Nota Técnica sobre a proibição da pulverização aérea de agrotóxicos no Estado do Ceará, Fiocruz, 31 maio 2019. Disponível em:
https://portal.fiocruz.br/sites/portal.fiocruz.br/files/documentos/nota_tecnica_pulverizacao_aerea_ce.pd>.
Acesso em: 29 mar. 2021.

Outro elemento importante a ser considerado é que, dependendo das condições supramencionadas, pode haver deposição da calda aplicada sobre a superfície vegetal. Essa deposição externa pode se dar em tal intensidade que acaba escorrendo para o solo, produzindo o que é denominado como endoderiva. As gotas pequenas, que penetram mais facilmente entre as folhas da planta, podem ser levadas pelo vento para fora da área tratada, provocando a exoderiva, sendo mais sensíveis à evaporação (CHAIM, 2004).

Vários estudos comprovam a existência de graves riscos para o ambiente, e para a saúde humana, através da pulverização aérea. Existe um potencial de que os ingredientes ativos que se dispersam no ambiente após a pulverização aérea interajam com outros agrotóxicos previamente existentes devido a contaminações anteriores, ampliando o risco de danos para os ecossistemas (WESTON et al., 2006).

O Parlamento Europeu aprovou em 2009 diretrizes proibindo o uso de substâncias altamente tóxicas e a prática da pulverização aérea nos países da União Europeia, aplicando várias medidas de proteção, sobretudo aos compartimentos aquáticos, buscando restringir o uso dos agrotóxicos (PARLAMENTO EUROPEU, 2009).

O 'Dossiê ABRASCO: um alerta sobre os impactos dos agrotóxicos no Brasil' (2015) reuniu casos ocorridos no Brasil onde há relatos de pulverização aérea. Destacam-se dois exemplos: 1) de grandes empresas agrícolas no Estado do Ceará que têm atingido comunidades de camponeses, provocando intoxicações agudas e crônicas, produzindo câncer, malformações congênitas, desregulações endócrinas, entre outros agravos à saúde; 2) de pulverização aérea de agrotóxicos sobre aldeia Xavante, da terra indígena Marãiwatsédé, por fazendeiros invasores de suas terras (CARNEIRO et al., 2015).

Em todo o estado do Ceará é vedada a pulverização aérea de agrotóxicos na agricultura, segundo a Lei nº 16.820/2019. Esta lei estadual complementa leis federais, com proposição de normas mais restritivas com o objetivo de preservação ambiental e proteção da vida, e dessa forma constitui-se um exemplo para outros territórios, que podem legislar sobre temas que envolvam a saúde e ambiente, garantindo maior preservação da vida e de seus ecossistemas (FIOCRUZ, 2019).

5. Impactos na saúde relacionados à exposição ao 2,4-D

Essa Nota Técnica se manifesta especificamente sobre os impactos à saúde relacionados ao herbicida 2,4-D por ser esse o único agrotóxico identificado até o momento em amostras analisadas. Outros agrotóxicos podem também ter sido pulverizados e atingido as famílias de agricultores, como já há evidências de que também foram expostos ao Loyant (Florpirauxifen benzil). No Brasil é comum o uso de agrotóxicos diferentes no mesmo ciclo de uma cultura agrícola, ou mesmo a utilização de mistura destes produtos biocidas[4] em uma mesma

---

[4] "Biocida" é o termo considerado mais apropriado para agrotóxicos segundo a bióloga norte-americana Rachel Carson, autora do livro clássico "Primavera Silenciosa", lançado em 1962. Carson analisou os impactos dos

pulverização, tendo como consequência a exposição de populações humanas e da biodiversidade a misturas de produtos tóxicos. Essa exposição múltipla pode causar danos sobre a saúde e o meio ambiente imprevisíveis e irrecuperáveis. No momento do registro, os órgãos reguladores só avaliam os danos de exposições isoladas aos agrotóxicos a partir de estudos laboratoriais apresentados pelas indústrias. Ainda assim, permitem o uso de misturas de ingredientes ativos de agrotóxicos e de outras substâncias que teriam a função de aumentar a eficácia do produto (adjuvantes, espalhantes etc), em um mesmo produto formulado. A mistura em tanque também foi legalizada e consiste da utilização de diferentes produtos agrotóxicos misturados no momento da aplicação. Agrotóxicos e outras substâncias presentes na formulação podem atuar sobre a vida produzindo efeitos sinérgicos, aditivos ou mesmo levando ao aparecimento de efeitos tóxicos que nunca haviam se manifestado quando estudados individualmente.

Outro aspecto relevante é a produção não intencional de contaminantes relacionados a características físico-químicas do agrotóxico e de outras condições ambientais e da presença de outras substâncias. O herbicida 2,4-D, por exemplo, pode conter e formar dioxinas, que são substâncias extremamente tóxicas e relacionadas a doenças crônicas como câncer, danos hormonais e reprodutivos.

Agrotóxicos formulados com o ingrediente ativo 2,4-D são muito utilizados no Brasil e, por isso, acumulam um conjunto de estudos sobre seus impactos. Nos últimos anos intensificaram conflitos no Rio Grande do Sul pela perda de lavouras causadas por deriva de pulverizações com o 2,4-D, o que resultou nas Instruções Normativas já citadas nesse documento.

A Agência Nacional de Vigilância Sanitária (Anvisa) classificou o 2,4-D como extremamente tóxico (Classe I) para a saúde considerando apenas os danos agudos. Recentemente a ANVISA concluiu o processo de reavaliação toxicológica do 2,4-D concluindo pela manutenção do registro no país.

A *International Agency for Research on Cancer* (IARC) classifica o 2,4-D como possível carcinogênico para humanos (grupo 2B) por considerar que há evidências sobretudo de que há indução de estresse oxidativo e de que causa imunossupressão (IARC, 2015). Esses dois efeitos são considerados, dentre outros 8, mecanismos mais relevantes para levar a formação do câncer (SMITH et al, 2016). O estresse oxidativo ocorre quando existe um aumento de radicais livres, ou seja, moléculas que danificam o material genético e outras estruturas celulares. Com isso, pode gerar o surgimento e a multiplicação de células do organismo danificadas que podem gerar tumores. Já a imunossupressão consiste da diminuição da capacidade do sistema imunológico que tem a função de identificar e combater patógenos e células danificadas para evitar a formação de tumores.

---

agrotóxicos na biodiversidade, argumentou que os agrotóxicos são "armas químicas" que matam tanto os animais indesejados pela agricultura industrial como os não indesejados, os insetos "maus" e os "bons", denunciando justamente os impactos generalizados, que silenciam o canto dos pássaros na primavera. O prefixo "bio" (vida) e o sufixo "ida" (morte) dão o sentido direto do termo: "biocida" = a morte da vida.

Além da monografia publicada pela IARC, citamos entre as principais referências que compilam evidências sobre os impactos do 2,4-D na saúde:

1) Diretrizes brasileiras para o diagnóstico e Tratamento de intoxicação por agrotóxicos (BRASIL, 2020);
2) Parecer Técnico – Avaliação dos efeitos tóxicos sobre o sistema reprodutivo, hormonal e câncer para seres humanos após o uso do herbicida 2,4-D (FRIEDRICH, 2014).
3) Parecer Técnico sobre riscos para a saúde humana e animal associados ao uso de herbicidas à base de 2,4- D em plantas convencionais e transgênicas Tolerantes a Herbicidas (BRASIL, 2014).

Esses documentos apontam que, além do potencial carcinogênico do 2,4-D outros efeitos igualmente graves podem ser causados, como danos sobre a reprodução e as funções de hormônios que regulam aspectos fundamentais das funções do organismo.

Destaca-se que além das limitações apontadas anteriormente no que se refere a avaliação dos agrotóxicos de forma individual, a toxicidade do 2,4-D, retoma outra questão importante. Os impactos sistêmicos para uma pessoa e sua comunidade quando estão expostas a agrotóxicos que causam danos sobre diferentes aspectos fisiológicos. Problemas neurológicos, hormonais e imunológicos; funções renais e hepáticas, dentre outros; também são tratados pelas agências reguladoras de forma isolada, definindo-se limites de exposição para cada efeito. Ainda que o limite escolhido nesse momento seja o mais "crítico", uma abordagem sistêmica dos impactos para a manutenção da vida não é realizada. Por vezes, mecanismos de reparo ou compensação de alguns tipos de danos, também estão prejudicados pelo mesmo tipo de exposição química.

Em outras palavras, a manifestação de diferentes problemas de saúde, nem sempre possibilita uma intervenção terapêutica eficaz. Seja porque é fato a dificuldade de acesso a profissionais de saúde, tecnologias diagnósticas, medidas farmacológicas e não-farmacológicas que possam tratar da diversidade de danos causados, ou mesmo porque aspectos socioeconômicos, como a baixa oferta de emprego e direitos trabalhistas e previdenciários cada vez mais precários, retardam ou impedem a busca por cuidados.

6. Recomendações

Considerando o perigo envolvido na pulverização aérea de agrotóxicos e a recorrência de casos no Brasil, é importante que as situações de exposição humana e ou ambiental decorrentes desse tipo de operação sejam enfrentadas de forma contínua e articulada.

Destaca-se que todos os custos relacionados aos danos, sejam eles ambientais, para a saúde ou de natureza econômica, devem ser de responsabilidade do causador do dano, cabendo ao Estado, via autoridades e órgãos competentes, coordenar e articular as ações de vigilância e monitoramento, assistência, reabilitação, mitigação e reparação nos territórios afetados, evitando que eventuais situações de conflitos de interesse gerem suspeição quanto à idoneidade da investigação conduzida e ações desencadeadas.

Dessa forma, sugere-se:

a) Informar quaisquer casos de exposição ambiental e ou humana decorrentes de pulverização aérea ao Sistema Único de Saúde (SUS); aos órgãos ambientais e agrícolas nos níveis municipais, estadual e federal, especialmente os que têm em suas atribuições a fiscalização do uso de agrotóxicos; aos conselhos municipal e estadual de saúde, de segurança alimentar e nutricional e de direitos humanos; às autoridades policiais; ao Ministério Público e ao Fórum Estadual e Nacional de Combate aos Efeitos dos Agrotóxicos;
b) Dar ampla visibilidade do caso à sociedade civil mediante os meios de comunicação, particularmente aqueles usualmente utilizados na região afetada;
c) Determinar acompanhamento e avaliação das consequências na saúde da população atingida, sobre as lavouras impactadas, das fontes de água e outros compartimentos ambientais, às respectivas instituições responsáveis;
d) Determinar que todos os custos com monitoramento, avaliação, assistência e reparação dos danos sobre a saúde, o ambiente e os socioeconômicos recaiam sobre os responsáveis pela aplicação dos agrotóxicos, pelo tempo em que os acompanhamentos se fizerem necessários;
e) Determinar o monitoramento de outros contaminantes como as dioxinas, que podem ser formadas pelo uso de 2,4D e outros compostos clorados, nos locais atingidos, cujos custos devem ser arcados pelos responsáveis pela pulverização;
f) Assegurar que aqueles que sofreram perdas de natureza econômica devido à contaminação de suas lavouras e animais recebam amparo financeiro emergencial de forma imediata após a observação do dano, evitando que os prejuízos se revertam em situações que ameacem a soberania e segurança alimentar e nutricional, a moradia digna e o acesso a itens de primeira necessidade, sem prejuízo a eventuais compensações financeiras/indenizações posteriores. Nos casos de contaminação de áreas de produção agroecológica, que seja assegurado suporte material/financeiro aos afetados pelo tempo que se fizer necessário, até o restabelecimento das condições de produção prévias à contaminação decorrente da pulverização aérea;
g) Acompanhar no curto, médio e longo prazo, por meio de ações integrais e integradas (envolvendo vigilância epidemiológica, sanitária, ambiental e de saúde do trabalhador, atenção primária, média e alta complexidade), as populações expostas, e incluindo a investigação do caso, registro dos expostos, notificação de eventuais casos de intoxicação, acesso à rede laboratorial, assegurando referência e contrarreferência dos casos para os níveis de atenção que se fizerem necessários, de assistência e reabilitação, até o completo restabelecimento da saúde. Em caso de sequelas permanentes, assegurar o acompanhamento dos afetados durante todo o tempo que se fizer necessário, mediante acompanhamento feito pelo SUS local ao que for de sua competência, e ou rede privada, cujos custos devem ser cobertos pelos responsáveis pelo dano;

Ministério da Saúde
FIOCRUZ
Fundação Oswaldo Cruz

h) Desencadear ações de mitigação e reparação dos problemas sociais e ambientais, custeadas pelos responsáveis pelo dano e coordenadas pelos órgãos de Estado;

i) Estabelecer indicadores para monitoramento dos impactos sobre a saúde, definição dos prejuízos financeiros decorrentes do crime que se relacionem à perda da saúde de modo geral, perda das condições ambientais para manter a sustentabilidade econômica da população, bem como das condições de trabalho que impliquem na perda da renda;

j) Realizar ações educativas e formativas no território afetado alertando quanto aos impactos do uso de agrotóxicos, a serem custeados pelo causador do dano e coordenadas pelo Estado;

k) Fomentar e financiar no território afetado o desenvolvimento de áreas de produção agroecológica, como uma das medidas compensatórias a serem custeadas pelo causador do dano e coordenadas pelo Estado;

l) Fortalecer o programa de Vigilância em Saúde das Populações Expostas aos Agrotóxicos (VSPEA) do SUS no Rio Grande do Sul e em todo país, em todos os níveis de atenção, para que as instituições de saúde, ambiente e da agricultura de fato monitorem e fiscalizem as práticas agrícolas e apoiem a população que sofre as consequências mais diretas do uso dos agrotóxicos. Para tal é preciso capacitar, habilitar e ofertar as condições objetivas para sua operacionalidade, estabelecendo uma rede de suporte integrado entre os laboratórios de saúde pública. As Secretarias Estaduais de Saúde têm atribuição de conduzir a VSPEA nas unidades da federação;

m) Denunciar casos intencionais de pulverização aérea sobre territórios em situação de conflito a organismos internacionais, uma vez que os mesmos podem se configurar como violação aos direitos humanos.

Quanto ao registro detalhado do desastre ocorrido em casos de pulverização aérea, bem como coleta de amostras, é importante indicar os seguintes procedimentos:

a) Registrar todos os relatos da população da forma mais completa e precisa possível, documentando mediante registro de fotos, vídeos e ou coleta de testemunhos.

b) Detalhar sintomas ao longo dos dias que sucederem ao fato, seja a partir do relato dos afetados, seus familiares, profissionais de saúde responsáveis pela assistência dos intoxicados ou outras testemunhas identificadas.

c) Registrar oportunamente as caraterísticas dos agrotóxicos percebidas sensorialmente pelos afetados (odores, sabor, ardência e afins);

d) Orientar a coleta das amostras ambientais, produtos da lavoura, e material biológico.
  - Se possível, obter informação de quais agrotóxicos foram utilizados.
  - As amostras ambientais e de produtos da lavoura podem ser coletados de imediato por agentes da Atenção Primária em Saúde; extensionistas rurais e até por lideranças comunitárias. Importante que sejam estabelecidos protocolos

práticos que instruam essas coletas e sua adequada conservação para posteriores análises laboratoriais.
- Os materiais biológicos devem ser coletados na sequência do exame clínico e seguindo os protocolos já estabelecidos para coleta de amostras de urina, sangue, saliva, ar expirado, suco gástrico e outros que forem necessários a caracterização da exposição e do efeito sofrido, no curto, médio e longo prazo. As unidades de saúde locais devem de imediato atender os expostos, fazer a notificação dos casos e enviar para os serviços de referência os pacientes e os pedidos de exames complementares.
- Os protocolos que garantam a integridade e condições para preservação das amostras devem ser amplamente difundidos, estando afixados em todos os estabelecimentos de saúde (incluindo a atenção básica), ambientais e agrícolas.
- Os laboratórios públicos responsáveis pela realização das análises de agrotóxicos no território, sejam da esfera municipal, estadual ou federal, devem ser contatados para que esclareçam as instituições públicas locais – como secretarias municipais de saúde, ambiente e agricultura – e outras esferas de governo, bem como a sociedade – especialmente as comunidades atingidas, quanto à coleta da amostra, o método utilizado e suas limitações, os resultados e a sua interpretação analítica, fazendo as recomendações necessárias ao acompanhamento e as medidas de prevenção quanto a possíveis reincidências de exposição devido à contaminação ambiental.
- Para amostras de água, as secretarias municipais de ambiente e/ou saúde devem receber orientação da vigilância estadual, no âmbito do Programa Nacional de Vigilância da Qualidade da Água para Consumo Humano (Vigiagua). Em geral, os laboratórios centrais e os de referência do Ministério da Saúde não realizam análises de todos os ingredientes ativos autorizados no Brasil. Por isso, toda informação do território é importante para orientar a busca do laboratório mais adequado para realizar as análises. Para as amostras de solo, vale a mesma recomendação.

Importa destacar que, quanto aos marcadores específicos de exposição para agrotóxicos para auxiliar no diagnóstico, sabe-se que diversos agrotóxicos têm tempo de meia-vida curto nos organismos animais, dificultando sua detecção antes de serem biotransformados e excretados. Se demorar a coleta de amostras em fluidos humanos e o processamento das análises, resultados laboratoriais falsos negativos podem ser gerados.

Estes resultados não significam que os agrotóxicos não tenham causado graves efeitos à saúde dos expostos, e sim que seus níveis estavam abaixo dos limites de detecção ou quantificação da técnica analítica ou mesmo que já haviam sido excretados, porém causaram danos durante sua passagem pelo organismo.

Ministério da Saúde
FIOCRUZ
Fundação Oswaldo Cruz

Por esta razão, a busca por marcadores específicos não deve ficar limitada àqueles relacionados diretamente aos agrotóxicos, devendo incluir a avaliação de marcadores clínicos, bioquímicos, hormonais, hepáticos, renais, dentre outros indicativos de dano em decorrência a exposição aos agrotóxicos utilizados durante a pulverização.

A avaliação clínico-epidemiológica dos expostos deve ser detalhada em uma anamnese médico-sanitária ou por protocolo de investigação apropriado, conduzida pela equipe de saúde interdisciplinar, com fluxos de referência e contra-referência estabelecidos para registro de todas as informações de investigação clínica, epidemiológica, e ambiental que contextualizam o caso em sua especificidade e no coletivo populacional e territorial.

Em 2018 e 2019, o Ministério da Saúde divulgou as Diretrizes Brasileiras para Diagnóstico e Tratamento de Intoxicações por Agrotóxicos em 5 capítulos, cada um dedicado a um grupo químico. O primeiro contém orientações gerais, o segundo para agrotóxicos inibidores de colinesterases, o terceiro para glifosato, o quarto para 2,4-D e derivados, e o quinto para piretroides (CONITEC, 2018a; 2018b; 2019a; 2019b; 2019c).

Para proteger a população de desastres relacionados à pulverização aérea, como no caso de Nova Santa Rita, a publicação de leis municipais e estaduais que proíbam a pulverização aérea por agrotóxicos, particularmente em áreas vizinhas a produções orgânicas e ou agroecológicas, ou ainda próximo a áreas densamente povoadas, como centros urbanos ou ainda regiões metropolitanas, se faz fundamental. O movimento social e a municipalidade podem desenvolver planos propondo áreas livres de agrotóxicos. Sabe-se que a prática da pulverização aérea de agrotóxicos praticamente inviabiliza a produção orgânica em consequência da deriva ou da contaminação das águas superficiais e subterrâneas e do solo.

A produção de alimentos agroecológicos deve ser defendida e estimulada mediante políticas de incentivo, sendo condição necessária para garantir segurança alimentar e nutricional no país, garantindo ainda a preservação do ambiente. Finalmente, a adoção de Programas de Redução de Uso de Agrotóxicos por estados e municípios podem estimular a transição agroecológica e contribuir para ampliar a produção agrícola livre de agrotóxicos.

Rio de Janeiro, 09 de abril de 2021.

Organização do documento: Ana Cristina Simões Rosa; Aline do Monte Gurgel; Márcia da Silva Pereira e Luiz Cláudio Meirelles.

Revisão: Ana Cristina Simões Rosa; Aline do Monte Gurgel; Márcia da Silva Pereira; Luiz Cláudio Meirelles; Lia Giraldo da Silva Augusto; Fernando Ferreira Carneiro; André Campos Búrigo, Karen Friedrich.

Referências

ALMEIDA, J.C. A disputa territorial entre agronegócio x campesinato no Assentamento Santa Rita de Cássia II em Nova Santa Rita – RS. Monografia. Universidade Estadual Paulista (UNESP), campus de Presidente Prudente. 2011.

BRASIL. Parecer Técnico sobre riscos para a saúde humana e animal associados ao uso de herbicidas à base de 2,4-D em plantas convencionais e transgênicas Tolerantes a Herbicidas. Ministério do Desenvolvimento Agrário. Núcleo de Estudos Agrários e Desenvolvimento Rural. Brasília, 2014.

BRASIL. Diretrizes brasileiras para o diagnóstico e Tratamento de intoxicação por agrotóxicos. Ministério da Saúde. Secretaria de Vigilância em Saúde. Departamento de Saúde Ambiental, do Trabalhador e Vigilância das Emergências em Saúde Pública. Brasília: Ministério da Saúde, 2020.

CÂMARA DOS DEPUTADOS. Relatório da Comissão de Seguridade Social e da Família. Subcomissão Especial sobre o Uso de Agrotóxicos e suas Consequências à Saúde. [s.l: s.n.]. Disponível em: <https://www.camara.leg.br/proposicoesWeb/prop_mostrarintegra;jsessionid=node0ew89rfehh3oax7dqnpfayw002238460.node0?codteor=946095&filename=REL+3/2011+CSSF>. Acesso em: 29 mar. 2021.

CAMARGO, G. Extra Classe. Aeronave clandestina pulveriza veneno sobre assentamento do MST em Nova Santa Rita, 18 mar. 2021.

CARNEIRO, F. F.; RIGOTTO, R.M.; AUGUSTO, L.G.S.; FRIEDRICH, K.; BURIGO, A.C.B. Dossiê ABRASCO: um alerta sobre os impactos dos agrotóxicos na saúde. Rio de Janeiro: Escola Politécnica de Saúde Joaquim Venâncio; São Paulo: Expressão Popular, 2015.

CHAIM, A. HISTÓRIA DA PULVERIZAÇÃO. Embrapa Meio Ambiente, 1999. Disponível em: <https://www.agencia.cnptia.embrapa.br/recursos/Chaim_historiaID-DcdtrOCVWl.pdf>. Acesso em: 29 mar. 2021

CHAIM, A. Tecnologia de aplicação de agrotóxicos: fatores que afetam a eficiência e o impacto ambiental In: Silva, C. M. M. S.; Fay, & Ambiente. Brasília, DF: Embrapa, 2004.

CONITEC. Diretrizes Brasileiras para Diagnóstico e Tratamento de Intoxicações por Agrotóxicos - Capítulo 1. Brasília, DF: Ministério da Saúde, ago. 2018a.

CONITEC. Diretrizes Brasileiras para Diagnóstico e Tratamento de Intoxicações por Agrotóxicos – Capítulo 2. Brasília, DF: Ministério da Saúde, dez. 2018b.

CONITEC. Diretrizes Brasileiras para Diagnóstico e Tratamento de Intoxicações por Agrotóxicos – Capítulo 3. Brasília, DF: Ministério da Saúde, fev. 2019a.

CONITEC. Diretrizes Brasileiras para Diagnóstico e Tratamento de Intoxicações por Agrotóxicos – Capítulo 5. Brasília, DF: Ministério da Saúde, 25 mar. 2019b.

CONITEC. Diretrizes Brasileiras para Diagnóstico e Tratamento de Intoxicações por Agrotóxicos - Capítulo 4. Brasiia, DF: Ministério da Saúde, 25 set. 2019c.

FAMÍLIAS DO ASSENTAMENTO SANTA RITA DE CÁSSIA 2. Repórter Popular. Agricultores orgânicos sofrem perdas com pulverização de agrotóxico em Nova Santa Rita (RS), 24 nov. 2020.

FIOCRUZ. Nota Técnica sobre a proibição da pulverização aérea de agrotóxicos no Estado do Ceará, 31 maio 2019. Disponível em: <https://portal.fiocruz.br/sites/portal.fiocruz.br/files/documentos/nota_tecnica_pulverizacao_aerea_ce.pd>. Acesso em: 29 mar. 2021

FRIEDRICH, K. Avaliação dos efeitos tóxicos sobre o sistema reprodutivo, hormonal e câncer para seres humanos após o uso do herbicida 2,4-D. Parecer Técnico. Fundação Oswaldo Cruz. Instituto Nacional de Controle de Qualidade em Saúde. Rio de Janeiro, 2014.

GOVERNO DO RIO GRANDE DO SUL. Agricultura estabelece regras para aplicação de agrotóxicos para evitar deriva. Instrução Normativa SEAPDR nº 05/2019. Secretaria de Agricultura, Pecuária e Desenvolvimento Rural. 2019. Publicado em 05.07.2019, disponível em: https://www.agricultura.rs.gov.br/agricultura-estabelece-regras-para-aplicacoes-de-agrotoxicos-para-evitar-deriva

IBGE. POF 2017-2018: brasileiro ainda mantém dieta à base de arroz e feijão, mas consumo de frutas e legumes é abaixo do esperado. Pesquisa de Orçamentos Familiares (POF) 2017-2018: Análise do Consumo Alimentar Pessoal no Brasil. IBGE, 2020. Publicado em 21.08.2020, disponível em https://agenciadenoticias.ibge.gov.br/agencia-sala-de-imprensa/2013-agencia-de-noticias/releases/28646-pof-2017-2018-brasileiro-ainda-mantem-dieta-a-base-de-arroz-e-feijao-mas-consumo-de-frutas-e-legumes-e-abaixo-do-esperado

IBGE. Área plantada (hectares) e quantidade produzida (toneladas) de lavouras temporárias (arroz) no Brasil, entre 1989 e 2019. Produção Agrícola Municipal, Sidra/IBGE. 2021a. Pesquisa realizada em 02.04.2021, disponível em: https://sidra.ibge.gov.br/tabela/1612

IBGE. Projeção da População do Brasil. Séries históricas e estatísticas/IBGE. 2021b. Acesso em 02.04.2021, disponível em: https://seriesestatisticas.ibge.gov.br/series.aspx?no=10&op=0&vcodigo=POP300&t=revisao-2008-projecao-populacao-brasil

IARC. INTERNATIONAL AGENCY FOR RESEARCH ON CANCER. 2,4-dichlorophenoxyacetic acid (IARC MONOGRAPHS-113). Lyon, Fr: IARC, 2015.

JFRS. Sentença judicial da 9ª Vara Federal de Porto Alegre, RSClarides Rahmeier, , 11 mar. 2021. Disponível em: <https://www2.jfrs.jus.br/noticias/justica-federal-determina-suspensao-de-uso-de-agrotoxicos-em-propriedade-rural-localizada-em-nova-santa-rita/>. Acesso em: 29 mar. 2021

LUVISON, I.R.; BLUMM, I.M.L.; ALMEIDA, J.C.; KIRSCH, R.; KNIERIM, G.S. A conquista da terra e o acesso à saúde pública em Nova Santa Rita (RS): lutas coletivas. In: CARNEIRO, F. F.; PESSOA, V. M.; TEIXEIRA, A. C. DE A (org). Campo, floresta e águas práticas e saberes em saúde. [s.l.] Editora Universidade de Brasília, 2017.

MAPA. Projeções do Agronegócio: Brasil 2019/20 a 2029/30. Projeções de Longo Prazo. Secretaria de Política Agrícola. Ministério da Agricultura, Pecuária e Abastecimento. Brasília: MAPA, 2020.

MARCHI, C. Secretaria da Agricultura investiga pulverização de agrotóxico em Nova Santa Rita. Correio do Povo, 8 dez. 2020.

MARTINS, A.F.G. Produção ecológica de arroz dos assentamentos da região metropolitana de Porto Alegre: um caso de gestão participativa e geração de conhecimentos. Revista NERA, ano 20, n 35, jan/abr 2017, pp. 246-265.

MINISTÉRIO DA SAÚDE. Guia Alimentar da População Brasileira. 2ª ed. Brasília: Ministério da Saúde, 2014.

MST. Live comemora a 18ª Abertura Oficial da Colheita do Arroz Agroecológico. Publicado em 30.03.2021, disponível em: https://mst.org.br/2021/03/31/live-comemora-a-18a-abertura-oficial-da-colheita-do-arroz-agroecologico/

PARLAMENTO EUROPEU. Directiva 2009/128/CE do parlamento Europeu e do Conselho de 21 de outubro de 2009 que estabelece um quadro de acção a nível comunitário para uma utilização sustentável dos pesticidas. Estrasburgo, 21 out 2009. Disponível em: <https://eur-lex.europa.eu/legal-content/PT/TXT/PDF/?uri=CELEX:32009L0128&from=EN>

REDAÇÃO. Extra Classe. TRF4 mantém proibição de pulverização aérea de agrotóxicos em áreas próximas ao assentamento de Nova Santa Rita. Publicado em 24 mar. 2021, disponível em: https://www.extraclasse.org.br/justica/2021/03/trf4-mantem-proibicao-de-pulverizacao-aerea-de-agrotoxicos-em-areas-proximas-ao-assentamento-de-nova-santa-rita/

RODRIGUES, S.N.; PIETROSKI, C.; ROSA, V.C.; VIGNOLO, A.M.S; SANTOS, S.D. A participação das famílias do Assentamento Santa Rita de Cássia II na implantação da Política Nacional de Alimentação Escolar (PNAE) no Município de Nova Santa Rita – RS. Cadernos de Agroecologia, [S.l.], v. 10, n. 3, 2016.

SMITH, M.T.; GUYTON, K.Z.; GIBBONS, C.F.; FRITZ, J.M.; PORTIER, C.J.; RUSYN, I.; et al. (2016). Key characteristics of carcinogens as a basis for organizing data on mechanisms of carcinogenesis. Environ Health Perspect. 124(6):713–21. https://doi.org/10.1289/ehp.1509912 45 PMID:26600562.

SILVA, E. Rio Grande do Sul lidera produção de arroz orgânico. Unidos em cooperativas, agricultores gaúchos tornaram o Estado maior produtor do cereal sem agroquímicos na América Latina. Revista Globo Rural, 2019. Publicado em 02.01.2019, disponível em: https://revistagloborural.globo.com/Noticias/Agricultura/Arroz/noticia/2019/01/rio-grande-do-sul-lidera-producao-de-arroz-organico.html

SILVEIRA, D. Em dez anos, brasileiro reduz consumo de arroz e feijão e aumenta o de adoçante e açaí, aponta IBGE. Publicado em 21.08.2020, disponível em: https://g1.globo.com/economia/noticia/2020/08/21/em-dez-anos-brasileiro-reduz-consumo-de-arroz-e-feijao-e-aumenta-o-de-adocante-e-acai-aponta-ibge.ghtml

WESTON, D. P. et al. Aquatic Effects of Aerial Spraying for Mosquito Control over an Urban Area. Environmental Science & Technology, v. 40, n. 18, p. 5817–5822, set. 2006.

Alguns sítios onde o caso de Nova Santa Rita foi abordado:

Agricultores orgânicos sofrem perdas com pulverização de agrotóxico em Nova Santa Rita (RS). Publicado em 25.11.2020, disponível em: http://www.ihu.unisinos.br/78-noticias/604989-agricultores-organicos-sofrem-perdas-com-pulverizacao-de-agrotoxico-em-nova-santa-rita-rs

Conselho Estadual de Saúde do Rio Grando do Sul (CES/RS) manifesta apoio aos agricultores de Nova Santa Rita. Publicado em 26.11.2021, disponível em: http://www.ces.rs.gov.br/conteudo/1938/ces/rs-manifesta-apoio-aos-agricultores-de-nova-santa-rita:

Pulverização de agrotóxico atinge produções agroecológicas de Nova Santa Rita. Publicado em 26.11.2020, disponível em: https://www.extraclasse.org.br/ambiente/2020/11/pulverizacao-de-agrotoxico-atinge-producoes-agroecologicas-de-nova-santa-rita/

Assentados do RS denunciam pulverização aérea de agrotóxicos em suas produções agroecológicas. Publicado em 26.11.2020, disponível em: https://www.sul21.com.br/ultimas-noticias/geral/2020/11/assentados-do-rs-denunciam-pulverizacao-aerea-de-agrotoxicos-em-suas-producoes-agroecologicas/

RS: agricultores orgânicos cobram reparação de danos em audiência pública. Publicado em 01.12.2020, disponível em: https://www.brasildefato.com.br/2020/12/01/rs-agricultores-organicos-cobram-reparacao-de-danos-em-audiencia-publica

Agricultores orgânicos de Nova Santa Rita (RS) denunciam contaminação por pulverização de agrotóxico. Publicado em 03.02.2020, disponível em: http://www.amigosdaterrabrasil.org.br/2020/12/03/produtores-organicos-de-nova-santa-rita-denunciam-contaminacao-por-pulverizacao-de-agrotoxico/

Secretaria da Agricultura investiga pulverização de agrotóxico em Nova Santa Rita. Publicado em 08.12.2021, disponível em: https://www.correiodopovo.com.br/not%C3%ADcias/rural/secretaria-da-agricultura-investiga-pulveriza%C3%A7%C3%A3o-de-agrot%C3%B3xico-em-nova-santa-rita-1.534264

Assentados do RS reivindicam lei que proíbe pulverização aérea de veneno. Publicado em 18.02.2021, disponível em https://www.brasildefators.com.br/2021/02/18/assentados-do-rs-reivindicam-lei-que-proibe-pulverizacao-aerea-de-veneno

Sem fiscalização, agrotóxico usado no arroz pode estar contaminado por agentes ainda mais danosos. Publicado em 06.03.2021, disponível em https://www.redebrasilatual.com.br/ambiente/2021/03/sem-fiscalizacao-agrotoxico-usado-no-arroz-pode-estar-contaminado-por-agentes-danosos-a-saude/

Justiça Federal determina suspensão de uso de agrotóxicos em propriedade rural localizada em Nova Santa Rita. Publicado em 12.03.2021, disponível em https://www2.jfrs.jus.br/noticias/justica-federal-determina-suspensao-de-uso-de-agrotoxicos-em-propriedade-rural-localizada-em-nova-santa-rita/

Assentamento de Nova Santa Rita obtém vitória na Justiça contra uso de agrotóxicos. Publicado em 12.03.2021, disponível em: https://www.sul21.com.br/ultimas-noticias/geral/2021/03/assentamento-de-nova-santa-rita-obtem-vitoria-na-justica-contra-uso-de-agrotoxicos/

Agrotóxicos foram suspendidos após luta de Sem Terra de Nova Santa Rita (RS). Publicado em 15.03.2021, disponível em: https://contraosagrotoxicos.org/agrotoxicos-foram-suspendidos-apos-luta-de-sem-terra-de-nova-santa-rita-rs/

Justiça proíbe uso de agrotóxico em fazenda de Nova Santa Rita. Disponível em: https://alfonsin.com.br/justia-probe-uso-de-agrotxico-em-fazenda-de-nova-santa-rita/

Aeronave clandestina pulveriza veneno sobre assentamento do MST em Nova Santa Rita. Publicado em 18.03.2021, disponível em: https://www.extraclasse.org.br/justica/2021/03/aeronave-clandestina-pulveriza-veneno-sobre-assentamento-do-mst-em-nova-santa-rita/

Agricultores de Nova Santa Rita são contaminados por veneno pulverizado de avião. Publicado em 18.03.2021, disponível em: https://mst.org.br/2021/03/18/agricultores-de-nova-santa-rita-sao-contaminados-por-veneno-pulverizado-de-aviao/

Tragédia em Nova Santa Rita – RS: um bombardeio aéreo com agrotóxicos? Publicado em 25.03.2021, disponível em https://www.abrasco.org.br/site/noticias/posicionamentos-oficiais-abrasco/tragedia-em-nova-santa-rita-rs-um-bombardeio-aereo-com-agrotoxicos/57365/

Novo ataque aéreo com agrotóxicos leva medo e prejuízos a assentados no RS. Publicado em 26.03.2021, disponível em: http://www.agapan.org.br/2021/03/novo-ataque-aereo-com-agrotoxicos-leva.html

TRF4 mantém proibição de pulverização aérea de agrotóxicos em áreas próximas ao assentamento de Nova Santa Rita. Decisão de segunda instância determina ainda que produtores de arroz e soja convencionais cessem a aplicação de qualquer modalidade dos herbicidas 2,4-D e Loyant na Granja Nenê. Publicado em 24.03.2021, disponível em: https://www.extraclasse.org.br/justica/2021/03/trf4-mantem-proibicao-de-pulverizacao-aerea-de-agrotoxicos-em-areas-proximas-ao-assentamento-de-nova-santa-rita/

TRF4 mantém proibição de pulverização aérea de agrotóxicos em áreas próximas ao assentamento de Nova Santa Rita. Também foi proibida a aplicação de qualquer modalidade dos herbicidas 2,4-D e Loyant na Granja

Nenê. Publicado em 24.03.2021, disponível em: https://mst.org.br/2021/03/24/trf4-mantem-proibicao-de-pulverizacao-aerea-de-agrotoxicos-em-areas-proximas-ao-assentamento-de-nova-santa-rita/

Agricultores denunciam mais uma pulverização em Nova Santa Rita. Publicado em 30.03.2021, disponível em: http://coletivocatarse.com.br/2021/03/30/agricultores-denunciam-mais-uma-pulverizacao-em-nova-santa-rita/